8° Le 1 85 3

Paris
1881

Gambetta, léon

Discours et plaidoyers politiques

11vol

DISCOURS

ET

PLAIDOYERS POLITIQUES

DE

M. GAMBETTA

III

PARIS

TYPOGRAPHIE GEORGES CHAMEROT

19 RUE DES SAINTS-PÈRES, 19

DISCOURS

ET

PLAIDOYERS POLITIQUES

DE

M. GAMBETTA

PUBLIÉS PAR M. JOSEPH REINACH

III

DEUXIÈME PARTIE

(SUITE)

(19 Septembre 1872 — 16 Mai 1873)

ÉDITION COMPLÈTE

PARIS

G. CHARPENTIER, ÉDITEUR

13, RUE DE GRENELLE-SAINT-GERMAIN, 13

1881

DISCOURS

Prononcé le 19 septembre 1872

A FIRMINY (LOIRE)

L'Assemblée nationale s'était prorogée du 3 août 1872 au 11 novembre. M. Gambetta profita des vacances parlementaires pour répondre aux invitations qui lui avaient été adressées par de nombreux groupes républicains des départements de la Loire, de la Savoie et de l'Isère.

M. Gambetta quitta Paris le 12 septembre et commença son voyage en visitant avec M. Dorian, ancien ministre des travaux publics du gouvernement de la Défense nationale, député de la Seine, les usines principales du département de la Loire. Le 19 septembre, après une tournée de cinq jours, M. Dorian réunit dans un banquet, à Firminy, M. Magnin, député de la Côte-d'Or, ministre de l'agriculture et du commerce au 4 septembre, les députés et les conseillers généraux républicains du département, les maires des chefs-lieux importants, les contre-maîtres et de nombreux ouvriers des usines de la vallée de Firminy. M. Dorian, à l'issue du banquet, porta le toast suivant :

« Messieurs, je vous propose de boire à l'affermissement et à la prospérité de la République, et à la santé de M. Gambetta. Vous connaissez tous M. Gambetta; vous savez tous ce qu'il a fait pour sauver l'honneur français. Je n'ajoute donc rien. Vive la République! vive Gambetta! »

M. Gambetta répond à ce toast par les paroles suivantes :

Et moi, permettez-moi, Messieurs, de porter un toast à notre hôte, à notre ami, à la prospérité tou-

jours croissante de ce digne chef de famille, enfin
aux idées communes qui nous réunissent à sa table, qui
ne sont pas pour lui un prétexte passager de réunion,
mais qui, déjà fort anciennes chez lui, sont aussi
fermes et aussi ardentes que le premier jour : à ces
nobles et bienfaisantes idées républicaines, qui doivent
rester le gage d'une alliance durable entre les membres
de cette autre famille encore plus étendue que la
famille ouvrière de notre ami, mais qui ne lui tient
pas moins au cœur, je veux parler de la grande famille
républicaine. (*Très bien! très bien! — Bravos prolongés.*)

Messieurs, pourquoi notre hôte vous a-t-il réunis
aujourd'hui ? Laissez-moi vous dire toute ma pensée ;
— je ne veux ni ne puis la dissimuler, — je sens que
c'est pour me donner à moi-même une récompense,
qui est la plus précieuse de toutes, veuillez le croire.
Et il sait bien que, de lui à moi, ce ne sont pas là de
vaines paroles. Oui ! c'est là la seule, la véritable récompense des quelques efforts que l'on veut bien reconnaître, que de me donner cette occasion de me rencontrer dans cette familiarité simple et fraternelle
avec ceux qui partagent mes principes et mes convictions et qui combattent le même combat. (*Bravos.*)
J'en sens tout le prix, et je vous prie de me laisser en
exprimer ici toute ma reconnaissance.

Messieurs, je dis que tous, à des degrés divers et
dans des positions différentes, nous soutenons la même
lutte ; assignons donc un but utile à notre entretien, en
nous disant à nous-mêmes quelles doivent être, à cette
heure, nos espérances et nos craintes.

Nous avons assisté, dans ces derniers temps, à une
sorte d'évolution de l'opinion publique ; nous avons
assisté à des conversions inattendues, mais profitables,
d'autant plus profitables qu'elles se faisaient dans des
rangs qui, jusqu'ici, avaient été les plus fermés, les
plus hostiles à l'avènement de ce monde moderne,
de ce monde nouveau que vous représentez tous

ici par excellence, le monde de la démocratie, le monde du travail, rehaussé, agrandi, ennobli par la dignité de l'agent qui a la conscience de ses droits. (*Applaudissements.*)

Ces conversions, d'ailleurs, sont venues à un moment où il semble qu'on devait le moins les attendre.

Car il est bien de quelque utilité de constater que ce parti du travail, que ce parti républicain a été, surtout depuis deux ans, poursuivi par la calomnie. On ne lui a rien ménagé, ni dans le passé, ni dans le présent, en fait d'outrages, et l'injure est son lot...

L'injure et la calomnie! elles n'ont pas manqué à ces deux hommes placés ce soir face à face l'un de l'autre, à ces deux amis unis dans leurs opinions comme dans leurs efforts (*M. Gambetta désigne MM. Maguin et Dorian au milieu d'applaudissements unanimes*), et à qui nous devons aujourd'hui rendre un hommage d'autant mieux mérité, qu'en présence de défaillances auxquelles on voulait les associer, ils ont su remplir leur rôle, et, dans Paris enfermé, tenir haut et ferme, dans des emplois divers, la représentation de l'esprit républicain des départements! (*Oui! oui! — Applaudissements.*)

Cet hommage, Messieurs, l'histoire le leur rendra. Déjà la conscience publique, plus éclairée, mieux informée, commence à le leur rendre. Ah! ils sont revenus de loin, sous le flot des calomnies entassées! Aujourd'hui, ils sont à leur place dans tous ces conseils issus du suffrage universel, le seul juge compétent pour les juger et dire quel souvenir il avait gardé d'eux et de leurs services. (*Applaudissements.*)

Ils représentent ici le sentiment du devoir accompli, et leur présence donne à notre réunion ce caractère d'être à la fois une protestation et une espérance. Mais jetons un coup d'œil sur ce qui se passe au dehors.

Eh bien, au dehors, — et sans vouloir faire un discours, car nous ne sommes pas ici pour discourir,

mais pour nous entretenir familièrement de nos intérêts,— au dehors, nous assistons à un spectacle tout à
fait nouveau dans l'histoire de notre noble et malheureux pays. C'est le spectacle qui nous est offert par
les débris des anciennes monarchies, par tout ce qui
reste des champions des représentants du passé, par
ceux qui, tous, à toutes les époques,quelle que fût la
situation à eux faite par les évènements, n'ont jamais
eu qu'une passion, qu'un mobile, qu'un effort : dominer pour jouir; par tous ceux qui se réclament, les
uns de l'ancien régime, les autres d'un gouvernement
de juste milieu qu'ils accommodent à leurs idées, les
autres d'un césarisme déguisé sous l'étiquette de la
Révolution armée, créant un vaste organisme militaire
qui dévore et absorbe toutes les forces vives de la nation, comme cela est arrivé sous Napoléon Ier, ou qui
transforme toutes les institutions du pays et les dégrade
au point de n'en faire plus qu'une sorte de police occulte et de gendarmerie d'élite, ainsi que nous l'avons
vu sous Napoléon III : les voilà tous, avec leurs caractères différents, et sous leurs formes diverses. Mais
partout, et pour tous, c'est bien le même mobile qui
les fait agir, et ce sont les mêmes instincts qu'on retrouve : dominer pour jouir! (*Vive adhésion. —Applaudissements prolongés.*)

Aujourd'hui, que voyons-nous? Nous voyons les
représentants du passé obligés de déguiser leurs visées,
de cacher leur drapeau; ils ne montrent même plus de
drapeau! Et c'est à certaines devises, à certains mots
convenus, à certaines phrases usitées qu'ils se reconnaissent entre eux; c'est grâce à ces mensonges, à
ces hypocrisies, à ces altérations de la langue, qu'ils
sont parvenus à retenir encore dans leurs filets des
dupes ignorantes, dupes dont, fort heureusement, le
nombre diminue tous les jours. (*Oui! oui! — Bravos.*)

Quant à ceux qui les abandonnent, à ceux qui les
laissent avec leurs regrets et leurs intrigues, où vont-

ils? A l'indifférence? Non! Ils viennent se ranger sous
le drapeau de la République. (*Très bien! très bien! —
Applaudissements.*)

Je sais bien qu'on a dit que la République était
avant tout nominale; il paraît même, suivant certains
docteurs, que cé serait là le sens du mot : République
conservatrice, de cette République qu'il faut savoir
distinguer soigneusement d'une autre République,
d'une République oppressive et abusive, d'une République de meurtre et de pillage qui s'appellerait la République radicale, et de laquelle tous doivent se tenir
éloignés comme de la peste. (*Explosion de rires approbatifs. — Applaudissements.*)

Non! non! Messieurs, il n'y a pas deux Républiques.
il n'y en a qu'une. Et quelle que soit l'habileté de
nos adversaires, le pays distingue d'autant moins entre
la prétendue République conservatrice et la prétendue
République radicale, qu'il sait que ces mots sont pas-
sagers, que l'on s'en sert, au milieu de la mêlée des
luttes politiques, pour désigner commodément plutôt
certains actes, certaines doctrines, que des différences
essentielles de principes ; le pays sait bien qu'il n'y a
qu'une République, celle qui a pour loi le respect constant de la souveraineté nationale, et pour passion la
Justice appliquée aux affaires humaines. (*Applaudissements.*)

Et voici, Messieurs, le phénomène qui se passe aujour-
d'hui sous nos yeux : c'est que notre parti, qui a été
la minorité dans le passé, et qui, à cause de cette in-
fériorité numérique, a souvent été réduit à employer
des moyens violents qui n'étaient pas en conformité
avec l'ordre régulier, — c'est que notre parti, dis-je,
s'agrandit peu à peu et devient insensiblement la nation.

Et pour que ce phénomène continue à se développer, que faut-il? Il suffit que le régime républicain
dure. Messieurs, il y a un fait qui saute aux yeux, et

qui cependant est encore trop inaperçu : c'est que,
lorsqu'une monarchie s'installe, elle a toutes facilités
pour vivre; et ces facilités, elle les trouve dans les conditions de prestige, d'éclat, d'influence, réunies à son
berceau. C'est à mesure qu'elle dure que les inconvé-
nients, que les conflits, que les mécontentements,
fruits de son impuissance, éclatent, et c'est alors que
la décadence approche.

La République, au contraire, arrive toujours, comme
le syndic d'une grande faillite nationale, pour régler
une liquidation politique. (*Oui! Très bien! — Applaudissements répétés.*)

Elle hérite de tous les désastres et elle doit tout réparer, non pas seulement les ruines intérieures, mais
encore celles léguées par la guerre étrangère; elle
succombe sous le fardeau, mais comme elle a succombé pleine de désintéressement et de grandeur,
tenant à la main le drapeau même de la France... (*Oui!
oui! — Salves d'applaudissements*), elle remonte dans la
faveur publique, elle rétablit les affaires, elle démontre qu'elle est, par son développement, l'émancipation morale et matérielle pour tous, si bien qu'elle
écarte toutes les difficultés et qu'elle dure.

Mais, au commencement, la méfiance est générale :
il y a les ressentiments de ceux que le changement
d'état de choses a dépossédés, il y a les désastres matériels à réparer, il y a tout à restaurer, à régénérer.
Aussi le moment difficile, le moment cruel où la République peut périr, c'est aux premières heures de son
existence; mais ensuite tout s'aplanit, tout s'éclaire,
tout s'illumine; et plus elle vit, plus il lui devient facile de vivre. (*Bravos prolongés.*)

Par conséquent, ayons, au début, de la patience,
de la vigilance, l'esprit de concorde et de solidarité;
faisons disparaître toutes dissensions et cesser toutes
rancunes. Ah! il ferait beau voir que de misérables
rancunes personnelles vinssent à la traverse des efforts

que nous faisons tous pour fonder le régime du droit
et le régime de l'égalité fraternelle surtout, car je ne
sais pas ce que c'est que de s'asseoir dans les conseils
du gouvernement d'une démocratie sans avoir arrêté
dans sa conscience le ferme propos d'adopter pour
devise de sa politique et pour règle de ses actes cette
belle formule qui nulle part n'a été mieux comprise
qu'ici : l'émancipation politique et sociale du plus
grand nombre. (*Applaudissements prolongés. — Vive·
la République! — Vive Gambetta!*)

Dans le courant de la soirée, M. Gambetta adressa les paroles suivantes à une foule d'ouvriers appartenant à toutes
les usines et qui avaient été invités à Firminy par M. Dorian :

Mes chers concitoyens,'

Je vous remercie de la bienvenue que vous voulez
bien me souhaiter, et, puisque vous n'avez pas craint
de vous déranger en venant ici, il me semble que moi-
même je manquerais à mon devoir si je ne vous sa-
luais pas à mon tour.

Cependant, à raison même de l'heure avancée, vous
me pardonnerez d'être bref, d'autant plus qu'il me
sera loisible de m'entretenir avec vos amis, avec vos
représentants naturels, de ce qui nous touche tous :
des intérêts et de l'avenir de la France si intimement
liés à l'existence du gouvernement républicain.

Oui, mes amis, parlons sans cesse entre nous de
l'avenir de la France, car personne, si haut placé ou
si humble qu'il soit, n'a le droit de se désintéresser
de la fortune et des destinées de son pays. Nous avons,
il n'y a pas longtemps, cruellement expié l'oubli de
la patrie et des devoirs que chacun de nous contracte
envers elle en venant au monde sur le sol français. Il
faut que partout où il y a une mère française, elle
élève ses enfants, elle les nourrisse dans ce culte, dans
cet amour religieux de la France. (*Oui! oui!*) De sorte

que ce que les pères n'ont pas pu faire, les enfants
l'assurent; c'est là leur devoir strict.

Et s'il y a quelque chose de consolant, de fortifiant,
au milieu des tristesses et des deuils de la patrie mutilée, c'est certainement de penser qu'entre toutes ce
sont les mères françaises et patriotes qui assureront
des défenseurs et des vengeurs à la France! (*Sensation profonde. — Applaudissements prolongés.*)

Mais tout cela serait chimérique, tout cela ne serait
qu'un rêve qui se tournerait en confusion contre nous,
si, avant de songer à l'avenir, nous n'assurions pas
le présent, en fondant définitivement un gouvernement de justice, de justice pour tous, et d'égalité;
non pas de cette égalité envieuse et jalouse que nous
prêtent nos détracteurs, mais de cette égalité de droits
et de devoirs qui ne reconnaît d'autres distinctions,
parmi les hommes, que celles qui tiennent au caractère, à la probité, à l'intelligence et à l'activité dé-
ployées dans les luttes de la vie, à la condition toutefois qu'à l'origine l'État ou la société ait fait son devoir,
devoir qui est d'assurer à l'enfant, à son entrée dans la
vie, un premier et indispensable capital : l'instruction.
(*Bravo! bravo! — Applaudissements.*)

Sans ce capital, l'acquisition des autres est sans valeur, parce que nous ne sommes pas seulement au
monde pour faire des conquêtes sur la nature, mais
pour améliorer notre sort et celui de nos semblables. .

Eh bien, il n'y a qu'un gouvernement, qu'un régime.
qu'une loi sous lesquels puissent s'accomplir ces réformes qui garantissent à la fois la dignité de l'homme
et son émancipation progressive, émancipation dans
la commune, émancipation dans l'État, et qui puissent lui donner la place à laquelle il a droit au soleil;
et ce régime, c'est la République. (*Applaudissements.*)

Voilà pourquoi, partout où il y a des hommes, des
peuples qui souffrent sous le poids de gouvernements
corrupteurs contre l'oppression desquels ils luttent,

par instinct, par sentiment d'abord, par raison plus
tard, partout ces hommes et ces peuples saluent d'une
âme ardente le nom de République. — (*Oui! oui!* —
Vive la République!)

Je vous quitte, mes chers concitoyens, mais pour
vous retrouver, car nous sommes de ceux qui doivent
rester en communications incessantes les uns avec
les autres; nous ne sommes rien sans ces rapports
continuels. Mais ne nous séparons pas sans reconnai-
tre, nous, que nous serions impuissants sans vous,
sans votre confiance, et vous, de votre côté, que vous
piétineriez à jamais dans les vieilles ornières, sans le
concours de ceux qui, à l'exemple de vos dignes pa-
trons, dévouent leurs efforts au travail et leur intelligence à la cause du peuple. (*Applaudissements.* —
Vive la République! — *Vive Gambetta!*)

DISCOURS

Prononcés les 22 et 24 septembre 1872

A CHAMBÉRY

M. Gambetta, en quittant Firminy, s'était rendu à Chambéry, où il avait promis d'assister, le 22 septembre, au banquet organisé par les députés républicains de la Savoie,
pour fêter l'anniversaire de la fondation de la première République. Le 21 septembre, le jour même de l'arrivée de
M. Gambetta à Chambéry, M. le marquis de Tracy, préfet
de la Savoie, rendait un arrêté pour interdire *formellement*
le banquet et la réunion publique préparés pour le dimanche 22 septembre.

M. Gambetta s'adressa aussitôt par dépêche à M. Victor
Lefranc, ministre de l'intérieur, pour réclamer en faveur
des citoyens de Chambéry le droit de réunion privée. Le
soir, chez M. Parent, deux ou trois cents personnes se ren-
dirent auprès de M. Gambetta qui venait de recevoir à l'instant même la réponse de M. Victor Lefranc. M. Gambetta
leur dit que, le lendemain, au lieu de la fête projetée, le
parti républicain serait appelé à donner un nouvel exemple
de sa sagesse et de sa modération, en renonçant à une
réunion qui avait d'abord été annoncée comme publique et
qui pouvait être contestée comme réunion privée; mais que
les députés présents à Chambéry et les électeurs républicains n'en trouveraient pas moins le moyen de causer ensemble des affaires du pays et des intérêts publics. En même

temps, le *Patriote savoisien* publia la note suivante, émanant du comité d'organisation du banquet :

« Le Comité d'organisation du banquet par souscription fixé pour aujourd'hui dimanche 22 septembre, a décidé qu'il n'aurait pas lieu, afin de ne pas donner le moindre prétexte aux provocations de se produire, et de fournir un nouveau témoignage du respect scrupuleux que le parti républicain professe pour la légalité même la plus dure.

« Le Comité a décidé, en outre, qu'il serait fait distribution aux indigents des diverses provisions préparées pour le banquet.

« Grâce à cette distribution, tout ne sera pas perdu des préparatifs qui avaient été faits.

« Les présidents des différentes sociétés de secours mutuels sont chargés de l'exécution de ces mesures. »

M. Gambetta adressa au ministre de l'intérieur la lettre suivante :

Monsieur le Ministre de l'intérieur, à Paris.

J'ai l'honneur de vous accuser réception de votre dépêche de ce jour. J'ai communiqué immédiatement vos observations à mes amis de Chambéry.

Il a été reconnu que l'invitation collective et publique qui avait été adressée, par la voie du journal *le Patriote*, à un moment où l'on croyait pouvoir, dans les limites et sous les conditions exigées par la loi de 1868, organiser pour demain dimanche, une réunion publique, suffisait, dans les circonstances actuelles, pour enlever à la réunion à laquelle j'avais promis d'assister, le caractère de réunion privée que le gouvernement exige, pour qu'elle ne puisse rencontrer aucun obstacle. Toutes précautions avaient cependant été prises dans ce but. Le local était clos et couvert; les cartes d'invitation rigoureusement nominatives et personnelles.

Mais il a paru qu'après l'invitation collective et publique insérée dans le *Patriote*, le caractère privé de la réunion pouvant être mis en discussion, il n'y avait pas lieu de passer outre et de sortir des limites où le droit et le devoir des bons citoyens s'accordent, jusqu'à l'abolition de la législation impériale, pour maintenir l'exercice du droit de réunion privée.

En conséquence, désirant attester une fois de plus la volonté arrêtée du parti républicain de ne jamais s'écarter de la stricte légalité, et dans l'intérêt supérieur de l'ordre et de la République, il a été décidé que l'on renonçait à la réunion projetée pour demain. Le droit de réunion privée, tel qu'il a été reconnu par vous dans les instructions adressées aux préfets, étant ainsi sauvegardé et restant à la libre disposition des citoyens, mes amis de Chambéry se réservent d'en user, en se conformant encore plus rigoureusement aux prescriptions exigées à l'heure actuelle et en l'absence du droit de réunion publique qui devrait appartenir sans contestation aux citoyens d'un pays libre et républicain.

Veuillez agréer, monsieur le Ministre, l'expression de ma considération la plus distinguée.

L. GAMBETTA.

« Le lendemain, dit le *Patriote savoisien* (dimanche 22 septembre), la ville de Chambéry avait un air de fête ; dès le matin, les invités débouchaient de toutes les routes, en carriole, à pied, de la gare par tous les trains. Le banquet ne pouvant avoir lieu, il fut décidé que M. Gambetta recevrait, dans son appartement de l'hôtel de la Poste, par fournées successives, le plus grand nombre possible des invités au banquet.

« Il n'y eut pas moins de cinq fournées.

« La première députation présentée fut celle de Grenoble et des cantons de l'Isère, à la tête de laquelle se trouvaient le maire, une grande partie des conseillers municipaux de Grenoble, les conseillers généraux de l'Isère, et auxquels s'étaient joints un nombre considérable de citoyens qu'on peut évaluer au moins à 250 ou 300. La députation s'an-

nonça comme ayant reçu la mission d'inviter M. Gambetta
à se rendre dans l'Isère en quittant Chambéry.

« La réponse de M. Gambetta n'a pas été recueillie.

« Après que cette première députation se fut retirée, la
salle se remplit de nouveau d'une foule nombreuse, composée de citoyens de la ville de Chambéry, des villages et
des cantons avoisinants. En présence de cette nouvelle députation présentée par M. Parent, député de la Savoie,
M. Gambetta a prononcé l'allocution suivante :

Mes chers concitoyens,

Je vous remercie d'avoir bien voulu faire si facilement contre mauvaise fortune bon cœur, et d'avoir
compris que, pour des hommes de bonne volonté et
de dévouement, — quels que soient les obstacles et
les entraves qu'on multiplie devant l'exercice de leurs
droits, — il ne saurait y avoir d'empêchements insur-
montables, parce qu'ils sont décidés à faire toujours
le nécessaire pour exécuter ce qu'ils ont entrepris,

En effet, Messieurs, nous ne sommes pas portés,
comme nous en accusent certains esprits, à faire des
manifestations pour l'art, nous ne cherchons pas les
manifestations pour elles-mêmes. Ce qui nous a poussés à cette réunion, ce qui nous provoque à célébrer
cet anniversaire, c'est le besoin ressenti par des âmes
républicaines de se mettre, à une certaine heure, en
communication entre elles pour rechercher, dans les
leçons que nous ont léguées nos pères, les enseignements et les exemples à l'aide desquels nous pourrons
nous-mêmes, inspirés par eux, faire face aux difficultés
de la situation actuelle.

Ce n'est donc, de la part d'administrateurs qui s'ob-
tinent à mettre des convictions hostiles au service de
la République dont ils souhaitent l'ébranlement et la
chute, ce n'est qu'un calcul bien puéril que celui qui
a eu pour effet d'interdire notre réunion.(Oui! oui! —
Bravos et applaudissements.)

Je dis, en effet, Messieurs, que nous ne sommes pas
des gens à prendre l'ombre pour la proie. Ce qui nous
importait, dans le rendez-vous solennel pris pour le
22 septembre, c'était de nous voir face à face, de nous
interroger, de rechercher où nous en sommes, et de
déterminer ce qui nous reste à faire. Peu importe donc
que cette entrevue ait lieu dans un banquet ou dans
cette chambre; et puisqu'on a pensé que nous avions
eu surtout en vue un spectacle extérieur, eh bien!
ceux qui ont eu cette idée en seront pour leur confusion, et notre but sera complètement rempli, si nous
disons ici des choses utiles à retenir et à appliquer.

D'autant plus, Messieurs, que je suis résolu à ne
pas quitter ce grand et noble pays qui m'avait attiré
depuis longtemps par son histoire, par son passé. Et
veuillez remarquer que je parle de la Savoie et des
départements limitrophes, car, pour moi, je suis absolument opposé à cette légende qui veut couper la
France en morceaux, qui met, de divers côtés, des
Bretons, des Picards, des Normands et des Savoyards.
Non! non! en France, je ne connais que des Français,
et s'il en est parmi eux que je fais passer avant les
autres, ce sont ceux-là qui sont aux frontières! (*Applaudissements répétés.*)

En conséquence, avant de partir d'ici, je parcourrai
le pays tout entier, et j'entrerai en relations directes
avec les populations des villes et des campagnes, des
campagnes surtout au milieu desquelles vous êtes
appelés à vivre et à travailler. Aujourd'hui, Messieurs,
ces populations s'éclairent, s'élèvent, se rapprochent.
Rappelez-vous combien étaient abominables et odieux
les récits qu'on faisait sur les populations des villes:
comme était habile et sacrilège cette politique qui
reposait sur les dissensions qu'on cherchait à organi-
nir entre le peuple des villes et le peuple des campagnes.

Non! non! Messieurs, il n'y a pas deux Frances,

une France rurale et une France citadine; il n'y a qu'une France, la France de ceux qui travaillent, qui besognent, qui peinent pour rendre la patrie paisible, libre et prospère au dedans, grande et forte au dehors. (*Bravos et applaudissements.*)

Nous subissons à présent le contre-coup, l'expiation des fautes qu'ont commises les générations qui nous ont précédés dans la vie sociale et politique. Oui! si nous n'avons pas eu la République comme nous eussions pu l'avoir depuis longtemps, si nous ne l'avons même pas comme nous la désirons à l'heure où je parle, vous savez à qui en remonte la responsabilité. Le pays, lui, n'a commis qu'une faute, mais cette faute a été de tolérer le crime de ceux qui ont enlevé la République dans une nuit sinistre. (*Adhésion unanime.*)

Mais, Messieurs, croyez-le bien, ce n'est pas pour récriminer, pour prononcer de vaines paroles que je vous ramène ainsi en arrière. C'est pour vous faire bien sentir que la situation que nous subissons aujourd'hui, cette administration inquiète, cet état de choses indécis, cette intrusion du clergé dans nos affaires, ce malaise général, ce travail des partis, ces obstacles qui nous séparent de la réalisation de nos vœux, que tout cela, c'est le fruit de nos désastres, fruit amer de l'empire et du plébiscite! (*Salve d'applaudissements.*)

Oui! c'est parce que la France s'est abandonnée que la fortune l'a abandonnée. Nous devons, par conséquent, après avoir médité sur notre chute, rechercher les raisons que nous avons de ne plus croire au retour d'un pareil état de choses. Ces raisons, elles sont multiples.

En 1850 et en 1851, comme aujourd'hui, on a vu une Assemblée composée des représentants des anciens régimes, mettant en commun leurs haines, leurs passions, leurs intérêts égoïstes, s'associant, — eux qui se détestaient au fond de l'âme, qui étaient incapables de s'entendre pour rien fonder, — se réunissant,

se concertant pour étouffer la République, qui n'est
pas, qui ne doit pas être le règne exclusif de quelques-
uns, mais qui est l'instrument de tous pour obtenir
l'épanouissement de la justice dans le monde. (*Applaudissements.*)

Cette ligue, vous savez de quel nom elle se décorait:
on l'appelait, comme aujourd'hui, la ligue des gens
d'ordre; elle se composait des impuissants de cette
époque, — comme elle se compose encore des impuissants d'aujourd'hui. Ils ne voyaient pas alors
qu'ils étaient les instruments d'un conspirateur habile et audacieux qui se servait d'eux pour gêner, pour
persécuter, mutiler le parti républicain, sachant bien
qu'à un moment donné, il se servirait de toutes les
forces conservatrices pour confisquer la République
et la liberté du pays. Cette leçon, Messieurs, doit
nous servir et nous rendre méfiants.

On a dit, — et l'on n'a pas eu tout à fait tort, — que
le parti républicain était défiant; il a raison de l'être.
Son histoire est pleine, en effet, de promesses trom-
pées, de défaillances scandaleuses de la part d'hommes que la démocratie avait entourés de caresses et
portés au pouvoir et qui, une fois placés sur le pavois,
n'ont pas craint de remplacer l'exécution de leurs
promesses par d'indignes parjures. Sous ces parjures,
on pourrait mettre des noms (*Oui! oui!* — *Applaudissements*), mais je ne le ferai pas. La démocratie a donc
raison d'être jalouse et soupçonneuse, et elle doit
d'autant plus être vigilante qu'elle a été trompée plus
souvent. De telle sorte, Messieurs, que le premier devoir qui se dégage de la leçon du passé, c'est la vigilance associée à une surveillance active non seulement sur nous-mêmes, non-seulement sur nos amis,
mais surtout sur nos adversaires et sur ceux qui,
parmi eux, prennent un masque dont ils se couvrent,
un voile dont ils se cachent, emploient un langage
hypocrite et menteur pour se glisser dans nos rangs,

et qui, à l'aide de mots habilement construits, de phrases toutes faites, ne conspirent que notre renversement et notre perte.

Il est donc nécessaire d'exercer une vigilance, une surveillance délicate et difficile, mais indispensable. Mais il est une autre qualité qu'il nous faut encore avoir, dont la nécessité est plus récente et d'autant plus difficile à acquérir que le parti qui en a besoin sent sa force et son droit : cette qualité, c'est la prudence. Car, Messieurs, en même temps qu'il a été le plus militant des partis, le parti républicain a été le plus généreux, le plus large, le plus confiant, et, trop souvent aussi, il a été la victime de cette chaleur de sentiments qui lui est si naturelle, de cette véhémence de conduite et de cœur. Trop souvent, dans ce pays, depuis soixante-quinze ans, d'habiles adversaires l'ont attiré dans des pièges, lui ont fait commettre des fautes, l'ont poussé prématurément à l'action et se sont servis précisément de la qualité par excellence de notre parti, l'ardeur généreuse, pour l'accabler, l'abattre et le proscrire. La prudence ! oh ! c'est une qualité difficile à acquérir ! La prudence et la sagesse, il nous les faut à tout prix ! Savoir ce que l'on doit faire est beaucoup ; mais ce qui est surtout indispensable, c'est de reconnaître ce dont on doit s'abstenir.

Messieurs, c'est en cela que consiste véritablement toute la politique. (*Sensation.*)

Eh bien, le parti républicain paraît décidé à être prudent ; il a donné de cette résolution, depuis bientôt deux ans, des signes manifestes, et l'on sait si les provocations lui ont manqué, si on lui a épargné les avanies, les injures et les outrages, si l'on n'a pas tout essayé, tout tenté pour le placer constamment entre l'abandon de son droit et un coup de tête. Croyez-le bien, c'est sur les coups de tête du parti que spéculent nos ennemis ; aussi devons-nous être plus avisés, plus sagaces, plus habiles qu'eux. Toutes les fois qu'on voit

le péril, il faut apprendre à le tourner, sans fléchir toutefois et sans jamais désavouer les principes. Il faut que
nous soyons politiques en face d'adversaires aussi dé-
loyaux, aussi acharnés que ceux que nous avons à combattre. Ne soyons pas chevaleresques avec des hommes
qui n'ont rien de commun avec la chevalerie. Pas de
duperie! Ce n'est pas être prudent que d'aller se jeter,
quand on est découvert, sur des hommes masqués et
armés. La prudence exige qu'on rompe quand il faut
rompre, qu'on avance quand il faut avancer. Voilà ce
qu'il faut faire; c'est là tout un art, toute une science
qui demandent beaucoup d'attention, d'intelligence et
de dévouement, et, par surcroît, beaucoup de zèle et
de patience. (*Marques unanimes d'approbation.*)

Quant à la patience, elle nous devient de moins en
moins difficile. Lorsqu'au lendemain de cette atroce
paix, que j'ai si ardemment combattue, il fut reconnu
que nous ne voulions plus lutter, et qu'il fallait céder
à la force victorieuse, vous vous rappelez les cris de
joie que poussèrent les représentants des anciens partis, c'est-à-dire tous ceux qui, pendant la guerre, s'é-
taient occupés exclusivement à établir leur influence
électorale en exploitant la plus basse des passions, la
peur, pour arriver à être les mandataires de la paix à
tout prix. (*Bravos et applaudissements.*)

Vous savez, Messieurs, quel venin ils avaient répandu et avec quelle science infernale ils avaient organisé, préparé les élections d'où est sortie cette majorité d'hommes de l'ancien régime qui, à peine réunie,
épouvanta la France. (*Oui! oui! — Applaudissements
prolongés.*)

En effet, on voyait là rassemblés les représentants
des idées les plus arriérées, les plus gothiques, les
plus souvent flétries, condamnées et repoussées par
la France depuis quatre-vingts ans. (*Bravos et applaudissements.*)

Aussi qu'arriva-t-il? Qu'unis pour la destruction de

l'esprit moderne, de l'esprit civil contre lequel ils étaient animés d'une haine inextinguible, d'une colère insensée, ils furent désunis et ne purent se mettre d'accord sur le choix d'un gouvernement. Ils projetèrent d'abord et commencèrent l'anéantissement de Paris, préparant ainsi l'anéantissement de la République et le retour d'une restauration. Mais, Messieurs, à ces deux œuvres, ils se sont usés. Paris est resté pour la France, pour le monde, ce qu'il a toujours été, ce qu'il ne pourrait cesser d'être sans que notre gloire fût diminuée et sans que notre histoire fût close: Paris est resté la tête de la France; malgré nos désastres, il est resté, quoi qu'on dise, le cerveau du monde, car c'est de Paris que nous viennent les idées de paix et de justice sociales qui sont notre espérance. (*Explosion d'applaudissements et bravos. — Vive Paris! Vive la République!*)

Paris n'a pas été décapité. Sentinelle vigilante, quoique mutilée, de nos droits, Paris a pu nous donner encore un exemple, celui de ce conseil municipal qui, salué à sa naissance par tant d'injures, a montré, à nos amis et à nos ennemis, ce qu'on peut faire à force de patience, de fermeté, de zèle, de travail et d'application aux affaires. Ce conseil municipal de Paris a remis Paris travailleur sur pied; il a donné des leçons de compétence à ses rivaux et servi d'exemple à tous. (*Salve d'applaudissements. — Vive la République!*)

Mais cet admirable travail du parti républicain s'est étendu sur toute la France, et le suffrage universel n'a pas cessé, depuis le 23 avril 1871, de donner des gages et des représentants fidèles à l'opinion démocratique. (*Bravos.*)

Messieurs, cette prise de possession des affaires publiques par le suffrage universel à tous les degrés, soit dans les conseils municipaux, soit dans les conseils d'arrondissement, soit dans les conseils généraux, soit dans les élections législatives, démontre, à ne s'y

pas tromper, que la France est mûre pour la République, et que le suffrage universel ne reconnaît pas d'autre expression de lui-même, d'autre image qui le reflète
et dans laquelle il retrouve tous ses traits et sa physionomie, que la République. Et c'est là ce que nous
voulons dire quand nous nous disons radicaux ; nous
entendons déclarer que nous ne reconnaissons pas
d'autre forme gouvernementale appropriée au suffrage
universel que la République. (*Vive la République!* —
Applaudissements répétés.)

Messieurs, cette définition du radicalisme, après
avoir pendant quelque temps alarmé et arrêté certains
esprits, a fait son chemin depuis dans le monde des
idées. A l'heure qu'il est, elle s'impose même aux plus
tièdes, aux plus timides ; à l'heure qu'il est aussi, on
sent, dans les rangs mêmes des anciens partisans de
la monarchie, que toute œuvre de restauration serait
le prélude d'une révolution ; on sent, on comprend
qu'il n'y aurait rien de plus fragile, de plus précaire,
de plus ruineux, et qui poussât davantage la France
au fond de l'abîme, que la restauration d'une monarchie, de quelque nom qu'on voulût la décorer. (*Oui!
oui! — Bravos. — Vive la République!*)

En présence d'un pays qui accentue sa volonté avec
cette précision ; qui, toutes les fois que l'occasion lui
en est offerte, ne dévie jamais et se prononce toujours
pour la République par ses votes et par l'élection d'un
homme, d'un représentant qui, nouvel athlète, va grossir le nombre des athlètes déjà dans l'arène ; — en
présence de ces manifestations répétées et constantes
de la volonté nationale, il faudra bien prendre une
résolution. Quel que soit le retard qu'on puisse apporter aux élections futures, — que je m'obstine à croire
plus prochaines qu'on ne le pense, entendez-le bien,
— il faudra pourtant s'y décider ; on pourra bien les
ajourner encore, mais on ne fera qu'exciter le patriotisme républicain ; toutes les digues artificielles que

l'on cherche à élever contre ce courant, ne feront que
le grossir ; et bientôt il deviendra un fleuve majestueux
et irrésistible qui couvrira tout le territoire. (*Applaudissements prolongés. — Vive la République!*)

En conséquence, Messieurs, soyons prudents et patients. Ne laissons pas commettre une faute sans la
relever, se nouer une intrigue sans la signaler, s'ourdir un complot sans le dénoncer, tendre un piège sans
l'éventer ; il faut suivre notre ennemi, ne pas le quitter
d'une semelle, le surveiller toujours jusqu'à ce qu'il
soit saisi, jugé pour être bientôt exécuté. (*Bravos redoublés.*)

La véritable politique, c'est la vigilance et la patience :
et, après tout, nous n'avons pas un long temps à attendre, car il est certain que le pouvoir lui-même, que
cette Chambre est arrivée au dernier degré de l'impopularité, de l'impuissance, de la stérilité et de l'incapacité. (*Approbation générale.*) De plus, elle est divisée
à un tel point qu'il n'est pas une question, pas une
loi, pas un vote sur lesquels on puisse réunir une
majorité suffisante pour faire, non pas une constitution,
mais la plus mesquine, la plus misérable des lois. Ce
sentiment de l'impuissance de cette Chambre s'étale à
tous les yeux, il a pénétré chez nos ennemis, et ils
sont de jour en jour plus abattus, parce qu'ils sentent
que l'heure de la disparition est proche.

Vous connaissez déjà les déclarations de divers députés de l'extrême droite et de la droite ; ils reconnaissent, ils avouent qu'ils sont tristes, que l'avenir leur
échappe et qu'il leur faut faire une constitution, —
ce qui est impossible, ils le savent, — ou se séparer.

Aussi les voyons-nous exaspérés par le spectacle des
progrès de l'opinion qui, chaque jour, les repousse davantage, ils en sont consternés et ils n'ont plus de cœur
à rien ! (*Rires. — Bravos.*)

Le parti républicain, au contraire, raffermi et re-
trempé dans les eaux vives du suffrage universel, sentant

le pays derrière lui, est animé d'une double force, et il attend avec calme.

Cette Assemblée essayera peut-être de porter la main sur le suffrage universel par une loi imitée de la loi néfaste du 31 mai; mais, malgré tous leurs efforts, toutes leurs combinaisons, toutes leurs intrigues, ils n'aboutiront pas, — c'est ma profonde conviction, — et leur impuissance éclatera une fois de plus. Ils essayeront peut-être aussi de faire une loi qui serait le recul le plus honteux que la France pourrait subir, une loi d'instruction publique rédigée au Vatican et ratifiée par tous les évêques de France. (*Salve d'applaudissements.*)

J'entends souvent demander l'ajournement de cette loi. Pour moi, Messieurs, j'en réclame la discussion, afin que toutes les passions lèvent le masque, que chacun dise son nom, et que la France décide si elle veut d'une sacristie pour gouvernement ou si elle veut sérieusement le gouvernement républicain. (*Applaudissements prolongés.*)

Vous pouvez être assurés que, lorsque toutes ces tentatives auront été faites et qu'il se sera écoulé quatre à cinq mois, il n'y aura plus qu'une chose à faire : placer une dalle mortuaire sur cette Assemblée; elle aura vécu! (*Bravos prolongés. — Vive la République!*)

C'est alors seulement, quand la République sera définitivement proclamée et fondée, que pourront s'accuser nos dissidences d'opinions et de doctrines. Nous avons l'amour des hommes et de la justice; mais, avant tout, nous devons assurer le toit sous lequel nous voulons abriter nos luttes pacifiques. Avant de produire, il faut avoir l'outil du travail, — vous le savez, vous tous qui êtes des travailleurs; — or, pour nous, républicains, l'outil indispensable, l'outil supérieur, c'est la République. (*Oui! oui! — Applaudissements.*)

C'est pourquoi il nous faut être patients, sages et prudents. Pas de divisions! La concorde et le travail

partout ! Dès aujourd'hui mettons-nous à l'œuvre, faisons des prosélytes, allons partout, dans les villes,
dans les campagnes, dans les marchés, dans les cercles,
les réunions, les veillées; parlons, causons ; démontrons, faisons connaître qui nous sommes; malgré les
calomnies et les injures, ne craignons pas de dire ce
que nous voulons : asseoir la République sur des institutions démocratiques. — Vive la République! (*Salves
d'applaudissements. — Cris répétés de : Vive la République française! Vive Gambetta!*)

Tous les auditeurs viennent serrer la main de M. Gambetta et le remercier de ses paroles.
   Une demi-heure après, les députations des citoyens des
arrondissements d'Albertville et de la Maurienne sont intro-
duites à leur tour et présentées par M. Parent.
   M. Gambetta répond à leurs félicitations dans les termes
que voici :

Mes chers concitoyens,

Je dois tout d'abord vous exprimer toute ma reconnaissance de l'empressement que vous voulez bien
mettre à réparer, par votre sagesse, les légers ennuis
que nous causent les résolutions d'une administration qui se dit républicaine et qui empêche, par des
moyens aussi tortueux qu'illégitimes, les républicains
de se voir et de s'entretenir. Vous avez senti qu'il ne
faut jamais se départir de la modération qui est le
signe de la force. Vous saviez, au surplus, que vous
trouveriez d'autres routes pour arriver au but que
vous voulez atteindre, d'accord avec nos amis les républicains des divers points du territoire.
   Dans les présentations qui viennent d'être faites
par mon ami M. Parent, votre député, il a bien voulu
me désigner les localités que vous habitez, et il a
prononcé le nom d'Albertville, qui ne m'est pas in-
connu, croyez-le bien. Car, — sans faire injure à au-

cune des autres villes de votre département, — je
sais qu'entre tous les arrondissements de la Savoie,
c'est celui d'Albertville qui est placé à la tête, parmi
des égaux sans doute, mais enfin qui est à la tête de
l'opinion démocratique dans votre contrée.

Eh bien, mes chers concitoyens, puisque nous sommes réunis, je vous dirai tout d'abord que ce n'est
ici qu'un commencement d'entretien, car j'ai formé
la résolution d'aller parmi vous, à Albertville même
(*Bravos*) afin de trouver l'occasion d'y voir, sur place,
les hommes qui sont restés attachés à notre cause
à travers tous nos désastres, les hommes qui tiennent
haut et ferme le drapeau de la République nationale.
C'est là, dans votre ville, au milieu de vous, que je
m'expliquerai particulièrement sur divers points de
notre politique intérieure et extérieure. Aujourd'hui
nous ne faisons que lier connaissance ; mais je ne
veux pas laisser échapper l'occasion qui m'est offerte
de vous dire ce que je pense de la situation actuelle.
C'est, au reste, une véritable dette que j'acquitte envers vous, puisque vous avez contribué, autant qu'il
a été en vous, à l'accroissement des forces du parti
républicain dans ce pays.

Je crois cet examen utile et même indispensable.
Ce n'est, en effet, qu'en examinant la situation du
parti républicain, à l'heure où nous parlons, ce n'est
qu'en la comparant avec ce qu'elle était il y a quelques mois encore, avec ce qu'elle était dans le passé,
que nous indiquerons d'une façon intelligente et sagace la ligne de conduite qui s'impose aujourd'hui à
nous tous pour préparer un avenir meilleur à notre
grand et malheureux pays.

Or, Messieurs, ce qui me frappe le plus quand je
visite des contrées comme la vôtre, c'est la manière
dont le suffrage universel, de jour en jour plus éclairé,
procède dans les divers actes de la vie publique. A ce
spectacle, je ne peux m'empêcher, — et soyez bien

convaincus que je ne suis pas un optimiste, — d'avoir une réelle confiance dans l'avenir.

En effet, en ne prenant que les choses dans leur ensemble, il est un fait qui saute aux yeux : c'est qu'il y a vingt ans, la République naissait, pour ainsi dire, par une sorte de volonté supérieure et mystérieuse du peuple de Paris, et faisait effondrer un trône que, la veille, celui qui l'occupait déclarait être le plus solide de l'Europe : « Je suis à califourchon dessus, » disait-il, et, le lendemain, presque sans transition, la République s'installait à sa place dans le palais des Tuileries et rayonnait sur l'Europe presque tout entière. A la suite de la révolution de 1848, sept ou huit grandes commotions se firent sentir en Europe ; et chez nous, le suffrage universel, cet instrument nécessaire du gouvernement de la souveraineté nationale, prenait possession des affaires de la France. Le suffrage universel a été subalternisé et asservi pendant un trop long temps, à coup sûr ; il n'en est pas moins resté le signe même de l'émancipation définitive du pays.

Le suffrage universel, en 1848, à ses débuts, alors qu'il n'avait pas pris conscience de lui-même, a agi d'une manière qui ressemble, par trop de côtés, à la manière dont il a procédé le 8 février 1871 pour que cette ressemblance ne soit pas pour nous l'occasion ou le prétexte de rapprochements qui nous permettront d'apercevoir pourquoi la République de 1848 n'a pas duré, pourquoi la République de 1870 a toutes chances de persister.

En 1848, si vous vous le rappelez, la République fut acclamée par une Chambre qui, avec des apparences républicaines, était à peu près aussi monarchique que celle qui siège aujourd'hui à Versailles : elle fut acclamée dix-sept fois ; tout le monde se proclama républicain, tout le monde se servit du langage républicain, et cependant, on peut le dire aujourd'hui, grâce à cette équivoque, jamais la République ne courut d'aussi grands dangers. Au contraire, la République de 1870 est arrivée au milieu de désastres effroyables ; elle a ramassé l'héritage des monarchies successives, et n'a pas craint d'associer sa fortune à la fortune même de la France. Elle n'a pas répudié cette succession d'erreurs, de défaillances, de fautes et de crimes que léguaient non seulement le césarisme, mais les complicités de toutes les monarchies réunies qui sont tombées, en même temps que l'Empire, dans la journée du 4 septembre. (*Applaudissements. — Vive la République!*)

Messieurs, cette résolution courageuse du parti républicain était de sa part une tentative audacieuse, à coup sûr. Il n'avait pas désiré la guerre, bien certainement ; il était pur de toute espèce de compromission dans cette folie qui avait amené l'étranger sur notre sol ; mais, avec la même énergie que le parti républicain avait mise à repousser cette guerre entreprise dans un intérêt personnel et pour servir les calculs odieux d'un homme qui sentait fléchir sa puissance, la République n'a pas craint d'accepter, au nom de l'honneur et de la sécurité de la France, la terrible responsabilité de continuer une guerre si mal commencée, parce qu'il est dans son lot, dans sa destinée, à la fois tragique et glorieuse, d'apparaître toujours lorsque la France penche sur le gouffre, de prendre en mains l'épée nationale, de réunir tous les éléments qui ont confiance dans l'avenir de la France et d'en former un faisceau pour le présenter à l'ennemi. (*Applaudissements prolongés.*)

La République peut être abattue dans cette lutte gigantesque, surtout lorsqu'elle s'y présente désemparée, désarmée ; lorsque trois cent mille hommes, pris d'un seul coup, manquent à l'appel ; lorsque le matériel fait défaut, et que les munitions ont été gaspillées ; lorsque l'armée, qui va combattre, est

sans officiers, tous les nôtres étant tombés aux mains
de l'ennemi ; lorsque l'invasion s'avance sur Paris, sur
ce Paris sacré et toujours si cher à la France... (*Oui!
oui! —Explosion d'applaudissements. — Vive Paris! —
Vive la République!*)... Ah! oui, Messieurs, dans une
pareille situation, la République peut être abattue ;
mais, dans sa chute imméritée et passagère, elle em-
porte la reconnaissance de la France, qui sait comprendre et glorifier son dévouement.

C'est pourtant dans cette situation que s'est trouvée
la France au lendemain du plébiscite, ce blanc-seing
donné à César, cette défaillance si malheureuse de
notre nation! Le châtiment est arrivé, terrible et
prompt comme la foudre, et tel que jamais on n'en
a vu de semblable dans l'histoire. Le peuple français,
qui, lui-même, avait prononcé son arrêt, l'a vu exécuter impitoyablement par les hordes étrangères!
(*Sensation profonde.*)

C'est alors que la République a eu le triste avantage de se présenter pour conduire les affaires de la
patrie. Quelque danger qu'il y eût à donner son nom
à une pareille entreprise, à marquer de son empreinte
une semblable tentative, et, — permettez-moi le mot,
— quelque péril qu'il y eût à courir une aventure
aussi désespérée, la République n'hésita pas, et pourquoi? Parce qu'il y allait de l'honneur de la France
et aussi de la paix de l'Europe dans l'avenir. (*Vive la
République! — Vive Gambetta! — L'orateur est interrompu par des acclamations prolongées.*)

Calmez-vous, mes chers concitoyens! Il est nécessaire que nous puissions continuer notre entretien ;
ne provoquons pas des manifestations qui n'ajoutent
rien à notre force et qui ne pourraient que servir de
prétexte à la colère de nos ennemis. (*Très bien! très
bien!*) Nous sommes ici pour causer de nos affaires,
faisons-le avec prudence et, surtout, avec calme.
(*Nouvelle adhésion.*)

Ainsi, Messieurs, voilà la différence d'origine de ces deux Républiques.

La République de 1848 arrive au milieu d'une paix absolue, d'une prospérité générale; l'autre prend naissance au milieu des plus épouvantables catastrophes; la première est reconnue, proclamée, acclamée par ses ennemis mortels; la seconde est conspuée, outragée, déchirée, proscrite par les mêmes hommes, souvent par les mêmes personnes. Et qu'est-il arrivé? Il est arrivé que c'est la première, à qui tout semblait facile, qui a succombé, et que c'est la seconde, contre laquelle tous les royalistes sont conjurés, qui monte, qui émerge de la conscience nationale qui, bientôt, pourra défier tous les efforts, toutes es entreprises de ses ennemis au dedans, et qui, au dehors, pourra bientôt, je l'espère, nous rendre la place légitime qui nous appartient dans le monde en replaçant à son niveau la patrie française. (*Approbation générale. — Vive la République!*)

D'où vient ce singulier contraste? C'est que, dans le premier cas, le parti républicain était à l'état de minorité, et de minorité tellement restreinte, tellement méconnue, qu'il n'a pas observé avec sagesse les règles de la prudence politique; il s'est laissé emporter; ses ennemis lui ont tendu une foule de pièges dans lesquels il est successivement tombé; il s'est laissé aller à la violence de son tempérament; il n'a jamais su déjouer les machinations de ses adversaires, et, de faute en faute, de chute en chute, il est arrivé à s'annihiler dans le pays, de telle sorte, Messieurs, que, la veille du coup d'État de 1851, il était possible d'affirmer que ce coup d'État était à la discrétion et à la portée soit du césarisme, soit de la monarchie.

Aujourd'hui, Messieurs, instruit par l'expérience, ce même parti républicain a compris les véritables conditions de la lutte politique. Il s'est massé, con-

centré ; il a exclu de son sein la discorde ; il a ajourné
la discussion intérieure des doctrines, pour s'en tenir
momentanément aux questions de conduite ; il s'est
soumis à une discipline d'autant plus efficace qu'elle
était volontaire ; puis il a surveillé ses adversaires, épié
attentivement tous leurs actes, saisi leurs pratiques,
dénoncé leurs machinations ; il ne leur a pas permis
de faire un pas sans les suivre, les serrant corps à
corps ; acquérant ainsi le gouvernement de lui-même,
ne se laissant jamais entraîner, comprenant que le
rôle du parti républicain sous la République doit
être tout différent du rôle qu'il jouait sous la monarchie.

Sous le régime monarchique, quand le parti républicain n'existait qu'à l'état de minorité, la violence
était sa seule arme ; il devait être constamment à l'état
militant, parce que la force qui l'opprimait ne lui
laissait aucune issue pour respirer et pour agir.

Au contraire, sous la forme qui lui est propre, sous
la République, — si hésitante, si vacillante, si inco-
lore, si terne qu'elle soit, — quand il a le champ
libre, quand il a le suffrage universel en main, quand
il peut librement choisir ses candidats, — et avec de
la discipline, avec une opinion publique éclairée, là
est pour le moment toute la politique, — le parti
prend alors un rôle véritablement légal, véritablement
gouvernemental, et pourquoi ? Parce qu'il n'a pas intérêt à renverser ce germe de République ; au contraire, il doit le cultiver avec toutes les précautions
imaginables, pour, après l'avoir vivifié, développé,
recueillir plus tard les fruits qu'il portera. Ce jeune
arbre, il doit le surveiller avec tendresse, lui donner
tous ses soins, tous ses instants, en sorte que, Messieurs, le parti républicain devient le gardien tutélaire
et vigilant de la République ; c'est sa chose, et, tout en
faisant de l'opposition légale et sage, il ne doit jamais
se laisser distraire des soins qu'il doit au gouverne-

ment dont il porte le nom. (*C'est cela! — Très bien!
— Applaudissements.*)

C'est par cette méthode de conduite que vous pouvez expliquer les progrès qu'a faits dans le pays l'idée
républicaine. Je vous rappellerai, à ce propos, les diverses manifestations qui se sont produites, au lendemain même de la Commune, que dis-je? pendant la
guerre civile même, sur tous les points du territoire,
en face d'une Assemblée réactionnaire qui comptait
sur l'esprit attardé de la province pour exécuter ses
projets. C'est la première fois, dans l'histoire, que la
province n'a pas perdu de vue la véritable situation
des choses, et c'est la première fois qu'avec un calme,
une sagacité et une pénétration qu'on ne saura jamais
assez louer, elle s'est interposée entre les deux partis.
Elle a parfaitement jugé où était la faute préméditée
et où était la faute accidentelle: elle a fait la part de
chacun, et, au milieu de la mêlée, elle ne s'est pas
déjugée; elle est restée constamment maîtresse d'elle-
même, et, malgré les calomnies contre la République
qu'on associait à des excès, elle a choisi des mandataires républicains, ne laissant échapper aucune occasion de manifester sa ferme résolution d'adopter le
gouvernement républicain et sa volonté arrêtée de le
fonder.

C'est pourquoi, chaque jour, vous avez vu les partis
réactionnaires se dissoudre, se diviser et arriver à
l'état d'impuissance vraiment piteuse où nous les
voyons aujourd'hui; ils sont aux prises les uns contre
les autres, et pendant qu'ils se déchirent, nous nous
concentrons et nous arrivons à l'unité d'action et de
conduite. (*Bravo! bravo! — Applaudissements. — Vive
la République!*)

Et qu'est-ce qui a produit ce résultat? La patience
aidée de la vigilance et de la sagesse qui ne s'endort
pas, qui se rend compte de tous les actes à accomplir,
qui les pèse et les mûrit, et qui sait que les résistan-

ces intéressées qu'on oppose au suffrage universel ne
sont, pour lui, que des aiguillons plus pressants.

On sent, Messieurs, dans tout le pays, que l'Assemblée est absolument condamnée, que ses jours sont
comptés, qu'elle peut bien durer encore une session,
quelques mois qui seront pour elle l'agonie, mais la
malade est frappée à mort et elle n'en réchappera pas !
(*Rires. — Approbation générale et applaudissements.*)

Aussi, Messieurs, un grand devoir s'impose à nous,
dès à présent : c'est le devoir de chercher et de dé-
couvrir les successeurs de cette Chambre introuvable,
plus introuvable que celle qui revint derrière l'étranger, — car on dirait qu'il est dans la destinée des
partis de l'ancien régime de ne pouvoir ressaisir la
France qu'avec la coopération de l'invasion. (*Sensation. — Bravos.*)

Dès à présent, le suffrage universel doit se concerter, s'entendre, se préparer en vue des élections
prochaines; il doit former, dès à présent aussi, des
comités, formuler des programmes, examiner les
candidatures, tout faire, en un mot, comme si l'Assemblée n'était plus, afin d'installer prochainement,
au centre de la France, à Paris, (*Oui! oui! — Salve
d'applaudissements.*) une majorité républicaine.

Et alors se réalisera cet avenir qu'on entrevoit et
qui nous permettra d'entrer véritablement dans le vif
des réformes nécessaires à notre régénération nationale. Alors nous pourrons aborder les véritables
questions politiques et sociales et inaugurer surtout,
et avant tout, ce que j'appelle la paix républicaine
par l'application d'une politique d'apaisement, de
clémence... (*Nouvelle salve d'applaudissements. — Vive
la République!*)

Il appartient en effet à un gouvernement vraiment
fort, vraiment républicain, de comprendre comment,
lorsque des concitoyens ont été assez malheureux,
assez égarés, pour se jeter les uns sur les autres, les

armes à la main, des excès condamnables ont été
commis dans la mêlée, dans le combat. Un tel gouvernement doit comprendre aussi qu'il y a une loi qui
s'impose, en politique, non pas seulement par des
considérations de sentiment, mais aussi par des considérations de sagesse et, si j'ose l'ajouter, par des
raisons d'État : or, Messieurs, cette loi veut qu'au
lendemain d'une guerre civile où il y a eu tant de
victimes, mais où, en définitive, la force a fini son
œuvre, on ne reconnaisse plus ceux qui y ont pris
part. (*Applaudissements. — Bravos. — Vive la République!*)

Car, Messieurs, c'est pour moi le premier des principes que, dans un gouvernement de démocratie, on
doit avoir confiance en la démocratie. Il faut n'avoir
pas peur des foules ni de ce qu'il peut y avoir de dés-
ordonné dans leurs aspirations, qui ne sont, hélas!
que l'écho de leurs souffrances. C'est par la contradiction se produisant en plein soleil, en pleine lumière,
que les gouvernements de démocratie peuvent assurer
les véritables progrès sociaux, et l'on ne peut, l'on ne
doit fonder la République que sur l'assentiment de la
raison collective. (*Vive adhésion. — Bravos.*)

Or, Messieurs, il est bien constaté qu'il y a impossibilité aujourd'hui d'attendre ni d'espérer quoi que ce
soit de cette Assemblée de Versailles; elle va disparaître, et il n'y a même pas intérêt à organiser contre
elle ce qu'on appelle le mouvement de pétitionnement. Je considère que ce serait là une expérience
inutile; ce serait vouloir prouver une chose qui est
établie pour le pays, et ce n'est pas par une accumu-
lation de signatures apposées sur du papier que l'on
mettra fin aux pouvoirs des élus du 8 février 1871.

Non! c'est en préparant les élections nouvelles et
en abandonnant la Chambre à elle-même, à son isolement et à son impopularité. Les six mois de session
qui vont s'ouvrir auront définitivement mesuré sa

carrière. Ils vont rentrer à Versailles, ces monarchistes de tous les régimes tombés, pour y faire éclater
de nouveau leur impuissance ; ils y reviendront après
avoir visité le suffrage universel, dont ils auront entendu non pas les plaintes, mais les railleries. Puis-
sent-ils avoir compris par avance le verdict qu'il se
prépare à prononcer contre ces revenants et ces spectres du passé ! Mais, Messieurs, ce n'est pas pour rien
qu'on les a surnommés les incorrigibles. Les uns reviendront résolus à tenter un dernier effort, les autres
décidés à louvoyer, à prendre des masques pour dé-
concerter l'attention publique ; ils essayeront tout
contre l'esprit moderne qui les repousse ; nous enten-
drons toutes leurs injures, toutes leurs calomnies et
toutes leurs énormités, jusqu'au moment où, frappés
à mort, ils disparaîtront pour rentrer dans le néant,
d'où jamais ils n'auraient dû sortir. (*Salve d'applaudissements. — Vive la République!*)

Telles sont nos prévisions aujourd'hui, Messieurs,
et c'est pour cela que, sans nous borner à échanger
de pareilles espérances, nous devons nous préparer
immédiatement et efficacement au remplacement de
ces hommes. Il faut, de toute nécessité, que chacun
de nous devienne, autour de lui, un agent de prosélytisme ; il faut secouer l'indifférence de ceux qui nous
entourent ; il faut que partout où il y a deux hommes
assemblés il soit question du prochain mouvement
électoral : il faut, encore, que vous organisiez des comités qui rayonnent, se ramifient depuis le centre du
département jusque dans les dernières communes ; il
faut établir des communications constantes, des relations incessantes entre tous ces centres ; il faut ré-
diger les programmes, s'apprêter à l'examen attentif
des candidats, préparer enfin la constitution d'une
majorité républicaine, afin que le jour où paraîtra,
dans le *Journal officiel*, le décret de convocation des
électeurs, on puisse dire : La France a recouvré la

liberté! (*Applaudissements. — Vive la République!*)

Ces choses sont œuvre de volonté, et il n'y a pas d'ouvrier inutile en ces matières. Ceux qui croient que leur action est vaine parce que leur milieu est restreint, se trompent ou sont des paresseux. Je le dis bien haut : vous êtes responsables des votes de ceux que vous pouvez convertir, et, si nous nous mettons à l'œuvre sans trêve ni repos, si nous aimons la République comme nous aimons notre propre chose, si nous la servons avec ce dévouement, ce zèle, cette activité que nous déployons dans nos propres affaires, — et c'est cela qu'il faut, — oh! notre cause sera définitivement gagnée, et notre triomphe assuré.

Voilà la règle : l'action, toujours l'action. Il n'y a pas besoin, remarquez-le bien, pour agir, de faire des choses étonnantes, de ces choses qui sont plutôt un décor que des choses solides, non !

Le jour où vous voudrez devenir des agents dévoués de nos idées, alors, pendant la période électorale, comme vous êtes déjà le nombre, vous serez l'autorité, l'autorité légitime et légale. Avec la République, vous aurez dans les mains l'instrument indispensable, la formule nouvelle qui permettra la solution de toutes les questions.

Ne soyez donc jamais ni découragés ni indifférents : gardez-vous de toute faute comme d'un danger public. et surtout ne désespérez jamais de la France ni de ce grand parti républicain qui, depuis soixante-quinze ans, à travers toutes les proscriptions, a su toujours se retrouver pour défendre, avec l'honneur et l'intégrité de la patrie française, les droits de l'homme et du citoyen. Vive la République! (*Applaudissements et acclamations. — Cris répétés de : Vive la République! Vive Gambetta!*)

Les personnes qui composent la députation d'Albertville, et un grand nombre d'autres qui se sont jointes à elles, vont serrer la main de l'orateur.

La foule s'étant retirée, et M. Gambetta ayant pris quelques instants de repos, une nouvelle foule remplit bientôt l'appartement.

A son entrée dans le salon où est réunie la députation de Montmélian et lieux voisins, M. Gambetta est accueilli par elle aux cris de : Vive la République! Vive Gambetta!

M. Gambetta prend la parole et prononce l'allocution suivante :

Mes amis, puisque vous voilà, et malgré l'état de fatigue où je suis arrivé, je ne veux pas vous laisser partir sans vous remercier de votre visite et surtout sans vous dire dans quels sentiments je suis arrivé parmi vous.

Je suis venu, je vous le déclare, pour tenir les promesses que j'ai faites à vos représentants, qui déjà, depuis deux ou trois mois, m'avaient parlé, à l'Assemblée, de cet anniversaire du 22 septembre. J'avais à cœur de célébrer ce glorieux anniversaire sur cette terre de Savoie qui s'est donnée à la France le jour même de la proclamation de notre première République. En effet, vous n'ignorez pas qu'à l'heure même où nous sommes réunis ici, d'autres républicains, qui sont en communion parfaite de cœur, d'idées, d'aspirations, d'espérances et de zèle avec nous tous, sont aussi réunis, sur divers points de la France, pour remonter, dans un sentiment de pieuse commémoration, au berceau de la République, afin d'y retrouver les grands enseignements de ceux qui, non-seulement ont façonné la France dans laquelle il nous est donné de vivre et de nous développer, mais qui ont imprimé au monde entier une direction qui dure encore; — les grands enseignements de ces hommes, qui ont proclamé le dogme souverain de la justice et de la paix sociale, substitué à l'ancien règne du caprice la souveraineté de la loi et à la majesté empruntée, que s'arrogeaient certaines familles privilégiées, la majesté même du peuple, de tout le peuple et non pas seulement d'une fraction de peuple. (*Applaudissements pro-longés.*)

J'avais tenu à choisir votre pays, entre les divers points où se célèbre aujourd'hui, sur votre territoire, l'anniversaire du 22 septembre. En effet, il m'était particulièrement doux, au moment où la France est plongée dans le deuil, de marquer que nous n'avons pas perdu le souvenir heureux de la gloire nationale qui nous a été léguée par le passé ; et surtout de venir sur ce sol, éminemment français, aux portes de l'Italie, voisin de l'Allemagne, à deux pas de la Suisse, pour y faire connaître les sentiments de solidarité qui nous lient à la Savoie, pour dire enfin combien est profond et indissoluble le pacte du 22 septembre et du 17 octobre 1792.

Oui, le premier jour de la République, un petit peuple, fier, vaillant, glorieux et qui brisait ses fers, est venu loyalement, dans le plein et entier exercice de son libre arbitre et de sa volonté, s'unir à la République française, heureuse de recevoir dans son sein des frères qu'en avait séparés l'ancienne politique monarchique. (*Bravos et applaudissements.*)

Une telle manifestation présentait un caractère sacré, et, si les administrateurs qu'on nous donne avaient eu quelque souci de leurs devoirs, du véritable intérêt du gouvernement qu'ils servent ou qu'ils desservent (*Rires approbatifs*), ils n'auraient pas entravé la libre et patriotique expression de vos sentiments. (*Bravo! bravo!*)

Mais il doit nous être indifférent que ces administrateurs n'aient été ni assez prévoyants ni assez sages ; et puisqu'ils ont pris la résolution, vraiment enfantine, de nous empêcher de nous entretenir, pendant une heure ou deux, dans une salle plutôt que dans une autre, nous nous réunirons ici et nous causerons entre nous, aux termes des prescriptions de la triste législation bonapartiste qu'on nous impose encore.

Car ce qui nous importe, c'est de rendre au passé
le témoignage auquel il a droit, c'est de rendre à la
Révolution française l'hommage que nous lui devons.
C'est là, Messieurs, pourquoi nous nous réunissons
aujourd'hui, dans cette chambre, et pourquoi nous
nous y réunirons encore demain, sans prétendre manquer en rien à un gouvernement qui a eu la faiblesse
de ne pas voir que, quand le parti républicain se réunit
aujourd'hui, ce n'est pas pour faire du désordre, mais
pour des motifs sérieux, et sans que l'on puisse prétendre que de ses réunions il sorte jamais, soit une
émotion malsaine, soit une agitation dangereuse.
Par votre exemple, vous éclairerez ce gouvernement,
soyez-en sûrs, et il comprendra qu'il y a danger à
maintenir à la tête de populations patriotiques des
agents qui ne s'inspirent pas des principes républicains. Voilà un premier enseignement qui sortira de
cette rencontre ; mais il y a mieux.

Il faut aussi que je vous dise, puisque je suis parmi
vous, quelle est l'opinion qu'on a de vous ailleurs,
quelles sont les espérances que l'on fonde sur votre
conduite, ce que l'on attend, et dans un avenir très
rapproché, de votre volonté et de vos actes.

Eh bien, après les manifestations qu'il vous a été
donné d'accomplir, nous avons conscience de vos
aspirations républicaines affirmées par vos mœurs
et par vos sentiments constants. Depuis le 8 février 1871, ici, dans toutes vos communes, comme
presque partout ailleurs, la République est en pleine
ascension ; elle s'empare des consciences et des cœurs ;
elle rassure les intérêts trompés ; elle fait tomber les
calomnies et les entraves semées sur son chemin,
obstacles qui, au lieu de l'arrêter, ne font que la forti-
fier et lui préparer un triomphe d'autant plus définitif, qu'il aura été plus disputé. (*Applaudissements.*)

Les élections prochaines sont imminentes, et la
session qui va s'ouvrir ne se passera pas sans que le

mot solennel ait été prononcé, peut-être par le gouvernement lui-même qui sentira qu'il faut choisir
entre la volonté du pays et la résistance d'une Assemblée qui a véritablement épuisé son mandat, (*Vive
adhésion et bravos.*) et il se prononcera pour le pays.

Mais il ne faut rien compromettre ; nous devons re-
doubler de modération dans les paroles, de sagesse
dans les actes, nous montrer conciliants avec les
hommes qui sont de bonne foi et accueillir ceux qui
ont la conscience pure ; mais, parmi ceux qui se rallient, nous devons nous attacher à bien distinguer
ceux qui sont sincères de ceux qui ne sont qu'hypo-
crites et que l'intérêt seul sollicite. L'avenir de la République se trouve ici engagé ; car ce serait un malheur
irréparable que la prochaine Assemblée fût composée
de gens qui n'eussent l'amour de la République que
sur les lèvres, tandis que dans le cœur ils conserve-
raient le désir ardent de l'étouffer sous leurs embras-
sements. C'est là qu'est le péril, et c'est là aussi que
se révèle le calcul de nos ennemis, calcul qu'il faut
déjouer par notre clairvoyance et notre prudence.
Dès à présent, mettons-nous donc en face du mouvement électoral, et préparons un programme net et
précis dans lequel le peuple écrira les conditions qu'il
faudra remplir pour être son mandataire, programme
clair, où il posera les questions les plus urgentes en
première ligne, non pas toutes à la fois, mais toutes
successivement et dans une gradation nécessaire. Sachons ne rien mêler ni rien confondre, parce que ce
serait tout compromettre. Procédons par ordre. D'a-
bord, la République ; ensuite, l'organisation de ses
pouvoirs ; après, la révision des lois de la magistrature ; ensuite, les rapports du clergé avec l'État, l'instruction publique, l'organisation militaire. Établissons une gradation, allons du simple au composé,
et donnons ce spectacle à nos ennemis, que nous
sommes des hommes pratiques, expérimentés, ré-

solus mais patients, habiles tout en étant radicaux.

Messieurs, ce sens des intérêts, qui nous est aujourd'hui indispensable, cette habitude des affaires, il y a une excellente école pour les acquérir: ce sont les conseils électifs de vos localités. Travaillez, dans ces conseils, à apprendre les affaires, à les traiter comme vous traitez vos propres intérêts. Ne croyez pas qu'il y ait un grand écart entre la direction à donner à vos propres intérêts et à ceux de l'État. Ah! si l'on apportait dans les affaires de l'État le quart des soins qu'on met dans le règlement de ses affaires patrimoniales, il y a beau temps que la démocratie aurait triomphé! (*Bravo! — Très bien! — Applaudissements.*)

Messieurs, il faut bien vous persuader que la démocratie, le monde du travail, c'est aujourd'hui la France, la France avec tous les éléments de force et de vitalité qui lui rendront son ancienne grandeur. Car où voit-on donc notre pays, autre part que dans la démocratie, acquérir non seulement la richesse matérielle, mais l'indépendance morale? Où voit-on, ailleurs que dans la démocratie, ces résultats de l'épargne qui assurent à ceux qui viennent après vous, à vos enfants, à vos proches, à ceux mêmes qui ne sont que vos ouvriers ou vos employés, l'éducation sans laquelle il n'y a rien à tenter, rien à faire dans ce monde du dix-neuvième siècle, où règnent l'intelligence et la science, avec une puissance qui éclate à tous les yeux? Messieurs, on a beau prendre le monde social par tous les bouts, il y a toujours un point où tout revient : la réforme de l'éducation générale. Il faut se dévouer à ce travail, l'exiger impérativement de ceux qui seront vos représentants. Qu'ils en fassent la chose de leur vie, leur pensée de tous les jours, la réforme qu'ils n'abandonneront pas avant de l'avoir menée à bonne fin.

Parlons donc, si vous le voulez bien, de cette édu-

cation nationale, sans laquelle l'homme ne peut rien.
Il la faut obligatoire pour que personne n'en soit
privé. Qu'on ne vienne pas parler ici de servitude
imposée au père de famille. Le père de famille doit
assurer la raison à son enfant; sans cela, il commet
un véritable meurtre intellectuel et moral dont il
doit compte à la société. Ensuite, il faut que cette
éducation nationale soit laïque. En effet, il ferait beau
voir des gens qui ont rompu avec le monde, qui,
comme ils le disent, se détachent de la terre et de la
société des hommes, qui n'ont d'intérêt que dans un
monde mystique et surnaturel; il ferait beau voir ces
gens nous chercher chicane, nous parler d'oppression des consciences et nous imposer leurs croyances.
Messieurs, il est impossible que des hommes qui,
ayant fait vœu de célibat et de chasteté, — et vous
savez comment ils tiennent leur vœu — (*Rires et
bravos*), ne sont pas compétents pour instruire des
enfants destinés à vivre dans nos sociétés humaines;
il est impossible que des hommes qui n'ont jamais eu
un cœur de père (*Applaudissements prolongés*) conti-
nuent à s'arroger le droit de pourvoir à l'éducation
de la France moderne. Cela est impossible, parce
que cela est un danger perpétuel pour la société qui
ne vit pas d'aspirations mystiques, mais des sévères
et hautes leçons de la science. Mais, Messieurs, il y
a encore une autre raison pour que l'éducation nationale soit laïque, et la voici : toutes les fois que
l'instruction est donnée sur les fonds de l'État ou des
communes, c'est-à-dire qu'elle est payée et soldée par
les cotisations des citoyens, cette instruction, pour
être en rapport avec l'origine de l'argent qui la solde,
du pouvoir qui la surveille, pour demeurer en corrélation avec la nature même de la société dans laquelle sont appelés à vivre et à travailler les enfants
qui la reçoivent, cette instruction doit être essentiellement civile, car elle n'a à s'occuper que des rap-

ports de l'homme avec l'homme. Pour tout ce qui est
en dehors de ces rapports humains, on ira chercher
ailleurs une éducation spéciale enseignée suivant des
dogmes particuliers. Mais là où il ne doit être question que de nos principes sociaux, de nos lois, de nos
devoirs, de notre constitution, il ne faut pas introduire un esprit rival; il ne faut pas que des hommes
qui ont en abomination la société moderne, qui insultent tous les jours la liberté politique, qui nient
le libre arbitre, qui nient l'indépendance de l'homme,
qui nient la forme républicaine, il ne faut pas que
ces hommes enseignent leurs doctrines serviles aux
générations futures. Les enfants sortis des mains de
tels instituteurs ne peuvent être parmi nous, dans
notre société arrachée au joug clérical, que des ennemis ou des dupes (*Bravos*), et nous devons nous défendre contre ce double danger.

En demandant l'éducation laïque, civile, on dirait
vraiment qu'on réclame une chose qui n'est pratiquée
nulle part, alors qu'il y a des pays entiers qui n'emploient, n'acceptent et n'entretiennent que des maîtres
laïques dans leurs écoles. N'est-ce pas ainsi que les
choses se passent, notamment, dans une partie de
l'Allemagne? Hélas! nous avons appris à nos dépens
que de ce régime l'Allemagne moderne ne s'est pas
trop mal trouvée!

Il faut donc accomplir cette réforme de l'éducation
nationale complètement, largement, en se rappelant,
comme le disait la Convention dans son juste, pré-
voyant et immortel langage, qu'il n'y a qu'une seule
manière d'assurer l'avenir, c'est de faire l'instruction.
(*Très bien! — Oui! oui! — Applaudissements.*)

Messieurs, nous n'avons pas trop de temps devant
nous pour préparer les élections prochaines. Il importe donc de nous mettre à l'œuvre résolument et
de tout cœur, avec l'énergie qu'on sait apporter, dans
notre pays, quand on prétend faire aboutir les choses,

avec l'opiniâtre volonté qui dirige tous vos efforts
dans vos affaires privées. Pour assurer la fondation
de la République, il convient de ne vous laisser distraire par aucune préoccupation étrangère, de ne
laisser votre vue s'écarter de ce but par aucun bruit
malveillant. Qu'on ne nous parle pas de monarchistes,
de bonapartistes, car la République, aujourd'hui, est
au-dessus des entreprises des factions; elle est, n'en
doutez pas, le vœu du pays, et, si quelqu'un était assez
téméraire pour porter la main sur elle, immédiatement il se lèverait des défenseurs qui feraient justice
des imprudents. (*Oui! oui! — Applaudissements enthousiastes.*)

Sachons donc mépriser les calomnies et les insinuations des partis ennemis. Préparez-vous à la formation de la grande majorité républicaine qui fondera
et assoira les véritables institutions, sans lesquelles
la République ne saurait durer plus longtemps sans
être un mensonge qui achèverait de nous perdre en
achevant la démoralisation du pays.

Vive la République! (*Bravos et applaudissements. —
Vive la République! — Vive Gambetta!*)

Après quelques instants de repos, une quatrième députation, composée en majorité de citoyens appartenant à la
Haute-Savoie, occupe la place des précédentes.

Elle est présentée à M. Gambetta par son collègue M.
Silva, dans les termes suivants :

« Mon cher collègue,

« J'ai l'honneur de vous présenter mes compatriotes de la
Haute-Savoie. Ce sont des citoyens, des républicains éprouvés, et ils sont, je vous en réponds, de trempe solide. Ils
sont heureux de vous témoigner leur sympathie, connaissant bien les services rendus par vous à la cause républicaine. Ils sont heureux aussi de vous souhaiter la bienvenue
sur la vieille terre de Savoie. Nous vous demandons de mé-

nager vos forces dans un intérêt qui est le nôtre, car vous
vous dévouez à la cause de la République. » (*Bravos et applaudissements. — Vive la République! — Vive Gambetta!*)

M. Gambetta répond :

Mes chers concitoyens,

Permettez-moi d'ajouter, avec tout ce que ce mot
comporte de solidarité et de dévouement, mes chers
compatriotes, car je ne connais pas de plus beau titre
au monde à vous donner que celui de compatriotes,
qui me rappelle votre sincère adhésion à cette noble
France dont la grandeur a si souvent ébloui le monde,
et dont les malheurs immérités font aujourd'hui l'entretien de tout l'univers.

Messieurs, je suis pénétré, non pas d'orgueil, malgré les paroles trop flatteuses de M. Silva, mon ami
et mon collègue, mais de reconnaissance et d'émotion. Ah! je sens de quel prix est la sympathie de
cette généreuse démocratie républicaine pour ceux
qui se sont donnés à elle tout entiers, pour ceux qui
savent se tenir à l'abri des tentations perfides, comme
des provocations misérables ; pour ceux enfin qui ont
juré que, s'ils ne faisaient pas le mieux, ils feraient
du moins le plus honnêtement et le plus fermement.
(*Bravo! — Très bien! — Applaudissements.*)

Si j'avais besoin de m'affermir, de m'assurer dans
ma foi républicaine, si je ne goûtais pas toutes les
satisfactions intimes qui me viennent de la conscience
que j'ai d'avoir choisi dans la vie le plus beau drapeau
et la plus noble des causes, et de leur avoir donné
toute mon âme sans arrière-pensée, sans souci d'aucune nature, sans jamais écouter l'intérêt, et surtout
sans me laisser éblouir par cette sorte de célébrité
que l'on a faite autour de mon nom, je me sentirais
affermi, récompensé, en voyant des citoyens, des ré-

publicains tels que vous, m'accueillir avec cette sympathie et cette fraternité.

Ah! citoyens, ce n'est pas pour rien que nos pères avaient ajouté à la formule éclatante et victorieuse du droit : Liberté, Égalité, cette admirable et suprême conception : Fraternité. (*Explosion de bravos. — Vive la République! — Vive Gambetta!*)

Il n'y a que chez nous, dans notre démocratie, il n'y a que dans nos rangs qu'on estime assez la nature humaine, qu'on a assez de libre confiance dans la noblesse et la dignité du caractère de l'homme pour se reconnaître non seulement comme des compagnons d'armes et de travail, des ouvriers de la même œuvre, mais encore, ainsi qu'on le dit avec dérision dans les rangs de nos adversaires, comme des amis et des frères! (*Bravo! bravo!*) Oui, il faut relever cette expression d'une si haute et si noble pensée et, puisque vous en faites un sujet de risée dans votre monde d'égoïsme et de vanité, eh bien, oui, nous sommes des frères et des amis, comme on disait en 92! (*Oui! oui! — Double salve d'applaudissements. — Interruption de quelques minutes.*)

Persistons, Messieurs, continuons à joindre nos efforts, à associer nos volontés; formons-nous à l'école mutuelle de la dignité et du service réciproque; ne doutons jamais les uns des autres, et, quelles que soient les trahisons et les apostasies qui s'étalent sous nos yeux, recommençons sans cesse notre tâche; soyons impassibles sous les coups de l'infortune; que rien ne nous émeuve, que rien ne nous arrête, et le succès finira bien par couronner notre œuvre.

Songeons-y à travers toutes nos misères et toutes nos persécutions : il n'y a, en somme, que trois quarts de siècle que les principes républicains, ces glorieux principes à la défense desquels nous avons voué notre vie, sont entrés dans le monde, et quelles difficultés n'a-t-il pas fallu vaincre pour les y introduire et les y

défendre! Rappelez-vous tout ce passé qui pesait d'un
poids si lourd sur les épaules de nos pères; leurs
mains étaient liées; et il y avait tout ce monde de privilèges et d'iniquités contre lequel ils proclamaient
la sainte colère du peuple, à secouer et à renverser!
Messieurs, trois quarts de siècle, ce n'est qu'un instant
dans la vie d'un peuple. Ce n'est pas parce que la
République est tombée deux fois sous les coups d'a-
venturiers sinistres, sortis du même pays et de la
même race et ramenés par les mêmes fautes, ce n'est
pas une raison pour que la lumière, éclatante comme
le soleil, des principes républicains puisse désormais
s'éteindre. (*Non! non! — Bravos. — Vive Gambetta!*)

Mes chers compatriotes, nous sommes tous ici à la
hauteur de nos devoirs, et nous professons mutuelle-
ment une estime suffisante de nos caractères pour
n'avoir pas besoin de nous prodiguer des marques
d'adulation; nous sommes des hommes. Oui, crions,
quand cela convient et quand cela résume, comme
dans un mot suprême, toutes nos aspirations, crions :
Vive la République! mais, ne crions jamais, — du
moins autant que nous le pourrons! — (*On rit.*) ne
crions jamais : Vive un homme! L'idolâtrie nous a
déjà trop coûté, évitons de retomber dans la même
faute. Nous avons vu des hommes résumer à de certains moments et comme absorber toute la force de
notre grand parti, et, lorsque la défaillance se produi-
sait chez eux, elle ressemblait alors à la faillite générale du parti. Encore une fois, il faut nous défaire de
ces adulations monarchiques et ne jamais incarner
les destinées de la République dans le nom d'un
homme. (*Très bien! très bien! — Marques unanimes d'assentiment.*)

Messieurs, plus nous ramènerons vers nous, vers
chacun de nous, la tâche du parti, et moins nous aurons à nous décharger sur un seul homme de la besogne qui appartient à tous, et mieux nous ferons les

affaires de la République. Ce n'est pas une vaine parole que je vous adresse en disant : Ne jurez jamais
sur la parole d'un seul; ne vous confiez jamais à un
seul; ne vous fiez qu'à vous-mêmes.

Pour terminer, je dois dire ce qui m'a frappé le plus
dans les diverses députations que j'ai eu l'honneur de
recevoir aujourd'hui, et aussi ce qui m'a consolé largement, — je vous demande pardon de parler devant
vous d'une consolation qui m'est toute personnelle, —
ce qui me console de l'interdiction injuste et capri-
cieuse qui nous a frappés, c'est le spectacle dont nous
sommes témoins. Eh bien! j'estime que ces observations, ces serrements de mains que nous avons échan-
gés, sont autrement avantageux qu'un banquet d'où
l'on peut sortir étrangers, pour ainsi dire, les uns avec
les autres; ici, on se sent mieux, et j'en sortirai plus
imprégné de vos opinions, de vos vœux, de vos désirs:
de même que de mon côté je compte vous avoir mieux
fait comprendre toutes nos espérances. Après ces en-
tretiens vous vous répandrez parmi vos campagnes
pour y retrouver vos amis, partout où ils seront. Partout où vous aurez une connaissance quelconque,
vous vous attacherez à les convaincre. Vous les péné-
trerez à votre tour, et vous remplirez à leur égard le
rôle que je remplis ici vis-à-vis de vous. C'est là qu'est
la tâche, c'est là l'œuvre de prosélytisme, de propagande à laquelle il faut songer.

On dit, et on vous dira sans doute, que la République n'est qu'un gouvernement de fait. Un gouvernement qui négocie, qui emprunte, qui surveille les factions, qui parle au nom de la France, n'est pas seulement
un gouvernement de fait. Par gouvernement de fait,
voudrait-on dire que la République n'est que provisoire? Je ne puis l'admettre. Tous les gouvernements
qui ne sont point fondés sur la violence et le crime au
mépris du droit national, sont définitifs. Un gouvernement est ou n'est pas, selon qu'il gouverne ou qu'il ne

gouverne pas. On doit obéissance à la République, elle
s'impose à tous ; le peuple la veut et la réclame par
toutes ses manifestations. Nos adversaires les plus
opiniâtres sont obligés de se couvrir de son masque
pour se faire entendre des populations, à nous de les
surveiller et de les dévoiler. Instruisons le peuple pour
les prochaines élections dont la date se rapproche et
dont les résultats sont attendus par la France, par
l'Europe qui nous prendrait en pitié, si nous conser-
vions, pour nos représentants, les représentants des
monarchies détruites. (*Très bien! très bien! — Bravos.*)

D'ailleurs, on peut prévoir comment se passeront
les choses. On a pesé les œuvres de ces hommes qui
veulent s'imposer à nous, on les a jugés ; et, comme
disait l'ancien prophète, ils ont été trouvés légers, et
ils seront balayés comme une poussière au van par la
volonté souveraine du peuple assemblé dans ses comices. Oui, ils seront renvoyés, et je voudrais rapprocher cette échéance libératrice. Ces hommes sentent
la main du pays qui va s'appesantir sur eux ; tous les
jours ils perdent du terrain, tous les jours la République monte, et partout l'on s'étonne de voir la France
reprendre sa véritable allure, se redresser devant l'a-
venir, et déjà on tient compte d'elle dans les conseils
de l'Europe. Oui, ce crédit qu'on représentait comme
incapable d'inspirer confiance aux capitaux, il est rétabli, et vous en avez eu la preuve. La République assure l'ordre, cet ordre qui repose sur l'assentiment des
consciences et des esprits, et non pas cet ordre brutal
qui consiste dans la tranquillité de la rue ; cet ordre
légitime est indissolublement attaché à la fondation
de la République, et, de tous côtés, on sent que la
conscience générale se décide pour cette forme de
gouvernement. Donc, multiplions les exemples de
constance et de sagesse, et nous vaincrons ; le pays est
avec nous, et celui qui a la France avec lui peut défier les partis. Si, malgré cela, quelques-uns voulaient

dresser la tête et se mettre au-dessus de la volonté nationale, il n'y aurait qu'un moyen à employer : il faudrait leur appliquer la loi. (*Bravos.* — *Applaudissements.*)

Avant de nous séparer, retenons pour mot d'ordre, pour ligne de conduite, que nous devons, dès à présent, nous préparer au mouvement électoral et fixer les règles d'après lesquelles sera constituée cette Assemblée souveraine, véritable expression du suffrage universel sans pression des baïonnettes prussiennes, en choisissant des hommes indépendants, d'une façon indépendante. Entrons, dès aujourd'hui, en relations les uns avec les autres, dressons des listes de candidats, et vous aurez plus fait pour vous débarrasser de l'Assemblée de Versailles que par toutes les signatures du monde. (*Oui! oui!* — *Bravos.*)

Et alors, après ce suprême effort, il nous restera à ne pas perdre de vue deux points : le premier, c'est que la République constituée aura longtemps encore besoin de discipline à l'intérieur, de sagesse, de prévoyance ; qu'elle ne devra marcher que pas à pas, en songeant aux populations, en leur mesurant, comme il leur convient, l'administration centrale ; de telle sorte que, là où elles sont indifférentes, on place des administrateurs véritablement animés de l'esprit républicain, qui éveillent les populations ; que là, au contraire, où, comme ici, les populations ont été façonnées de longue main à la pratique des libertés, on mette des administrateurs semblables à ces populations ; que partout, enfin, on introduise l'harmonie et qu'on tienne compte des besoins, des aspirations et des droits.

Après avoir réglé cette question intérieure, il en restera une autre à résoudre, plus grave et plus sacrée : ce sera de ne pas oublier que la France, dans des jours de faiblesse et de malheur, s'est vu enlever une portion de son bien qu'il lui faudra reprendre. (*Oui! oui!* — *Applaudissements prolongés.*)

Mais il faut se préparer à cette tâche difficile avec
lenteur, avec maturité, avec décision, sans forfante-
ries vaines, sans provocations inutiles. C'est ici surtout
que le patriotisme, c'est la prudence. Pensons sans
cesse à ce que nous avons à faire, mais n'en parlons
jamais! Vive la République! (*Cris enthousiastes de : Vive
la République! — Applaudissements prolongés.*)

M. Félix Brunier, d'Annecy, invite M. Gambetta, au nom
de ses compatriotes, à se rendre à Annecy.
M. Gambetta répond en ces termes :

Je vous remercie, Monsieur et cher concitoyen, de
l'invitation que vous venez de me faire. A coup sûr,
quand j'ai quitté Paris, je n'avais l'intention, vu mes
occupations, que de passer quelque temps parmi
vous, mais il m'a suffi de rencontrer une administration malveillante pour m'engager à rester ici tout le
temps nécessaire, et vous pouvez compter que je
l'emploierai à satisfaire à la gracieuse invitation que
vous me faites. (*Bravos et remerciements.*)

A ce moment, M. J.-M. Déjay, céramiste, s'approche, et,
au nom du cercle l'Union artistique, offre à M. Gambetta un
vase en terre cuite, décoré d'attributs républicains. Il s'exprime ainsi :
« A Gambetta, le type du véritable patriote français; à
Gambetta, qui a sauvé l'honneur de la France; à Gambetta,
qui saura déjouer les manœuvres des monarchistes, et qui
fondera la République républicaine. »
M. Gambetta répond en ces termes :

Mes chers concitoyens, mes chers amis,

Il m'est difficile, croyez-le bien, de trouver un mot
qui traduise d'une façon suffisante pour moi les sentiments que font naître dans mon âme ces expressions

III.   4

d'une si cordiale sympathie. Tant que je vivrai, je
n'aurai pas le temps de m'acquitter envers la démocratie. J'ai entrepris une tâche très difficile, dans
laquelle j'ai besoin d'être soutenu ; et aujourd'hui,
de tous les côtés, tout le monde me défend et me protège, me soutient et m'assiste ; c'est là ce qui me
touche si profondément, car je sens que c'est là pour
moi une vraie force, et c'est pourquoi je vous remercie
avec effusion.

Veuillez le croire, Messieurs, et veuillez le dire à
vos amis, en me soutenant de vos sympathies, vous
ne soutenez pas seulement une conscience libre.
Vous donnez à cet homme, qui ne serait rien par
lui-même, la force du nombre, vous lui permettez de
parler au nom de tous ceux qui pensent comme lui,
et qui, de jour en jour, deviennent de plus en plus
nombreux dans le pays, de telle sorte que, quand il
dit à ses adversaires, au milieu des luttes parlementaires : Le pays n'est pas avec vous, la France vous
méconnaît, savez-vous ce qui se passe ? Eh bien, au
milieu de ces orages de la vie publique, il revoit près
de lui toutes ces phalanges d'amis, de coreligionnai-
res, de collaborateurs et de travailleurs qui sont venus
à lui sur son passage, qui lui ont serré la main et qui
lui ont dit : Courage ! courage ! nous sommes avec
vous, continuez ; persévérez dans votre œuvre ; nous
vous aimons parce que vous combattez pour tous, et
nous vous défendons parce que vous êtes notre défenseur ! (*Salve d'applaudissements.*)

Le surlendemain, mardi 24 septembre, les organisateurs
du banquet projeté pour le 22 septembre se réunirent en
un dîner privé à l'hôtel de la Poste. M. Gambetta, M. Parent,
député de la Savoie, M. Python, président du conseil
général, et les notabilités du parti républicain assistèrent
au dîner. Au dessert, M. Roissard, avocat, adjoint au maire
de Chambéry, porta le toast suivant :

« Messieurs,

« Cher et illustre concitoyen,

« Au nom de la municipalité de Chambéry, au nom de
l'opinion républicaine tout entière, permettez-moi de me lever, permettez-moi de traduire, en quelques paroles sincères, l'impression, les sentiments qui débordent de toutes
nos âmes.

« Nous saluons aujourd'hui en vous, non pas seulement
l'orateur courageux, l'homme éloquent dont la parole a
pronostiqué sûrement et contribué à consommer plus tard
la chute de l'empire.

« Nous saluons aussi en vous le patriote à convictions
profondes, au souffle généreux, qui, à une époque terrible,
quand la France se débattait dans les convulsions de l'agonie, n'a pu se résoudre à en désespérer.

« Au nom de tous mes amis politiques ici réunis, au nom
de la Savoie républicaine, je salue surtout celui qui est
aujourd'hui le symbole, l'incarnation et le bouclier de l'i-
dée républicaine française tout entière (*Applaudissements*);
celui dont la marche est accompagnée, à travers nos populations, par les vivats et les acclamations de tous; celui auquel, comme par un hommage mérité, tout le monde est
heureux de serrer la main et de venir payer le tribut qu'on
doit à un patriotisme aussi puissant et aussi convaincu que
le vôtre.

« Oh! oui, permettez-moi de le dire, vous avez bien fait
de venir sur notre terre patriotique, sur notre vieille terre
de Savoie ; elle vous demandait, elle vous attendait, elle avait
besoin de vous et je remercie aussi ceux-là qui, vous faisant connaître le désir que la Savoie avait de vous entendre,
vous ont amené ici.

« Vous avez vu comment, sur votre passage, la population
tout entière, la population républicaine, celle dans le sein
de laquelle bat un cœur véritablement sincère, celle qu'a-
niment des aspirations véritablement patriotiques, — vous
avez vu, dis-je, comment cette population est venue au-devant de vous.

« Ah! pourquoi a-t-on craint et empêché ces agapes fra-

ternelles, presque nationales, qui eussent été aussi calmes,
aussi rassurantes et aussi sages que cette réunion moins
nombreuse, où le même désir d'ordre et de liberté nous
rassemble et nous permet de nous tendre la main. (*Applaudissements.*) Notre Savoie a le respect le plus absolu de la
loi, quelle qu'elle puisse être; elle est profondément honnête et tranquille. Vous le savez déjà.

« Allez visiter nos populations; vous n'y trouverez pas le
spectacle qui vous serait peut-être offert ailleurs, dans
d'autres parties de la France livrées aux divisions des partis de différentes nuances, non! vous rencontrerez partout
un pays neuf qui aime la liberté. (*Bravos.*)

« Peut-être trouverez-vous quelques éléments isolés livrés
à l'obscurantisme, à des influences traditionnelles ou pas-
sionnées, c'est possible, — mais la partie vitale et la plus
nombreuse de la population est républicaine. (*Oui! oui!* —
Applaudissements.)

« Ce que vous rencontrerez encore dans notre pays, ce sont
les groupes qu'on est convenu de nommer conservateurs :
groupes profondément honnêtes, mais timorés et inquiets,
parce qu'ils ne connaissent pas la République; — parce
que les uns, abandonnés à eux-mêmes, pensent, parce qu'à
d'autres on fait croire que l'idée républicaine doit semer
partout le désordre et l'agitation, cette idée qui, sainement
comprise et appliquée, ne doit être que le symbole de la
justice et du droit pour tous. Eh bien, quand ils auront
entendu cette parole pleine de ce souffle patriotique qui
l'anime, pleine surtout de cette modération qui ira à leur
cœur, qui prêche la patience, la prudence, le calme, — elle
les instruira, les transformera. Toutes ces populations, celles
des villes comme celles des villages, seront pénétrées et
rassurées, (*Applaudissements*) et, le jour où elles seront ap-
pelées à mettre dans l'urne le nom d'un candidat. elles choi-
siront, après vous avoir entendu, un nom républicain, tandis qu'avant votre visite, avant d'avoir écouté votre parole, elles auraient peut-être voté, — je puis me tromper,
— par ignorance ou par faiblesse, pour un candidat monarchique. (*Approbation.*)

« Voilà pourquoi j'acclame votre venue sur le sol de la
Savoie et pourquoi je salue celui qui doit porter dans toutes
les couches de notre pays, couches laborieuses, amies de

l'ordre et de la paix, la lumière, la vie et le souffle puissant de la liberté! (*Applaudissements.*)

« Voilà pourquoi, avant de m'asseoir, je salue en vous,
Gambetta, l'homme qui a rendu déjà à cette liberté des
services signalés, l'homme du présent, l'homme de l'avenir,
celui sur lequel la République tout entière a les yeux ; voilà
pourquoi je bois à la santé de Gambetta, notre hôte, voilà
pourquoi je bois à la santé de la République. » (*Applaudissements répétés. — Vive la République! — Vive Gambetta!*)

M. Gambetta a répondu :

Mes chers compatriotes,

Le toast que je voulais porter est précisément celui
qui s'est traduit par les éloquentes paroles que vous
venez d'entendre et qui ont apporté dans mon âme
une telle impression, une telle intensité d'émotion,
qu'il m'est difficile de me dominer, et de ne point les
laisser paraître.

Aussi bien, avant de répondre à ces paroles, je
voudrais pouvoir exprimer les sentiments que de tels
discours provoquent dans l'âme d'un républicain,
dans l'esprit d'un patriote, dans le cœur d'un homme
qui ne mettra jamais rien au-dessus de la grandeur
de la France. (*Bravos.*)

Ma première impression est celle de l'embarras.
Oui, je suis très embarrassé et j'avoue que je ne sais
comment commencer ma réponse à ces fortifiants
accents, et cependant il faut que je réponde.

Je ne peux le faire, évidemment, qu'à phrases et à
bâtons rompus, mais vous me le pardonnerez. Et, pour
moi, je trouverai au moins la satisfaction de dire tout
ce que je sens, puisque je pourrai le dire comme je
le sens. (*Très bien! — Approbation.*)

Citoyens, je bois à la vieille Savoie, je bois à vous
tous qui êtes mes hôtes, qui êtes mes hôtes parce que
vous êtes mes amis, mes frères dans cette religion qui

est la vraie, qui est la religion qu'on n'exclura jamais de la terre, celle-là, parce qu'elle est la communion intime de l'homme avec l'homme, communion fondée sur l'idée du droit, sur l'amour de la justice, et sur la conviction qu'il n'y a rien de si beau que d'aimer les hommes, que de les secourir, que de les assister, que de gémir quand on a conscience qu'il y a quelque part une tyrannie, que de faire mieux encore, d'aller à elle, de la démasquer, de la combattre et de l'abattre. (*Bravo! bravo! — Applaudissements prolongés.*)

C'est cette religion du devoir qui engendre l'avène-ment de la justice parmi les hommes, qui organise les sociétés en les plaçant à l'abri de la loi et d'une loi consentie, éclairée et juste; car, les autres, on peut les subir, — et nous en donnons l'exemple en ce mo-ment même, (*Très bien! — Assentiment général*) mais c'est à la condition d'avoir en mains l'instrument qui les modifie, les transforme et qui leur substitue véri-tablement le décalogue de la justice! (*Salve d'applau-dissements.*)

Oui, je bois à cette municipalité qui, dédaigneuse des insinuations jalouses et basses d'une certaine presse, — qui, ferme dans sa modération en présence de provocations puériles, de tracasseries misérables dans un ordre qui se dit républicain, a su, a voulu, et par conséquent a pu donner libre carrière au senti-ment public dans cette ville et me permettre, à moi, d'y être reçu fraternellement. Non pas, peut-être, Messieurs, que dans votre accueil il n'y ait pas eu quelque exagération; il y a eu quelque excès de bon-nes paroles et de flatterie, disons le mot; mais j'écarte ce qui a été excessif, et, dédaignant ma personne, mettant véritablement en pleine lumière la cause à laquelle tout cela doit être adressé et reporté, eh bien! je ne trouve pas que vous ayez trop fait, puisqu'il s'agit de la République. (*Approbation générale. — Ap-plaudissements.*)

La République! Nous pouvons tout au moins, — et ce n'est pas là le plus mince avantage que de vivre sous un gouvernement qui en a au moins le nom, — nous pouvons tout au moins, dis-je, chez nous, car nous sommes à huis-clos et chez nous, prononcer ces deux noms et chercher, sous le nom, la chose. Nous pouvons, — et c'est là notre consolation, notre refuge, notre espérance, notre devoir, — parler de la République. (*Applaudissements.*)

Nous pouvons en parler ici, ailleurs, partout où nous en trouverons l'occasion, et, quand l'occasion ne naîtra pas d'elle-même, il faudra la susciter, la provoquer, la faire naître.

Aussi, Messieurs, en dépit de l'exaspération des monarchistes, toutes les fois que nous rencontrerons, dans l'écoulement du temps, un anniversaire, une commémoration, un grand souvenir à rappeler, un grand exemple à étudier, empruntés à notre histoire nationale et à notre Démocratie agissante, militante, tantôt victorieuse, tantôt proscrite, sachons n'y point manquer, n'y point faillir, non pas par un vain désir de remonter dans le passé, mais pour retrouver là notre Nouveau Testament à la lumière duquel doit marcher la génération nouvelle. (*Oui! oui! — Approbation générale.*)

Je comprends d'ailleurs que ce soit là une inquiétude mortelle pour les partis rivaux que cette préoccupation, cette opiniâtreté du parti républicain de vouloir commenter son histoire, de vouloir l'enseigner, de vouloir propager la connaissance de ses traditions et de ses idées, car c'est là certainement l'écueil le plus redoutable pour les monarchistes que de voir le parti républicain résolu à s'expliquer devant le pays, et à le conquérir par l'enseignement et par la discussion.

En effet, de quoi ont vécu nos adversaires jusqu'ici? Du silence gardé par le parti républicain, et gardé pourquoi? Parce qu'ils lui avaient mis la main sur la bouche. A la faveur de ce silence forcé, ils l'ont accusé de ce qu'il leur plaisait d'inventer; et c'est cette histoire défigurée, c'est ce tissu de mensonges, de calomnies, d'inventions odieuses, accumulées dans le passé, accumulées dans le présent, dont on a présenté la riante perspective aux populations comme étant l'avenir inévitable du gouvernement républicain. (*Rires.* — *Applaudissements.*)

C'est là leur tactique habituelle, mais aujourd'hui, Messieurs, où en sont nos adversaires, c'est là ce qu'il faut rechercher.

Comme ils voient que ce parti républicain, suffisamment satisfait de tenir enfin à sa portée la réforme progressive de son gouvernement, ne veut se laisser aller à aucune espèce de violence, ni d'agitation, ni de sédition; comme ils voient que ce parti républicain ne veut pas donner aux éternels et pervers gens d'ordre le droit de le rétablir à leur manière... (*C'est cela! — Oui! — Bravo! bravo!*); qu'il est décidé à ne pas le troubler; que, au contraire, il a entrepris la véritable campagne, campagne de prosélytisme, de propagande, de discussion, de persuasion, appelant ses adversaires dans l'arène, demandant à opposer ses idées aux idées contraires et comptant sur le bon sens des populations pour faire son choix et adopter celles que l'on tient habilement dans les ténèbres et que l'on veut y maintenir parce qu'on y a intérêt; alors, Messieurs, nos adversaires tremblent et se demandent où cette méthode nouvelle peut les conduire.

Notre parti a dit : Nous irons dans ces couches du suffrage universel qui sont nôtres, qui sont démocrates par les entrailles, par la naissance, par les intérêts.

Et pourquoi, messieurs, laisserions-nous ces immenses populations, qui vivent à la sueur de leur

front, qui n'ont pas d'autre intérêt que la justice et
que l'épargne qui doit améliorer leurs destinées?

Ces campagnes peuplées de travailleurs peuvent-
elles recéler un peuple qui ne soit pas mûr pour la
démocratie, puisque leur passion doit être avant tout
l'égalité? (*Très bien! — Applaudissements.*)

Longtemps, trop longtemps, Messieurs, nous sommes restés à l'écart de ce qui doit être la véritable
force, la véritable armée de la République. Et ainsi
vous voyez où était le véritable intérêt que l'on avait
à nous empêcher de parler : c'était pour maintenir
l'ignorance dans ces frères méconnus mais non pas
inconnus, ces cœurs dans lesquels palpitent des instincts d'émancipation, de liberté et de patriotisme,
dont on a perdu ailleurs les sentiments et jusqu'aux
derniers vestiges. (*Applaudissements prolongés.*)

C'est alors, Messieurs, qu'il a été jugé bon de renoncer à toutes les pratiques abusives et excessives
de notre parti quand il était la minorité contre un
despotisme odieux et oppressif, et d'entrer dans une
autre voie, de pratiquer une autre méthode, celle du
respect de la légalité quelle qu'elle soit, la méthode
du groupement, de la communication des esprits, en
attendant la liberté d'association sans laquelle il n'y
a ni démocratie ni sécurité véritable. (*Marques d'approbation.*)

Il faut se servir de ce qui existe pour obtenir tout
ce qui n'existe pas, marchant vers le progrès avec discipline, avec cohésion, formant une armée qui a une
avant-garde et une arrière-garde, dont le drapeau
soit assez ample, à coup sûr, pour abriter tous les caractères, toutes les nuances, toutes les divergences,
mais une armée, dis-je, qui soit forte et unie pour se
présenter compacte devant l'ennemi.

C'est cette méthode qui irrite, qui effraye, qui épou-
vante nos adversaires, car ils peuvent mesurer la distance parcourue et celle qui nous reste à parcourir.

Vous trouvez cette dernière bien longue peut-être,
Messieurs ; eh bien, je vous asure que, eux, ils la trouvent bien courte ! (*Rire général. — Applaudissements.*)

Le terrain à déblayer disparaît devant nos efforts
continus, nous touchons au but ! Ne renonçons pas à
cette méthode, Messieurs ; restons froids et impassibles, et attendons de notre seul souverain, de celui
qui saura bien faire rentrer dans l'ombre ses adversaires, du peuple, le jugement qu'il ne lui reste plus
qu'à déclarer et que le pays rendra, malgré les factions qui pourraient essayer de se mettre à la traverse ; heureusement qu'il n'y en a pas d'assez fortes
pour y réussir, et, quant aux autres, celles qui sont
perverses, comme elles sont seules, elles s'évanoui-
ront sans laisser d'histoire. (*Applaudissements.*)

Vous me disiez, Messieurs : Visitez notre pays, par-
courez nos villes et nos villages de la Savoie, et vous
rencontrerez une population homogène, prête à la
pratique de la liberté, et qui ignore ces dissidences de
partis, ces discordes intestines qui, pour notre malheur, s'éternisent trop longtemps dans d'autres parties de la France.

J'en accepte l'augure, Messieurs, et c'est l'âme pleine
de bonheur, de joie, permettez-moi de le dire, que je
parcourrai ce pays, que je le visiterai. Et si je pouvais
applaudir à la faute commise par l'interdiction de votre banquet, je remercierais, à coup sûr, ceux qui
l'ont prononcée de m'avoir donné cette précieuse occasion de vous connaître encore davantage et, si c'é-
tait possible, de vous aimer un peu plus. (*Sensation.
— Applaudissements.*)

Eh bien, ce voyage est entrepris. Je ne vous dirai
pas encore le résultat des observations que j'ai faites
ici, mais nous sommes gens de revue, et un long temps
ne s'écoulera pas avant que nous retrouvions l'occasion de nous réunir ici, en pleine liberté, en plein soleil, en pleine République, sous une République as-

sez forte pour résister aux sollicitations apeurées des
partis comme aux saines agitations d'un peuple libre,
assez forte aussi pour empêcher le désordre dans la
rue et les violations de la loi républicaine. C'est là la
République que nous voulons, que nous fonderons.
C'est celle qu'appellent de tous leurs vœux et que sou-
tiendront de tous leurs efforts tous ceux qui poursuivent la réorganisation de la France au dedans et son
relèvement au dehors. — Vive la République! (*Salve
d'applaudissements. — Émotion prolongée.*)

M. Gillet, président de la Société de secours mutuels
l'Union, se lève et prononce les paroles suivantes:

« Citoyen Gambetta,

« Dans notre pays, quand on est chargé d'une commission
on s'en acquitte.

« J'ai l'honneur de représenter ici huit cents ouvriers, huit
cents gaillards sur lesquels la République peut compter et
qui, connaissant vos occupations particulières dans ce pays,
n'ont pas cru devoir venir vous en distraire, mais ils m'ont
chargé de vous dire ce qu'ils sont.

« Nous sommes m'ont-ils dit, huit cents gaillards républicains démocrates radicaux; notre chef de file est Gambetta,
et, si la République a besoin de nous, qu'elle nous fasse
signe.

« Voilà, citoyen Gambetta, tout ce que je puis vous dire. »
(*Sourires d'approbation et bravos.*)

M. Gambetta répond :

Je suis tout à fait aise de pouvoir répondre aux paroles si pleines d'entrain, qui viennent d'être prononcées, parce que ce n'est pas, sous cette apparence
joyeuse et cordiale, un sujet de mince importance que
de voir et d'observer, dans notre société, quelles sont
les dispositions témoignées par les groupes naturels
des intérêts et des forces.

A ce sujet, il me semble bon de répondre à notre ami, M. Gillet, et de lui dire ce que suscite, ce que suggère à mon esprit la commission, — comme il dit, — dont il a été chargé. (*Rires d'approbation.*)

D'abord, je bois à ses commettants, (*Bravos*) et je le prie de se faire auprès d'eux l'interprète de tout mon dévoûment, qui leur est irrévocablement acquis. Je parle ainsi, non pas parce que M. Gillet a bien voulu dire que j'étais le chef de file de ses amis, (*On rit*) non point que je récuse ce titre, vous pouvez le croire, et même il faut le dire, — sauf le mot chef, — cette parole me plaît assez, et puisqu'il est question de file, je préfère être dans la file de ceux-là que dans la file des autres. (*Rires et bravos.*)

Mais, l'occasion de dire ce que je pense se présentant, je vais vous le dire. Je crois bien que nous sommes entre nous, mais enfin, quand même quelques indiscrets de l'honorable corps que vous savez se seraient glissés parmi nous, (*Hilarité*) je ne vois pas pourquoi nous ne prendrions pas l'habitude de parler comme si nous étions en face de nos plus cruels ennemis. Du reste, ils n'auront rien de nouveau à apprendre s'ils sont présents, et, s'ils ont de l'esprit critique, eh bien, ils l'exerceront! (*Rires et marques d'approbation.*)

Je dis que le parti républicain est composé comme la société française nouvelle, car, Messieurs, il y a une société française nouvelle, et c'est cette création relativement récente dans le cours de notre histoire qui, restant inaperçue de nos contradicteurs, est la cause de la plupart des maux qui nous travaillent. Si l'on pouvait se rendre compte, dans l'autre camp, chez les monarchistes, que 89 et l'effort héroïque, tragique, qui l'a suivi, ont eu pour résultat d'introduire non seulement dans les idées, mais dans les faits, dans les intérêts, dans les rapports des hommes entre eux, dans la direction sociale, un peuple tout à fait nouveau qui, jusque-là, ne comptait pas, Messieurs, j'ose dire que la moitié du problème serait résolue. Mais ce qu'il faudrait voir surtout, c'est que ce peuple nouveau est entré dans ce monde nouveau, dans ce domaine qui s'ouvrait devant lui, divisé en deux fractions, les guides et les guidés.

Les guides, il faut bien le reconnaître, ont tout pris. (*Rires.*) Il leur appartenait, je le reconnais, et c'est même sur ce point que je fonde ma principale préoccupation, de donner la bonne direction politique ; oui, ces guides devaient prendre le commandement, mais ils devaient le prendre dans un certain esprit. En s'emparant de ce commandement et de cette fonction, ils acceptaient, ils prenaient une charge, ils assumaient une responsabilité. Tous les guidés qui venaient à la file, et dont le chiffre était innombrable, devaient recevoir des guides un enseignement et des garanties particulières ; on devait les dégrossir, les moraliser, les instruire, les élever, les mettre en contact avec soi-même. Il fallait qu'on ne les dédaignât pas, qu'on ne les refoulât pas, qu'on ne les tînt pas dans l'ignorance ; que, systématiquement, on ne les traitât pas constamment par la force, car la force n'est légitime que lorsqu'elle est mise au service du droit violé ou menacé. (*Bravos et applaudissements. — Très bien!*)

Messieurs, si dans notre société actuelle, on voit, non pas des divisions mais des démarcations entre ouvriers, paysans, bourgeois, demi-bourgeois, artistes, hommes de loisir, hommes d'argent et ainsi de suite, il ne faut pas s'en plaindre, mais rechercher avec soin d'où viennent ces démarcations, quelle en est la cause ; rechercher aussi ce qui pourrait rapprocher tout ce monde et voir s'il ne serait pas dans l'intérêt de la paix sociale et de l'ordre vrai, — de celui qui repose sur la satisfaction des intérêts légitimes, — d'une grande, haute et efficace politique, de mettre ces éléments, ces hommes et ces intérêts divers en contact ; de les discipliner sous la règle du devoir, mais, en même

temps, sous l'inspiration d'une justice distributive de
jour en jour supérieure, à mesure qu'elle produirait
l'égalité. (*Approbation générale.*)

Alors, Messieurs, on ne verrait plus se produire ces
inimitiés, ces divisions brusques, ces mouvements de
haine qui arment des hommes les uns contre les autres, qui les transforment en bêtes fauves qui vont se
ruer à la bataille, au lieu de se donner la main et de
s'aider dans la vie. (*Bravos prolongés.*)

C'est pour cela que, lorsqu'on se trouve en face de
représentants aussi avisés et aussi intelligents que celui qui parlait tout à l'heure au nom d'un groupe ouvrier, on doit leur dire que des remèdes peuvent être
apportés aux maux du corps social, mais on doit le
leur dire sans exagération, sans chimères, parce que
ce n'est que lorsqu'on parle ainsi qu'on acquiert le
droit d'être écouté et de faire entendre ailleurs le
langage de la justice et du droit. (*Très bien! très
bien!*)

Eh bien, Messieurs, dussé-je être accusé de redire
toujours la même chose, je dirai ici qu'il faut revenir
toujours au point de départ, à l'avènement d'une République sincère et loyale qui, par l'économie dans
l'État, par la distribution de l'éducation dans le pays,
par l'application des lois de la justice et de l'égalité à
tous les degrés, arrivera à faire succéder, aux divisions
et aux désaccords, l'esprit de rivalité dans le travail et
l'amour de la patrie. (*Applaudissements.*)

Pour atteindre ce but, il faut, aujourd'hui, toujours
finir les discours comme les terminait l'ancien Caton
sur Carthage. A propos de tout, il disait : Il faut détruire Carthage. A propos de tout aussi, il nous faut
répéter : Il faut fonder la République, en chargeant
une Assemblée nouvelle de la constituer. (*Très bien!
— Bravos et applaudissements enthousiastes.*)

Il faut abattre les barrières qui s'opposent à la fondation des institutions destinées à inaugurer, dans

notre grand et malheureux pays, cet avènement nécessaire de la politique de rapprochement. Pour cela
il faut deux choses : une administration républicaine
et une politique républicaine. (*Oui! oui! — Adhésion
unanime.*)

La politique républicaine, elle commence ; quant à
l'administration républicaine, elle est tout entière à
faire. Le pays y aidera. Le suffrage universel saura
bien trouver les voies et moyens pour arriver à l'obtenir ou à l'exiger.

Voilà, à peu près, si je ne me trompe, ce qu'il convient, Monsieur, de répondre à ceux qui vous avaient
confié la commission dont vous avez parlé. Par ces
paroles vous leur prouverez que l'on peut être des radicaux, — ce que nous sommes, — et des hommes de
bon sens ; ce que nous avons la prétention de rester.
(*Oui! oui! — Assentiment général.*)

Vous leur expliquerez que le mot radical n'est pas
un mot définitif ; il est même très probable que, dans
dix ou quinze ans d'ici, et peut-être moins, nos successeurs qui feront de la politique à notre place, sous
l'égide des mêmes principes, auront oublié ce mot.
Pour le moment, c'est une étiquette qui a l'avantage
d'être d'un emploi commode, et que nous ne faisons
nulle difficulté de conserver. Cette étiquette veut dire,
et personne ne s'y trompe dans les partis, que nous
ne comprenons pas le suffrage universel sans la République. (*Bravos et applaudissements prolongés.*)

Un grand nombre de personnes viennent féliciter M. Gambetta et lui serrer la main.

Dans la soirée du 22 septembre, plusieurs dépêches de
félicitations avaient été expédiées à Chambéry, à l'adresse
des républicains de cette ville et de M. Gambetta.

La première émanait des républicains de Saint-Michel.
Réunis en banquet, ils envoyaient à M. Gambetta « un toast
sincère de fraternité et de gratitude » qu'ils terminaient par
le cri de : Vive la République!

La seconde était ainsi conçue :

« Genève, 22 septembre, 7 h. 5 soir.

« *Au président du meeting de Chambéry.*

« La colonie italienne de Genève, réunie en commémoration du retour de Rome à l'Italie, envoie à l'unanimité un
salut fraternel aux citoyens français réunis à Chambéry
pour fêter la fondation de la République en 1792. Elle souhaite à la France une vraie République. »

DISCOURS

Prononcés le 25 septembre 1872

On écrivait d'Albertville, le 25 septembre, à la *République française* :

« Quoique le voyage de M. Gambetta ait eu lieu pour ainsi dire à l'improviste, de nombreuses manifestations se sont produites le long de la route de Chambéry à Albertville. Dans presque tous les villages, à Grésy, à Frontenex et à Gilly, nous avons eu des députations d'hommes et de femmes qui sont venus pour remercier M. Gambetta de sa visite. A toutes ces députations de travailleurs, M. Gambetta a répondu par de petites allocutions qui font le plus grand bien. De quoi parle-t-il? De la République et de son avenir, de la France, de ses malheurs immérités et du retour nécessaire de sa grandeur, si tous nous voulons être sages, prudents, patients, si nous voulons vivre désormais et nous développer en toute liberté à l'ombre des institutions républicaines.

« En arrivant à la limite du canton d'Albertville, nous avons trouvé la fanfare qui avait demandé à venir jouer la *Marseillaise*, à l'entrée de la ville, à notre arrivée. On n'a pas jugé bon de faire une réponse favorable à cette demande. Nos jeunes gens ont tourné la difficulté. Ils sont sortis deux à deux de la ville, leurs instruments sous le bras, et sont venus sur un autre territoire en toute liberté. M. Joseph Rey, maire d'Albertville, a prononcé en leur nom les paroles suivantes :

« Citoyen Gambetta,

« Nous eussions désiré vous recevoir dans la ville même

d'Albertville, mais des autorités peu sympathiques nous
en ont empêchés, c'est pourquoi nous avons voulu venir au-
devant de vous et vous dire que nous, jeunes républicains
de la Savoie, nous applaudissons de tout notre cœur l'homme
qui n'a jamais perdu confiance, l'homme dont tous les efforts ont été dirigés, et le sont encore, vers le salut de la
patrie. Oui, nous sommes heureux aujourd'hui de vous recevoir par nos chants; nous vous aimons tous, nous enten-
drons toujours votre appel au nom de notre chère République française. »

M. Gambetta a répondu en ces termes :

Mes amis,

Je suis profondément touché de l'accueil que vous
voulez bien me faire, parce que, s'il y a eu des obstacles et des entraves apportées par une administration plus soucieuse de certaines intrigues que des
véritables intérêts du gouvernement républicain lui-
même, ces obstacles n'ont pu arrêter les hommes
de bonne volonté. Je suis venu au milieu de vous
pour prouver combien sont puériles ces mesures. Et
puis je savais que je rencontrerais dans cette population, sans distinction d'âge, des cœurs résolus à
relever la France sous le drapeau de la République.

Je suis dans ce pays; j'en profiterai pour causer
avec vous du passé; nous nous entretiendrons du
présent et nous préparerons l'avenir, cet avenir qui
se dessine grâce aux efforts de cette jeunesse travailleuse et pleine d'intelligence qui sait ce qu'elle se
doit, ce qu'elle doit à la République, et qui a su prendre
pour devise ces mots : patience et dévouement.

Mes amis, je vous remercie. (*Cris répétés de : Vive
la République! Vive Gambetta!*)

Un banquet de cent cinquante couverts attendait M. Gambetta et M. Parent à Albertville. Au dessert, M. Rey porte
le toast suivant :

« Citoyen Gambetta,

« Au nom de ceux qui se pressent dans cette enceinte, malheureusement vingt fois trop étroite; au nom de ceux qui, moins fortunés, mais aussi dévoués, attendent avec calme et patience le moment de vous serrer la main, permettez-moi de vous remercier d'être venu, au pied de nos montagnes, apporter vos paroles qui font vibrer dans tous nos cœurs les accents du patriotisme et de la liberté.

« Soyez le bien-venu dans Albertville la Républicaine! (*Bravo! bravo!* — *Applaudissements.*)

« Citoyens, portons un toast à Gambetta, le drapeau de la démocratie, le flambeau de la liberté, l'espoir et le seul soutien de la République française. » (*Oui! oui!* — *Bravos et acclamations.* — *Vive la République!* — *Vive Gambetta!*)

M. Gambetta répond :

Mes chers concitoyens,

Permettez-moi de porter un toast, à mon tour, à la municipalité d'Albertville. En me levant pour répondre à celui que vos libres suffrages ont placé à votre tête, et qui vient d'exprimer, dans un langage dont vous me permettrez de modérer l'ardeur, des sentiments trop flatteurs pour moi, je suis obligé de surmonter une émotion réelle et profonde. Depuis que j'ai mis le pied sur votre sol, en vérité, il me semble que je voyage sur la terre promise de la République loyale. De tous côtés, partout où il m'est donné de me rencontrer face à face avec les dignes citoyens qui peuplent cette magnifique contrée, je sens que je reçois une récompense qui me paye trop largement des quelques efforts que j'ai pu faire dans l'intérêt de mon pays. (*Vive adhésion.* — *Bravos.*)

Je ne puis exprimer à quel point je suis touché et pénétré de reconnaissance pour cet accueil, mais il m'est impossible de laisser dire que tout cela s'adresse à un homme, à un simple citoyen. Je ne puis surtout

laisser dire qu'en buvant à la République, on boit à
son seul soutien.

Non, mes amis, la République n'a pas besoin d'un
homme ; elle peut et doit savoir s'en passer. La République a besoin de tous et de chacun ; elle a besoin
de vous qui êtes là comme elle a besoin de tous ceux
qui, loin d'ici, il y a quelques jours encore, fêtaient
son apparition sur la terre française. (*Très bien ! très
bien ! — Vive approbation.*) C'est précisément l'honneur de la République, en face de tous les autres régimes, en face de toutes les autres combinaisons de
gouvernement, de pouvoir se passer d'un homme et
d'une famille. (*C'est cela ! — Bravos. — Applaudissements bruyants et prolongés.*)

Je vous en prie, mes amis, je suis très fatigué et je
sais très bien combien vous êtes bons pour moi ; je
comprends que vous voulez me prouver votre accueil
sympathique en m'applaudissant ; mais vraiment, je
vous en prie, veuillez ajourner ces marques d'approbation que vous me prodiguez, et qui pourraient interrompre ma pensée. Et puis, nous sommes ici pour
dire des choses utiles et non pour nous applaudir !
(*Mouvement d'adhésion.*)

Eh bien, je cherchais, en prenant le texte des paroles de ce brave et cher concitoyen placé en face de
moi, de M. Rey, votre maire, à faire précisément
ressortir l'excellence du régime républicain sur tous
les autres. Un homme ne peut pas incarner la République, non ! il peut la représenter comme fonctionnaire, il doit la défendre comme citoyen ; mais il ne
doit jamais en être ni le dépositaire ni le sauveur ;
et ce n'est que par les efforts de tous les bons citoyens que ce gouvernement peut vivre et prospérer.
C'est précisément dans ce caractère collectif, unanime, général du gouvernement républicain que se
trouvent son excellence et sa supériorité.

Les autres gouvernements, en effet, ne peuvent

vivre que par le despotisme d'un maître, trompeur
ou despote, qui s'impose par la force, ou par une sorte
de privilège constitué dans une famille, qui hérite
d'un peuple comme d'une terre, et qui la transmet à
ses héritiers avec autant de sans-façon. (*Rires et marques d'approbation.*)

C'est là ce qui fait que le régime républicain offre
des garanties sérieuses même contre l'incapacité,
contre les hasards de la naissance, contre les infir-
mités, contre les passions, contre les vices d'un seul
homme. Aussi faut-il bien se garder, parmi nous, de
jamais faire du régime républicain l'apanage d'un
seul homme; il faut en faire, au contraire, un régime
qui change de mains, qui est mobile et qui va, par
l'élection, par le choix, tous les jours plus assuré,
plus juste et plus moral, au plus digne. Quand celui-ci a fait son temps on le remplace, la nation étant
appelée à se donner ainsi pour premier magistrat, —
et non pas pour maître, — le plus intelligent, le plus
expérimenté, le plus digne. (*Très bien! très bien! —
Bravos.*)

C'est pourquoi la République est, par excellence,
le régime de la dignité humaine, le régime du respect
de la volonté des majorités comme des minorités.
C'est ce régime qui peut, seul, supporter la liberté
de tous, la liberté générale : qui, seul, peut faire les
affaires d'un peuple qui a besoin de communiquer
avec lui-même, de se réunir, de s'associer, d'exiger
des comptes, de critiquer, d'examiner, en un mot de
diriger ses propres intérêts et de changer ses inten-
dants quand ils ont mal agi.

Voilà le régime républicain. (*Bravo! bravo!*)

Par conséquent n'abandonnons jamais, surtout
entre nous, le sévère langage, la rigide modestie qui
doivent appartenir à des républicains.

Cela dit, et puisque l'occasion s'en présente, il me
semble qu'il est peut-être bon de rechercher dans ce

pays-ci, à Albertville la Républicaine, comme on
disait tout à l'heure, — et on avait bien raison de se
glorifier de cette épithète, — ce que doit faire le reste
de notre parti, à l'heure présente. Oui, tout peut se
dire dans ce pays qui est arrivé, permettez-moi de le
dire, à la maturité démocratique. Car vous êtes des
privilégiés ici ! Vous habitez un pays neuf. Vous n'a-
vez pas à vous débattre avec des traditions, avec des
vestiges dont les racines embarrassent encore le sol,
comme dans d'autres endroits. Vous êtes ici vos
maîtres, et cela se voit à cette municipalité que vous
vous êtes faite à vous-mêmes ; vous jouissez pleinement de la plus grande, de la première des libertés
démocratiques : vous vous représentez vous-mêmes
dans votre commune. Ah ! Messieurs, quels que
soient les périls et les dangers que peut procurer
cette autonomie locale lorsqu'elle est déréglée, lorsqu'elle n'est pas prudente, lorsqu'elle sort de la
sphère de ses attributions, il faut tenir pour le principe et revendiquer partout, dans toutes les villes sans
exception, la liberté municipale. (*Bravo ! bravo !* —
Approbation générale.)

Nous venons d'en voir un exemple à Chambéry.
Cette ville tout entière était unanime dans son dessein de faire une chose, elle charge ses magistrats de
l'accomplir ; et voilà cette ville qui se trouve gênée,
embarrassée, sur un terrain qui devrait être le sien,
par un acte arbitraire des agents du pouvoir central !
Messieurs, cela est irrégulier. Voilà qui va contre
le bon sens et la justice, voilà ce qu'il faut faire
disparaître et qui ne disparaîtra qu'en restituant
aux villes leurs véritables franchises municipales,
sans tenir compte du chiffre de leur population,
car, à mesure que la population augmente, la nécessité s'accroît de donner aux citoyens une représentation libre. (*Bravo !* — *Très bien !* — *Applaudissements.*)

Mais il y a un autre avantage à vivre dans un milieu aussi démocratique que le vôtre : c'est qu'on y
fait l'expérience de l'aptitude du parti démocratique
aux affaires, de sa probité, qui a pu être très souvent
contestée, mais qui n'a jamais pu être trouvée en
défaut, de son zèle, de son dévouement, de son esprit
de sacrifice et, par-dessus tout, de sa sollicitude pour
les intérêts du plus grand nombre. Messieurs, c'est
un grand bonheur de pouvoir offrir une localité comme
la vôtre, dans un pays comme la Savoie, en exemple
aux réactions de tout ordre qui s'épuisent en déclamations contre l'incompétence, la prodigalité, l'inap-
titude, la paresse du parti démocratique.

Je vous assure que ce qui me frappe dans le voyage
que j'accomplis, c'est l'idée fausse qu'on se fait de
vous au dehors; c'est l'idée incomplète et incorrecte
qu'on a de la Savoie; c'est de voir à quel point on
vous ignore. On avoue bien qu'il y a des centres dans
lesquels réside un esprit très ferme, très vigoureux,
très démocratique, mais on croit que cet esprit s'arrête dans ces îlots perdus, et qu'on ne le trouve que
là. Eh bien, non! votre pays est remarquable entre
tous les pays de France, parce que cet esprit démocratique si énergique n'est pas seulement renfermé
dans certains endroits; il se répand sur tous les chemins, dans les hameaux, dans les villes comme dans
les campagnes. Partout souffle le même esprit, se fait
sentir la même direction, à savoir que ce pays veut,
avant tout, jouir de sa propre liberté, de la liberté
politique, et, pourvu qu'on le débarrasse de l'oppression de la caste cléricale... (*Oui! oui! — Applaudissements.*) il n'a rien à réclamer de plus, parce qu'il est
mûr pour la pratique de toutes les libertés! (*Très
bien! très bien! — Nouveaux applaudissements.*)

Et peut-être qu'étant sur ce sol, aux portes de l'Italie, il est bon, il est expédient, il est profitable pour
vous tous de faire connaître cet état de vos esprits,

de le révéler afin de dissiper des préjugés non pas
seulement en France, mais de l'autre côté des
Alpes.

Il y a, en effet, une sorte de légende qu'on est en
train de construire au dehors sur la France contem-
poraine. Nos ennemis, — et ce ne sont ni les moins
avisés, ni les moins habiles, ni les moins redoutables,
— nos ennemis du dehors sont portés à représenter
la France d'aujourd'hui comme une sorte de terre
de main-morte aux mains de l'Église, une sorte de
domaine réservé au cléricalisme et aux entreprises
de l'ultramontanisme. Dire que la France est retom-
bée dans cet état après la reconstitution de l'Italie et
la chute de l'Autriche ; dire que la France, après ses
désastres et peut-être même à cause de ses désastres,
est devenue l'asile du cléricalisme dans le monde,
voilà le plan de certains de nos ennemis; il y a des
gens qui créent et qui exploitent cette invention, et,
malheureusement, il y a, chez nous, trop de ces hommes qui s'inspirent au Vatican, pour propager cette
invention par la calomnie. Eh bien, le lieu est bon
ici pour la démentir et la désavouer et pour dire hautement, dans ce pays couvert des vestiges de l'oppression cléricale, dans ce pays qui a passé par tant
de fortunes diverses et si contraires, dans ce pays qui
appartient à la France non pas de par la force brutale, mais par sympathie et par la libre volonté de
ses habitants, — dans ce pays savoyard il est bon, il
est utile de répéter : Non! la France n'est pas cléricale, car la France appartient à l'esprit de 89 ; son
astre a pu s'obscurcir un moment, mais faites disparaître cette Assemblée qui empêche de voir la France.
et vous verrez si elle est cléricale! (*Explosion d'applaudissements. — Acclamations. — Vive la République!*)

Eh bien, si l'esprit de la France moderne, cet esprit qui ne fut pas étranger à la Réforme, mais qui
enfanta quelque chose de plus grand, en définitive,

que la Réforme : la Révolution française, si cet esprit
est bien le nôtre, et le vôtre aussi comme vous le ma-
nifestez à chaque moment, aussitôt que l'occasion
vous en est offerte; si nos ennemis sont les mêmes;
si, toutes les fois que vous engagez une lutte, c'est
contre les entreprises et les ambitions effrénées de
l'Église; si cela est, qui donc pourrait nourrir le calcul impie de vous brouiller avec nous? Ah! j'écarte
cette image, je ne veux pas trop m'y arrêter! Je vous
le dis à vous, Messieurs, afin que vous le sachiez
bien : la France est partout semblable à elle-même
sur les côtes de l'Océan, entre la Loire et la Manche
comme à l'Est et dans le Midi. L'esprit moderne
règne partout, et l'on peut dire que, depuis Albertville, depuis Chambéry jusqu'au nord de la France,
de Lille à Perpignan, c'est le même esprit qui souffle
partout, l'esprit de la libre philosophie et de la Révolution.

Il ne faut pas permettre qu'on fasse de nous des cléricaux malgré nous; car il ne pourrait arriver rien de
plus dangereux, rien de plus contraire pour les intérêts de la France, qui a pu être abattue et mutilée,
mais dont les plaies se cicatrisent et qui paraît, aux
yeux du monde, déjà pleine de vitalité. Oui! on jette
des regards sur elle, et, de tous les points de l'Europe
les symphaties des peuples lui reviennent. (*Oui!* —
Vive adhésion. — *Bravo! bravo!*)

Il est nécessaire qu'on sache quel est notre idéal.

Nous pensons que l'Italie est bien comme elle est.
Nous croyons qu'elle a bien fait de s'unir, et, si ce
qu'elle a fait dérange les calculs des ultramontains,
ce n'est pas chez nous, chez les fils dévoués, chez les
héritiers de la Révolution française, qu'on trouvera
des complices pour détruire ce qui est bien fait, en
exploitant des sentiments de rancune et de jalousie.
(*Bravo! bravo!* — *Applaudissements prolongés.*)

Maintenant, Messieurs, et pour terminer, après avoir

remercié cette municipalité ferme et courageuse de l'initiative qu'elle a prise, en jetant comme un sourire de dédain sur les misérables empêchements plutôt ridicules, comment dirai-je? qu'efficaces, — notre réunion le prouve, — (*Rires*) d'une administration aussi embarrassée que timide, je bois à l'inaltérable union de tous les patriotes de la Savoie avec les patriotes du reste de la France; je bois à l'avenir et à la grandeur de la République française! (*Bravos et applaudissements. — Cris répétés de : Vive la République! Vive Gambetta!*)

M. Blanc, ancien député de la Savoie au Parlement sarde, invité par l'assistance à remercier M. Gambetta, prend la parole en ces termes :

« Oui, Messieurs, saluons de nos plus profondes sympathies l'homme illustre que nous avons le bonheur de posséder aujourd'hui parmi nous. Quand, dans toutes les parties de la France, éclatent autour de lui des témoignages toujours nouveaux d'affection, la Savoie était jalouse, à son tour, de témoigner sa reconnaissance et sa profonde ardeur pour le bien public à celui qui compte parmi les plus dignes, les plus honnêtes, les plus dévoués et les plus sages des républicains. (*Marques d'approbation. — Bravos.*)

« Lorsqu'un pouvoir exécrable entraîna la France dans une guerre épouvantable, la patrie fut jetée presque mourante aux pieds de l'étranger. A cet instant suprême un homme, dans un élan sublime de patriotisme, s'écria : Non! la France républicaine ne meurt pas! A cette voix, qui retentit dans toute la France, des milliers de combattants se levèrent, et, si les efforts inouïs de leur héroïsme n'ont pas décrété la victoire, toutefois ils ont été couronnés par un évènement plus important que la guerre elle-même : la France était épuisée, mais cette France ne pouvait périr, car, au milieu de ses angoisses et de ses malheurs, elle s'est réveillée républicaine. (*Oui! — oui! — Bravos!*)

« C'est, Messieurs, ce grand évènement dont je veux faire remonter le principal bienfait à cet homme, à cette volonté d'une puissance si remarquable. Que ce toast, que je prononce avec tout l'élan de mon cœur, soit l'expression de notre reconnaissance vis-à-vis de cet homme qui, pour nous, pour la France, est l'expression et l'image la plus vivante et la plus sympathique de la République française! » (*Bravos et applaudissements. — Vive Gambetta!*)

M. Gambetta répond :

Messieurs et chers compatriotes,

Un ancien a dit que le plus bel éloge de ceux qui étaient encore jeunes était d'être loué par les vieillards.

Je ne l'ai jamais mieux senti qu'aujourd'hui, après ces paroles empreintes de l'éloquence de l'expérience vécue, après ces louanges trop magnifiques de notre ami et vénérable convive M. Blanc. Messieurs, encore une fois, je tiens à laisser de côté ce qui m'est personnel ; j'en viens à ce que nous disait M. Blanc.

Au milieu de ces désastres, disait-il, la France n'a pas tout perdu, puisqu'elle s'est retrouvée républicaine.

C'est là, Messieurs, je le dirai, notre consolation suprême. Hélas! Messieurs, quel besoin n'avons-nous pas de consolation! Mais nous avons encore plus besoin d'espérance. Que la France républicaine se soit retrouvée, reconnue et ranimée, vous aviez raison de le dire, cela suffit pour que la patrie non seulement ne meure pas, mais pour qu'elle renaisse et que, grâce au courage de tous ses enfants, à l'énergie de ses légions de jeunes gens, elle se prépare à refaire sa splendeur antique sous l'égide de la République, expression de la volonté générale. (*Bravo! bravo!*)

Oui, nous avons été plongés depuis vingt ans dans des catastrophes effroyables, et ici, sur cette terre de Savoie, vous avez pu recueillir, — comme le rappelait tout à l'heure cet hymne que vous chantiez, — les débris, les exilés, les proscrits de la République française qui venaient chercher, au pied de vos montagnes, un refuge contre le crime qui usurpait en

France le pouvoir. (*Sensation. — Très bien! très bien!*)

Mais, Messieurs, c'est certainement une des plus cruelles leçons que l'histoire et la fortune puissent donner à un peuple que les conséquences de cette proscription et de cet attentat victorieux.

Vous les avez connus, ces proscrits, et l'un d'eux, Guitter, dont le fils regretté vous administrait hier encore, est revenu siéger sur les bancs de l'Assemblée. Vous les avez honorés, en les entourant de votre estime, ces victimes du droit vaincu par la force. (*Oui! oui! — Vive la République!*)

Vous preniez ainsi la revanche du droit pour nous et avant nous; mais votre honorable et touchante hospitalité n'a pas pu écarter de la France les horribles désastres qui l'ont abattue et mutilée. Car enfin il y a encore aujourd'hui, — je ne dirai pas dans ce pays-ci, vous ne connaissez pas le bonapartisme : vous l'avez vu passer et vous l'avez flétri... (*Oui! oui! — Bravos.*) Mais, ô douleur! il y a encore dans notre pays, dans notre France tombée, déchue aux mains de ces misérables usurpateurs, il y a encore des gens qui parlent, ou qui parlaient, il y a quelques mois, de cette restauration et de ce retour, le retour de la honte et de l'invasion, le retour du crime, si bien que parfois l'on peut se demander si les leçons de l'expérience profitent aux peuples. Messieurs, qui pourrait le nier? la dernière guerre a été très certainement entreprise pour satisfaire le caprice, l'ambition dynastique de cet aventurier, qui se promettait, lui aussi, de faire souche impériale; elle a été entreprise vous savez dans quelles conditions et au lendemain de quels évènements. Elle l'a été sans préparation, sans habileté et contre le consentement manifeste du peuple.

Le peuple, en effet, au plébiscite, — plébiscite qui fut comme un arrêt de mort que l'on signait dans toutes les communes de France contre la France elle-même, — le peuple, à ce plébiscite, fut poussé, conduit sous la triple coalition de la peur, de l'intrigue et de la fraude, et il a voté d'acclamation le maintien de ce pouvoir criminel, parce qu'il était ignorant, trompé, affolé. Il ne pensait pas que la leçon, que le châtiment arriveraient si vite, à quelques mois de distance : Mai 1870, c'est le plébiscite; Juillet, c'est la guerre; Août, c'est le désastre; Septembre, c'est la chute! (*Sensation prolongée.*)

Voilà comment s'enchaînent et se précipitent les évènements, il ne faut jamais l'oublier. (*Marques d'adhésion.*)

Et, à cette époque, qui donc élevait la voix contre le plébiscite? qui donc s'opposait à ce vote fatal? qui donc niait, à ce César d'aventure, le droit de poser au peuple une question captieuse, équivoque et obscure? Qui? C'était ce parti toujours calomnié, toujours persécuté, toujours proscrit, c'était le parti républicain. (*Très bien! — C'est cela! — Applaudissements.*)

Et vous vous rappelez comment, pour triompher de ses cris patriotiques, de ses avertissements prophétiques, de quels moyens on usa. Vous vous souvenez des complots inventés, des brochures venimeuses, des accusations immondes, des déclarations perfides; vous vous rappelez la pression et l'association de la magistrature en masse, — comme le démontrent les papiers trouvés aux Tuileries et chez le garde des sceaux, — à cette œuvre d'intrigues et de désastres, ainsi que la participation de bien d'autres corps de l'État que je ne veux pas nommer, car il est temps de jeter un voile sur ces lamentables misères pour n'en retenir que l'enseignement qui ressort de la justice des choses. Car rien n'arrive dans l'histoire qui ne doive arriver, et il y a toujours des responsabilités à dégager.

Que disaient alors les républicains? Ils disaient qu'on ne devait pas voter comme on allait le faire; ils disaient aux paysans : Vous croyez voter la paix, c'est la guerre qui suivra le vote; ils disaient à ceux qui croyaient voter pour je ne sais quel libéralisme d'occasion : On vous trompe, car le crime ne se transforme pas, et, lorsqu'on a commencé par Décembre, on ne peut finir que par Sedan! (*Mouvement prolongé.* — *Applaudissements.* — *Interruption.*)

Et la France s'est trouvée républicaine au lendemain de cette chute; pourquoi? Parce que c'était le parti républicain qui avait lutté, qui avait résisté et qui, mis en face des évènements, avait associé sa fortune à la fortune chancelante de la patrie; parce que lui seul avait le droit de parler; parce que les autres partis étaient tous plus ou moins complices de la décadence de la France sous l'Empire. (*C'est cela!* — *Très bien! très bien!*)

Voilà la vérité. Elle est cruelle à entendre, mais il faut l'entendre; il faut la faire connaître à ceux qu'on a trahis et trompés, parce que, je ne cesserai jamais de le dire, parmi les sept millions de *oui* qu'on a trouvés au fond des urnes du plébiscite, il y avait les votes de cinq à six millions de travailleurs qui, associant leur destinée à la destinée d'un gouvernement trompeur, croyaient pouvoir lui donner un blanc-seing et qui se sont réveillés, réveil sinistre, au fond de l'abîme!

Ce sont ceux-là qu'il faut ramener, qu'il faut éclairer; et, pour cela, il n'est pas besoin de longs discours; il suffit de leur raconter les évènements, de leur rappeler cette terrible histoire qui tient dans trois mois. Il suffit de leur dire : Voilà ceux qui ont perdu la France et voici ceux qui ont voulu la sauver. (*Très bien!* — *Bravos redoublés.*)

Eh bien, malgré tout cela, il existe encore un parti bonapartiste. Ah! il faut avouer qu'il est un peu entamé... (*Rires prolongés.*) et qu'il fait beaucoup plus de bruit que de besogne; il se complaît à certaines habitudes de matamore, mais il n'y a là rien de sérieux, et ce parti a cessé de nous occuper.

A côté de ce parti de la restauration bonapartiste, il y en a d'autres qui se présentent de nouveau, et qui ont des prétentions exactement semblables. Car, pour moi, je ne distingue pas les monarchies entre elles : elles ont toutes les mêmes résultats, si elles n'ont pas la même origine et les mêmes procédés d'instauration : elles aboutissent toutes à l'exercice de la volonté d'un seul substituée à la volonté de la majorité, et à une politique dirigée dans un intérêt de famille, de caste et de privilège, au détriment des intérêts du plus grand nombre, au détriment de la liberté politique et de l'égalité sociale. Par conséquent, comme ce qui importe en politique ce sont les effets, les conséquences, les résultats encore plus que les causes, je dis que les trois monarchies, quelle que soit l'enseigne de chacune d'elles, se valent au point de vue des conséquences pour le pays, et que la plus innocente, — s'il y en a une, — causerait encore l'asservissement et la ruine de la France. Je les repousse donc également toutes avec la même ardeur. (*Très bien! — Bravos et applaudissements.*)

Messieurs, que veut-on dire, quand on dit qu'on appartient au parti radical? On veut dire que, quels que soient les circonstances, les propositions, les programmes et les accidents de la vie publique, jamais on n'acceptera la monarchie sous quelque forme qu'elle se déguise. (*C'est cela! — Très bien! très bien!*) Ce langage commence à devenir le langage de la généralité du suffrage universel, car le suffrage universel paraît avoir beaucoup réfléchi depuis tantôt deux ans. Il s'est trouvé, au lendemain de nos désastres, surpris, cerné de tous côtés par les intrigues réactionnaires : on l'a nourri de mensonges, saturé de calomnies; on a exploité ses peurs, son ignorance; on lui a dit que la République ferait courir les plus grands périls à l'ordre, à la propriété, à la famille, à la religion; on le lui a dit, et, pour le prouver, les agents de cette honnête et

loyale politique n'avaient d'autre instrument de preuve
que leur propre imagination et le tissu de diatribes et
d'injures qu'ils colportaient à travers le pays.

Les injures n'ont qu'un temps. Le pays a vu que
tous les malheurs prophétisés par ces alarmistes de
profession étaient loin de se réaliser ; que l'ordre n'a-
vait jamais été plus vrai, plus stable, plus complet, plus
respecté ; que la loi n'avait jamais été mieux obéie ;
que partout où il y avait des symptômes d'agitation
les esprits s'étaient calmés au nom de la République
et par l'effet de déclarations républicaines. Quant à la
marche générale des affaires, le pays vient d'assister
à une reprise qu'aucune monarchie n'aurait pu assurer, à un essor du crédit qui tient du prodige, à un
retour des sympathies de l'Europe qui, par sa promp-
titude même, a désarmé les plus malveillants.

On assistait, d'autre part, à l'avènement, dans les
conseils électifs de la France à tous les degrés, de
ces masses, de ce parti républicain dont on avait dénoncé par avance les exagérations, les folies et les
entreprises aventureuses, et l'on était tout frappé
de voir que partout, dans toutes les villes comme
dans tous les villages, ce parti républicain donnait
l'exemple de la sagesse, de la modération, du zèle, de
l'aptitude au travail et de la probité, de telle sorte que,
pour citer une administration bien faite, on était
obligé de montrer l'administration des grandes villes
de France qui, au dire des réacteurs, n'étaient com-
posées que de pétroleurs. (*Rires. — Très bien! très bien!
— Applaudissements.*)

On n'a pas pu, pendant longtemps, soutenir ce rôle.
Toute cette conduite avait un but, un résultat cherché d'avance ; mais la campagne a été manquée par
ces gens sans cohésion qui se sont donné ce beau nom
de parti de l'ordre, — beau nom qu'ils ne méritent à
aucun degré, car ce sont des agitateurs incorrigibles,
des factieux qui n'ont même pas le sentiment de l'or-

dre matériel ; en effet, il n'y a pas de jour, il n'y a
pas d'occasion où ils ne cherchent à troubler l'ordre
par leurs intrigues et leurs machinations. (*Bravos.*)

Eh bien, leurs calculs, leurs intrigues, leur coalition ont été déjoués rien que par la parfaite sagesse
du parti républicain. Ils étaient venus là, d'abord,
pour étouffer la République, c'est le point sur lequel
ils s'entendaient, et, ensuite, pour faire un roi, c'é-
tait le point sur lequel ils se divisaient. Sur la première partie de ce programme ils ont pleinement
échoué, non pas qu'ils n'aient tout fait pour étouffer
la République naissante, mais parce que la France, la
France des villes d'abord, — sans laquelle on ne gouverne pas sérieusement et dignement ce pays-ci, —
la France des campagnes ensuite, se détachant par
fragments, passant de l'arrondissement au canton, du
canton au gros bourg, — et maintenant on sent qu'on
va atteindre jusqu'aux couches les plus extrêmes du
suffrage universel, — la France, dis-je, par son attitude, au lieu de s'associer à l'étouffement, à la destruction de la République, lui a procuré chaque jour
de nouvelles forces. Chaque jour aussi, reconnaissons-
le, apportait un nouvel élément de vitalité à la France.

De sorte qu'éclairés par cette manifestation non
équivoque de la volonté nationale, vous avez vu des
hommes qui étaient acquis aux idées monarchiques,
qui avaient joué un rôle sous ces régimes, vous les
avez vus désarmer. Ainsi sollicités par les conseils
d'un patriotisme sincère, vous les avez vus abjurer
leur passé et ne pas craindre de déclarer, en face de
leurs anciens amis et à l'applaudissement des nouveaux,
qu'il n'y avait plus rien à attendre pour le salut du
pays que la République. (*Bravos et applaudissements.*)

Cette République ainsi comprise comme barrière
contre les fauteurs du passé, comme protection pour
la sécurité nationale, comme gage de relèvement dans
l'avenir, cette République modérée, très peu entre-

prenante, s'est décorée du nom de République conservatrice. (*Rires et marques d'approbation.*)

Mais, tout en applaudissant à ces efforts, il nous est
impossible, à nous qui sommes des républicains de
longue date, des républicains d'origine, des républicains de sentiment et des républicains de raisonnement et de progrès, il nous est impossible d'abandonner nos principes et de décolorer notre drapeau. (*Très
bien! — Bravo!*) Nous appuierons, nous soutiendrons
la République conservatrice dans la limite de nos devoirs. Mais les républicains conservateurs compren-
dront, vous comprendrez vous-mêmes, le pays ne tardera plus à comprendre et à dire aussi que la République
avec ses réformes, avec ses institutions organiques,
son développement matériel et moral dans l'intérêt
de tous, que cette République appelée radicale et qui,
sous ce mot trop souvent pris en mauvaise part, ne
cache que la soif de la justice, que l'amour du progrès, que la résolution absolue de se débarrasser des
derniers vestiges des anciens régimes, — que cette
République, c'est la fleur dont l'autre n'est que la
graine ! (*Bravo! — Très bien! — Applaudissements.*)

Surveillons ce germe précieux, cultivons-le, cares-
sons-le, protégeons-le, garantissons-le d'aucune atteinte, ayons confiance dans la force des choses, et
attendons avec calme, avec modération, avec certitude
que la tige ait monté. (*Bravo! bravo!*)

Pourquoi, d'ailleurs, abandonnerions-nous notre
réserve? Il y a des gens, et beaucoup, — nous sommes
entre républicains, nous pouvons bien nous en expliquer, — il y a des gens qui disent : Voyez-vous ces
républicains radicaux, ils ne veulent pas de la République conservatrice, et savez-vous pourquoi? C'est
parce qu'ils veulent des places. (*Rires.*)

Ce langage vous fait sourire, il vous paraît grossier,
et il l'est; c'est un outrage gratuit à un grand parti
qui en a reçu bien d'autres sans s'en trouver plus

mal. (*Nouveaux rires.*) Mais enfin, comme le reproche
est fait et qu'on le répète, il est bon d'en essayer une
réfutation ici.

Ils veulent des places, dit-on. Mais la passion de ce
parti républicain radical étant de faire des institutions,
son but est de supprimer le plus de places possible et
d'arriver à la réalisation de cette vérité élémentaire
que les places doivent correspondre à des services
d'utilité publique, que l'on ne doit pas créer les places
pour les fonctionnaires, mais que, lorsqu'on est réduit
à mettre un fonctionnaire dans une place, c'est une
nécessité qu'on subit et non pas une affaire de luxe.

La théorie du gouvernement républicain est de ne
confier que le minimum des places à la nomination du
pouvoir, et, pour les autres, de s'en remettre au principe électif, ce qui est l'anéantissement du fonction-
narisme, de cette maladie qui s'est développée pendant quinze siècles successifs de monarchie. (*Bravos.*)

Des places! Mais où donc a-t-on vu cette aspiration
du parti républicain vers les places? Savez-vous quel
est l'embarras véritable d'un ministre de l'intérieur
républicain? Eh bien, c'est de trouver des républicains
éprouvés qui veuillent accepter des places. (*Rires. —
Très bien! très bien!*) Ils ont si peu l'amour des places,
que même sous un gouvernement de leur choix, de leur
vœu, on a toutes les peines du monde à les décider
à en accepter!

Ah! les monarchistes n'y mettent pas tant de
façon! N'importe le régime, où est le budget? deman-
daient-ils; où est l'émargement? Nous entrons! (*Hilarité générale. — Bravo! bravo!*)

Demandez donc à ces légitimistes qui ont servi fort
bien soit dans le Sénat, soit dans la diplomatie impériale, soit même dans l'antichambre de ce monarque
nouveau, demandez-leur s'il leur est difficile d'accepter
des places. (*Très bien! très bien! — Bravos et rires.*)

Et, quant aux orléanistes, je crois que c'est toute

la politique de l'orléanisme d'avoir des places! (*Hilarité prolongée. — Applaudissements.*)

Messieurs, nous pourrions continuer cet examen fort longtemps ; nous n'arriverions à démontrer qu'une chose, c'est que, sur cette question du service des gouvernements, qui est une question de moralité, de conscience, on peut bien trouver chez nous quelques apostats que nous savons flétrir, mais non pas des gens qui acceptent la livrée d'un gouvernement qu'ils détestent et qu'ils combattent. (*Très bien! — Approbation générale.*)

Ce réseau de calomnies jetées sur le pays n'a donc servi à rien. Le pays, éclairé, comme je vous le disais tout à l'heure, par la lumière des évènements, a parfaitement compris où voulaient l'entraîner ces représentants du passé dont les idées lui paraissaient tout à fait surannées. Car enfin vous vous rappelez l'apparition de ces paladins gothiques dans l'Assemblée de Versailles. Ils dataient d'avant 89, cela va sans dire, et ils auraient trouvé peut-être que Louis XIV était compromettant déjà pour l'idée monarchique! (*Hilarité. — Bravos et applaudissements.*) A coup sûr ils n'en auraient pas ratifié la politique à l'égard de l'Église et de Rome, car le type de nos monarchistes aujourd'hui, ce n'est pas d'aimer le roi, de chérir la royauté; ce n'est pas là ce qui les occupe le plus, non! Pour eux, la monarchie, c'est surtout la domination du cléricalisme. (*Bravos! — Très bien! très bien!*)

Et c'est par là qu'on explique comment on peut trouver sur la même ligne et sur la même liste électorale des gens qui ont chacun leur monarque préféré, mais que la sacristie seule réunit. C'est là leur lieu de rendez-vous; c'est là où ils trouvent l'union. (*Applaudissements.*)

Eh bien, il a suffi à la France de voir ces tendances pour les juger et les condamner. Et quand il a été bien établi que cette Assemblée rêvait la restauration

d'un passé à jamais condamné, la France a compris
où on la menait.

Jugeant alors, pièces en mains, sur leur conduite,
sur leurs projets, appréciant leur politique, elle s'est
inclinée vers la République, pourquoi? Parce qu'elle
a compris que tout édifice élevé par de pareilles mains
monarchiques, que toute construction politique sortie
d'une semblable coalition, que toute restauration
d'un régime autre que le régime républicain ne durerait pas le temps nécessaire pour l'abriter pendant
deux saisons. La France a compris, avec son clairvoyant instinct d'ordre et de sécurité, que restauration voulait infailliblement dire révolution. (*Oui! oui!*
— Bravos.)

Et alors, après s'être interrogée, elle s'est admira-
blement conduite. Elle a parfaitement saisi que les
agitateurs, que les perturbateurs qui troublaient l'ordre, qui amèneraient de nouveaux désastres, qui en-
gendreraient la guerre civile, c'étaient ceux qui voulaient restaurer la monarchie; et alors, par la pente
de son bon sens, elle s'est dirigée vers la République.
Messieurs, il s'agit de la garder! (*Oui! oui! — Bravos
et applaudissements.*)

Et pour la garder, la conduite à tenir est simple.
Il suffit d'être de bons et loyaux républicains, il suffit
de montrer que tous ces épouvantails, amassés par
l'imagination de nouvellistes aux gages et aux ordres
des partis monarchiques, ont la valeur de l'artillerie
que les Chinois dessinent sur leurs paravents. (*Très
bien! très bien! — Rires.*)

Tout cela est nul; ce sont là des rêves, des chimères. Nous sommes, Messieurs, les vrais hommes
d'ordre et de légalité, et la propriété, avec nous, n'a
aucun risque à courir; car elle est fille de la Révolution française, et, sans elle, elle n'aurait pas de place
dans notre société; c'est de la Révolution française,
ne l'oublions jamais, répétons-le sans cesse, que date

la création de cette immense quantité de petits propriétaires qui fécondent la terre de leurs sueurs, qui
représentent la force et la sève de la France, et qui
demandent qu'à cette propriété matérielle on ajoute
la culture de leur esprit par une instruction distribuée
avec prodigalité. (*Bravos et applaudissements.*) Messieurs, faisant suite à la propriété, vient la famille,
c'est-à-dire l'essence même de la moralité humaine,
ce contrat si noble, si pur, si touchant de l'homme
avec la femme, sur le pied d'égalité absolue dans le
monde et au foyer, avec la sollicitude pour les enfants
dont on fera des égaux et des hommes. Cette famille,
ainsi faite, ainsi comprise, où donc a-t-on vu qu'un
homme appartenant au parti républicain n'en ait pas
toujours professé le respect? (*Bravo! — Très bien!
très bien!*)

Quant à la religion, je n'en parle pas, c'est là un
domaine en dehors de la politique. Que chacun adore
un dieu ou n'en adore pas, c'est là une question de
for intérieur, intime, sur laquelle chacun est libre de
croire ou de ne pas croire, de douter ou d'affirmer, de
faire telles hypothèses qu'il lui conviendra, de s'en
rapporter à la science qui nie ou qui affirme, ou au
mysticisme qui se confond en prières. C'est là, je le
répète, une question de for intérieur inaccessible à
tous. Allez dans vos temples, réunissez-vous dans vos
églises, croyez, affirmez, priez, je ne vous connais
pas. Ce que je demande, c'est la liberté, une liberté
égale pour vous et pour moi, pour ma philosophie
comme pour votre religion, pour ma liberté de penser
comme pour votre liberté de pratiquer. (*Bravo! bravo!*)

Ne dites donc pas que nous sommes les ennemis de
la religion, puisque nous la voulons assurée, libre et
inviolable. (*Très bien! — Bravos.*)

Messieurs, la démonstration et les progrès de ces
idées et de ces doctrines réclament, vous le sentez
bien, l'abjuration de tous les moyens violents qui vien-

draient nous troubler ou nous distraire. Cette propagande, libérale et démocratique, tous les jours gran-
dissante, n'a besoin que d'une arme, la raison, et que
d'un instrument, la liberté. Réunissons tous nos
efforts, nous ferons à la fois une République et une
société. (*Applaudissements et acclamations.* — *Cris répétés de : Vive la République ! Vive Gambetta !*)

DISCOURS

Prononcés le 26 septembre 1872

Parmi les députations des départements voisins de la Savoie qui s'étaient rendues à Chambéry, le 22 septembre 1872, une des plus nombreuses avait été celle de Grenoble, à la tête de laquelle se trouvaient le maire et les conseillers municipaux de cette ville. C'est sur leur invitation que M. Gambetta se rendit à Grenoble le 26 septembre.

Une dépêche adressée de Grenoble le 26 septembre à la *République française* rend compte en ces termes de l'arrivée de M. Gambetta :

« M. Gambetta est arrivé ici à trois heures. Il a été reçu à la gare par une députation de conseillers généraux et de conseillers municipaux de Grenoble et des cantons voisins. Une foule énorme se pressait sur le parcours de la gare à l'hôtel des Trois-Dauphins. Cette foule, composée de plus de six mille personnes, a fait entendre des acclamations prolongées de : Vive la République ! vive Gambetta !

« Arrivé à l'hôtel, M. Gambetta s'est exprimé à peu près en ces termes :

En présence de l'accueil empressé, affectueux et fraternel qui m'est fait, j'éprouve le besoin (car les hommes ne sont rien et disparaissent devant la majesté de l'idée) de vous inviter à répéter avec moi ce cri qui nous rallie tous, ce cri qui, quoi qu'en disent nos détracteurs, symbolise la paix sociale et l'ordre dans la justice : Vive la République !

« Des acclamations enthousiastes ont accueilli ces paroles.

« Dans la soirée, un dîner a été offert à M. Gambetta, à l'hôtel historique des Trois-Dauphins, par la municipalité de Grenoble tout entière, des conseillers généraux et des

maires des communes voisines. Les convives étaient au
nombre de plus de soixante.

Au dessert, M. Calvat, maire de Grenoble, se lève et
s'exprime ainsi :

« Messieurs,

« Je bois à la santé du citoyen Gambetta, à sa bienvenue
parmi nous et à la liberté! » (*Très bien! très bien! — Applaudissements.*)

M. Gambetta répond en ces termes :

Messieurs,

Et moi, je bois à la santé de nos concitoyens, et de
mes convives ici présents; je bois à la municipalité
de Grenoble, expression fidèle et loyale du suffrage
universel de cette patriotique cité; à cette municipalité qui a su, depuis qu'elle est aux affaires, tenir
très ferme le drapeau de la République et soutenir,
sous une précédente administration irritante et pro-
vocatrice, les droits de la démocratie; qui, aujourd'hui,
maintient et continue ces traditions, et qui a bien
voulu, en des termes qui m'ont profondément touché,
provoquer mon arrivée parmi vous. Vos concitoyens
viennent de me faire un accueil qui, je ne crains pas
de le dire maintenant, a dépassé tout ce que nous
pouvions attendre les uns et les autres. Vous pouvez
être assurés, Messieurs, que j'en ai été vivement ému.
Aussi je ne chercherai même pas à exprimer les sentiments de reconnaissance que j'éprouve : il n'est pas
d'expression pour les traduire.

Seulement, je tiens à dire que je ne suis pas venu
parmi vous avec une pensée de séjour. Non pas que
je ne tienne point à parcourir votre riche et beau département, et à aller surtout dans les campagnes où
nous devons tous désormais porter notre action et
chercher à étendre notre influence, mais parce que le
temps me presse et m'appelle ailleurs. Je ne me considère donc pas comme quitte envers vous, et, si vous

me permettez l'expression, c'est une carte de visite
que je viens déposer aujourd'hui et que je viendrai
retirer, car je la considère comme une lettre de change
du cœur.

Je reviendrai donc parmi vous, Messieurs, pour
m'y retremper, pour y puiser de nouvelles forces
pour la campagne qui nous reste à faire. Et, à ce
point de vue, je le déclare avec une entière conviction,
il n'est rien de plus fortifiant que ces visites, ces
échanges d'idées et d'opinions entre hommes libres et
du même parti. Si, dans les luttes auxquelles je suis
appelé à prendre part, mon cœur pouvait jamais dé-
faillir, et mon courage manquer, je n'aurais qu'à me
rappeler les récompenses que vous savez décerner à
ceux qui ont fait leur devoir, pour sentir renaître
toutes mes forces et mon énergie s'accroître encore.

Je vous remercie encore, Messieurs ; je porte votre
santé à tous ; je bois à vous, Monsieur le maire, et à
vous aussi, monsieur Anthoard, car laissez-moi ne
pas séparer le maire du 4 Septembre du maire actuel.
— Vive la République! (*Applaudissements.* — *Vive la
République!*)

La *République française* du 2 octobre publiait la lettre
suivante :

« Dès que l'excursion de M. Gambetta à Grenoble eut été
résolue, une réunion privée avait été organisée sur l'initiative et par les soins de M. Vogeli, rédacteur en chef du *Réveil du Dauphiné.* Une grande salle de la rue de Strasbourg
fut louée à cet effet. Des invitations autographiées furent
envoyées deux jours à l'avance dans les communes des en-
virons de Grenoble ; dans la ville même, elles furent distribuées, par porteurs, le matin de la réunion. Un double
contrôle était exercé à l'entrée de la porte extérieure et de
la porte intérieure donnant accès dans la salle, pour reconnaître l'identité des citoyens munis de lettres d'invitation, de telle sorte que personne ne pût pénétrer par fraude
dans la réunion et en dénaturer ainsi le caractère.

« Le *Réveil du Dauphiné* a constaté que quelques tenta-

tives de ce genre ont été faites, sans succès d'ailleurs, par
quelques individus qui n'étaient rien moins que bien inten-
tionnés. Par contre, il a remarqué qu'aucun des milliers
de républicains grenoblois que l'exiguïté de la salle et les
exigences de la loi avaient exclus de la réunion, n'a fait de
semblables tentatives, donnant ainsi « une leçon de con-
venance et de respect absolu de la loi au prétendu parti
des bonnes manières et de la légalité ».

« Dès six heures et demie, les invités entraient dans la salle.
On remarquait au milieu d'eux plusieurs officiers de la gar-
nison, auxquels a été fait l'accueil le plus sympathique. Ils
ont été salués du cri de : Vive l'armée ! A huit heures,
M. Gambetta, accompagné de M. Calvat, maire de Grenoble,
se rendait au local de la réunion. Sur son passage se pressait une foule compacte qui l'a acclamé avec enthousiasme.
A son entrée dans la salle, des applaudissements prolongés
se sont fait entendre.

« Quand le silence se fut rétabli, M. Édouard Rey, membre du conseil général de l'Isère et conseiller municipal de
Grenoble, a pris la parole en ces termes :

« Citoyens,

« Je crois être l'interprète de vos sentiments en remerciant
le citoyen Gambetta de sa bienvenue parmi nous, bienvenue
inespérée il y a quelques jours encore.

« Je voudrais surtout lui dire que nous ne sommes pas ac-
courus ici pour nous suspendre aux lèvres d'un orateur éloquent, mais comme des républicains désireux de serrer la
main à l'homme qui, depuis le 4 septembre, n'a songé qu'à
la défense nationale et qui, après de tels efforts, symbolise
aujourd'hui l'honneur de la France ! (*Bravo! bravo!* — *Applaudissements prolongés.*)

« Gambetta sait mieux que je ne saurais le dire, qu'il est
dans un département qui a été le berceau de la Révolution
française. Citoyens, quelles que soient les critiques de la
presse réactionnaire, nos efforts énergiques pour la cause
que nous défendons tenteront de faire de notre pays un
pays derrière lequel la France saura marcher.

« Je présente en votre nom la bienvenue au citoyen Gambetta. » (*Bravo!* — *Applaudissements.* — *Vive Gambetta!
vive la République!*)

En réponse à ces paroles chaleureuses, M. Gambetta prononce le discours suivant :

Messieurs et chers concitoyens,

Notre ami M. Édouard Rey a bien voulu me présenter à vous et me souhaiter la bienvenue dans votre ville. Il a mis, dans les quelques paroles qu'il a prononcées, une émotion qui, pour moi, m'a profondément remué et qui me pénètre de reconnaissance envers lui et envers vous, qui avez bien voulu vous associer à lui par vos applaudissements.

Oui, Messieurs, je sens et je sais que je suis dans un pays qui est, de longue date, acquis à la cause et dévoué à la défense des principes de la Révolution française, puisqu'il l'était, pour ainsi dire, avant que la France de 89 eût commencé à les balbutier. Je n'oublie pas votre ancien et persévérant dévouement à nos idées, et, si je pouvais l'oublier, l'accueil que vous m'avez fait au moment où j'ai mis le pied sur le sol de votre ville, serait certainement la plus énergique et la plus pénétrante manière de me rappeler tout ce que j'ai encore à faire pour être digne de vous et de votre glorieux passé.

Mais j'ai bien senti, Messieurs, — et permettez que je me défende publiquement devant vous contre le reproche de tomber jamais dans une confusion qui serait vraiment coupable, — j'ai bien senti que ce que vous acclamiez, vous saluiez de cris si ardents, si répétés, c'était la République et non l'homme. (*Bravo! — Applaudissements.*)

Plusieurs voix. — C'était la République et l'homme !

M. Gambetta. — L'homme vaut ce que valent ses efforts ; mais ces efforts ne sont jamais que restreints, et trop souvent, — il n'y a jamais faiblesse à le reconnaître, — sujets à des vacillations et à des incertitudes, parce qu'il n'y a pas d'homme parfait, parce qu'il n'y a pas d'homme qui puisse se promettre à

lui-même qu'il sera toujours à la hauteur des évènements. Mais cet homme que vous voulez bien reconnaître comme un des vôtres, comme le vôtre, car il
s'est donné tout entier à son parti... (*Oui! oui!* — *Applaudissements.*) a, au moins, pour lui cette conviction
qu'il n'a jamais mis dans son cœur aucun intérêt, aucune passion, aucun mobile en balance avec les intérêts de la démocratie républicaine. (*Bravos.* — *Marques d'assentiment général.*)

Tout à l'heure, on prononçait un mot qui produit
toujours sur moi la plus vive impression : on faisait
allusion à ces douloureux et tragiques évènements
de la guerre, de cette guerre que nous avons continuée alors qu'elle était née du caprice d'un aventurier
couronné, de cette guerre dont nous avons hérité et
que nous avons poursuivie après l'avoir dénoncée et
combattue, parce que nous sentions qu'il y allait de
l'avenir et de l'honneur de la France.

Hélas! citoyens, cet avenir a été compromis; notre
pays a été entamé dans son intégrité. Mais ce n'est
pas à vous qu'il faut apprendre que la responsabilité
en remonte tout entière à l'empire et à ses complices, les conseillers de tous rangs placés autour de
lui. (*Oui! oui! Adhésion unanime.*)

Messieurs, laissez-moi dire que rien ne me touche
davantage que ce salut habituel qui m'est adressé
partout où je passe et qui rappelle les efforts du gouvernement de la Défense nationale, (*Bravos*) car il y
a une chose qu'il faut toujours répéter, parce que
c'est l'honneur de notre parti, qu'il faut redire chaque fois que se produisent les attaques de nos adversaires, qu'il ne faudra jamais se lasser de prouver,
pièces en main : c'est que la cause de la France et
celle de la République sont désormais unies et confondues, et que, entre l'une et l'autre, il y a une association indissoluble que rien ne pourra rompre.
Messieurs, on nous a souvent reproché d'avoir fait

passer l'une avant l'autre ; je réponds que nous les
avons toujours confondues, associées, réunies, et,
pour moi qui ne comprends pas la République sans la
France, je sens bien qu'on ne pourrait jamais séparer
la France de la République sans courir à des désastres
plus effroyables encore que ceux dont nous sortons à
peine. (*C'est vrai! c'est vrai! — Assentiment général.*)

Messieurs, notre ami M. Rey rappelait aussi tout à
l'heure, — et il faisait bien, — que nous sommes
dans un pays, dans une ville qui a été largement,
complètement associée depuis un siècle à notre histoire nationale et qui, à des époques si différentes
et si contraires, a été le théâtre, — la ville et ses en-
virons, — d'évènements divers et pourtant, à de certains points de vue, semblables à ceux qui viennent
de se dérouler devant nos yeux et peut-être à ceux
qui se préparent. Aussi bien, il n'y a pas de lieu, pas
d'endroit, dans toutes les autres parties de la France,
qui soient plus appropriés pour faire entendre certaines paroles et évoquer certains enseignements.
C'est pourquoi, Messieurs, quand vos amis sont venus à Chambéry, dans cette noble terre de Savoie, si
peu connue, si ignorée, si diversement jugée, et où
l'esprit républicain respire et souffle en toute liberté,
en dépit d'une administration réactionnaire et impuissante jusque dans ses puériles tracasseries; quand,
dis-je, ils sont venus me chercher au milieu de cette
Savoie républicaine, anticléricale, profondément française et qui, quoi qu'on dise, confond suffisamment
par son attitude tous ses calomniateurs, je n'ai pas pu
résister à leur invitation, bien que le temps me man-
quât, et je suis venu à Grenoble, mais rien que pour
toucher barre et déposer, en quelque sorte, une carte
de visite. En effet, j'ai le chagrin de vous quitter dès
demain matin, mais je me promets de revenir vous
visiter plus tard, quoi qu'il advienne. (*Très bien! très
bien!*)

Cependant, puisque nous voici réunis, et que dans
la soirée qu'a bien voulu donner M. Vogeli à l'occasion de mon séjour à Grenoble...

M. VOGELI. — C'est la démocratie tout entière, citoyen Gambetta, qui m'a chargé de vous offrir cette
soirée.

M. GAMBETTA. — Si vous aviez eu un peu plus de
patience, mon vieux camarade, vous auriez vite
aperçu que nous sommes d'accord. (On rit.)

J'ai dit : Dans la soirée que M. Vogeli a donnée à
l'occasion de mon séjour ici, parce que nous vivons
dans un temps où l'on est réduit à empêcher des
hommes sincères qui aiment leur pays, qui n'ont
d'autre passion que la justice, d'autre désir que de
s'éclairer les uns les autres sur la meilleure marche
à suivre dans le sens du bien public ; parce que nous
vivons dans un temps où ces hommes sont contraints
de recourir à des précautions, à des expédients, à des
biais derrière lesquels ils puissent à peu près regarder,
sans aucune espèce d'appréhension, les foudres du
parquet et d'une administration toujours prête à se
dire : Dans l'arsenal de nos lois, — et l'on sait s'il est
riche! (Rires.) — il y a des lois bonapartistes qui empêchent des hommes de se réunir pour causer entre
eux sans avoir pris sept à huit précautions préalables,
(Nouveaux rires.) si nous en usions contre ces hommes! (Hilarité générale et interruption.) C'est là ce qui
m'a fait dire, Messieurs, que M. Vogeli nous a offert
une soirée, et je crois qu'il y a autant de vérité que
de prudence à le dire et à le répéter; mais je sais
aussi, à ne pas m'y tromper, parce que je le vois et
que vous m'en donnez à chaque instant la preuve,
que je suis ici l'hôte de tout le monde. (Très bien! —
Oui! oui!)

Et vraiment, cette première réflexion me permettra
peut-être de répondre d'ici à certaines récriminations,
à certaines déclamations qui ont encombré ces jours

derniers les colonnes des journaux... — mon Dieu!
comment dirai-je? — des journaux qui sont dévoués
à l'ordre! N'est-il pas entendu, en effet, dans ce temps
de confusion où les mots ont changé absolument de
signification, bien qu'on continue à toujours les employer, n'est-il pas bien entendu que nous sommes à
tout jamais le parti du désordre? — Nous, le parti du
désordre, Messieurs, nous qui respectons constamment la loi, qui nous assujettissons même à saluer
et à ne pas enfreindre celles qui ont été le fruit du
crime sorti de l'usurpation la plus odieuse; nous qui
avons fait continuellement toutes les concessions,
tous les sacrifices depuis deux ans; qui avons donné
partout, dans tous les conseils électifs de la France,
dans lesquels nos concitoyens nous ont constitués en
majorité, l'exemple de la patience, de la modération ; — nous, le parti du désordre! quelle impudence
il faut avoir pour le prétendre! Non, Messieurs, nous
sommes le vrai parti de l'ordre dans ce pays; et, en
cela, nous n'avons qu'à nous rendre justice, qu'à
mettre en avant notre propre discipline toute volontaire et par cela même efficace; nous n'avons fourni,
dans aucune occasion, le prétexte d'intervenir à l'autorité, ou à des agents trop zélés qui la compromet-
tent, et qui cherchent toutes les occasions, favorables
ou non, de saisir le parti républicain en flagrant dé-
lit... On nous accuse d'être des gens de désordre et
de violence! Et quand nous nous contentons de prendre notre droit et de l'exercer, quand nous fournis-
sons toutes les preuves de sagesse, que dit-on? On
dit : Ah! si nous ne les avions pas arrêtés, à quels
excès, à quelles saturnales se seraient livrés ces dé-
magogues! Vous n'imaginez pas, ajoute-t-on, à quels
actes ils se seraient portés contre les citoyens, contre
les personnes contre les propriétés, si une loi bonapartiste — qu'on retrouve tout exprès (*Rires*,) — ne
leur avait pas été opposée à temps et si nous n'étions

pas venus là pour sauver la société d'un pareil cata-
clysme. Voilà leur langage. (*Oui! oui! — C'est cela!
— Rires et bravos.*) .

En sorte que, Messieurs, nous sommes dans cette
situation singulière, et fort difficile à soutenir, à savoir
que, quand nous obéissons aux lois, c'est par impuissance, et que, quand nous les critiquons, même en
nous y soumettant, en nous bornant à faire remarquer leur triste et odieuse origine qui viole le droit
des sociétés libres, on nous dénonce. (*Rire général.*)
Messieurs, on devrait bien reconnaître enfin que la
presse dite de l'ordre, en se conduisant de cette manière, ne fait que du désordre, et que ses agents ne
recherchent qu'une chose : la provocation. (*Bravo!
bravo! — Approbation unanime.*)

Mais je m'oublie à parler de cette presse sans nom,
qui a perdu toute estime et toute considération dans
le pays. Il vaudrait mieux élever la question et dire
une bonne fois aux hommes d'État qui ont la prétention, dans tous les partis, de chercher le régime sous
lequel la France, qui est une démocratie, doit se développer et produire,—leur dire une bonne fois : Avez-
vous réfléchi à ce que c'est que la démocratie? Et,
avant de la mettre à la gêne, avant de lui imposer
des lois misérables, avez-vous mesuré l'étendue du
mal qu'il faut faire disparaître? Avez-vous mesuré les
besoins de cette société, et savez-vous bien dans quel
pays, à quelle époque vous vivez? Car, enfin, Messieurs, ce droit que nous exerçons ici, à huis clos, et
sous la surveillance de cinq à six administrations différentes, il n'y a pas de pays libre qui n'en revendique
l'exercice et où des hommes d'État ne se glorifient de
le protéger; il n'y a pas de pays libre où l'on ne
puisse, comme en Angleterre, pour citer l'exemple
d'un pays monarchique, réunir les électeurs au nombre de cinq, six ou dix mille, en tous temps, en tous
lieux, en plein air; où les partis ne puissent développer

leurs théories, exposer leurs programmes, rendre
compte de leur conduite, accuser les partis hostiles,
commencer et poursuivre des campagnes, et enfin,
faire librement ce qui doit se faire dans toute société
qui a quelque souci de la dignité de ses membres.
(*Très bien! très bien!* — *Bravos.*)

Eh bien, ce qui se fait en Angleterre, ce que font
les lords anglais, ce que font les membres de la
Chambre des communes, se fait également à quelques pas d'ici, en Suisse, où l'on comprend que la
démocratie est un gouvernement d'opinion par essence, que c'est à l'opinion publique que doit rester
le dernier mot, que c'est elle qui doit tout examiner,
tout contrôler, tout vérifier, tout juger, afin de pouvoir choisir. Aussi les démocraties ne sont véritablement libres, n'offrent de sécurité, d'avenir, et ne fondent quelque chose d'assis qu'à la condition de provoquer la confiance des hommes libres qui les composent, qu'à la condition de permettre à tous d'aller,
de venir, de circuler, de se grouper, de se réunir, de
s'associer, de se pénétrer. Qu'est-ce, en effet, que la
démocratie, si ce n'est point le gouvernement de tous,
si l'on est parqué, si c'est le régime cellulaire? Ce n'est
plus la démocratie, c'est le système des castes sociales, c'est l'ancien régime. Comprendre ainsi la démocratie, Messieurs, c'est outrager la raison, et il faut
la peur pour expliquer les misérables et odieuses
mesures qu'on nous oppose. (*Applaudissements.*)

Quand donc prendrons-nous des habitudes viriles?
Lorsque nous vivions sous la monarchie, qu'elle fût
légitime, — voilà encore un mot bien fait! — (*Rires.*)
comme après 1815, ou qu'elle fût une monarchie à
compartiments, une monarchie à poids et contre-
poids, dont les uns font équilibre aux autres, avec un
horloger plus ou moins éloquent qui se flattait de faire
tout marcher.... (*C'est fini, cela! — C'est usé! — Hilarité générale.*) Messieurs, je veux bien que ce soit là des

vieilleries, du bric-à-brac, mais il y a des gens qui rêvent cependant le retour de ce système épuisé...
Lorsque, dis-je, nous vivions sous l'une ou l'autre de
ces monarchies, je comprends que l'un et l'autre de
ces régimes aient eu peur du peuple, parce qu'ils n'é-
taient pas des gouvernements de démocratie, et ils
avaient peur du peuple, parce qu'ils ne le connais-
saient pas, et que, ne voulant pas et ne pouvant pas
l'apprécier, ils n'avaient trouvé qu'un moyen de le
gouverner, c'était de le clore et de le tenir en char-
tre-privée. (*Rires d'approbation.* — *Applaudissements.*)

Mais, Messieurs, ce n'est pas un régime, un système politique comme la démocratie actuelle, monde
encore récent, qui date, comme origine, comme naissance, comme formule, de 1789, et qui, en somme,
n'a pris pied parmi nous, n'a mis la main aux affaires,
n'a été investi du moyen protecteur de sa souveraineté, n'a été mis en possession de la plénitude de son
droit, qu'en 1848, par le suffrage universel, — ce n'est
pas, dis-je, ce monde nouveau de la démocratie française qu'on peut se flatter de gouverner, régler, conduire, instruire par les procédés, par les habitudes des
quinze à vingt habiles diseurs qui gouvernaient et
conduisaient la monarchie parlementaire. (*Non ! non !*
— *Bravos.*)

Il faut aujourd'hui descendre dans les couches, dans
les rangs profonds de la société; il faut comprendre
que ce n'est que de la discussion manifestée, con-
tredite, et qui rencontrera autant d'affirmations que
de négations, que peut se dégager l'opinion, car
la démocratie n'est pas le gouvernement de l'uniformité ni de cette discipline passive que l'on rêve
dans d'autres partis, dans d'autres sectes; c'est le
gouvernement de la liberté de penser, de la liberté
d'agir. De là, par conséquent, la nécessité d'une perpétuelle communication de tous les citoyens entre eux,
quand ils le veulent et comme ils le veulent, à la seule

condition, — condition unique, — de délibérer pacifiquement, sans armes, ainsi que le disaient les premiers législateurs de la Révolution française, afin de
ne pas fournir à quelques-uns la tentation de violer
le droit des autres. (*C'est cela! — Très bien! très bien!*)

Et cependant, Messieurs, il nous faut supporter cette
législation mauvaise, qui est aujourd'hui la nôtre, cette
usurpation de notre droit, cet empiétement de l'autorité pour en démontrer tous les jours l'inutilité. En
effet, il est bien sûr que, si l'on ne peut se réunir au
nombre de 1,500 personnes. sous le prétexte qu'on for-
mera ainsi une réunion publique, on peut bien se
réunir au nombre de 300 ; et, ce qui aura été dit dans
cette réunion de 300 personnes sera répété, imprimé,
publié, répandu. de sorte qu'on n'aura rien fait, rien
empêché, et que le but que l'on se proposait ne sera
pas atteint : on aura simplement mis la main sur la lumière, mais la lumière aura passé à travers les doigts,
malgré tous les obstacles. (*Assentiment unanime.*) Il faudrait, sous une République, abandonner ces mesures,
rejeter ces procédés qui n'ont d'autre résultat que
d'engendrer le désordre moral, sinon le désordre matériel, quand c'est précisément de l'ordre moral, avant
tout, que devraient se préoccuper les hommes d'État.
Car, retenez-le bien, Messieurs, sans l'ordre moral il n'y
a pas d'ordre matériel assuré ; c'est l'ordre moral qui
règle tout, qui calme tout, qui assoit tout et qui permet aux peuples de tout faire pour se relever de leurs
catastrophes. (*Très bien! très bien!—Applaudissements.*)

Que voulez-vous? En France on ne peut pas s'habituer, depuis quarante-cinq ans, dans certaines classes
de la société, à prendre son parti, non seulement de
la Révolution française, mais de ses conséquences, de
ses résultats. On ne veut pas confesser que la monarchie est finie, que tous les régimes qui peuvent, avec
des modifications différentes, représenter la monarchie, sont également condamnés. Et c'est dans ce défaut

de résolution, de courage chez une notable partie de
la bourgeoisie française, que je retrouve l'origine,
l'explication de tous nos malheurs, de toutes nos défaillances, de tout ce qu'il y a encore d'incertain,
d'indécis et de malsain dans la politique du jour

On se demande, en vérité, d'où peut provenir une
pareille obstination ; on se demande si ces hommes
ont bien réfléchi sur ce qui se passe ; on se demande
comment ils ne s'aperçoivent pas des fautes qu'ils com-
mettent et comment ils peuvent plus longtemps conserver de bonne foi les idées sur lesquelles ils prétendent
s'appuyer ; comment ils peuvent fermer les yeux à un
spectacle qui devrait les frapper. N'ont-ils pas vu apparaître, depuis la chute de l'Empire, une génération
neuve, ardente, quoique contenue, intelligente, propre
aux affaires, amoureuse de la justice, soucieuse des
droits généraux? Ne l'ont-ils pas vue faire son entrée
dans les conseils municipaux, s'élever, par degrés,
dans les autres conseils électifs du pays, réclamer et
se faire sa place, de plus en plus grande, dans les luttes
électorales? N'a-t-on pas vu apparaître, sur toute la
surface du pays, — et je tiens infiniment à mettre en
relief cette génération nouvelle de la démocratie, — un
nouveau personnel politique électoral, un nouveau
personnel du suffrage universel? N'a-t-on pas vu les
travailleurs des villes et des campagnes, ce monde du
travail à qui appartient l'avenir, faire son entrée dans
les affaires politiques? N'est-ce pas l'avertissement
caractéristique que le pays, — après avoir essayé bien
des formes de gouvernement, — veut enfin s'adresser
à une autre couche sociale pour expérimenter la forme
républicaine? (*Oui! oui! — Sensation prolongée.*)

Oui! je pressens, je sens, j'annonce la venue et la
présence, dans la politique, d'une couche sociale nouvelle (*Nouveau mouvement*) qui est aux affaires depuis
tantôt dix-huit mois, et qui est loin, à coup sûr, d'être
inférieure à ses devancières. (*Bravos.*)

Quand on l'a vue apparaître, on ne pouvait en noter, en remarquer la naissance que par petits groupes, que sur des points isolés, à Marseille, à Paris, à Lyon, au Havre, à Saint-Étienne, ici et même ailleurs; mais, par le fait même de l'isolement de ces groupes, qu'on ne réunissait pas pour les soumettre à un examen, à une analyse véritablement sagace, on n'a pu se rendre un compte exact, au début, des conséquences de cette apparition, de cette invasion d'un élément social nouveau par le suffrage universel dans les affaires générales de la nation; et, alors, on a trouvé beaucoup plus facile de déclamer contre ces conseils électifs, de les accuser de toute espèce de mauvaises passions, de les critiquer, de les dénoncer, quoique, peu à peu, pour les observateurs attentifs, il ait apparu que ces conseils, tant diffamés, devenaient chaque jour de plus en plus pratiques, expérimentés, aptes aux affaires, prudents, sages en politique, et que, toutes les fois qu'ils émettaient un vœu ou qu'ils prenaient une décision, ces vœux ou ces décisions avaient un caractère particulier, un accent spécial, qui doivent influer sur la direction générale des affaires de la France. On a senti que la démocratie actuelle était sortie du sentimentalisme un peu vague qui avait été le caractère dominant de nos devanciers; on a senti qu'il y avait là quelque chose de plus positif, de plus pratique, et, — passez-moi une expression que l'on critique quelquefois, mais qui seule peut rendre ma pensée, — de plus scientifique. Et alors, qu'a-t-on fait dans le camp de nos adversaires?

On a changé de tactique, et, au lieu de considérer à l'œuvre ce personnel nouveau, au lieu de le juger et de se laisser entraîner dans ce courant, on a réfléchi, mais dans un mauvais sens. La réaction et les partis coalisés de la monarchie, sous quelque forme qu'elle se présente, se sont mis en garde, en éveil, et ils ont crié au radicalisme triomphant. Partout ils ont dit que le radicalisme était aux portes avec le cortège de spec-

tres, de malheurs et de catastrophes qu'il doit nécessairement traîner après lui! (*Hilarité générale.* — *Très
bien!* — *Bravos.*) On a cherché ainsi à alarmer le pays,
ce malheureux pays que, depuis soixante-quinze ans,
les partis rétrogrades dominent et exploitent par la
peur. Car la peur, Messieurs, c'est la maladie chro-
nique de la France : la peur en politique. En effet,
autant la France est brave, généreuse, ardente, héroïque, désintéressée sur les champs de bataille, autant
elle est timide, hésitante, facile à troubler, à tromper, à affoler, à effrayer dans le domaine politique.

Et ils le savent bien, ceux qui, depuis tantôt quatre-
vingts ans, nourrissent ce pays de calomnies, de mensonges et d'inventions perfides. Oui, c'est la peur qui
est le mal de ce pays, et c'est de la peur qu'ils ont
tiré leurs ressources, les réacteurs de 1800, de 1815,
de 1831 et de 1849! C'est de la peur qu'il a tiré sa
principale force, le coupe-jarret de 1851! (*Bravo!
bravo!* — *Applaudissements.*) C'est sur la peur qu'ils ont
établi leur ascendant pour nous mener, après vingt ans
d'Empire, à la dégradation, à la mutilation! C'est de la
peur qu'ils ont fait sortir ce plébiscite fatal qui devait
nous entraîner à la guerre! C'est de la peur qu'est née
cette impuissante réaction du 8 février 1871! C'est toujours par la peur, avec la peur, en exploitant la peur,
que la réaction triomphe! Oh! débarrassons-nous de la
peur en politique! Chassons ces sycophantes, et démontrons par nos résolutions, par nos actes, par notre
attitude, que jamais nous ne voudrons nous servir de
la violence, et que c'est un misérable et odieux calcul
qu'ont fait nos adversaires, de compter toujours sur
la peur éternelle de la France! Et puisque la peur est
devenue l'expédient, la ressource de nos ennemis, il
faut que le parti républicain, que le parti radical, qui
met ses satisfactions au-dessous de l'intérêt général,
se donne la mission de guérir la France de cette maladie de la peur. Or, le remède, le moyen à employer,

quel est-il? Oh! il est toujours le même, et il est toujours vainqueur : c'est la sagesse. (*Très bien! très bien!*
— Salve d'applaudissements. — Interruption prolongée. —
Les mouvements de l'auditoire empêchent l'orateur de par-
ler pendant quelques minutes.)

  La sagesse, mes chers concitoyens, c'est le dernier
mot que je viens de prononcer. Il faut que ce remède
ait été d'un effet singulier sur nos adversaires, car il
suffit que nous ayons prouvé notre sagesse, que nous
ayons proclamé très haut que rien, qu'aucune provocation n'était capable de nous faire sortir de cette
ligne de conduite inflexible, pour avoir provoqué dans
leurs rangs une irritation, une exaspération qui tient
de la rage. Leurs journaux, leurs représentants, ont,
par là même, dévoilé leurs plus secrètes espérances.
Ils attendaient, à coup sûr, à en juger par leur décon-
venue, quelque faute du parti républicain ; ils espé-
raient que, lassé par les injures, irrité à son tour par
tant de dénis de justice, par tant d'outrages subis et
venant de côtés où il les attendait le moins, ils espé-
raient que le parti républicain tomberait dans un de
ces nombreux pièges qu'on tend sous ses pas, et
qu'alors il s'ensuivrait quelque émotion, de-ci, de-là,
à l'aide de laquelle on pourrait rétablir l'ordre qu'on
aurait ainsi troublé. (*Oui! oui! — C'est cela! — Bravos.*)

  Eh bien, leurs espérances ont été vaines, et la sagesse s'est trouvée, sinon dans notre tempérament, —
c'est ce qui fait que nous avons plus de mérite que
d'autres à la pratiquer, car le spectacle de l'injustice
nous révolte, — elle s'est trouvée dans nos volontés,
dans nos intérêts ; et c'est elle qui fait aujourd'hui le
triomphe de la cause à laquelle nous sommes attachés. En effet, sous les autres régimes que celui-ci
qui, au moins, porte notre nom : le régime républicain ; sous les autres régimes, dictature césarienne,
royauté escamotée sur les barricades, ou monarchie se prétendant héritière de quatorze siècles, on

comprend que le parti républicain, exclu de l'arène,
chassé, décimé, proscrit et réduit à l'impuissance
dans la carrière légale, se précipitât dans les aventures héroïques de la rue. Pourquoi? Parce qu'on ne
lui laissait aucune issue pour vivre, pour respirer, et
qu'alors, à la force illégitime, il opposait l'héroïsme
de ses membres et la force du droit populaire. (*Assentiment.*) Ces temps sont changés, Messieurs, et ce qui
était de mise quand nous n'étions qu'une minorité
opprimée, c'est-à-dire l'emploi de la force contre un
régime oppresseur, serait un crime sous un gouvernement qui se réclame du suffrage universel, qui
porte le nom de la République et qui est chargé d'a-
gir, de gouverner, de contracter, d'emprunter au nom
de la République. (*Assentiment général. — Bravos.*)

En conséquence, il ne nous reste qu'une chose à
faire pour le moment : c'est à nous conduire pacifiquement, légalement, en nous réclamant du suffrage
universel, dont on ne pourra pas ajourner bien longtemps la volonté, la décision; c'est à transformer ce
germe, cet embryon de République, que nous devons
protéger et défendre, afin de pouvoir assister bientôt
à l'éclosion d'une République sincère, définitive et
progressive. (*Applaudissements. — Vive la République!
— Vive Gambetta!*) Oui, la sagesse consiste à dire que
nous n'attendons rien que de la raison, que du temps,
que de la persuasion, que de la force des choses, que
de l'impuissance où sont réduits les partis monarchiques, que de leur stérilité et, s'il faut tout dire, que
de leur couardise. (*Oui! oui! — Bravos.*)

C'est à eux, s'il leur plaît, d'avoir recours aux
moyens violents. Quant à nous, nous n'en avons nul
besoin; (*Adhésion générale.*) le pays est avec nous,
(*Oui! oui!*) et il le proclame à chaque occasion qu'il
lui est donné de le faire. Nous avons donc pour nous
la loi, le titre, nous aurons la chose bientôt. (*Applaudissements répétés.*)

Nous n'avons qu'à laisser s'écouler les heures et
les minutes. Tous les jours on peut marquer les pas
qui sont faits vers le but, et, ce but, on y touchera
bientôt; on y touche si bien déjà, que nous assistons
à un singulier spectacle depuis tantôt un mois et demi.
Ces farouches représentants du droit divin ou du droit
populaire, mais accommodé à la Bonaparte, (*Rires. —
Très bien!*) se sont séparés et sont allés dans les divers cantons ou collèges qui les ont nommés. Se
sont-ils mis en communication avec leurs électeurs?
Bien peu l'ont osé faire, mais la plupart ont observé,
et, s'ils n'ont pas parlé, ils ont adressé le résultat de
leurs réflexions à des journaux suffisamment indiscrets pour que nous soyons renseignés à merveille.
(*Rires. — Applaudissements.*)

Voyez le chemin parcouru : la réaction affirmait
bien haut la nécessité où l'on était de restaurer immédiatement la monarchie avec fusion, elle abandonne cette idée pour passer à la monarchie tempérée
sans fusion..., (*Hilarité.*) puis on est passé à ce qu'on
a appelé l'essai loyal de la République, mais de la
République sans républicains. (*Nouvelle hilarité.*)

Je n'ai pas besoin de vous dire comment ils enten-
dent ces jeux-là, vous le savez aussi bien que moi, et
vous qui êtes de Grenoble et de l'Isère, vous vous rappelez une administration récente... (*Oui! oui! — Marques d'assentiment.*) Ainsi, l'essai loyal de la République, c'est là un mot parfaitement bien fait pour dire
le contraire de ce qu'il exprime. (*Rires approbatifs.*)

Après l'essai loyal, ils sont allés à l'essai de la République conservatrice, et les voilà maintenant qui en
sont à la République constitutionnelle. A la suite de
certaines réflexions, de certaines observations, les divers chefs des partis monarchiques, après avoir secoué
l'arbre, — non pas pour le renverser, oh! non, tel n'é-
tait pas leur dessein, (*Nouveaux rires.*) — après s'être
épuisés en combinaisons toutes plus empoisonnées et

plus chimériques les unes que les autres, et après avoir reconnu leur impuissance, mais surtout après avoir constaté *de visu,* chez eux, en leurs gentilhom-mières, (*Hilarité générale.*) où en sont aujourd'hui les dispositions du corps électoral, et ayant aperçu, à l'horizon, la République définitive, — les divers chefs des partis monarchiques se sont dit qu'il ne leur restait plus qu'une chose à faire : c'était de faire la République. (*Rires prolongés. — Salves d'applaudisse-ments. — Interruption de quelques instants.*)

Voilà où nous en sommes, mes chers amis. Pour le moment, nous sommes arrivés à cet état particulier, à savoir que nous touchons à l'unanimité en France. (*Rire général.*) Oui, il est probable que, lorsque le Par-lement se réunira à Versailles, — encore bien que l'on annonce de sa part quelques velléités de rentrer à Paris, afin sans doute de mieux marquer l'état de con-version de ces bonnes âmes, — il est probable que, lorsqu'il rentrera à Versailles, il dira que, véritable-ment, il n'a pas une minute à perdre pour constituer la République. Qu'est-ce que cela signifie?

Cela veut dire que l'on sent, quoi que l'on en ait, non pas que la dissolution soit à prêcher, ni même qu'elle soit à démontrer, mais que la dissolution est faite; car, si l'on n'avait pas cette intime conviction que la dissolution est là, comme le fossoyeur, prête à jeter une dernière pelletée de terre sur le cadavre de l'Assemblée de Versailles (*Vive sensation*); si l'on ne ressentait pas les affres de la mort, vous pouvez croire qu'on ne parlerait pas de se marier *in extremis* avec la République. (*Hilarité générale. — Applaudissements répétés. — Vive la République!*)

Eh bien, Messieurs, sous cette forme qui convient parfaitement, d'ailleurs, au caractère tout à fait in-time et tout à fait amical de notre réunion, je crois que je viens de mettre une lumière sur un des écueils les plus perfides qui bordent le chemin de la République.

Et j'en veux dire ici franchement ma pensée et mon avis, afin que personne, en en lisant l'expression, ne puisse conserver la moindre obscurité dans son esprit sur ce point.

La politique, Messieurs, surtout dans un moment où le monde qui finit et le monde qui commence se touchent et se heurtent par mille contradictions et par mille intérêts opposés ; la politique qui a pour but de satisfaire les besoins ardents d'un grand peuple au point de vue de la liberté politique et de l'égalité sociale, cette politique a singulièrement besoin de discrétion. Elle a besoin de ménagements pour les intérêts qui sont en échec, pour ceux qui disparaissent, pour ce qui reste de vestiges et de traces de l'ancien régime. Elle a besoin d'avoir certains accommodements, certaines facilités de compromis, de transactions, parce que jamais il n'est arrivé qu'on fît une bonne société et un bon régime politique en faisant table rase. Ceux qui le prétendraient n'ont pas regardé la réalité des choses. La Révolution française elle-même, qui a été la plus radicale des révolutions, n'a pu faire et n'a pas fait table rase. Que d'abus elle a laissé subsister! sous d'autres noms, sous d'autres formes, je le veux bien, mais qui subsistent encore, et qu'il nous reste à détruire.

Mais, Messieurs, la politique dont je parle a besoin aussi de clairvoyance, de vigilance, de prudence pour ne pas livrer les destinées mêmes du peuple et de la cause qu'elle défend aux habiletés, aux surprises, aux ambiguïtés, aux calculs de ses adversaires.

Oui, le parti républicain, aujourd'hui, — celui qui est composé surtout d'hommes souvent et durement éprouvés, celui qui compte dans ses rangs presque autant de victimes que de serviteurs, c'est celui-là dont je parle, parce que c'est celui que je connais le mieux et que c'est celui auquel j'appartiens, — le parti républicain, qui l'a toujours été ou qui ne compte

que des membres qui l'ont toujours été, ce parti-là
est tenu à beaucoup de largeur de main, à un grand
esprit de conciliation et de concorde; il est tenu à se
recruter largement et sans mesquins calculs d'amour-
propre, dans tous les rangs du pays, afin de devenir
la majorité de la nation elle-même. C'est son devoir
immédiat, et il n'y manquera pas. (*Assentiment général. — Applaudissements.*)

Ce parti doit avoir cependant un certain critérium à
sa disposition; il doit pouvoir distinguer entre la
naïveté des uns et le calcul des autres, entre les nouveaux qui s'offrent à lui et les anciens, entre ceux qui
viennent lui apporter leur concours par suite de convictions récentes et ceux qui ont des actes à mettre
derrière leurs paroles; il doit enfin pouvoir être mis
à même aussi de reconnaître ceux qui, secouant une
indifférence, hélas! trop générale, veulent entrer dans
la vie politique.

Ceux-là, Messieurs, il faut les accueillir à bras ouverts. Mais il y en a d'autres, il y a les hommes qui
n'appartiennent à aucun parti, qui les ont tous servis et tous trahis tour à tour, qui sont des agents également dociles du despotisme clérical ou militaire; il
y a ceux qui prennent comme un masque la formule
à la mode, qui se glissent dans les rangs à l'aide de
déclamations plus hautes, plus vives et plus ardentes
que celles d'aucun patriote éprouvé; il y a ceux encore qui, sous une attitude plus ou moins réservée,
agissant comme si on leur faisait violence ou parce
qu'il n'y a pas moyen, pour le moment, de faire autrement, se déclarent républicains. (*Très bien! très
bien!*)

Vous voyez, Messieurs, à combien de surprises, à
combien de périls on peut se trouver exposé, à combien d'intrigues de tous genres on peut, pour ainsi
dire, donner la complicité de sa conscience. (*Assentiment général.*)

Il faut donc que, sans être exclusifs, sans être fermés, nous soyons prudents, vigilants, défiants, au nom même des intérêts les plus sacrés de la République. Car, si nous recommencions la faute qui a déjà été commise, il y a vingt-deux ans, d'accepter sur signature, sur déclaration ces prétendus ouvriers de la dernière heure, eh bien ! on connaît la besogne qu'ils recommenceraient à leur tour : prendre la République, la placer sur un char, l'orner de fleurs et la mener sous le couteau de quelque égorgeur de race. (*Sensation profonde. — Applaudissements prolongés.*)

Mais entendons-nous bien et ne laissons pas dire que nous obéissons à un détestable esprit de secte. Or, pour s'entendre, quelle est la formule à trouver, si tant est que, dans une matière qui réclame autant de tact et de mesure, dans l'appréciation de tel ou tel caractère, on puisse poser une règle générale de conduite? Dessinons au moins quelque chose qui pourra servir de commencement de règle.

Il y a d'abord une première remarque à faire, que voici : s'il est vrai que le suffrage universel pris dans sa masse ne soit pas toujours assez renseigné, surtout dans un pays qui n'est pas encore habitué à la République, qui n'est pas encore formé aux mœurs républicaines, parce qu'elle n'a pas assez duré, — et, si elle n'a pas duré, vous savez à qui en remonte la responsabilité? (*Oui! oui!*) — mais enfin s'il est vrai que le suffrage universel ne soit pas suffisamment mûr et accoutumé aux habitudes, aux plis, aux pratiques de la démocratie républicaine, s'il ne sait pas avec assez de précision, — comme on le sait, par exemple, dans la dernière bourgade de Suisse, — ce qui se passe, ce qu'on projette, ce qu'on doit faire ou repousser, il n'y en a pas moins dès maintenant une préoccupation suffisante, dans les rangs de la démocratie, de la conduite des hommes politiques. Mais il n'y a qu'une certaine partie de cette démocratie qui ait la passion

et le souci des choses et des actes des hommes publics ;
c'est donc à ces hommes plus avisés et plus éclairés
qu'il appartient, dans une certaine mesure, librement,
sans pression, de se faire les instituteurs, les éduca-
teurs, les guides de leurs frères moins avancés du suffrage universel, de ceux qui ont moins de loisirs et
de lumières. (*Très bien !* — *Bravos*).

Ce sont ceux-là qui doivent exercer leur jugement,
en procédant à ce tri, à cette sorte de crible par où
doivent passer les conversions subites dont nous nous
entretenons. Ce sont eux qui doivent scruter la vie
d'un homme marquant, monarchiste effaré qui, tout
à coup, se rallie à la République, sous la double pression de la force croissante de la République et de
l'imminence de la dissolution ; ce sont eux qui doivent, pour leurs amis, pour leurs concitoyens, pour
leurs coélecteurs d'un collège, d'un département,
rechercher quelle est la loyauté, la sincérité, la jus-
tesse, et enfin ce je ne sais quoi qui fait qu'on dit :
« Celui-ci est un brave homme, on peut s'y fier, »
ou : « Celui-ci n'est pas un homme sûr, il ne faut
pas l'admettre. »

Ce sont là des difficultés qu'il faut résoudre sur
place, à l'aide des mille impressions et renseignements
que l'on peut recueillir, comparer et peser ; il n'est
pas possible, d'ailleurs, que l'on soit sans relations
qui permettent de faire ce travail, travail délicat qui
exige beaucoup de mesure, d'habileté et de prudence,
et qui, par conséquent, doit être fait de très près, en
y mettant beaucoup de temps et de soins.

Pour inspirer ce travail, je voudrais vous donner un
avis personnel dont vous ferez l'usage qui vous sem-
blera bon, car il est parfaitement susceptible de modifications suivant les cas.

Messieurs, laissez-moi vous soumettre une idée à titre de proposition générale, capable d'être réduite,
qui comporte des exceptions ou qui peut être appli-

quée sévèrement, lors des élections à la prochaine
Assemblée, afin que le suffrage universel ne soit
pas dupe et victime, afin qu'il ait bien la certitude
que la République et ses institutions organiques sor-
tiront de l'urne, afin qu'il soit bien positif que les
mandataires ne pourront pas usurper sur les mandants, afin qu'il soit impossible d'assister à une abominable confiscation de la souveraineté nationale au
profit de quelque prétendant. Je voudrais donc qu'il
fût bien entendu que, pour les prochaines élections,
on ne pût admettre sur les listes républicaines des
hommes qui ne présenteraient pas dans leur passé,
vous entendez bien, des garanties suffisantes ou,
dans leur présent, les mêmes garanties nécessaires,
garanties qui puissent nous assurer que le dépôt sacré qui leur sera confié, que cette voix souveraine au
nom de laquelle ils auront autorité et mission de parler, à Paris, car c'est là qu'on réunira l'Assemblée
nationale prochaine... (Oui! oui! — Salve d'applaudissements. — Vive la République! — Vive Paris!)... ne
seront l'objet, de leur part, ni d'une diminution, ni
d'une confiscation.

Je voudrais encore que l'on déclarât, que tous
ceux qui ont été, à un degré positif, dans les derniers
jeux des partis, les chefs avérés des intrigues et des
complots monarchiques, que tous ceux qui ont été les
serviteurs des prétendants, qui ont été des agents de
désordre antipatriotique, je voudrais que tous ceux-
là fussent exclus de nos listes républicaines. Je voudrais ensuite qu'on distinguât entre ces chefs et ceux
qui les suivaient, car ceux-ci pouvaient être de bonne
foi, ils pouvaient n'être qu'égarés. A coup sûr, le
nombre des égarés ne serait pas considérable; et,
dans tous les cas, on n'accepterait parmi eux que
ceux qui n'auraient pas pris devant leur pays et à
l'encontre du suffrage universel une position compro-
mettante.

Vous voyez, Messieurs, que mon idée est celle-ci :
séparer les chefs de leur prétendue armée; l'armée
peut entrer dans les rangs du parti démocratique;
quant aux chefs, il faut les laisser encore, ainsi que
faisaient les premiers chrétiens, à la porte de l'église
pour y faire pénitence. (*Rires d'assentiment. — Applaudissements.*)

Cette conduite à suivre s'explique par plusieurs motifs, dont le premier vous apparaît nettement : il s'a-
git de sauvegarder la souveraineté nationale; car il
est bien clair, aujourd'hui, que le duel est à peu près
réglé entre la République et la monarchie. La monarchie se dérobe, elle cache son drapeau, elle dépose
ses armes et laisse la République maîtresse du terrain;
il est donc bien certain que, si le pays nommait des
pseudo-républicains, des hommes n'ayant le nom de
la République que sur les lèvres, tandis qu'ils porte-
raient la monarchie au fond du cœur, ils ne tarde-
raient pas, une fois élus, à ouvrir la bouche pour faire
connaître leurs secrets désirs, et consommer la ruine
de la République, comme le firent leurs devanciers de
1848, qui, dix-sept fois, l'acclamèrent pour mieux l'é-
gorger ensuite. (*Bravos et applaudissements. — Cris répétés de : Vive la République!*)

Par où vous voyez que, si le suffrage universel pouvait être induit en erreur, et que si, sous le prétexte
de faire une transaction, on confiait le dépôt de la
République à de tels gardiens, c'est la souveraineté
nationale que l'on s'exposerait à faire confisquer.

Il y a un autre motif qui n'est pas moins grave et
qui est décisif devant mon esprit.

C'est qu'il est nécessaire qu'en politique on ait la
responsabilité de ses actes antérieurs. Il est juste et
bon, lorsqu'on a choisi un parti, lorsqu'on a été son
tenant, lorsqu'on a joué un rôle au nom de certaines
idées, de certaines doctrines, lorsqu'on s'en est fait le
promulgateur et le défenseur, — à moins qu'on ne

justifie d'actes de résipiscence et de contrition irrécu-
sables, — il est juste et bon qu'on subisse la loi qu'on
s'est faite à soi-même, et qu'on ne vienne pas solliciter du suffrage universel, avec le concours du parti
républicain, une récompense dont on est indigne et
qui a pu être méritée par d'autres. (*Oui! oui! — Approbation générale.*)

Je dis que c'est là une raison politique du plus haut
intérêt, et d'une gravité capitale. En effet, est-ce qu'il
peut y avoir parmi les hommes quelque chose de plus
sacré que l'opinion? (*Très bien! très bien! — Bravos
prolongés.*) Est-ce que nous ne devons pas avoir un
soin jaloux pour ne pas admettre dans nos rangs,
non pas les hommes égarés qui se repentent sincèrement : à ceux-là nous devons ouvrir nos bras, mais
leurs chefs, ceux qui les ont trompés, ces chefs qui
ont été les agents et les guides des partis hostiles?

Messieurs, ce serait nous abandonner nous-mêmes
que d'agir autrement, que de tenir une autre conduite; et ceux qui nous parlent de pareilles transactions ne se rient-ils pas de nous, et ne serions-nous
pas l'objet des moqueries de tous, si nous avions
jamais la faiblesse d'accepter d'aussi humiliantes propositions?

Non, non, le parti républicain a le droit et le devoir
d'être généreux envers ceux qui, reconnaissant le
drapeau de la République et présentant toutes garanties, demandent à la servir avec loyauté; mais il
commettrait l'acte le plus imprévoyant et le plus fatal,
il manquerait à tous ses devoirs s'il mettait à sa tête.
s'il plaçait de ses propres mains ses pires ennemis sur
les bancs de la prochaine Assemblée, dont les résolutions seront décisives pour le sort de la France, pour
sa grandeur et son avenir, ainsi que pour les droits
engagés, depuis soixante-quinze ans, dans la lutte
entre la Révolution française et l'ancien régime. Ce
serait le contraire de la bonne politique, et j'ajoute

que ce serait le contraire de la morale, qu'il n'en faut
jamais séparer. (*Très bien! très bien! — Applaudissements.*)

Il me vient un souvenir à l'esprit, dont je désirerais
vous faire part avant de terminer. (*Oui! oui! — Parlez!
parlez!*)

Nous sommes réunis, en ce moment, dans une ville
qui a dans son passé un mémorable souvenir qu'il me
convient d'évoquer pour vous prouver combien, en
politique, il est dangereux de se fier aux imposteurs.

Oui, c'est dans cette ville qu'après la première
Restauration, cet homme qui, avec tant de gloire,
a fini par apporter tant de désastres à notre noble
pays, remit le pied après 1814. Vous savez le jour
précis, car cette histoire vous est familière : elle vous
a été contée par vos grand'mères, comme a dit le
poète. Quand il fut entré dans votre ville, c'est d'ici
qu'il jugea combien il lui serait facile de ressaisir la
France, grâce à la haine qu'inspirait le retour des
émigrés. La France de la Révolution avait été mise
en présence de ces spectres et de ces revenants, —
n'est-ce pas un peu la situation où nous sommes
aujourd'hui? (*Hilarité.*) — Elle avait, cette France démocratique et paysanne, reculé d'horreur devant la
réapparition de l'ancien régime. Eh bien, ce comé-
dien, ce tragédien, cet aventurier de génie, en remet-
tant le pied sur le sol de la France, que lui disait-il?
Il disait au peuple des campagnes et des villes :
Ouvriers, bourgeois, artistes et paysans, me voilà!
Je reviens, vous me reconnaissez; je suis le soldat de
la Révolution; je viens défendre vos droits menacés;
vos propriétés sont en question, je vous les garan-
tirai; les biens nationaux, je vous les assurerai; je
suis le fils de la Révolution; je suis la Révolution
elle-même, vous le savez bien! je suis la Révolution
couronnée! Oui, j'ai eu tort, je le reconnais; mais je
vous apporte des libertés, toutes les libertés : liberté

de penser, liberté d'écrire, liberté de se réunir, de s'associer, liberté de la nation par la constitution d'un Parlement indépendant. Oui! vous devez avoir toutes ces libertés et vous les aurez!

Toutes ces promesses ont été faites, toutes ces paroles ont été prononcées, et où ? Ici, dans votre ville. Eh bien! ces promesses n'étaient qu'un mensonge, ces paroles n'étaient qu'un leurre, tout cela était un dernier artifice de ce Corse aux abois. (*Sensation. — Applaudissements prolongés.*) Ces belles promesses séduisirent la France, parce que cette France est toujours confiante, toujours ardente, toujours généreuse; elle se laissa prendre au mirage, et vous savez comment finit cette lugubre tragédie. Vous savez aussi quelle fut la triste fin de ce despote, dont les coups de force et les promesses furent copiés, plus tard, par son héritier, par Napoléon III. Celui-ci fit aussi son coup d'État libéral, son retour de l'île d'Elbe, son Acte additionnel et ses promesses du 19 janvier avec un Ollivier pour Benjamin Constant. On dit à tous que cette chose grotesque, que ces deux mots qui hurlent ensemble, que l'empire libéral serait la paix et la liberté. On organise le plébiscite, on le présente aux populations, on le fait voter. Ce qui devait être la paix devient la guerre; la France est envahie : vous savez le reste! (*Nouvelle sensation.*)

Ah! défions-nous des promesses politiques. Soyons défiants. Rappelons-nous ce que nous ont coûté notre confiance, notre imprévoyance. Rappelons-nous aussi ce que nous disions au peuple, en 1870, en l'écartant des urnes. Nous lui disions que voter *Oui*, c'était voter pour la ruine de la patrie. Nous l'avertissions que cet homme ne parlait si haut de la paix que pour faire plus sûrement la guerre, qu'il ne parlait de la liberté que pour la confisquer, et qu'il ne se faisait le dépositaire de la souveraineté nationale que pour la donner en dot à son fils. Voilà ce que nous disions au

peuple en 1870, et vous vous rappelez aussi comment
on nous traita à cette même époque. Vous connaissez
l'invention des complots qui devaient influencer les
votes des campagnes ; vous connaissez les mensonges,
les calomnies et les outrages dont nous fûmes l'objet.

Aujourd'hui, on veut rééditer les mêmes procédés ;
on veut employer les mêmes moyens que l'empire
libéral. On vient nous dire que le parti monarchique
a déclaré, dans une réunion, qu'il voulait la République, qu'il acceptait cette constitution nouvelle de la
France. Ah ! Messieurs, pour notre honneur, pour
notre sécurité, pour l'honneur et la grandeur de notre
patrie, gardez-vous de donner dans cette ignoble comédie ! (*Sensation. — Applaudissements. — Vive la
République !*)

Il suffira d'ailleurs, mes chers concitoyens, de faire
pour ces intrigues et ces machinations ce que nous
avons fait pour d'autres procédés de nos adversaires :
nous les dénoncerons à la France. Ne nous laissons
pas surprendre. Ne tombons pas dans les pièges qui
nous sont tendus. Soyons constamment en éveil. Que
si certaines entreprises de nos adversaires sont à redouter, nous aurons la force pour en faire justice ;
quant aux surprises, nous avons notre raison et notre
perspicacité pour les déjouer. Nous avons promis
d'être vigilants, nous tiendrons notre promesse. Il ne
se passera pas une intrigue que nous ne criions au
suffrage universel : Veillez ! ce sont des trompeurs et
des sycophantes !

Et qu'on ne nous accuse pas d'exclusion, et qu'on
ne vienne pas répéter toutes les vieilles redites sur
les partis ; qu'on ne nous traite pas de jacobins et de
radicaux, ce ne sont là que des mots qui signifient,
chacun à son heure, des nécessités politiques. Mais
nous sommes de notre heure et de notre temps, et
nous appartenons à la démocratie républicaine de
1872. Oui, nous dénoncerons toutes les machinations

et toutes les intrigues au suffrage universel, car il est
le maître en définitive, et il saura faire justice! (*Oui!
oui! — Applaudissements.*)

Ne renonçons donc pas à l'excellente méthode que
le parti républicain suit partout avec un zèle et un
bonheur croissants : patience, fermeté et vigilance,
c'est là notre mot d'ordre.

Et maintenant, permettez-moi de vous dire que si,
pour atteindre notre but, nous devons attendre quelques mois de plus que nous ne le désirerions, là n'est
pas la question. La seule question, la vraie question,
c'est de considérer qu'il n'y a plus rien à espérer,
qu'il n'y a plus rien à faire, qu'il n'y a plus rien à
tenter avec les gens qui sont à Versailles. C'est vers
le suffrage universel qu'il faut désormais se tourner,
c'est à lui qu'il faut parler, c'est à lui qu'il faut proposer les vrais noms, c'est lui qu'il faut inviter à discuter, à se concerter en petits groupes, à examiner
les hommes, à choisir les programmes, à indiquer les
réformes, à viser au but, enfin à préparer, que dis-je?
à désigner ceux qu'il s'agira purement et simplement,
le jour étant venu, d'envoyer à Paris, à ce Paris qui
est vide de la représentation nationale, à ce Paris que
l'on a voulu frapper, outrager après n'avoir pas su le
défendre; (*Salve d'applaudissements*) à ce Paris qui
supporte si dignement les injures et les calomnies
qu'on lui prodigue; à ce Paris qui n'a jamais perdu la
confiance de la France. (*Non! non!*) Car, toutes les
fois que son nom est prononcé en province, jusque
dans la plus humble des bourgades, il est salué comme
la tête et le cœur de la patrie! (*Explosion d'applaudissements. — Cris répétés de: Vive Paris! — Vive la République! — Vive Gambetta!*)

Avant de clore la réunion, M. Vogeli prononce les paroles
suivantes :

Je pense, Messieurs, que je manquerais à mon devoir et

que je ne serais pas le fidèle interprète de vos sentiments
si, avant de nous séparer, je n'exprimais pas au citoyen
Gambetta combien nous lui sommes sincèrement recon-
naissants de la visite qu'il nous a faite, malgré des engagements antérieurs, et combien nous le remercions des
enseignements si sages contenus dans les paroles qu'il vient
de prononcer. (*Oui! oui! — Adhésion générale. — Vive
Gambetta!*)

M. Gambetta répond :

Mes chers amis, je vous remercie de vouloir bien
me donner cette marque publique de sympathie;
mais, permettez-moi de vous le dire, j'ai cru remarquer qu'ici et ailleurs, — mais ici surtout, — vous
criiez plus souvent : Vive Gambetta! que : Vive la
République! et c'est le seul chagrin que vous me faites. Crions tous ensemble et exclusivement : Vive la
République démocratique! (*Cris répétés de : Vive la
République! — Applaudissements.*)

M. Vogeli reprend la parole :

Vous avez pu remarquer, Messieurs, que notre réunion
n'a pas eu lieu dans les conditions que nous désirions lui
donner; cependant elle s'est produite de la façon la plus
heureuse et la plus légale, vous en êtes les témoins et nous
aurions tort de ne pas reconnaître que l'administration s'est
conduite, vis-à-vis de nous, comme une administration
républicaine : elle s'est tenue dans les limites de son devoir,
mais elle nous a maintenus dans notre droit. (*Marques d'assentiment général.*)

M. Gambetta répond :

Je désirerais confirmer les paroles que vous venez
d'entendre. Je voudrais, Messieurs, qu'à l'exemple de
ce qui vient de se passer ici, pour votre réunion, le
gouvernement central comprît enfin de quel intérêt
il est pour la paix publique, pour la concorde générale et pour lui-même, pour son prestige auprès des

populations, de choisir et de placer des fonctionnaires animés de sentiments républicains dans des départements républicains. De telle sorte qu'il n'y a pas eu ici seulement la constatation, faite en d'excellents termes, de la conduite d'un administrateur : il y a eu encore une critique générale de la façon dont le gouvernement est informé et servi par ceux qu'il a choisis.

Si j'en avais le temps, — mais l'occasion reviendra, — je démontrerais quel péril il y a, pour notre société, dans l'application persistante de ce système, qui consiste à imposer au pays une administration qui ne représente ni ses tendances ni ses aspirations. C'est là un grave sujet que nous traiterons peut-être à notre prochaine entrevue. (*Bravos. — Vive la République! — Vive Gambetta!*)

DISCOURS

Prononcé le 27 septembre 1872

A PONTCHARRA (ISÉRE)

Le 27 septembre, en quittant Grenoble, M. Gambetta s'arrêtait à Pontcharra, chez M. Albin Giraud. Une foule nombreuse l'attendait dans la cour de la mairie. M. Gambetta prononça le discours suivant :

Mes chers concitoyens,

Malgré l'état de fatigue où le voyage m'a mis, je me serais fait un reproche de passer si près de Pontcharra, de le traverser et d'y laisser tant d'amis sans les saluer au passage. Quand on a l'honneur d'appartenir à la démocratie républicaine, on doit savoir de longue date la manière ferme et persévérante dont, depuis longtemps, vous défendez les intérêts communs de la République et de la France. (*Bravos. — Vive la République !*)

L'ignorance de votre passé serait encore moins pardonnable pour moi que pour tout autre, car j'avais l'honneur de faire partie du gouvernement de la Défense nationale, et j'ai pu voir, de mes yeux, quel a été votre patriotisme, quels ont été les sacrifices que vous avez su faire au pays et combien vous vous êtes montrés généreux, ardents, désintéressés pour soutenir une guerre que cependant il n'a pas dépendu des républicains d'empêcher. Car, il faut le dire à l'honneur de ce pays, alors que tant d'autres oubliaient ce qu'ils devaient à la France, alors que trop de défaillances se montraient ailleurs, ici, à Pontcharra, au jour du plébiscite, on a su dire non à l'aventurier et au maître qui avait surpris la France. (*Oui! oui! — Bravos.*)

C'est donc pour moi une dette que j'acquitte. C'est, en même temps, permettez-moi de le dire, de nouvelles forces que je viens prendre parmi vous. Il peut m'arriver, quand je visite d'autres populations, d'en rencontrer qui soient moins sûres, moins soucieuses de leurs droits, moins jalouses de l'intérêt public que vous, et d'éprouver, comme vous le pensez bien, des déceptions et des désillusions. Et alors j'ai besoin de venir me retremper au milieu d'une démocratie éprouvée; je sens à l'accueil qui m'est fait, aux mains que je presse, aux discours que j'entends, aux sentiments qu'ils expriment, que la force me revient, que mon espoir augmente, et alors c'est vous que je dois remercier, vous que je visite, parce que c'est vous qui êtes mon solide appui et ma véritable force. (*Bravos et applaudissements.*)

Et ne croyez pas, Messieurs, que je m'exprime ainsi pour le banal plaisir de vous adresser un vain compliment de bienvenue. Je n'ai pas l'habitude de déguiser ma pensée et je regarderais comme indigne de moi de vous dire des choses qui ne seraient pas vraies et que je n'aurais pas senties. Non! entre républicains, on se doit avant tout le respect, et il ne peut exister qu'à la condition de dire la vérité. (*Très bien! — Très bien!*)

Eh bien, la vérité la voici : c'est que vous êtes une élite! c'est que, entre la Savoie et le sud de la France, vous avez été constamment le groupe le plus serré, le plus impénétrable de ceux qui vous environnaient. Le jour où la République est proclamée, il n'en coûte rien de la servir et de la maintenir; on est alors sous le régime qui permet, qui protège toutes les libertés; mais ce qui est difficile, ce qui est courageux, ce qui

est vaillant, ce qui est méritoire, c'est d'avoir soutenu
la cause de la démocratie républicaine pendant les
mauvais jours, sous le joug du despotisme, sous le sa-
bre, sous la proscription et sous le glaive, et c'est ce
que vous avez su faire. Ceux-là ne l'ignorent point
qui ont vu et pu, pendant ces dernières vingt années,
mesurer toutes les difficultés qu'il y avait à s'avouer,
à se dire républicain par le cœur, par le sentiment,
par le vote surtout. Car, Messieurs, le vote, expression de votre souveraineté, est aujourd'hui le moyen
de vous protéger contre le retour des monarchies, contre les calculs et les combinaisons des intrigants. Le
vote a toujours été la plus claire manière de faire connaître vos volontés, et, quand viendra le moment de
vous approcher des urnes, vous saurez rester fidèles à
votre passé. (*Oui! Oui!* — *Applaudissements.*)

Vous avez besoin de continuer à être vigilants et
prudents, car, si la République est hors de danger, si
elle a pu passer à travers les écueils et doubler le
cap de la réaction, c'est grâce à votre concours et à
celui d'autres populations animées du même esprit.
Aussi, j'attends avec confiance les nouvelles manifestations du suffrage universel. Elles mettront un terme
aux dernières espérances des partisans de la monarchie ;
elles fonderont enfin dans ce pays, bouleversé par les
révolutions, épuisé par les blessures encore sanglantes
de l'ennemi, un gouvernement véritable, fondé sur la
sécurité et la liberté, sur l'ordre et l'égalité; car toutes
ces choses ne doivent pas être séparées. (*Bravos et
applaudissements prolongés.*)

Je dis que j'ai d'autant plus d'espoir dans le résultat de cette consultation suprême du suffrage universel
que, partout où l'on peut entrer en communication
avec les campagnes et se rapprocher des couches profondes du suffrage universel ; partout où il est permis
de voir face à face les travailleurs de la terre, de s'a-
dresser à leur bon sens, à leurs véritables intérêts ;

partout on est surpris de constater combien il y a
peu de distance entre eux et nous, combien il est
facile de ramener à la vérité politique, à la vérité
gouvernementale, ce peuple qui, au fond, a toujours
été trompé, toujours alarmé, mais dont les entrailles,
le cœur, le sentiment, l'intelligence ont toujours été
pour la raison, pour le bon sens, c'est-à-dire pour la
République, comme la forme par excellence du gouvernement de la démocratie. (*Applaudissements prolongés.*)

Il faut donc s'appliquer à faire de la propagande, à
faire des prosélytes, à faire des conversions autour
de soi; il faut surtout que vous vous répandiez dans
les campagnes qui vous environnent, que vous visitiez
les électeurs et que vous leur disiez ce que nous voulons : l'ordre, la sécurité et la grandeur de la France.
Vous trouverez dans ces campagnes de véritables trésors de patriotisme, de bon sens et de dévouement.
Et alors, tous unis, ne formant qu'un peuple, n'ayant
qu'un but, qu'une passion, celle de la République
française, je vous assure que nous ne mettrons pas
un long temps avant de refaire un grand peuple.
(*Bravos enthousiastes.* — *Cris répétés de :* Vive la République! *Vive Gambetta!*)

Voilà, mes chers concitoyens, ce que je voulais vous
dire en passant au milieu de vous. Je ne veux plus
ajouter qu'une parole, c'est celle-ci : vous devez, à
l'heure où nous sommes, avoir une pleine confiance dans
les dispositions générales du pays. J'ai, de tous côtés,
des renseignements, des observations, des preuves
manifestes qui établissent que, de toutes parts, c'est la
République qui est voulue, exigée dans toutes les parties de la France. Il y a là une raison de confiance qui
fait que nous ne devons jamais donner prétexte ni à
la violence ni à la force. Nous sommes sûrs de l'avenir,
il est près de nous : chaque jour, chaque minute nous
en rapprochent. En conséquence, attendons avec pa-

tience le jour des élections prochaines ; ce jour-là, choisissons des mandataires à la fois probes, intelligents et fermes ; ne nous laissons dominer par aucune influence, ni de clocher, ni de château, ni nobiliaire, ni administrative ; votons comme des Français, comme des hommes libres qui n'ont d'autre souci que l'intérêt de la patrie ; alors nous aurons l'instrument, l'outil à l'aide duquel nous obtiendrons successivement tous les progrès et l'extirpation de tous les abus. Mais, avant tout, faisons la République ; car c'est avec elle et par elle que nous résoudrons le vrai problème, le problème qui, depuis soixante-quinze ans, agite notre société, et qui consiste dans l'organisation de l'instruction, de l'administration, dans la séparation de l'Église et de l'État, dans l'organisation de la justice surtout ; car vous devez sentir, mieux que personne, l'importance de créer une magistrature sage, prudente et impartiale, qui soit la garantie de l'honneur et de la fortune de tous. Eh bien, tous ces bienfaits, tous ces progrès, la République seule peut vous les donner, puisque la République seule peut régner et gouverner au nom de tous. (*Applaudissements répétés. — Cris nombreux de : Vive la République! Vive Gambetta!*)

DISCOURS

Prononcé le 29 septembre 1872

A THONON (HAUTE-SAVOIE)

———

La *République française* du 1er octobre publiait la dépêche suivante :

« Thonon, 29 septembre, 12 h. 20 du soir.

« M. Gambetta est arrivé hier à Thonon, venant de Grenoble. On lui a fait un accueil enthousiaste. Aujourd'hui
cinq bateaux à vapeur ont débarqué une foule immense de
citoyens suisses et français, venant des deux rives du lac de
Genève. Les députations ont été reçues par M. Taberlet,
représentant de la Haute-Savoie ; elles se sont formées en
cortège, et se sont avancées précédées de leurs musiques,
de nombreuses bannières et de drapeaux. Le vin d'honneur
a été offert, sur la place des Arcs, à M. Gambetta, qui a eu
grand'peine à avancer au milieu de la foule, qui l'acclamait
sur son passage.

« Les présidents des diverses sociétés l'ont félicité en termes chaleureux et patriotiques. Il a fait à chacun d'eux une
courte réponse. Puis il a bu dans la coupe d'honneur à l'u-
nion de la République française et de la Confédération suisse.
Il a parlé de la reconnaissance que la France garde à la
Suisse pour l'hospitalité qu'elle a donnée à nos soldats, et
il a exprimé l'espoir que notre pays acquerrait dans l'avenir la pratique des mœurs et des nobles vertus républicaines
qui, depuis quatre siècles et demi, font la gloire de la
Suisse.

« Le président de la Société d'Alsace-Lorraine a répondu
à M. Gambetta par un admirable discours, qui a été ac-

cueilli par des acclamations à l'adresse des Alsaciens-Lor-
rains, suivies de cris de : Vive Gambetta! vive la République! vive la Suisse et vive la France!

. « Après la cérémonie du vin d'honneur, M. Gambetta
étant rentré à son hôtel, un grand nombre de citoyens de
la ville, des communes avoisinantes et des étrangers arrivés à Thonon, se rassemblent sur la place et demandent à
M. Gambetta de prononcer une courte allocution. M. Gambetta prononce les paroles suivantes :

Messieurs,

Quel que soit l'état de fatigue où je me trouve, ce serait, à mes propres yeux, une véritable défaillance si je
ne vous disais les sentiments qui remplissent mon
âme.

Il est d'ailleurs nécessaire de ne pas laisser des manifestations semblables, où l'âme d'un peuple tout entier, ses sentiments, ses aspirations, semblent s'exha-
ler ; de ne pas, dis-je, les laisser passer sans les relever
et sans chercher à en tirer la leçon qu'elles contiennent.

Eh bien, mes amis, ce n'est pas seulement une manifestation de sympathie et un acte de cordiale bienvenue auxquels vous avez pris part, c'est autre chose et
mieux que cela tout ensemble : c'est la démonstration que l'idée de la République, que l'idée du gouvernement de tous pour tous est entrée dans vos
âmes, car la République a gagné ici le terrain qu'elle
a gagné ailleurs ; c'est la démonstration qu'il y a, entre les extrémités et le cœur même de la France, une
union, une solidarité, un concert, une entente que
rien désormais ne peut rompre. (*Bravo! bravo! — Vive
la République!*)

Ce n'est pas là une médiocre leçon à tirer des démonstrations dont ma route est semée depuis Chambéry jusqu'ici ; ce n'est pas un homme qu'on acclame,
ce n'est pas une personnalité qu'on salue ; les hom-

mes passent et changent, et il ne faut avoir en eux
que la confiance que méritent leurs actes, et nous
avons été trop souvent, trop cruellement déçus.

Mais ce qui résulte de ces manifestations, de ces
acclamations, de ces chants, de ces fanfares, de cette
réunion des âmes, de cette chaleur qui se répand de
tous ces cœurs à l'unisson, ce qui s'en dégage, c'est
que, désormais, la République est au-dessus des atteintes de la réaction ; c'est que, désormais, sans violence,
pacifiquement, en respectant la loi, même mauvaise,
ce que réclame le pays, c'est l'avènement définitif,
parmi les hommes, d'un régime de probité et de justice : la République. (*Oui! oui!* — *Bravos et applaudis-*
sements. — *Vive la République!* — *Vive Gambetta!*)

Le président de la délégation républicaine d'Evian remercie M. Gambetta qui reprend la parole :

Mes chers concitoyens,

Les paroles que vous venez d'entendre et à l'émotion
desquelles vous vous êtes tous certainement associés,
vous démontrent combien il est utile, combien il est
nécessaire que les hommes d'un même parti s'assem-
blent, se réunissent, se concertent. En effet, il est très
certain qu'à l'heure qu'il est, nous sommes dans une
disposition morale et politique bien préférable, bien
supérieure à celle que nous avions il y a quelques
mois, avant de nous être rapprochés. Si puissant est
le contact de l'homme avec l'homme, si profitable est
la communion des âmes, qu'il se dégage immédiatement de ces rencontres des opinions semblables avec
une sorte de feu d'enthousiasme, d'énergie et de besoin d'action qui est la cause même des sacrifices et
des dévouements. C'est cet esprit, à proprement parler, qu'il faut développer ; car, quand nous serons des
hommes de désintéressement, de propagande et de

sacrifices, comme nous sommes le nombre, il s'écoulera peu de temps avant que nous soyons le droit :
il n'y a qu'à nous réunir pour que cette expérience devienne la réalité. (*Bravo! bravo! — Applaudissements.*)

C'est là un suffisant prétexte à bonnes réflexions.
Étant unis dans tous vos sentiments, dans tous les
battements de votre cœur, dans tous les efforts de
vos intelligences, voyez ce que deviendrait un parti
comme le nôtre qui, dans certaines fractions de son
arrondissement, se trouve en état de minorité, de
lutte contre l'organisation des partis adverses. Je vous
dis ces choses afin que vous portiez votre attention de
ce côté et parce que je crois qu'il n'est pas bon qu'il
y ait une réunion de républicains sans qu'elle abou-
tisse à un résultat utile, pratique, profitable à l'avancement de nos idées. Je ne suis pas depuis longtemps
dans ce pays, mais je l'observe avec beaucoup d'attention; j'y recueille toutes les conversations, tous les
propos, tous les jugements qui peuvent aider à me
former une opinion.

Or, Messieurs, il faut bien que je vous le dise, puisque vous êtes d'Évian et que vous êtes la majorité
dans ce pays : vous avez certainement pour vous la
force, la puissance et l'influence. Eh bien, je voudrais
vous demander quelque chose, de sortir de votre cercle d'action, de vous répandre plus loin que ce qui
vous paraît être votre naturel domaine, de sortir de
chez vous, de visiter les campagnes voisines, de pousser une pointe sur le territoire limitrophe, d'arriver
jusqu'ici, jusqu'à Thonon, où la population me paraît
un peu plus inerte, un peu plus indifférente que chez
vous; il faut que ce trop-plein d'ardeur qui caractérise
Évian soit utilisé à secouer ces populations qui dor-
ment; il faut que vous leur disiez : Réveillez-vous,
vous qui dormez; on n'a pas le droit de dormir sous
le régime républicain. (*Bravo! — Très bien! — Applaudissements prolongés.*)

C'est cette campagne que je voudrais vous voir entreprendre. (*Oui! oui!*) Vous êtes des hommes de foi,
de foi républicaine j'entends. Il faut donc considérer
que nous avons à soigner d'abord l'intelligence, car
on crée des intelligences comme le jardinier crée des
fleurs, en les cultivant, en les réchauffant, en leur
mesurant le jour et la lumière, en les entourant de
toute espèce de soins. Eh bien, y a-t-il, parmi les
merveilles de la nature, une plante qui réclame plus
de zèle, plus d'amour, plus de soins passionnés que la
plante qui s'appelle l'homme? Et y a-t-il une tâche
plus digne de nos efforts, une mission plus noble et
plus impérieuse que d'assurer à toute une population
qui en est digne, à nos semblables, la jouissance de
la raison? (*Vive approbation.*)

Et il n'y a pas d'ouvrier inutile pour accomplir cette
tâche! Chacun peut agir autour de soi et, dès que
quelqu'un est dépositaire d'une parcelle de vérité, il
doit la répandre et la donner; sans cela il est égoïste.
C'est pour cela qu'il nous faut faire un surcroît de
travail; ce travail est pénible, il y a beaucoup d'amer-
tume à éprouver, beaucoup de sarcasmes, d'injures à
essuyer, d'embarras de la part de l'administration à
rencontrer, c'est vrai; mais, quand on y met son cœur,
sa volonté, sa persévérance, on franchit tous les obstacles et on fait son devoir.

Voilà, mes chers amis, ce que je voulais vous dire.
(*Très bien! très bien! — Bravos enthousiastes.*)

M. Mondel, d'Évian, répond :

« Je ne dirai que deux mots après les nobles, belles et
énergiques paroles que nous venons d'entendre. Les efforts
d'une misérable réaction se font sentir, mais nous promet-
tons d'en triompher. Gambetta nous apprend à cultiver les
idées saines et républicaines. » (*Bravo! — Très bien! très
bien!*)

Parmi les députations venues de Genève, et qui assistaient
au vin d'honneur, se trouvait la Société française d'Alsace-

Lorraine. M. Gambetta avait désiré la recevoir en particulier. Il adressa les paroles suivantes :

Mes chers compatriotes,

Il faut que je vous dise que c'est moi qui ai désiré
vous recevoir, vous voir, vous entendre et pleurer avec
vous. C'est une consolation, au milieu du deuil et des
horribles tristesses que nous a laissés la défaite, de
pouvoir s'épancher, ne fût-ce qu'un moment, avec
ceux de nos compatriotes qui sont à la fois les plus
malheureux et les plus injustement frappés.

Car, à coup sûr, s'il y avait dans toute la France
une population qui n'eût pas dû être choisie comme
victime expiatoire de nos défaillances et de nos lâche-
tés, c'était celle de l'Alsace et de la Lorraine. (*Marques d'émotion.*) S'il y avait un pays qui fût français,
un pays qui eût, dans l'histoire de France, sa véritable histoire ; un pays qui eût joué un rôle véritablement national, un pays qui eût inscrit, dans tous les
services de la France, sa noblesse et ses titres, c'était,
à coup sûr, l'Alsace et la Lorraine. Ah ! elles n'avaient
jamais marchandé leur sang, ces deux provinces ché-
ries ; jamais elles n'avaient compté avec les difficultés
qui accablaient la patrie ; jamais elles ne s'étaient demandé, ces deux sœurs jumelles que nous pleurons,
— en attendant de pouvoir..... (*Interruption. — Oui !
oui ! — Émotion profonde.*)... elles ne s'étaient jamais
demandé par où était le chemin de l'invasion ; jamais
elles n'avaient calculé si c'était du côté de la Provence
ou du nord qu'on entrait en France ; non ! elles
étaient placées sur la route des envahisseurs, et c'é-
taient elles que l'ennemi foulait les premières ; il passait sur leur corps ; et c'étaient leurs enfants dont les
poitrines étaient trouées les premières ! (*Marques de la
plus vive émotion.*)

Ah ! nobles provinces !... toujours dévouées à la

France toujours regardant son drapeau..... — Oh!
nous souffrons, disaient-elles, mais c'est pour la patrie,
nous souffrons, mais nous portons en nous le cœur
même de la nation.... (*Émotion unanime. — Interruption.*)

Messieurs, je ne peux pas continuer... c'est impossible... Voilà!...... ce sont ces pays-là... (*Émotion profonde et générale.*)

L'orateur, la voix pleine de larmes et épuisé, se jette sur
un siège. — Les assistants pleurent; quelques-uns sanglot-
tent. Ils se retirent en silence après avoir serré la main de
M. Gambetta.

Le soir, M. Gambetta prononça un troisième discours. La
lettre écrite de Thonon à la *République française* donne sur
les circonstances où fut prononcé ce discours les détails
suivants dont la reproduction nous paraît nécessaire.

« Le soir, un dîner de cent personnes a eu lieu sur invitations nominatives. J'y assistais. Un toast a été porté à la
République française et à notre hôte par M. Dubouloz, conseiller général pour le canton de Thonon. M. Dubouloz est
un républicain très ferme, et depuis longtemps. Au point
de vue de l'ardeur des convictions, notre réunion ne pouvait
avoir un meilleur interprète. Mais, dans son toast, M. Dubouloz a cru devoir exprimer un sentiment qui est ici par-
tagé par un grand nombre de nos concitoyens. Il a dit que
nous étions tous dévoués à la France, mais à la France républicaine, et que si le malheur des temps voulait que la
France retombât sous quelque monarchie cléricale ou militaire, il ne serait pas impossible que la Savoie, qui est
toute républicaine, qui n'a point les passions monarchiques
françaises, tournât ses yeux vers la Suisse et fît choix pour
sa patrie du pays où règne la liberté. Je vous le répète
en toute franchise, Monsieur : ce sentiment a cours ici, et
c'est en ce sens qu'il faut entendre ce que l'on appelle ici
l'opinion séparatiste. De séparatistes actuels, au sens absolu
du mot, il n'y en a point; mais de séparatistes éventuels, il
ne serait pas impossible d'en trouver. En tout cas, vous
comprenez bien comment se pose la question, et c'est à
messieurs les monarchistes, aux fauteurs de restauration,

qu'il appartient de voir s'il convient de courir une telle
aventure. S'il me fallait dire dans quelle fraction de la population se recrute cette infime minorité de personnes qui,
à de certains moments de découragement et d'anxiété du
côté de Versailles, osent prononcer le mot de séparation,
je vous dirais que c'est surtout dans les hommes d'un âge
déjà mûr et qui peuvent se croire revenus de toute illusion.
Mais dans la jeunesse, dans les gens de mon âge, vous n'en
trouveriez point. On sait avec quelle ardeur, quel dévouement à la France, nos mobiles ont pris part à la guerre
contre la Prusse, partout où ils se sont trouvés, à Paris, sur
la Loire, à Langres et ailleurs, et quant à nos mobilisés, —
j'en faisais partie, — ils n'auraient pas demandé mieux que
de continuer la guerre quand elle a été arrêtée. Nous autres
jeunes hommes, nous sommes attachés à la France, non seulement parce qu'elle est la République française, c'est-à-
dire la tête des nations démocratiques du monde, mais
parce qu'elle est la France malheureuse, trahie, abandonnée, et que, dans son deuil et dans ses désastres, elle
reste toujours le grand exemple des autres peuples. Nous
savons bien, nous autres, ce qu'a été la guerre, puisque
nous y étions : nous savons qu'il n'y a peut-être pas de
pages dans son histoire dont la France doive être plus glorieuse.

« M. Gambetta a répondu à M. Dubouloz. Je ne puis songer
à vous analyser un discours qui n'a été écouté que les larmes aux yeux et qui s'est terminé au milieu d'une émotion
indescriptible, de démonstrations chaleureusement françaises, de marques profondes et touchantes de sympathie
prodiguées à l'orateur et à la cause qu'il représente. Ah!
Monsieur, quel moment pour nous! J'ai compris alors pourquoi, au milieu de la journée, alors que tous les cœurs
étaient ouverts à la joie, la députation d'Alsace-Lorraine
était sortie en pleurant de chez M. Gambetta. Tous étaient
remués, pénétrés tout à la fois de douleur et de reconnaissance. Nous les interrogions : ils ne pouvaient que nous
serrer les mains, nous embrasser, en jurant qu'ils voulaient
rester Français, qu'ils le voudraient toujours. Et c'est à ce
moment-là que l'on parle ici de séparation! Non, non,
Monsieur, cela n'est pas possible, et M. Gambetta nous l'a
fait toucher du doigt dans son discours. »

Au diner dont il est question ci-dessus, voici le toast qui avait été porté par M. Dubouloz :

« Messieurs,

« Je porte un toast à M. Gambetta, à ce grand citoyen qui a su sauvegarder l'honneur de la France républicaine.

« Si les idées séparatistes existaient encore réellement dans une partie de la haute Savoie, nous nous féliciterions de la circonstance qui se présente aujourd'hui pour démontrer l'attachement sincère que nous portons à cette France.

« Mais si, à la suite d'évènements improbables, on était disposé à essayer de nouveau d'un régime monarchique, oh! alors nous nous souviendrions que, près de nous, se trouve un petit pays qui a su conquérir de grandes libertés et qui veut le maintien des institutions républicaines. Nous aurions alors ce souvenir, parce que là où se trouve la liberté doit exister une patrie.

« Vive Gambetta! — Vive la République française! » *(Cris répétés de : Vive Gambetta! — Vive la République française!)*

M. Gambetta, se levant, a répondu :

Mes chers concitoyens,

Il m'est impossible, malgré l'état de fatigue et d'épuisement où je suis arrivé, de ne pas répondre aux paroles que vous venez d'entendre. Et, que mon voisin me permette de le lui dire, je suis d'autant plus dans la nécessité de lui répondre qu'il y a dans ce qu'il a dit, dans les fermes et fortes paroles qu'il vient de prononcer, quelque chose qui, peut-être, demande à être repris, à être regardé de très près, parce que, quand on parle de la France, de ce qui lui appartient, de ce qui est son bien, de son intégrité, il faut bien peser ses mots.

Eh bien, mes compatriotes, — et il n'y a pas de nom plus beau que ce nom de compatriote, — pensez-vous que la France doive être rendue responsable, au point de vue de son unité, au point de vue de

cet assemblage magnifique de provinces qui, toutes,
avec une physionomie spéciale ou plutôt avec des
traits distincts, forment les grands traits de la figure
même de la patrie, — que la France doit être rendue
responsable des conséquences d'une usurpation cri-
minelle; et parce que les hasards de la fortune, les
désastres de la guerre, les heureuses aventures d'un
conspirateur ou les odieux calculs d'un cléricalisme
tout-puissant auraient cet effet de jeter la France
encore une fois sous le joug, — pensez-vous qu'elle
doive être éprouvée par ce dernier désastre de tomber en démembrement et en dissolution volontaire?
(*Non! non! — Bravos et applaudissements.*)

Ah! nous sommes cruellement éprouvés, mes amis.
La France, à proprement parler, depuis la Réforme,
depuis la grande moitié du xvᵉ siècle, a été tour à
tour, pour tous les peuples de l'Europe, le guide, l'i-
nitiateur et le martyr. C'est de son sang, de son dévouement, de ses sacrifices et de ses servitudes que
sont faites la gloire, l'émancipation et la liberté des
autres peuples. (*Approbation unanime. — Applaudissements prolongés.*)

Eh bien, il faut réfléchir quand on parle du patrimoine de la France. La France, vous avez eu raison
de le dire, sera d'autant plus attrayante, qu'elle ne
sera régie que par la loi, qu'elle sera aux mains de
tous les citoyens et non plus aux mains et soumise
aux caprices d'un seul.

Ah! oui, la France glorieuse et replacée, sous l'é-
gide de la République, à la tête du monde, groupant
sous ses ailes tous ses enfants désormais unis pour
la défendre au nom d'un seul principe et présentant
au monde ses légions d'artistes, d'ouvriers, de bourgeois et de paysans; ah! oui, il est bon de faire partie
d'une France pareille, et il n'est pas un homme qui,
alors, ne se glorifiât de dire, à son tour : Je suis citoyen français! (*Bravos unanimes.*)

Mais il n'y a pas que cette France, que cette France
glorieuse, que cette France révolutionnaire, que cette
France émancipatrice et initiatrice du genre humain,
que cette France d'une activité merveilleuse et, comme
on l'a dit, cette France nourrice des idées générales
du monde; il y a une autre France que je n'aime pas
moins, une autre France qui m'est encore plus chère,
c'est la France misérable, c'est la France vaincue et
humiliée, c'est la France qui est accablée, c'est la
France qui traîne son boulet depuis quatorze siècles,
la France qui crie, suppliante, vers la justice et vers
la liberté, la France que les despotes poussent constamment sur les champs de bataille, sous prétexte
de liberté, pour lui faire verser son sang par toutes
les artères et par toutes les veines; la France que,
dans sa défaite, on calomnie, que l'on outrage; oh!
cette France-là, je l'aime comme on aime une mère;
c'est à celle-là qu'il faut faire le sacrifice de sa vie,
de son amour-propre et de ses jouissances égoïstes;
c'est de celle-là qu'il faut dire, là où est la France, là
est la patrie! (*Bravos et acclamations enthousiastes. —
Applaudissements répétés. — Vive la France! — Vive la
République!*)

J'espère que notre malheureux et noble pays, instruit à la rude école de l'adversité, remontant par
degrés de l'abîme où l'ont poussé les bonapartistes,
pourra comprendre enfin qu'il n'y a d'avenir régulier,
de fortune stable, de développement assuré, de place
véritablement honorable dans le monde que pour une
France régie par le consentement universel, laquelle,
sous peine d'abdiquer, ne peut plus vivre sous une
autre forme de gouvernement que la République.
(*Oui! oui! — Applaudissements.*)

Comme gage de cet avenir pour mon pays, j'aper-
çois plusieurs symptômes de bon augure dans les
modifications de l'esprit français. Il me semble tout
d'abord que la jeunesse, dans tout le pays, que la

génération qui a vu la chute de l'empire sans l'avoir
provoquée, que cette génération qui a été poussée
sur les champs de bataille, inconsciente de la cause
qui amenait nos malheurs; troublée peut-être par ce
sacrifice immédiat demandé à l'entrée de la vie, ne
s'expliquant que d'une façon fort obscure les nécessités d'une lutte aussi acharnée, et aussi, sans doute,
l'esprit inquiété, intimidé par de pervers conseillers
qui cherchaient à égarer sa conscience et peut-être
à énerver son courage, — il me semble que cette
jeunesse s'est recueillie depuis et qu'il s'est opéré en
elle, après coup et par le contre-coup des épreuves
par où elle a passé, une véritable transformation
morale.

Oui, on sent de tous côtés, aussitôt qu'on la voit
apparaître, qu'elle est meilleure, qu'elle est plus
saine, qu'elle est plus fière, qu'elle est plus laborieuse
à mesure que nous nous éloignons de ces fatales années de l'empire; et c'est là une raison fondamentale
d'espérer, parce que c'est cette jeunesse qui sera appelée nécessairement à réparer les fautes de ses devanciers. Aussi, quand il nous est donné de l'entre-
nir, de la voir, de constater qu'entre elle et nous il
n'y a pas d'écart ni de distance, et qu'il ne peut y
avoir de désaccord, nous n'avons qu'un langage à
tenir, qu'un conseil à donner : c'est de lui dire de
travailler, de travailler virilement, énergiquement à
s'instruire; de s'abreuver aux sources pures de la
science et de la vérité; de se réunir pour s'initier peu
à peu à l'étude et à la pratique des affaires publiques.
Je voudrais voir les jeunes gens former partout une
sorte d'association dans laquelle, par une éducation
mutuelle, ils mettraient en commun, les uns au profit
des autres, ce qu'ils auraient appris, lu, observé,
examiné. Il faut songer tout d'abord à créer la solidarité des connaissances et de l'instruction. Sans cela,
à quoi pourraient servir les réunions et les entre-

tiens? On n'y agiterait alors que de futiles questions. Il ne faut pas qu'il puisse être dit jamais que notre jeunesse se réunit sans qu'elle discute, sans qu'elle échange des idées véritablement sérieuses, des pensées véritablement hautes. (*Bravo! bravo! — Applaudissements.*)

Avant de terminer ces observations, — que je regrette de ne pouvoir pousser plus loin, parce qu'il y a bien des choses à dire encore sur ce sujet, — j'ajouterai : Qui que vous soyez, quelque occupation, quelque relation, quelque influence, petite ou grande, que vous ayez dans la vie, vous ne serez véritablement des hommes utiles, des honnêtes gens, dans le sens démocratique du mot, que si vous vous rendez cette justice intime d'avoir contribué à délivrer les esprits de l'ignorance et à leur inspirer l'amour de la patrie qui est le résumé de toutes les vertus civiques. Oui! on doit aimer par-dessus tout son pays, mais non pas avec cet esprit étroit, léger, railleur, qui, trop souvent, nous a livré à l'animadversion des autres peuples. Faisons bien comprendre aux autres peuples que nous n'aimons tant notre patrie, et d'un amour si ardent et parfois si jaloux, que parce qu'elle est le meilleur instrument que la civilisation ait jamais eu pour le progrès général et l'avancement de l'esprit humain. (*Bravos enthousiastes. — Applaudissements. — Vive la République! — Vive Gambetta!*)

DISCOURS

Prononcés le 30 septembre 1872

A BONNEVILLE

Le lundi 30 septembre, la municipalité républicaine de Bonneville offrait à M. Gambetta un banquet privé de cent cinquante couverts.

A la fin du banquet, M. Ossat, maire de Bonneville s'adresse à M. Gambetta en ces termes :

« Citoyen Gambetta,

« Nous autres, montagnards, nous n'avons pas le langage des belles paroles, mais nous avons le langage du cœur, le langage de la vérité; nous aimons la patrie, nous aimons le vrai patriotisme ; nous aimons la France et nous voulons d'elle, mais, entendons-nous : nous voulons la France républicaine. (*Applaudissements.*)

« Citoyens, nous avons aujourd'hui l'immense bonheur de posséder dans notre cité le drapeau de la démocratie. La République ne doit ni honneurs ni ovations à ses serviteurs, mais nous pouvons nous incliner devant l'homme qui représente à nos yeux le civisme et le patriotisme le plus pur, devant le défenseur des droits de l'homme et, notamment, devant le défenseur de l'instruction gratuite, obligatoire et laïque. (*Bravo! bravo! — Très bien! — Applaudissements répétés.*)

« Nous pouvons nous incliner devant celui qui a sauvé l'honneur de la patrie mourante! (*Nouveaux applaudissements.*)

« Aussi, frères, que les échos de notre mont Blanc reten-

tissent de nos fraternels saluts pour notre hôte illustre. »
(*Cris répétés de* : *Vive la République!* — *Vive Gambetta!* —
Bravos.)

M. Gambetta répond :

Mes chers concitoyens,

Laissez-moi remercier dans toute l'effusion de mon
âme le maire de cette républicaine cité des paroles
qu'il vient de faire entendre, non pas, croyez-le bien,
qu'il me soit permis de les accepter sans réserve, sans
atténuation, car elles sont beaucoup trop louangeuses
pour celui que vous recevez aujourd'hui à votre table.
(*Non! non!*)

Vous avez bien raison de le dire, la République ne
doit à ceux qui la servent rien qui ressemble à ces
hommages ou à ces pompes monarchiques qui cor-
rompent les hommes sous prétexte de les récompen-
ser; vous avez raison, et cette simple parole suffit à
prouver combien, dans vos montagnes, comme vous
le dites, la vérité a le pas sur la flatterie.

Mais permettez-moi d'ajouter que les sentiments
que vous avez exprimés valent mieux que ces préten-
dues récompenses que l'on échange dans les monarchies; car, s'il y a au monde une récompense qui ait
du prix, une récompense que rien ne peut égaler,
une récompense qui emplisse l'âme et qui la pénètre
de reconnaissance, c'est à coup sûr cet amour spontané, cette ardente sympathie que le peuple donne à
ceux qui se donnent à lui.

Messieurs, dans toutes ces réunions où nous nous
assemblons, en dépit de nos adversaires, pour donner par nos actes la preuve de notre sagesse dans
notre conduite, mais, en même temps, pour leur donner la preuve, tous les jours plus éclatante, du flot
montant de la démocratie, — dans toutes ces rencontres, un souvenir me revient constamment à l'esprit : c'est le souvenir des défaillances, des trahisons,

des apostasies dont le parti républicain a été si souvent la victime ; et je me demande comment il peut
se faire qu'après tant et de si éclatantes impostures
il reste encore dans l'âme du peuple assez de géné-
rosité, de confiance et d'abandon, pour qu'il continue
à prendre un homme et à l'entourer, à l'acclamer, au
risque d'en faire une idole dangereuse. Aussi, Messieurs, toutes les fois que j'en trouve l'occasion, et
sans rechercher si ma modestie ou l'envie des autres
y trouve son compte, ce que je tiens à répéter constamment, c'est que nous devons nous déshabituer
tous, les uns et les autres, de trop compter sur un
homme, de trop le regarder comme un symbole et un
drapeau ; nous ne devons le considérer que pour ce
qu'il vaut, que pour les efforts qu'il fait, mais ne jamais lui donner un rang ou une place qui est toujours
disporportionnée à la valeur d'un individu. (*Bravo !
bravo !*)

Messieurs, je suis ici à un titre particulier, c'est
évident. Vous avez bien voulu reconnaître en moi
l'agent de l'idée républicaine dans les dernières années qui viennent de s'écouler ; vous avez rappelé ce
régime odieux pour lequel la langue ne contient pas
de flétrissure assez énergique, que nous avons commencé par combattre et que nous avons fini par
abattre, le régime bonapartiste. Vous avez fait allusion, surtout, à ce que cet odieux régime nous avait
légué : l'invasion, la défaite et la mutilation de la patrie. Et nous sommes ici dans une salle qui est encore
pleine des échos de ceux que l'on avait convoqués
pour la défense de la France et qui ont scellé de leur
sang cette indestructible alliance de la Savoie à la
patrie commune. Oui ! vous avez bien fait de rappeler
que, dans votre âme et dans votre cœur, ce qui fait
votre attachement indéfectible à la France, c'est que
vous pouvez saluer en elle une France émancipée,
ayant rompu définitivement avec les traditions mo-

narchiques, et s'avançant dans la carrière le drapeau de la République à la main, appuyée sur son droit, sur sa force renaissante et bientôt capable, en même temps qu'elle assoira ses institutions au dedans, de reprendre, grâce au dévouement de tous ses enfants, son rang au dehors ! (*Oui ! oui ! — Bravos et applaudissements.*)

Aussi bien c'est à ces paroles patriotiques, quoique empreintes de l'esprit local, (*Interruptions.*) que je veux, moi aussi, m'associer. Messieurs, buvons à l'avenir, à l'union, au triomphe du parti républicain dans vos contrées, triomphe... (*Nouvelles interruption.*)

Il me semble avoir entendu, à plusieurs reprises, quelque contradiction... (*Non ! non ! — Parlez !*)

Je vais vous dire pourquoi, Messieurs et chers concitoyens, je fais cette remarque; c'est que je suis l'homme de la discussion et que je suis très heureux de la voir se produire. (*Ne répondez pas ! — Continuez !*) Permettez ! mes amis, écoutons toujours nos contradicteurs pour leur répondre... (*Non ! non ! — Ne répondez pas ! — Cris de : A la porte, l'interrupteur ! — Le silence se rétablit.*)

Je vous en prie, toutes les opinions sont libres et nous devons donner l'exemple, dans nos rangs, de la plus parfaite et de la plus grande liberté de discussion; nous ne sommes pas réunis ici pour professer entre nous un aveugle respect mutuel; non, s'il y a, dans cette enceinte, des opinions différentes des nôtres, il faut qu'il soit entièrement loisible de les exposer; et, quant à moi, je me ferai un devoir d'y répondre. (*Très bien ! très bien ! — Bravos.*)

C'est la vraie manière de donner au parti républicain son véritable caractère et, en même temps, de travailler à l'instruction générale des esprits que d'admettre dans son sein des contradicteurs, de leur donner la parole et de tâcher ou de se faire convaincre ou de les convaincre à leur tour. (*Bravo ! bravo ! — Applaudissements.*)

Je reprends ce que je disais. Je disais que je buvais
à l'union du parti républicain de cette contrée avec
le parti républicain du reste de la France, car, s'il y a
un enseignement que j'emporterai avec une joie profonde de ce rapide voyage à travers votre pays, c'est
d'y avoir rencontré de véritables centres démocratiques, libres, fiers, fermes, sages; ignorant les discordes et les zizanies; n'ayant aucune de ces divisions,
de ces schismes que l'on rencontre ailleurs; ne se
partageant pas en modérés et en avancés; ne connaissant de l'orléanisme que le nom, du légitimisme que
de rares épaves semées dans les campagnes où elles
sont absolument solitaires; ne connaissant qu'un ennemi qu'il faut combattre par la raison, par la parole,
par le journal, par la discussion, par les réunions,
par la liberté enfin; cet ennemi vous le connaissez
bien, c'est celui qui prend son mot d'ordre à l'étranger, c'est celui qui ne craint pas de semer la discorde
dans notre noble et malheureux pays, cet ennemi,
c'est le parti clérical. (*Oui! oui. — Bravos et applaudissements.*)

Aussi quand vous disiez, mon cher ami, que vous
saluiez surtout en moi le représentant de l'idée de
l'éducation gratuite, laïque et obligatoire, vous ca-
ressiez ce qui me tient le plus au cœur. Car, de quelque côté qu'on prenne la question, qu'il s'agisse des
questions politiques ou des questions sociales, de
quelque côté qu'on tourne et retourne le problème,
de quelque sens qu'on l'envisage, on aboutit constamment à cette solution qu'il n'y a rien à tenter, rien à
essayer, rien à espérer, entendez-le bien, tant qu'on
n'aura pas constitué pour tous, avec le concours de
l'État, des départements et des communes, la dota-
tion de l'instruction générale de notre pays, et surtout tant qu'on ne l'aura pas arrachée aux hommes
dangereux qui inoculent, dans le cerveau des jeunes
générations, des idées rétrogrades, des idées enne-

mies de la souveraineté de la raison, de la dignité de
l'homme, des idées enhemies de la toute-puissance de
la société civile et démocratique; tant qu'on n'aura
pas posé, comme principe de toute éducation, qu'il
faut faire des citoyens et non des sacristains. (*Explosion d'applaudissements et de bravos. — Vive la République!*)

Des gens qui accepteront la République, qui l'auront sur les lèvres, qui seront prêts à voter pour elle,
vous en trouverez d'ici à quelque temps plus que vous
ne voudrez peut-être; mais il sera plus rare de trouver des hommes amis de l'émancipation des classes
nombreuses; des hommes qui veulent plus que cette
espèce d'obole lamentable que l'on jette aux classes
inférieures depuis 1830; des hommes qui veulent que
la vraie science soit enseignée à l'enfant, à l'adoles-
cent, de façon que l'homme fait soit toujours prêt à
la lutte, qu'il soit toujours armé pour descendre dans
l'arène de la vie; de façon que quel qu'il soit, et de
quelque part de l'horizon qu'il arrive, il ait toujours
à sa disposition ce capital sans lequel les autres ne
sont rien mais qui les enfante tous, le capital intellectuel. (*C''est cela! — Bravo! bravo!*)

Eh bien, je dis que c'est là qu'est l'épreuve pour
tous ceux qui entrent dans le parti républicain; posez
la question, faites prendre un engagement formel sur
ce point et vous verrez que c'est là que se produiront
les hésitations. C'est là qu'on verra si vous êtes sincères, vous tous qui vous présentez à nous comme tout
prêts à fonder la République. Que voulez-vous faire
pour l'enseignement du peuple? Voulez-vous qu'il soit
complet? qu'il soit obligatoire? qu'il soit gratuit? Cela
ne suffit point. Il faut encore qu'il soit laïque, cet enseignement. N'hésitez pas là-dessus, car, si vous n'êtes
pas pour l'enseignement laïque, sortez d'ici, vous
n'êtes pas des nôtres. (*Oui! oui! — Très bien! — Applaudissements.*)

Messieurs, il n'est pas loin le temps où les partis
monarchiques, réduits à l'impuissance, n'auront laissé
d'eux que le souvenir de la plus triste et de la plus
lamentable des histoires et où vous ne verrez plus que
deux partis en présence : les républicains, partagés
en républicains plus ou moins avancés, — mais là
n'est pas la question, — les républicains et la réaction, c'est-à-dire le parti de ceux qui sont pour la dignité de la raison, pour l'avancement de la science,
pour les rapports civils, pour ce qui est, en un mot,
le fond même des sociétés, et le parti de ceux, au
contraire, qui sont les ennemis acharnés de tout progrès, qui nient la raison, qui outragent tout ce qui
dérive de l'esprit d'examen, qui insultent la liberté,
qui n'ont enfin qu'une passion, dominer par l'ignorance et l'oppression. Oui, bientôt ces deux partis
seront aux prises et il n'y en aura pas d'autres dans
notre pays. Et alors vous saurez où sont les véritables amis de la démocratie et de la République ;
— d'un côté vous verrez se glisser de nouveau tous
les ennemis du peuple, et, de l'autre côté, vous rencontrerez tous ceux qui, à des degrés différents, vous
ont été sincèrement dévoués pendant les bons et pendant les mauvais jours. (*Bravos et applaudissements.*)

Oui, le temps n'est pas loin où nous serons en présence des seuls cléricaux. Vous les voyez déjà apparaître. Tous les autres partis qui se disent monarchiques, — orléanistes, légitimistes ou bonapartistes, —
ont perdu la théorie et la pratique de la monarchie ;
ils n'ont plus l'ardeur, ils n'ont plus la flamme ; ils se
liguent, ils se coalisent encore ; mais qui est-ce qui
les mène au combat, qui est-ce qui fait leurs programmes, qui est-ce qui pousse les populations au
vote en leur faveur? Qui donc? — Les hommes du
parti clérical. Et, en agissant ainsi, font-ils les affaires des partis monarchiques? Non, ils font leurs propres affaires, ils travaillent pour eux.

Eh bien, je dis au suffrage universel : Tiens-toi en garde contre l'ennemi, prépare ton programme, exige des garanties, demande des institutions laïques, c'est-à-dire faites pour la société civile et non pour une société supra-naturelle, pour une société mystique, pour un domaine dans lequel l'État n'a rien à faire, car tout citoyen est libre d'adopter ou de rejeter tous les dogmes qu'on lui présente; demande ce qui est nécessaire, ce qui est indispensable à tout être humain, c'est-à-dire une éducation qui fasse de lui, dans l'État, un citoyen, un travailleur et un patriote.

Je bois à ce triomphe de la démocratie. (*Applaudissements unanimes. — Vive la République! — Vive Gambetta!*)

M. François Dumont, de Bonneville, petit-fils de l'un des hommes qui amenèrent, en 1792, la réunion de la Savoie à la France, demande la parole et prononce le discours suivant :

« Citoyens,

« Il y a peut-être de la témérité à prendre la parole après le grand orateur que vous venez d'entendre, mais enfin il faut bien que nous fassions connaître nos sentiments d'estime pour lui et d'amour pour la République.

« Il est venu chez nous, dans notre Savoie, pour fêter l'anniversaire de la réunion de la Savoie à la France en 1792, et moi, petit-fils du président de cette grande Assemblée des Allobroges, qui vota la réunion de la Savoie à la République française, je dois nécessairement aimer la France. (*Bravo! bravo! — Très bien!*)

« Cependant, disons-le, — et je crois être ici l'interprète de tous nos compatriotes, — nous ne sommes plus tout à fait comme nos pères qui aimaient la France avant la République : nous aimons la République avant la France. (*Bravos et mouvements divers.*)

« Pauvre Savoie! si longtemps ballottée entre la France et le Piémont! Nous avons appris, dans tous les malheurs de nos générations précédentes, à chercher non plus des hom-

mes, non plus des pays, mais des principes, mais des institutions surtout. Nous avons vu, en 1815, disparaître l'Empire, qui n'était pas, de bien regrettable mémoire, (*Non!
non!*) et cependant nos pères le regrettaient, pourquoi?
parce que sa chute nous avait fait rentrer sous la domination piémontaise avec son système clérical, parce que les
prêtres venaient alors chercher nos pères sur la place publique pour les faire aller, par la force, à la messe. (*Très
bien! très bien! — Bravos.*)

« Le peuple a donc cherché à se dégager de ce joug. 1822,
1829, 1834 ont vu des émeutes ou plutôt des révolutions, et
la Savoie a eu aussi ses victimes. Puis est arrivé 1848. Malgré la constitution que nous avait donnée Charles-Albert,
constitution large comparativement à celle des autres pays,
à cette époque, nous avons salué la République française;
notre amour nous a emportés vers elle et nous avons été
du parti des *Voraces* que l'on a tant calomnié. (*Très bien!
— Applaudissements.*)

« Mais ce temps a été de courte durée. Le 2 Décembre est
survenu et un second empire a été fondé. Nous avons ressenti comme un froid qui nous a empêchés de ne plus guère
sentir la France, il faut l'avouer; nous avons peut-être été
ingrats, mais ne pensons plus à ces temps écoulés. Puis on
nous a vendus, car nous n'appelons pas ce qui a été fait
une annexion, une votation libre comme celle qui eut lieu,
en 1792. Non! en 1860, on nous a vendus; on a intimidé
les populations, on les a menacées du doux espoir de voir
Cayenne si elles résistaient à l'annexion; on a usé de tout
pour faire voter les timides; à ceux qui ne l'étaient pas, on
a fait de belles promesses de routes et de chemins de fer.
(*Rires. — Marques d'approbation et mouvements divers.*)

« On nous a annexés, et, pendant tout ce temps de tyrannie de l'Empire, ceux qui avaient eu le courage de résister
étaient restés calmes, forts et patients, espérant en l'avenir, espérant que la France se débarrasserait un jour de
cette race de bandits qui toujours l'avait envahie pour
toujours l'opprimer. (*Bravos et applaudissements.*)

« La délivrance est enfin arrivée, et le 4 septembre 1870
nous recevions la nouvelle, par dépêche télégraphique, qu'un
gouvernement provisoire était formé. Immédiatement nous
apprenions que nous avions enfin la République, et par qui

cette bonne nouvelle nous était-elle donnée? Par le citoyen
Gambetta, par celui-là même qui a tant contribué à la chute
de l'Empire. (*Bravo!* — *Très bien!* — *Applaudissements.*)

Oh! nous l'avons suivi des yeux pendant ces temps héroïques où il défendait la France, où il travaillait à relever le
courage des populations éperdues, où il travaillait non seulement pour la France, mais pour la cause de la République qu'il aimait comme nous les aimons. (*Oui! oui!* — *Applaudissements prolongés.*)

« Aussi quelle peine et quelle surprise avons-nous éprouvées quand nous avons vu une Assemblée oser insulter
l'homme qui a servi, sauvé la patrie, empêché du moins
qu'elle soit déshonorée! (*Très bien! très bien!* — *Applaudissements unanimes.*)

« Quand nous voyons les paroles et les actes d'une pareille
Assemblée, nous désespérons de la France. Mais aujourd'hui
Gambetta vient nous dire : « La République durera, elle
est fondée ; » alors nous espérons, notre courage se ranime
et nous lui disons : « Soyez notre chef et notre guide, nous
combattons avec vous, et, nous osons l'espérer, vous aurez
des soldats courageux et dévoués. » (*Bravos.*)

« Je ne veux pas prolonger ce discours ou plutôt ces quelques paroles que je devais prononcer et qui ont été peut-
être bien longues. (*Non! non!* — *Parlez!*)

« Je termine en buvant à la République, c'est-à-dire, vous
le comprendrez tous, je le crois, que je bois au grand citoyen qui la défend comme nous. » (*Bravos et applaudissements.* — *Vive Gambetta!* — *Vive la France républicaine!* —
Vive la République française!)

M. Gambetta s'est levé aussitôt pour répondre :

Messieurs,

Avant de nous séparer, il m'est impossible de ne
pas répondre en quelques paroles à celles que vient
de m'adresser l'homme qui, ici, porte un des noms
les plus marquants de l'histoire de la Savoie, un de
ces noms qu'on retrouve au bas de l'un des actes
les plus glorieux de la France de la Révolution.

Ce que je veux dire à ce propos est très délicat à
exprimer, à cause des bruits calomnieux que l'on a

répandus systématiquement sur votre esprit national.
Dans le toast qui vient d'être porté, en effet, ce qui
domine, ce qui donne la note à ce langage ferme et
ardent, c'est certainement la passion républicaine des
populations savoisiennes. On y sent que, fatiguées des
oscillations de la fortune, lassées, rebutées d'avoir été
tour à tour détachées, rattachées, rejetées et reprises, il
s'est formé au fond des consciences savoyardes comme
une sorte de défiance et de susceptibilité particulières
à l'endroit de l'instabilité de la France. C'est un point
délicat à toucher, amer surtout pour un homme qui
ne met rien au-dessus de la France, qui considère
que tout ce qui est la France, que tout ce qui est de
la France a, par excellence, un caractère auguste et
sacré qui commande la réserve et le respect. C'est
donc avec un véritable tremblement que je vais vous
dire toute ma pensée sur le sujet qui nous occupe.

Oh! je comprends, je m'explique très bien que,
lorsque vous comparez l'état actuel, et surtout l'état
horrible et lugubre d'où nous sortons, avec cette
admirable aurore de la Révolution française ; que,
lorsque vous remontez par le souvenir vers cette
épopée incomparable où vos pères ont joué un rôle,
vers ce moment où la France, au nom même du genre
humain, abattait les bastilles, proclamait les droits
de l'homme et du citoyen, émancipait non seulement
les Français, mais l'univers tout entier, ah! oui, je
comprends que vous souvenant de ces grands faits et
de cette époque unique dans l'histoire du monde,
vous rappeliez avec orgueil ces dates du 22 septembre
et du 22 octobre 1792. En effet, c'est spontanément,
librement, d'un plein élan que la Savoie, convoquée
dans ses six cent cinquante-six communes, a fait un
don volontaire de ses populations, de ses montagnes,
de son patriotisme à la République française, à la
France républicaine qui lui promettait de respecter ses
relations, ses traditions.

Ah! c'était un beau spectacle et qu'il est bon de rappeler, ne fût-ce que pour faire sentir à ceux qui osent dire aujourd'hui que la force prime le droit et que l'on peut impunément, pourvu que l'on soit le plus fort, promener l'incendie et le pillage sur le monde, pour leur faire sentir qu'il y a eu un peuple victorieux, débordant sur toutes ses frontières et qui, lorsqu'il entrait sur un territoire, ne prenait rien par la force, ne voulant rien tenir que du libre et volontaire consentement des populations et rien par la force brutale. (*Explosion d'applaudissements. — Bravos et acclamations.*)

Mais quand je descends de ces hauteurs et que je songe qu'en effet vous avez eu cette horrible destinée de subir deux fois le despotisme des Bonaparte, je vous adjure de ne pas oublier que notre servitude a été commune et que, si vous avez souffert sous ce pied brutal, nous avons souffert ensemble.

Ah! n'oubliez jamais, mes amis, que la solidarité que les alliances, que la véritable communauté d'âme, de cœur et de sang se fondent et se nouent dans les périls et dans l'infortune. Et vous l'avez bien démontré, vous avez bien fait la preuve à cet égard quand vos mobiles et vos mobilisés sont venus à nous au jour du péril. Ont-ils demandé pour quelle cause ils allaient se battre, pour quelle cause ils allaient verser leur sang? ils sentaient bien que c'était la France, la France de tous les temps qu'ils allaient défendre, et ils partaient sans compter, sans regarder en arrière, sans soulever une question de race. Ils sont partis et ils se sont jetés dans la mêlée. Eh bien, je le dis au nom de la France, — et vous n'étiez pas alors les plus chers et les plus exposés, — c'est dans ces efforts communs que se trouve l'indissoluble pacte de l'indissoluble union. (*Bravos et applaudissements. — Vive la République française!*)

Messieurs, laissez-moi croire que si, par un retour

de la fortune, nous étions assez malheureux, ou assez
peu vigilants, pour nous laisser arracher la République..... mais je ne crois pas me faire d'illusions et
je sens que j'ai besoin de vous dire toute la vérité,
sans déguisement. Eh bien, la République a doublé
le cap des tempêtes, le cap de la réaction, elle a gagné
la haute mer, et il dépend de nous qu'elle vogue à
pleines voiles. Ne récriminons donc pas, nous avons
eu des fautes et des malheurs communs ; aujourd'hui
unissons nos efforts, travaillons tous ensemble, soyons
patients et vigilants et nous fonderons la République.
(*Très bien! très bien! — Bravos.*)

Mais il faut tirer de cet entretien sa conclusion.
Il prouve à quel point vous êtes républicains ; mais il
ne prouve pas, comme l'ont cru des agitateurs ou des
alarmistes superficiels, que jamais une pensée impie
et sacrilège se soit glissée dans vos cœurs. Non ! c'est
là un outrage qui tourne à la confusion de ceux qui
s'en servent, de tous rangs et de toutes robes qu'ils
soient. Cela prouve encore, et il faut le répéter constamment, qu'on ne gagne les sympathies des peuples
qu'à une condition, c'est de leur assurer un régime
de droit, de justice, de liberté et de progrès, régime
dont le nom seul de République présente la formule
et assure la réalisation. (*Bravos répétés.*)

Et alors, distinguant et séparant ce qui ne doit
jamais être associé et confondu ; évitant à tout prix
de considérer comme une querelle faite à la nation
ce qui n'est qu'une querelle faite à un parti, je prends
l'idée séparatiste, je la jette à la face de mes adversaires et je leur dis : Vous le voyez ! si vous voulez le
relèvement de la France et son développement dans
le monde, il faut renoncer à vos utopies et à vos chimères, puisque aujourd'hui, être patriote et républicain c'est une seule et même chose, puisqu'il n'y a
pas de relèvement et de grandeur diplomatique possible sans la République. Non, Messieurs, je ne fais

plus ici de la question qui nous occupe une question de parti, j'en fais une question supérieure, j'en fais une question de patriotisme, une question de nation. Oui, je le sens par ce que j'entends dire au dedans et au dehors, par tout ce que je recueille : désormais l'intégrité et la grandeur de la France sont liées à la République. Prouvons-le par l'esprit d'union en poussant ces cris qui doivent tous nous réunir : Vive la France! Vive la République! (*Oui! oui! — Cris enthousiastes de : Vive la France républicaine! — Applaudissements prolongés.*)

DISCOURS

Prononcés le 1ᵉʳ octobre 1872

A LA ROCHE ET A ANNECY

« Le 1ᵉʳ octobre, M. Gambetta quittait Bonneville pour Annecy, accompagné du maire et des conseils municipaux. A l'arrêt de la Roche, les républicains de la petite ville avait préparé une réception à la manière suisse. Dans une salle ornée d'inscriptions, de devises républicaines et d'une bannière à côté de la porte, la *Déclaration des Droits de l'homme* était suspendue aux murs, un vin d'honneur attendait M. Gambetta. S'inspirant des grands souvenirs que lui rappelaient ces inscriptions et ces emblèmes, M. Gambetta a remercié dans ces termes les républicains de la Roche. » (*Patriote Savoisien* du 2 octobre.)

Mes chers amis, car je peux bien vous donner ce nom, en m'autorisant de l'accueil si affectueux que vous voulez bien me faire, permettez-moi de vous remercier non seulement de toutes ces preuves de bon vouloir et de dévouement que vous adressez à la République, mais aussi de votre organisation. Vous vous trouvez ici tous unis, tous associés, et vous en avez besoin, parce que je sais que vous êtes environnés de tous côtés par l'ennemi commun ; mais c'est une raison de plus pour vous inviter à la persévérance, à la ténacité.

Dans notre pays, ce n'est pas le premier mouvement qui manque. Généralement, toutes les fois qu'une révolution survient, il y a immédiatement un élan, un

entraînement de tous vers les idées républicaines ;
mais ce qui fait défaut, c'est la persistance ; ce qui est
nécessaire, c'est de ne pas se laisser décourager par
les embarras qui surviennent. Il convient, lorsqu'on
n'a qu'une République de nom, une mauvaise administration et des abus, de ne pas se lasser, de ne pas se
dégoûter, de ne pas, comme on dit familièrement,
jeter le manche après la cognée. Il convient au contraire, de se dire : Nous ne sommes que la minorité,
mais nous avons le droit, la justice et la forme pour
nous, et, au fond, nous avons aussi la force ; mais il
s'agit de développer cette forme ; et pour cela, il faut
nous grouper en ne rien laissant à l'abandon. Eh
bien, je vois que vous avez pris le bon moyen. Vous
vous êtes groupés, vous vous êtes unis, vous vous
êtes associés ; vous avez formé un noyau qui peut,
qui doit s'étendre, parce que vous avez le zèle, parce
que vous aimez la République, et ce qui le prouve c'est
que vous avez placé dans votre salle la vraie formule,
la formule qui ne doit pas changer, la formule qui suffit
aux intérêts fixes de notre génération et de celles
qui nous suivront. Oui, quand on a le Décalogue des
Droits de l'homme, on peut ne rechercher ailleurs ni
nouveautés ni conceptions nouvelles. Ce que nos pères
ont signé, c'est la charte même de la Révolution et de la
République. Je suis très touché de trouver dans votre
organisation et dans vos habitudes ce qui constitue pour
nous notre véritable religion.

Je bois aux Droits de l'homme et du citoyen !
(*Bravos enthousiastes.* — *Applaudissements.* — *Vive la
République!* — *Vive Gambetta!*)

A quatre heures du soir, M. Gambetta, venant de la
Roche, arrivait à Annecy. Les adjoints du maire venus à sa
rencontre le conduisirent au musée, dont la cour principale
se remplit, pendant cette visite, d'une foule considérable. A
sa sortie, M. Gambetta est accueilli par des acclamations

chaleureuses et par les cris de : Vive la République!
M. Gambetta prononce les paroles suivantes :

Mes chers concitoyens,

Je ne peux pas recueillir d'aussi fraternelles marques de sympathie sans vous en exprimer toute ma reconnaissance et, surtout, sans vous dire combien je suis heureux de retrouver et de sentir, au milieu de ces acclamations, un sentiment profond, — partout le même dans votre noble et patriotique pays, — de solidarité avec le reste de la France et de dévouement à la cause de la République. (*Bravo! bravo! — Approbation générale.*)

Ce voyage a été entrepris pour me permettre de connaître de plus près votre pays en le visitant, ce qui est la vraie manière de s'enquérir des choses qu'on ignore; car, malheureusement, et c'est là un reproche que nous devons adresser aux diverses administrations qui se sont succédé, malheureusement, dis-je, on a trop souvent ignoré, en France, et moi tout le premier, je le confesse, ce qu'est ce beau pays, ce que valent ses populations, quelles richesses il contient et qui ne demandent que des débouchés pour permettre de s'écouler, de se répandre sur le reste de la France.

Je voudrais que, comme moi, la plupart de ceux qui s'occupent des intérêts politiques de la France pussent vous visiter, vous connaître et vous révéler à notre nation tout entière. Alors vous n'auriez plus de sujets de mécomptes ni de susceptibilités à l'égard de la France; et, d'un autre côté, on sentirait qu'il y a des intérêts matériels à développer, et dont il faut s'occuper sans relâche, la République étant, avant tout, un gouvernement d'ordre et de légalité qui a le souci des intérêts généraux.

Messieurs, si la République n'était pas tout cela, elle ne serait qu'un mensonge, et ce que nous voulons avant tout, ce que nous poursuivons de tous nos efforts,

c'est l'établissement d'un gouvernement républicain
qui assure, dans ce pays, le règne de la justice et de
l'égalité. Nous avons donc pour but de convaincre nos
détracteurs que nous n'avons d'autre passion que la
passion de l'intérêt général bien entendu, que la passion de l'émancipation du plus grand nombre, en le
poussant à la pratique des vertus civiques vers la liberté
et vers la lumière. (*Applaudissements.*)

La République est la grande cause qui peut tous nous
unir. Le gouvernement républicain est, avant tout,
l'espoir de notre France mutilée, abattue, déshonorée
par les monarchistes. (*Oui! oui! — Applaudissements.*)
C'est à nous qu'il appartient de la relever, mais avec
le concours de tous, avec le dévouement de tous, avec
l'aide des forces vives du pays et surtout avec l'aide
de cette jeunesse que je rencontre sur tout mon chemin
et qui, partout, proteste à la fois de son amour du
travail et de son amour de la patrie. (*Vive adhésion.*)

Eh bien, mes chers concitoyens, ne nous quittons
pas sans nous être promis de travailler ensemble,
dans l'intérêt de la cause républicaine, à la fondation
du seul gouvernement qui assure la distribution de la
justice pour tous. En faisant ainsi, ce n'est pas au
nom d'un parti que nous travaillerons, mais au nom
des intérêts communs du pays, au nom des intérêts
de la vérité et du progrès, c'est-à-dire au nom de ce
qu'il y a de plus noble parmi les hommes, parce que
c'est là ce qui peut assurer, parmi eux, le règne de la
justice. (*Bravo! bravo! — Applaudissements. — Vive la
République! — Vive Gambetta!*)

A six heures et demie, un dîner privé, qui réunissait plus
de cent cinquante convives, a été offert à M. Gambetta.
MM. Duparc, Silva, Folliet et Taberlet, représentants de la
Haute-Savoie, des maires, des adjoints, des membres du
conseil municipal de la ville d'Annecy, plusieurs conseillers généraux et d'arrondissement du département, un

grand nombre de maires des communes voisines, assistaient
au banquet.

Au dessert, M. Chaumontel, maire de la ville d'Annecy et
président du conseil général de la Haute-Savoie, s'est levé
et a porté en ces termes la santé de M. Gambetta :

« Messieurs,

« En votre nom, au nom des républicains d'Annecy, je
porte un toast à l'homme illustre que nous avons l'honneur de posséder au milieu de nous, au député Gambetta.

« Lorsque, il y a douze ans, non par droit de conquête,
mais par notre libre volonté, nous avons voulu revenir dans
la grande famille française, le sacrifice par nous fait a été
grand. Si nous sommes revenus à la mère patrie au prix de
toutes nos libertés, c'est qu'avant tout nous étions Français ;
c'est que, faisant abnégation de notre intérêt personnel,
nous savions très bien que le despotisme n'aurait qu'un
temps et que la liberté, tôt ou tard, luirait de nouveau sur
la France, sinon pour nous, au moins pour nos successeurs.
(*Très bien ! très bien !* — *Applaudissements prolongés.*)

« Depuis cette époque, il est venu des jours malheureux
pour la France ; mais nos populations en ont profité pour
faire voir que si elles étaient jeunes françaises de fait, elles
l'étaient vieilles de cœur. (*Bravo ! bravo !*) Elles ont répondu
sans hésitation à l'appel de la défense nationale et aux
efforts du patriote courageux que la France admirait alors
et auquel on ose reprocher aujourd'hui de n'avoir pas
perdu confiance dans la patrie.

« Je puis vous assurer, Gambetta, que si vos efforts n'ont
pas été couronnés de succès, du moins on dira toujours
que vous avez été la suprême expression de l'honneur national et du patriotisme. (*Oui ! oui !* — *Salve d'applaudissements.* — *Vive Gambetta !*)

« Mais votre mission est loin d'être accomplie. Des jours
plus calmes sont venus ; la liberté a rayonné sur les ruines
de la France ; les passions des partis s'apaisent sous le drapeau de la République ; la paix publique est rétablie, la
prospérité reviendra et la France reprendra le rang qui lui
est dû. Aussi c'est à la déclaration nette, c'est à la consoli-
dation de la République, en dehors de toute personnalité,
que vous devez vos efforts, votre influence et vos talents.

Tout est encore à faire. Nous n'avons de la République que
le nom, nous en demandons les institutions. (*Très bien! —
Oui! oui! — Applaudissements.*)

« En partant de chez nous, vous emporterez l'admiration
du passé et l'espérance de l'avenir. (*Nouveaux applaudissements.*) Et, en buvant à votre santé, je bois à la République
française. » (*Bravo! bravo! — Cris répétés de : Vive la République française! — Vive Gambetta! — M. Chaumontel est félicité par toutes les personnes qui l'entourent.*)

M. Gambetta a répondu :

Mes chers compatriotes,

Permettez-moi de vous dire qu'il y a longtemps que
je n'ai ressenti une jouissance aussi vive, un bonheur
aussi intime qu'en entendant les paroles qui viennent
d'être prononcées.

Oui, Monsieur et cher concitoyen, le langage si noble, si touchant, si désintéressé que vous venez de
faire entendre et de faire acclamer par vos concitoyens
est de nature à produire, non seulement ici, mais au
dehors, la plus profonde émotion. Messieurs, ce n'est
pas pour ce qui vient d'être dit de moi, entendez-le
bien ; écartons toutes les personnalités de ces grandes
questions, veuillez ne jamais penser au serviteur de
la démocratie que vous avez devant vous, et ne nous
entretenons toujours que de nos idées communes.

Eh bien! c'est au nom de ces idées sacrées que j'é-
prouve le besoin de remercier, dans toute la sincérité
et dans toute la libre expansion de mon âme, l'homme
qui vient de parler ; car il vient de parler en Français,
et en Français comme il ne s'en est peut-être pas assez
rencontré, au jour du malheur, sur notre sol ravagé
par l'ennemi.

Ah! mes amis, que cela fait du bien d'entendre de
telles paroles dans cette ville, au cœur même de la
Savoie, de cette Savoie ignorée, incomprise, dénigrée,
traitée, vous l'avez rappelé avec raison, par un em-

pire détesté, comme une sorte de pays étranger au
milieu de la famille française à laquelle elle s'était
donnée avec une spontanéité, avec un désintéressement auxquels nous ne pourrons rendre jamais assez
d'hommages! Oui, pendant de longs jours nous avons
eu à supporter ensemble une honte et une servitude
communes; oui, vous les avez connus ces jours de
misère et de tristesse; mais ce que vous avez toujours ignoré, c'est la défaillance! Et, au jour du
malheur, au jour de cette effroyable crise dans la
quelle nous avait précipités le malfaiteur sinistre du
2 Décembre, qu'est-il arrivé?

Il est arrivé que ces Français d'hier, que ces Français volontairement annexés nous ont apporté leur
patriotisme, leurs trésors, leur sang, et qu'ils ont donné
des leçons à ceux qui avaient déjà un long passé de
nationalité et qui avaient pu l'oublier pendant un moment. Eh bien, si la République française doit être,
avant tout, un gouvernement de liberté à l'égard de
la Savoie, elle doit aussi être, en présence d'un pays
qui parle comme vous le faites, Monsieur et cher concitoyen, un gouvernement attentif et reconnaissant.
(*Très bien! très bien! — Longs applaudissements.*)

Qu'on ne nous entretienne donc plus de cette pensée sacrilège et absolument fausse, qu'il y a, qu'il
pourrait y avoir, au milieu de ces populations, je ne
sais quel levain de sécession, de schisme avec la
France! Qui est-ce qui pourrait nourrir cette idée
dans ce pays où tous ont soutenu la France, où tous
ont entendu son appel au milieu de la détresse où elle
était? Ce ne serait que le rêve de la folie de vouloir la
quitter, l'abandonner au moment où elle rentre dans
la carrière, au moment où elle revient à la justice, à
la grandeur morale. Non! non! écartons ces idées, et
reconnaissons que nous sommes les fils de la même
patrie, placés sur un même pied d'égalité! (*Applaudissements. — Vive la République française!*)

Et on le sent quand on vient au milieu de vous, on
a la révélation de ce qu'il y a de vraiment franc, de
vraiment ferme, désintéressé, généreux dans ce peuple. Oui! c'est une révélation! A chaque pas, on y rencontre de véritables explosions de sentiment, d'honneur et de loyauté. Mais on ne la connaît pas, cette
Savoie! Eh bien, je prends l'engagement, s'il ne dépend que de moi, de la faire connaître et aimer comme
elle le mérite. Oui! mes chers concitoyens, soyez assurés qu'à partir de ce jour je suis tout à vous, je vous
appartiens, je suis votre hôte et votre compatriote.
(*Bravo! bravo!* — *Applaudissements.* — *Vive la République!*)

Oui! mes amis, vive la République! comme vous le
dites, car, à coup sûr, nous n'avons même plus aujourd'hui à nous occuper des fauteurs de monarchie et
d'oppression, des restaurateurs d'arbitraire que pour les
maudire et leur tourner le dos. Il est certain, en effet,
qu'ils joignent l'impuissance à la méchanceté, et ce
serait perdre notre temps que d'attarder nos réunions
démocratiques à discuter leurs plans, leur valeur et
leur portée. Oui! la République, c'est désormais sous
son égide que nous voulons vivre; c'est sous cette
forme de gouvernement qui implique véritablement,
parmi les hommes, comme vous le savez, le règne de
la vérité, de la liberté, de la solidarité humaine. C'est
sous cette forme de gouvernement qu'il faut désormais travailler tous ensemble, avec un désintéressement que rien ne pourra troubler, avec une ardeur
que rien ne pourra refroidir, à la régénération de la
patrie, au relèvement de la France! Et savez-vous,
mes amis, ce qu'il faut entendre par ces paroles? Je
vais vous le dire, au risque de troubler le repos et les
pensées de récents victorieux : travailler au relèvement de la France, c'est travailler à l'avancement du
genre humain, c'est travailler à la civilisation générale
de l'Europe! (*Oui! oui!* — *Applaudissements répétés.*)

C'est là la République telle que nous la voulons,
telle que la veut ce génie français, ce génie qui a été
fait et façonné depuis des siècles et dans la famille
duquel vous rentrez, car vous lui avez toujours appartenu ; et, rameau séparé du tronc, vous lui revenez aujourd'hui par une naturelle soudure ! (*Bravo! bravo!*)
Jamais nous n'avons été divisés, séparés, que par la
tyrannie et l'oppression monarchiques; mais, de loin
et toujours à travers la captivité et les misères, nous
nous sommes reconnus comme frères ; et du jour où
nous nous sommes rencontrés pour lutter ensemble
contre les mêmes ennemis, nous avons scellé de notre
sang un indissoluble pacte! (*C'est cela! — Très bien!
— Applaudissements répétés.*)

Eh bien, quand on a signé une semblable alliance
dans l'adversité et les revers, vous pouvez être convaincus, Messieurs, qu'on ne pense pas à la rompre
lorsque vont revenir les triomphes et la gloire! (*Salve
d'applaudissements. — Vive la République!*)

Oui! crions : Vive la République! et recherchons, en
dépit de ses calomniateurs aveugles, ce que sera cette
République rêvée, désirée, préparée. Il n'est pas possible, en effet, que nous nous quittions sans échanger
au moins cette consolante pensée, que la République
est faite désormais. Aussi bien, quoiqu'elle ne soit, à
l'heure qu'il est, que tremblotante et incertaine; et
quoiqu'elle soit, comme vous l'avez si bien dit, Monsieur et cher concitoyen, assez aigre encore envers
les républicains éprouvés, il n'en est pas moins vrai
qu'elle est née de nos malheurs et qu'elle s'impose aux plus méchants, lesquels sont obligés d'en
adopter les couleurs et d'en confesser la formule ; il
n'en est pas moins vrai qu'elle gagne tous les jours du
terrain au milieu des populations. Les populations, en
effet, lorsqu'elles sont abandonnées à leur sens naturel ; lorsqu'elles ne sont sollicitées par aucune pression, par aucune parole, par aucun acte, par aucune

manœuvre des partis hostiles ; lorsqu'elles n'ont pas
à redouter, à subir les agissements d'une administration tracassière et vexatoire, savent distinguer admi-
rablement ce qui doit assurer leurs intérêts, leur fortune, leur avenir.

Dès aujourd'hui, si vous jetez un regard observateur
sur votre pays, et non pas seulement sur votre pays,
mais sur toutes les parties de la France, que voyez-vous?
Vous voyez que c'est la classe laborieuse, travailleuse,
épargneuse, qui réclame l'ordre et la liberté, et qui,
après tant de désastres qui ont fondu sur nous et dont
elle discerne parfaitement les causes, comprend qu'il
n'y a d'ordre véritablement assuré que sous le véritable gouvernement de la loi, que dans la République.
(*Bravo! bravo! — Applaudissements. — Vive la République!*)

Ce sont précisément ces acclamations de : Vive la
République! que l'on entend pousser toutes les fois
que le peuple en a l'occasion, ce sont elles qui gla-
cent d'effroi nos ennemis, les exaspèrent et les obli-
gent à avoir recours à toute espèce de libelles et de
calomnies, lesquels nous laissent impassibles, parce
que nous savons d'où tout cela vient. Cela démontre
où est le véritable intérêt de ceux qui ont souci, avant
tout, de la régularité dans les affaires, de la prospérité
générale. Cela démontre aussi, pour qui sait comprendre, que toute tentative pour renverser la République
et pour instaurer à sa place un régime monarchique
quelconque, — soit au profit d'un seul, soit au profit
d'une caste, — serait le prélude d'une révolution.
Oui, Messieurs, guidés par le sentiment de leur intérêt, éclairés sur les conséquences véritables de la lutte,
les hommes qui, jusqu'alors, étaient restés indifférents
en politique, qui étaient égarés et qui avaient formé
la grande masse plébiscitaire, reviennent à la liberté :
ils adoptent une conduite nouvelle, et, soit pression
des évènements, soit évidence de leur intérêt, ils se
jettent dans les bras de la République comme dans un

port où ils seront assurés contre les troubles des factions monarchiques. (*Longs applaudissements. — Vive
la République!*)·

Telle est, Messieurs, la vérité, et ce ne sont pas là
de vaines paroles; ce n'est pas un mot d'ordre, comme
se plaît à le répéter une certaine presse qui continue
l'empire sans l'empereur, c'est-à-dire la dépravation
et la gangrène morale dans le pays. Non! encore une
fois, ce n'est pas un mot d'ordre! car nous nous sommes donné pour règle absolue de respecter la loi, et
nous faisons de notre modération et de notre sagesse
non pas un calcul, — entendez-le bien, — non pas
une ligne de conduite passagère, mais une ligne de
conduite fixe, arrêtée, définitive. Le parti républicain,
c'est-à-dire la masse de la nation, comprend que les
progrès qu'il faut arracher au pouvoir, que les réformes qu'il faut installer, et qui exigent, qui réclament
du temps, de l'argent, de la patience, des économies,
— que toutes ces choses enfin ne peuvent s'accomplir
que dans la paix sociale, qu'avec l'ordre; et alors ce
n'est pas un mot d'ordre que nous nous donnons,
c'est l'ordre même que nous voulons établir, l'ordre
républicain par la paix sociale. Ah! ceux qui nous dénigrent ne font que marquer leur dépit; ils sont dé-
masqués et vaincus, car il a suffi au parti républicain
d'apparaître dans sa sincérité pour gagner la conscience de la France! (*C'est cela! — Bravo! bravo! —
Applaudissements.*)

En vérité, on a bien quelque droit, au milieu des
tracasseries et des embarras qui sèment la route,
de glorifier la modération et la sagesse inébran-
lables de ce parti. Oui! on en a le droit, et c'est surtout ici, dans ce pays dont vous avez rappelé les
sentiments avec une émotion qui a pénétré jusqu'au
fond de mon âme, qu'il est bon de dire ce qu'une
République ainsi comprise apporterait d'honneur,
de sécurité et de gloire à la France.

Car, pensez-y bien, mes chers compatriotes, la
France est une grande et noble chose dans le monde.
Elle n'est pas seulement une nation ardente, généreuse et vaillante; elle a, parmi toutes ses qualités,
une qualité qu'aucun autre peuple ne possède : elle a
le sentiment, que dis-je? le sentiment, elle a la passion de la justice générale dans le monde. Oui! c'est
à la fois son avantage et sa perte d'être tellement désintéressée, tellement portée au culte de la justice
que son histoire, sa généreuse et glorieuse histoire,
est faite des sacrifices et des immolations qu'elle a
faits d'elle-même au service des autres! (*Bravo! bravo!*
— Sensation profonde.)

Et pourquoi son histoire est-elle ainsi faite?...
C'est parce qu'elle n'a pas été égoïste, c'est parce
qu'elle n'a pas été sournoise, c'est parce qu'elle n'a
pas été conquérante dans le sens misérable et brutal
de ce mot; c'est parce qu'au contraire elle s'est donnée toute à tous, parce qu'elle n'a compris le droit et
la liberté que comme étant le patrimoine du genre
humain; c'est parce que, dès le premier jour où elle
a pu formuler une Charte, elle n'y a pas inscrit les
droits seuls des Français, entendez-le, mais les droits
de l'homme et du citoyen, exprimant et proclamant
par là qu'elle voulait encore moins faire une révolution locale que réaliser l'émancipation même du genre
humain tout entier! (*Explosion d'applaudissements. —*
Cris répétés de : Vive la République française!)

Voilà la mission de la France! Ah! oui, son astre
s'est obscurci et la fortune a tourné contre elle! Vous
avez rappelé, Monsieur et cher compatriote, les efforts
tragiques de cette lutte désespérée dont un empire
ignoble et lâche nous avait légué la honte! Nous étions
bien obligés de ramasser ce tronçon d'épée qui seul
nous restait pour combattre ceux qui mentaient à leur
parole, puisqu'ayant déclaré la guerre à un César
aventurier, ils la continuaient contre un peuple qui

ne demandait que la paix. (*Bravo! — Très bien! — Applaudissements.*)

Mais éloignons ces souvenirs et rappelons-nous les efforts de cette noble terre de Savoie qui, comme vous l'avez dit, a su faire des sacrifices et a su tendre la main à la France, à travers les filets de cette police et de cette gendarmerie impériales qui étouffaient le pays. Derrière l'Empire, vous avez su apercevoir le cœur même de la France et, malgré le dégoût qui vous soulevait le cœur, vous êtes rentrés dans la patrie! C'est là, de votre part, une action qui nous engage, qui nous lie pour toujours à vous, et l'on sent bien que, l'Empire tombé, rien ne peut plus nous séparer. (*Non! non! — Bravo! — Applaudissements prolongés.*)

Mais, d'ailleurs, nous avons, à l'heure qu'il est, bien des raisons d'espérer, et je trouve que les raisons de craindre ont à peu près disparu : elles ont disparu, peu à peu, sous l'action vigilante du suffrage universel. Les complots et les trames des partisans monarchiques ont été percés à jour, ce qui était les mettre à néant. Aujourd'hui les partis sont réduits à l'impuissance et l'on peut augurer, pronostiquer, annoncer, après la session qui va s'ouvrir, l'avènement de la République définitive dont les uns cherchent à faire un épouvantail et dont les autres, par un jeu contraire, mais tout aussi dangereux, cherchent à atténuer la portée, tout en l'acceptant.

Pourrions-nous rechercher ensemble, très rapidement, ce qu'enveloppe, ce que recèle de vérités et de promesses ce mot de République? La République définitive! mais c'est le triomphe même du génie français; car imaginez ce que serait dans le monde un tel gouvernement. En effet, nous avons eu des périodes révolutionnaires, nous avons eu de véritables batailles, nous avons eu des mêlées que nous rappellent la Convention et la Constituante de 1848 ; mais la Répu-

blique pacifique et calme, s'organisant à son aise, au
milieu de l'assentiment général du pays, formulant
ses désirs, établissant ses assises, décrétant avec lenteur et sagesse les tables de la loi, cette République,
qui sera la nôtre, nous ne l'avons pas encore vue,
mais nous sommes à la veille de la voir. (*Applaudissements. — Sensation prolongée.*) Cela dépend de vous,
Messieurs, et de vos frères dans le reste du pays. Tous
les faits que l'on peut observer, surtout après cette
main-mise sur tous les corps électifs de la nation par
la nation elle-même, nous amènent à prédire que
l'avènement de cette République est inévitable et que
les impuissants qui veulent endiguer ce flot redoutable devront bientôt disparaître ou s'écarter devant
le passage du fleuve. (*Bravo! bravo! — Applaudissements. — Vive la République!*)

Eh bien, la République définitive, ce ne sera pas
seulement cette organisation démocratique du pays
dans la commune d'abord, dans le département et au
centre, de telle sorte que vous ne revoyiez plus, dans
vos chères communes, de ces administrateurs y arrivant comme dans un pays conquis, des gens ignorants
de vos besoins, de vos aspirations et irrespectueux de
vos franchises. Non! la République devra vous donner, vous donnera des agents fidèles du pouvoir central, délégués parmi vous, non pas pour servir d'intermédiaire à une oppression éloignée, mais pour faire
vos affaires sur place et sous vos propres yeux. (*Très
bien! très bien!*)

Je n'insiste pas, Messieurs, car le temps me presse;
mais il est bien entendu que si, dans la République,
nous réorganisons l'État à tous ses degrés, nous de-
vrons aussi le réorganiser dans ses rapports avec tous
et avec tous les intérêts sociaux, — rapports civils,
essentiellement, — ce qui est la vraie, la seule et libérale manière de régler notamment ce tête-à-tête
difficile de l'Église et de l'État, dans lequel l'État a

toujours succombé jusqu'à présent au profit de la
puissance ecclésiastique, — et ce qui fera que la politique, dans la commune, dans l'école, dans l'armée,
dans l'administration, sera débarrassée de cette domination occulte et étrangère qui pervertit tout.
(*Très bien! très bien! — Vifs applaudissements.*)

Dans la République, on organisera également une
magistrature véritablement indépendante, une magistrature qui, pour moi, constitue l'arbre de couche
même de tout le mécanisme social ; car, dans un pays,
le premier des besoins, c'est la justice, et le plus délicat des mécanismes sociaux, c'est la magistrature.
On ne saurait y apporter trop de précision et trop
d'impartialité. Il serait désirable, en effet, que la justice fût l'intermédiaire autorisé entre le citoyen et le
pouvoir ; mais pour cela, vous sentez bien qu'il faut
introduire là, à pleins bords, le flot démocratique.
(*Bravo! bravo!*)

Passons. Sous la République, il y aura véritablement une armée nationale, une armée qui comprendra tout le monde, une armée qui sera la nation elle-
même debout devant l'étranger ; une armée où les
droits de l'intelligence et de la hiérarchie seront
parfaitement respectés, et surtout où la science des
armes, ce triomphe de l'intelligence appliquée aux
luttes de la force, sera développée, portée à sa dernière puissance avec tout ce que comporte d'audace,
d'intelligence, d'héroïsme et de grandeur le génie
même des Français. (*Bravo! bravo! — Applaudissements.*)

Il faudra aussi dans cette République définitive une
refonte complète de toutes ces lois, de tout ce code
administratif où il y a tant d'herbes folles, tant de
règlements surannés, tant de choses séniles et gothiques ; il faudra beaucoup déchirer pour beaucoup ré-
former dans le Bulletin des lois ; enfin, il y a des droits
primordiaux, sacrés, inaliénables, imprescriptibles,

qu'il sera nécessaire de mettre à l'écart de toutes nos
luttes politiques, à l'abri des atteintes de tous et même
des corps de l'Etat ; car, Messieurs, il n'y a pas et il
ne saurait y avoir de corps social, de nation vraiment
libre et civilisée, organisée pour la bonne distribution
de la justice et pour la défense des droits du citoyen,
si, au préalable, on n'a reconnu certains droits supérieurs que l'on place dans une sphère inaccessible aux
luttes des partis et aux changements de pouvoir.
(*Approbation générale.*) En dehors de ce principe,
il n'y a, il ne peut y avoir que des abus que je n'é-
numérerai pas, car vous les connaissez tous, et les
retracer ici ce serait faire l'histoire de nos misères
politiques et sociales.

Mais, Messieurs, vraiment il me semble que je réponds bien longuement aux paroles qui m'ont été
adressées. (*Non! non! — Parlez! parlez!*) Vous me le
pardonnerez, Messieurs ; c'est votre faute d'ailleurs,
puisque vous m'écoutez avec tant de sympathie.

Ce que je veux dire encore, Messieurs, c'est qu'en
même temps qu'on fera cette besogne, on installera
au milieu du monde un gouvernement sans précédent, un gouvernement qui n'aura jamais eu son pareil, la République française ! Songez, Messieurs,
pendant quelques instants, à ce que ces mots éveillent
d'idées de noblesse et de grandeur.

Sans doute, il y a eu des peuples, il y en a encore,
— et ils nous entourent, — qui ont la liberté, la plénitude de la liberté politique. Vous avez à vos portes
un État qui est une République, un État qui est libre,
qui est sage et qui peut nous donner l'exemple de la
pratique des mœurs républicaines et de toutes les
libertés, l'exemple de la sagesse, de l'économie et de
la probité. C'est la Suisse ; mais la Suisse est un État
fédéral ; c'est un ensemble de cantons associés. Il n'y
a pas là cette unité, cette physionomie particulière et
spéciale qui se détache en pleine lumière, qui plane

au-dessus de tous et qui est la chose de tous ; qui
exprime les sentiments et les idées de tous, et qui,
cependant, n'usurpe sur personne. Ce n'est pas non
plus la réunion de provinces associées ; ce n'est pas
la Touraine unie à la Provence, ni la Picardie jointe
au Languedoc, ni la Bourgogne rattachée à la Bre-
tagne, comme sont liés entre eux les États-Unis
d'Amérique. Non ! cet ensemble, cette unité, c'est la
République française, c'est-à-dire la chose la plus
concentrée et la plus variée, la plus multiple et la plus
féconde tout ensemble ! La République française ! ce
ne serait pas seulement la sagesse dans les entreprises, comme furent autrefois les Pays-Bas de Hollande
qui formaient aussi une République, mais où des frot-
tements et des divisions engendraient des difficultés
de toutes sortes. Ce serait, au contraire, un peuple
tout entier se résumant dans une personne morale
d'une grandeur incomparable, et cette personne morale, cet être noble et privilégié, cette création suprême de l'intelligence et de la volonté humaine pouvant avoir toutes les qualités des divers pays dont je
viens de rappeler les noms, pouvant avoir la rude
franchise de la Suisse ; la probité, le sérieux et la ténacité des Hollandais ; l'esprit d'initiative, le courage
individuel, l'audace, la célèbre devise : *Go ahead!*
En avant ! — comme chantaient vos musiciens tout à
l'heure, — des États-Unis de l'Amérique, mais qui
aurait quelque chose en plus, quelque chose d'essentiellement propre à notre nation, qui aurait la grâce
et comme la fleur de la civilisation et du goût ; qui serait, — ce qu'on n'a jamais pu nous enlever, — la véritable initiatrice du genre humain ; qui serait la recherche dans les arts, le fini dans les métiers, la supériorité
dans les sciences, la sublimité dans les conceptions
philosophiques, la probité dans les affaires, la clarté
dans les intelligences, la lumière et la justice partout,
et qui enfin apparaîtrait dans le monde comme la plus

haute expression de l'esprit humain. Voilà, Messieurs,
ce que serait la République française! (*Salve d'applaudissements.* — *Bravo! bravo!* — *Vive la République!*)

Eh bien, tout ce brillant avenir, si riant et si consolant, au milieu des tristesses et des amertumes qui
nous désolent, mais qui doivent être pour nous comme
un incessant aiguillon, tout ce brillant avenir peut se
réaliser. Grâce à quoi? Grâce à une opération prochaine, les élections! Par quel moyen? Par l'expression
souveraine de la volonté du peuple. Quelques mois
nous séparent de ces grandes assises populaires. Eh
bien! Messieurs et chers concitoyens, je bois à la con-
tinuation de nos efforts pendant ces quelques mois;
je bois à la volonté du peuple exprimée dans ses comices. (*Longs applaudissements.* — *Vive la République!*
— *Vive Gambetta!*)

M. Folliet, député de la Haute-Savoie, prend la parole en
ces termes :

« J'aurais voulu, Messieurs, qu'une parole éloquente répondit aux nobles idées qui ont été exprimées, dans un magnifique langage, par le grand orateur que vous venez d'entendre ; mais permettez-moi du moins, de le remercier du
juste et éloquent hommage qu'il a rendu aux sentiments
républicains et patriotiques de notre pays.

« Républicains, assurément nous le sommes, et il est peu
de départements, en France, où l'idée républicaine soit comprise comme elle l'est dans notre Savoie. (*Très bien! très
bien!*)

« Et, en effet, depuis cinq siècles, nous avons des exemples
voisins qui nous permettent d'apprécier les avantages et les
bienfaits de la République.

« Patriotiques, nos sentiments le sont assurément aussi, et
notre pays l'a prouvé pendant cette guerre attirée sur la
France par l'Empire, où il a affirmé sa foi républicaine et
son patriotisme en fournissant dix-neuf mille de ses enfants
à la Défense nationale.

« M. GAMBETTA. — Dix-neuf mille défenseurs, et pas un
réfractaire ! (*Bravo!* — *Vive approbation!*)

« M. Folliet. — Et pas un réfractaire! comme le rappelle si bien Gambetta. (*Oui! oui!* — *Applaudissements.*)

« Eh bien, lorsqu'un pays a donné de pareilles preuves de son patriotisme, on conçoit difficilement une conduite qui consiste aujourd'hui à dénigrer les sentiments républicains de notre pays, en les faisant passer pour des sentiments séparatistes.

« Messieurs, qu'est-ce qui nous a appris à aimer la France? C'est la République! (*Bravo! bravo!* — *Très bien!* — *Oui!*) c'est la République qui nous a appris à aimer la France, et c'est la République encore qui nous a faits définitivement et à jamais Français. (*Oui! oui!* — *Vive la République!*)

« Permettez-moi donc, Messieurs, en souvenir de cette union qui a été sanctionnée sur les champs de bataille par le sang de nos concitoyens, permettez-moi de vous proposer de porter un toast : A l'union de la France et de la Savoie par la République! » (*Bravo!* — *Applaudissements répétés.* — *Vive la République française!*)

M. Félix Brunier, adjoint au maire d'Annecy, organisateur de la réunion, porte le toast suivant qui est chaleureusement applaudi :

« Je bois, Messieurs, à deux grands citoyens de la République française : A Thiers et à Gambetta.

« C'est en vain que, pour semer la division parmi nous, on nous dit qu'il y a plusieurs espèces de républicains. Non! Messieurs, il n'y a qu'une sorte de républicains, ce sont ceux qui aiment la France et qui veulent que le peuple reste en pleine possession de ses prérogatives, de ses droits, sous un gouvernement issu de lui, qu'il s'appelle Thiers ou Gambetta. (*Bravo! bravo!*)

« Quels que soient les voies et moyens qu'ils emploient, ne sont-ce pas toujours les mêmes gens qui dénigrent ce qui a été fait de grand, de patriotique par le président de la République, pour la reconstitution de la France, et par Gambetta pour sauver son honneur? (*Très bien!* — *Applaudissements.*)

« Oui, ce sont les mêmes gens, les mêmes ennemis qui attaquent ces deux grands citoyens : l'un qui, après avoir ranimé le crédit et fait souscrire les quarante-deux milliards de l'emprunt, paye les dettes de la France, et l'autre qui a fait

les efforts que vous connaissez tous et qui n'a jamais déses-
péré du salut du pays. Ce sont les mêmes adversaires qui
attaquent Thiers et Gambetta, et ils n'ont qu'une pensée :
la destruction du principe républicain. (*C'est cela! — Très
bien! — Bravo!*)

« Oui! je le répète, Messieurs, Gambetta a sauvé la République de la honte, et Thiers payé les milliards de notre
rançon ; ils formeront tous deux un tout indivisible dans
l'histoire de notre régénération.

« Je bois à ces deux grands hommes unis sous le drapeau
de la République! » (*Applaudissements. — Cris répétés de :
Vive la République!*)

M. Silva, député de la Haute-Savoie, prend la parole :

« Mes chers compatriotes,

« Parler après MM. Chaumontel, Gambetta, Folliet et Brunier, qui ont tout dit et tout bien dit, doit vous paraître
une entreprise téméraire ; mais comme, après tout, nous
sommes ici en réunion de famille, je m'autoriserai de cette
circonstance pour causer sans façon et vous dire ma pensée
à propos de cette fête.

« Certainement, c'est un beau spectacle que celui de ces
citoyens réunis pour fêter un grand principe, le principe
de la liberté, et, en même temps, pour acclamer le digne
citoyen qui a rendu tant de services à cette noble cause.
Mais enfin ce serait une satisfaction stérile si, de tout cela,
nous ne tirions un enseignement et un profit au bénéfice
même de cette grande cause à laquelle nous sommes tous
dévoués.

« Quel est donc le profit et l'enseignement que nous devons tirer de cette réunion? Gambetta vous a fait une description magnifique de la République, et certes, après lui,
nul ne peut tenter une pareille entreprise. D'autres vous ont
dit que, quoi que l'on fasse, nous vivrons, nous autres Savoyards, — je dis Savoyards, et vous savez pourquoi, —
(*Oui! — Très bien! très bien!*) sous un régime républicain
qui sera le trait d'union indissoluble entre la France et la
Savoie.

« Maintenant encore faut-il que nous établissions solide-

ment la République, et pour cela le moyen est bien simple :
c'est de faire l'union entre les citoyens quels qu'ils soient
et à quelque classe qu'ils appartiennent; l'union fait la
force, dit le proverbe, mais il faut le mettre en action. (*Très
bien ! — Bravo !*)

« Là est la sagesse ! Il nous faut donc faire l'union dans
l'esprit d'ordre, puis l'union dans la modération, et nous
nous rallierons ainsi les indécis et les timides. Nous répon-
drons aussi, par cette conduite, aux calomnies de ceux qui
nous reprochent de vouloir la Révolution, c'est-à-dire la
subversion de tout ce qui existe. Nous laisserons à nos adversaires la satisfaction d'exhumer des souvenirs sanglants,
nous contentant de leur répondre par le spectacle d'une
population amie des lois et de l'ordre; d'une population
d'autant plus forte qu'elle est plus sage et plus modérée.
(*Très bien ! — Bravo !*)

« Car c'est là qu'est la vraie cause de leur colère ! Si, en
effet, nos ennemis nous voyaient nous emporter en divaga-
tions, nous diviser, ils se garderaient bien de nous inju-
rier; au contraire, ils battraient des mains à ce spectacle !
Bravo ! — C'est cela ! — Applaudissements.)

« Ne donnons pas dans le piège ! Leur colère est le symptôme le plus évident de notre sagesse. (*Nouveaux applaudissements.*)

« J'ai été frappé par une réflexion que m'a suggérée la
lecture de certaines feuilles qui s'intitulent des feuilles religieuses. J'ai lu, dans ces feuilles, que nous autres républicains, nous aimions à évoquer les souvenirs sanglants de
la Révolution et à fêter l'invasion à main armée de notre
pays; j'ai lu dans ces mêmes feuilles, il faut bien le dire,
que Gambetta, notre ami à tous, avait été le désorganisa-
teur de la défense nationale, lui qui a tout tenté, — et vous
savez par quels efforts, — pour sauver la France et qui, du
moins, a sauvé notre honneur. (*Oui! oui ! — Approbation
générale et vifs applaudissements.*)

« J'ai lu, — et toujours dans ces mêmes feuilles religieuses
(*Rires.*) — que ce même Gambetta était accusé d'avoir enlevé, aux pères et aux mères, leurs enfants pour les conduire à la défense du pays envahi. Eh bien, après avoir lu
tous ces reproches, toutes ces attaques, une chose m'étonne,
c'est le grand et chaleureux accueil qui a été fait, dans nos

départements, à Gambetta ! (*Très bien ! — Rires. — Applau-dissements.*)

« C'est que c'est la voix du peuple qui a accueilli, par ses acclamations, le grand patriote ; ce peuple, qui a payé de son sang et de sa chair sa dette à la France, a compris qu'il y avait dans Gambetta le souffle du patriotisme et de la liberté. Oui ! nous nous sommes tous unis de cœur à Gambetta, parce qu'il représente la France, et, au nom de la Savoie, je propose de boire à l'union de tous : de la République, de la France et de la Savoie ! Je suis sûr de rencontrer de l'écho parmi vous. » (*Oui ! oui ! — Très bien ! — Applaudissements prolongés.*)

M. Gambetta se lève au milieu des applaudissements et répond à ces trois discours dans les termes suivants :

Messieurs, après toutes ces bonnes et fines paroles auxquelles la franchise et un peu la malice du pays ne font qu'ajouter un charme tout particulier, je bois plus que jamais au plaisir que j'aurai à me retrouver parmi vous. (*Bravo! bravo!*)

Je ne peux cependant pas, avant de nous séparer, ne pas chercher à répondre d'un mot aux diverses allocutions que vous venez d'entendre.

J'ai été, pour ma part, extrêmement sensible à l'honneur que m'a fait ce membre si dévoué, si zélé de votre municipalité, celui auquel nous devons, en grande partie, le plaisir de la fête qui nous réunit en ce moment, — M. Félix Brunier, — j'ai été extrêmement sensible, dis-je, à l'honneur qu'il m'a fait, en associant mon nom dans le toast qu'il a porté à l'homme éminent qui aura eu ce mérite, si rare en France, de subordonner ses convictions antérieures aux nécessités de la patrie et à la loi des évènements. (*Bravo! — Très bien! Très bien!*)

Et puisque cette précieuse fortune m'était réservée que, dans une pensée supérieure de concorde et d'union, on prononçât mon nom dans un toast porté à la santé du premier magistrat de la République, je con-

sidérerais comme une grave infraction de ma part aux
convenances républicaines de ne pas m'y associer pleinement. Messieurs, c'est le premier magistrat de la
République qui a été l'objet du toast porté par notre
ami M. Brunier. Or, j'estime que nous devons prendre
cette habitude républicaine d'entourer de respect
l'homme qui, sincèrement et loyalement, tiendra les
rênes de l'État républicains. Car, Messieurs, plus
le président est le délégué de la nation, plus son
pouvoir est contingent et passager, plus nous devons
considérer que la marque de son investiture annonce
et proclame la souveraineté nationale et plus nous
devons saluer en lui la représentation de la majesté
populaire. Il n'y a rien qui soit plus républicain, qui
soit plus légitime. (*Bravo! bravo! — Très-bien! —
Applaudissements.*)

C'est là, je le répète, une bonne habitude à prendre
dans notre République. Elle confirmera, une fois de
plus, ce respect de l'autorité que nous considérons,
sous le régime républicain, comme la véritable sauve-
garde des institutions libres; et, ici, je rencontre une
observation de mon ami Silva.

Il nous disait que c'était surtout sous la République
qu'il fallait l'ordre, et il avait raison. Mais j'ajoute
que c'est par la République qu'on établit l'ordre, et en
voici les motifs qu'il est bon de donner :

C'est que, en dehors de l'ordre moral, de celui qui
s'établit et qui dure chez un peuple parfaitement indépendant et libre, en dehors de cet ordre qui s'établit
dans les intelligences, dans les esprits, par la certitude
que nul membre du corps social ne sera pas opprimé,
en dehors de cet ordre moral, il y a l'ordre matériel.

Eh bien, Messieurs, l'ordre matériel, sous les régimes
que j'appellerai des régimes de privilèges, qu'ils soient
constitués aux mains et au bénéfice d'un seul, ou qu'ils
soient constitués aux mains et au bénéfice d'une caste,
l'ordre matériel, on arrive à l'établir, et même à le main-

tenir. Mais par quels procédés et comment? Par la force
brutale, par la compression arbitraire, par les fusilla-
des, par la transportation. Messieurs, cet ordre-là
n'est pas bon. Il n'est pas suffisant, il ne peut nous
satisfaire. Et pourquoi? Parce que cet ordre-là dé-
coule, non pas seulement de la loi, mais trop souvent
de l'intérêt et du caprice d'un maître. Ce n'est pas
l'ordre véritable, c'est la servitude et le despotisme.
Quand il s'agit de rétablir cet ordre matériel, faux et
mauvais, l'homme qui est à la tête du pouvoir, soit en
vertu d'une sorte de prestige héréditaire, soit en vertu
d'une usurpation consentie par une certaine classe,
cet homme employât-il la loi, l'ordre vrai ne serait
pas rétabli, car la loi, ainsi employée, ressemble trop
souvent à la force mise au service d'un intérêt de caste
ou de dynastie.

Sous le régime républicain, au contraire, la loi
n'est faite au bénéfice de personne ; elle est l'exécution
de la volonté générale, et l'ordre matériel court d'autant moins de périls, que les mesures protectrices
prises pour l'assurer, découlant de la loi, sans ingé-
rence personnelle, sans caprice d'individu ni de famille, empruntent leur force à la majesté du peuple.
(*Très bien! très bien! — Bravo!*)

Voilà pourquoi, Messieurs, nous sommes autorisés
à dire que, sous un régime républicain, l'ordre est le
fond même des choses. Voilà pourquoi aussi nous
sommes fondés à répéter, en face de tous nos détracteurs et de tous les souteneurs monarchistes, qu'il
n'y a d'ordre vrai que celui qui s'exerce impersonnel-
lement au nom de la loi, et qu'il n'y a qu'un régime
qui protège l'exécution impersonnelle de la loi, c'est
la République! (*Bravos et applaudissements.*)

En conséquence, cela dit sur l'ordre républicain, je
reprends les paroles que j'avais l'honneur de vous
adresser. Au nom de l'ordre, de l'autorité légale, du
bon respect des formes républicaines et aussi, permet-

tez-moi de le dire, au nom des services rendus à la France par ce vieillard expérimenté, spirituel, plein de ressources, si familier avec les difficultés de la politique, si étonnant de zèle et d'activité pour la chose publique, si prompt à saisir les indications de l'opinion, si sagace dans les moyens qu'il propose pour résoudre les difficultés qui se présentent; et aussi, au nom des choses mémorables que le président de la République a déjà accomplies, et à l'aide desquelle il a su si bien servir les intérêts généraux du pays, rien qu'en s'inspirant de la volonté nationale, comme par une sorte d'intuition toute personnelle, et bien mieux, par exemple, — pardonnez-moi ce que je vais dire, — que s'il eût trop écouté la voix qu'on entend dans le département de Seine-et-Oise! (*Rires et approbation générale*)... pour toutes ces raisons réunies, Messieurs, je suis très heureux de boire à la République d'abord, et à son président ensuite.

A la République et à son président! (*Très bien! très bien! — Applaudissements répétés. — Vive la République! — Vive Thiers! — Vive Gambetta!*)

M. Taberlet, député de la Haute-Savoie reprend la parole et prononce le discours suivant :

« Messieurs, permettez-moi de porter un toast à la République de 1792. Cette date nous rappelle un grand souvenir; elle nous rappelle que ce fut la Savoie qui, la première, entendit et comprit le cri de délivrance poussé par la capitale du monde civilisé.

« C'est en effet le 24 septembre 1792 que le général Montesquiou, à la tête d'une armée française, était reçu à bras ouverts par la Savoie tout entière. Nous pouvons dire que le souffle puissant de la liberté l'avait précédé dans nos foyers; tous les cœurs, toutes les âmes avaient subi son irrésistible élan et, ce jour-là, le drapeau de la France républicaine venait combler tous nos vœux, en nous faisant libres, en nous rendant la patrie de nos cœurs, notre patrie

naturelle, la patrie de nos affections, de toutes nos pensées.
(*Bravo! bravo!*)

« Alors une ère nouvelle semblait s'ouvrir pour de nouvelles destinées. Nous allions désormais faire partie de la
grande famille française, et, confondant nos efforts, tâcher
d'atteindre au même but. Mais la France, après avoir projeté sur le monde entier des torrents de lumière, après
avoir dicté, d'une voix ferme, tous les éléments d'émancipation, de progrès et de civilisation des sociétés, parut
comme épuisée sous ce gigantesque effort ; les monuments
révolutionnaires, œuvre de cette grande époque, allaient
s'effondrer sous l'épée d'un soldat ivre de sang et de tyrannie. Toutefois, peu d'années suffirent pour amener la chute
de ce règne de folies, de crimes et de victoires, et l'abais-
sement de la nation qui s'était laissée trop facilement surprendre. A cette époque, la France payait cruellement et
son fol entêtement et sa faute impardonnable d'avoir abdiqué sa souveraineté entre les mains d'un seul. (*Approbation.*)

« Laissez-moi vous rappeler, Messieurs, que, pendant tout
ce temps de délire, la Savoie fut digne, sur tous les champs
de bataille, du drapeau de sa nouvelle patrie, et, bien
qu'elle eût scellé de son sang le plus pur le pacte qui l'u-
nissait à ses frères de France, on l'en sépara ; on remit ses
destinées en des mains nouvelles. Vous avez pu apprendre
et vous savez certainement si la Savoie d'alors resta moins
française par le cœur, par le patriotisme, par les sentiments généreux, par les mœurs et par le langage, en un
mot, par toutes ses affinités qui rendent frères les citoyens
d'une même nation. La Savoie fut obligée d'obéir à une
loi nouvelle, mais les âmes d'alors disaient seulement au
revoir à la mère patrie, à la France ! (*Très bien ! — Bravo !
— Applaudissements.*)

« Nos maîtres nouveaux ne s'y trompèrent pas. Ils se hâ-
tèrent de mettre à profit notre bravoure, notre intrépidité,
notre courage et aussi, disons-le, le fruit de nos labeurs.
Mais, nous pouvons bien l'affirmer, si nous eussions pu prévoir quelle serait la récompense de nos efforts, combien
n'eussent-ils pas été plus grands, plus considérables, car
enfin cette récompense c'était la conquête de notre bien, de
la mère patrie française.

« Ce haut prix nous fit bientôt oublier la grandeur de nos
sacrifices, et puisque nous avons presque le devoir de passer légèrement sur les dates néfastes, permettez-moi de
vous demander d'oublier que nous avons été rendus à la
France de Bonaparte, de cet homme d'exécrable mémoire.
(*Très bien! — Bravo! — Applaudissements.*)

« En 1860, la Savoie fut pour la France, pour ainsi dire,
l'heureuse messagère de sa future, de sa prochaine délivrance. (*Bravo! bravo! — Marques d'approbation.*) Toutefois,
ce que nous ne pouvons pas, ce que nous ne devons pas
oublier, c'est qu'au milieu de nos désastres, de nos plus
cruelles calamités, nous avons vu surgir, comme d'un la-
borieux enfantement, la liberté républicaine.

« Il semble que cette pensée doit nous rendre plus chère
notre conquête et nous attacher à elle par des liens plus
étroits, plus indissolubles. La République doit maintenant
devenir notre bien propre, notre chose privée; c'est dans
nos cœurs que nous devons lui élever un temple auquel
nous donnerons pour base notre appui le plus énergique,
notre amour le plus pur et le plus désintéressé, notre dévouement le plus absolu et, s'il le faut, jusqu'à la dernière
goutte de notre sang. (*Très bien! très bien! — Applaudissements.*)

« Messieurs, la France doit savoir ce qu'il en coûte d'abdiquer sa souveraineté, d'aliéner sa liberté, de se détacher
du soin des affaires publiques, et si, aujourd'hui, nous de-
vions l'oublier, j'ose le dire, ce serait abandonner honteu-
sement notre honneur et le fruit de nos labeurs; ce serait
livrer le sang le plus pur de la nation à des mains qui ne
se gêneraient pas, — nous en avons des exemples, — pour
le verser sur tous les champs de bataille afin de satisfaire
le moindre de leurs caprices. (*Bravo! bravo! — Très bien!*)

« Il me semble donc que nous devons faire nous-mêmes
nos affaires, à tout prix; et, d'ailleurs, la route à suivre
nous est toute tracée : c'est une République sage, marchant
d'un pas ferme et mesuré dans la voie du progrès; c'est là,
je ne crains pas de le dire, notre dernière planche de salut.
Est-ce un rêve? est-ce une utopie, comme on veut en répandre méchamment le bruit dans nos campagnes? Non!
non! et si quelqu'un doutait encore de la puissance d'un
tel ressort, je lui dirais : Venez voir ce qui se passe à deux

pas de votre pays, venez voir de vos yeux et entendre de vos oreilles ; venez contempler cette Suisse si sage, si prospère, si grande de la vraie grandeur ; et, quand l'évidence aura convaincu les plus incrédules, nous chercherons tous, en France, à faire produire les mêmes effets aux mêmes causes ; nous y arriverons sans peine, parce que nous saurons que la source de cette grandeur, de cette prospérité, c'est un modeste gouvernement républicain, assurant à tous les citoyens, indistinctement, les bienfaits de l'instruction, de la science, de l'ordre et de la liberté.

« Oui, c'est là, c'est en Suisse que nous devons aller chercher des exemples féconds ; c'est là que la Savoie doit aller s'inspirer de cet esprit de conduite, de cette intelligence pratique des affaires qui font les peuples grands et prospères ; mais, pour atteindre à ce résultat, la Suisse nous dira que le levier le plus puissant, c'est l'instruction gratuite, obligatoire et laïque. (*Applaudissements prolongés.*)

« Oui, l'instruction doit être répandue à flots dans toutes les couches sociales. Aussi, Messieurs, faudra-t-il, désormais, à tout prix, que l'instruction, que la science deviennent pour la France comme une seconde atmosphère qui l'imprègne, qui l'enveloppe, qui la submerge, qui l'inonde de toutes parts ! Je dirai plus, je voudrais que l'État ne laissât à personne autre qu'à lui-même le soin de déverser sur le pays cette source féconde et moralisatrice : l'instruction et la science qui doivent devenir la base fondamentale, la base sûre, certaine et solide de la raison de tous les peuples, car, de même que l'État a le devoir et le droit d'armer tous les citoyens contre l'ennemi du dehors, il a le droit et le devoir, — droit et devoir impérieux, — de les armer tous aussi contre l'ennemi intérieur qui, sans cesse, menace l'ordre et la sécurité du pays. Cet ennemi, vous l'avez nommé, c'est l'ignorance et la superstition. (*Bravo! bravo! — Applaudissements.*)

« Nulle autorité au monde ne saurait contester ce droit de l'État, car il a le devoir de veiller à la conservation de la patrie, notre mère commune. Et, quant à cette instruction, à cette science que nous devons acquérir à tout prix, le moyen par excellence d'y parvenir, le seul, nous a été indiqué à plusieurs reprises par l'homme illustre que nous avons l'insigne honneur de posséder au milieu de nous. Il

y a peu de temps, en effet, retraçant, dans ce langage ini-
mitable dont lui seul a le secret, l'histoire de l'immortel
Hoche, il finissait son éloquent discours par ces mots que
nous devons retenir : « Ce qu'il faut à la France, c'est du
travail, encore du travail et toujours du travail! » (*Très
bien! très bien! — Approbation générale.*)

« Oui, Messieurs, c'est du travail qu'il nous faut, c'est par
le travail seul que nous referons la France grande et prospère; c'est par lui seul que tout homme, sur la terre, se
mettra à la hauteur de sa mission en concourant, d'une
manière efficace, à l'œuvre humanitaire. Cette parole féconde que vous avez prononcée, nous devons la garder
dans nos âmes comme nous conservons dans nos cœurs le
souvenir de vos patriotiques efforts, vous, dont le nom seul,
pendant des mois entiers, a électrisé et électrise encore la
France entière ; vous, dont le nom seul a été, pendant des
mois entiers aussi, la terreur de nos ennemis; l'histoire le
dira, et c'est là, je l'avoue, une gloire et un honneur suffi-
sants pour un homme! (*Bravo! bravo! — Applaudissements.*)

« Oui, l'histoire dira que c'est à lui seul, que c'est à son
incomparable activité, que c'est à son patriotisme que la
France a dû de conserver son honneur au milieu de ses plus
tristes, de ses plus déplorables revers. (*Nouveaux applaudissements.*)

« Messieurs, je bois à l'union de la France et de la Savoie,
je bois à la République française! » (*Oui! oui! — Applaudissements. — Vive la République! — Vive Gambetta!*)

M. Duparc, député de la Haute-Savoie, prononce l'allocution suivante :

« Messieurs, les orateurs qui m'ont précédé vous ont dé-
peint, en termes chaleureux, l'union de la Savoie à la
France en 1792. En 1792, en effet, les armées françaises
sont venues nous apporter la liberté et notre émancipation.
A cette époque, une Assemblée, nommée par nos communes, et qui prit le nom d'Assemblée nationale des Allobroges, se réunit à Chambéry, et notre pays se constitua
alors en République indépendante sous le nom de République des Allobroges.

« Eh bien, cette République, par l'organe de son Assemblée nationale, vota l'annexion de la Savoie à la République française. On nomma une députation qui porta ce vœu à la Convention; celle-ci l'ayant accepté, nous fûmes réunis à la grande République française sous le nom de département du Mont-Blanc.

« Or, pendant toutes les guerres de la République et du premier Empire, nos compatriotes savoyards se sont comportés en véritables Français; ils ont versé leur sang sur tous les champs de bataille, depuis les plaines de l'Égypte jusque dans les neiges de la Russie, et, comme dernière preuve de leur fidélité, c'est en Savoie, en 1814, lorsque Napoléon abdiquait, et en 1815, lorsqu'il était vaincu de nouveau, que les derniers coups de canon étaient tirés.

« En effet, en 1814, nous combattions les Autrichiens à Albens, et, en 1815, on nous retrouvait encore au combat à Bonneville. On le voit, nous avons toujours prouvé que nous étions Français par le cœur. Aussi je bois à l'union de la Savoie et de la France. » (*Très bien! très bien! — Vive la République française! — Applaudissements.*)

M. Gambetta reprend la parole :

Mes chers compatriotes,

Permettez-moi de terminer cette soirée en portant la santé du doyen des députés de la Savoie, de mon vénéré collègue et ami Duparc, qui vient de vous rappeler les titres de nationalité de votre pays et qui l'a fait dans un langage qu'il serait difficile de reproduire quand on n'a pas l'expérience qu'il a acquise. Car il y a une éloquence qui dépasse toutes les autres, c'est l'éloquence des hommes qui ont vécu. On sent dans leurs paroles, même les plus simples, les plus modestes, je ne sais quelle force secrète et contenue qui fait que ce n'est pas seulement un homme, un simple individu qu'on entend, mais que c'est la grande voix des générations passées qui parle. C'est à ces générations qui vous rattachent à la France, et dont il évo-

quait devant vous le souvenir, que je reporte tout
l'honneur de cette soirée. (*Très bien! très bien!*)

Oui, ce fut une grande et mémorable époque, un
moment incomparable dans l'histoire du monde, que
celui où une nation jeune et ardente, terrible à ses
ennemis du dedans, victorieuse au dehors, la France
de 92, abattant les trônes, fauchant les préjugés et
entrant en libératrice dans la carrière du vieux monde
pour inaugurer le règne du droit, s'arrêta sur le sol
même de votre patrie. Elle avait pour elle la force
des armes et le prestige de la victoire; elle avait le
droit de dicter des lois, si elle n'avait écouté que les
conseils de l'ancienne politique et si elle avait voulu
se conformer aux traditions des conquérants.

Mais la première République française, et c'est pour
cela qu'elle a laissé une trace impérissable dans la
mémoire des hommes, n'employait la force qu'au
service des idées généreuses. (*Bravo! bravo! — Salve
d'applaudissements.*) Satisfaite d'avoir chassé les sou-
tiens de la tyrannie, d'avoir refoulé devant ses légions les soldats du despotisme, glorieuse et calme au
milieu de la victoire, elle se tourna vers ce peuple
de Savoie et lui dit : Délibère en paix! Choisis la
forme de ton gouvernement! tu es le maître de tes
destinées!

Et quand, touchés par tant de noblesse et de géné-
rosité, ce peuple, vos ancêtres, d'un unanime accord,
envoyèrent une députation à la Convention nationale,
ainsi que vous l'avez rappelé, pour lui faire ce magnifique don d'un peuple libre à un peuple libre, la Révolution par l'organe de ses législateurs, la Convention
nationale, déclara que c'était là une affaire d'une gravité exceptionnelle, et qu'il y fallait du jugement et
de la maturité.

Elle refusa de délibérer immédiatement sur une
proposition aussi capitale et elle déclara qu'elle ne
reconnaissait pas le droit qui sortait de la force victo-

rieuse, qu'elle ne voulait pas de surprise, qu'elle refusait ce don d'un peuple libre qui, peut-être, n'obéissait
qu'à un entraînement généreux. La Convention nationale nomma une commission qui délibéra longuement, pendant un mois, et vous savez ce que c'était
qu'un mois de la Convention! Un mois de la Convention, c'est un siècle d'aujourd'hui! car les jours de ces
représentants héroïques, leurs nuits, tous leurs instants étaient remplis des soins qu'ils donnaient aux
affaires publiques; c'était un débordement d'activité
qui entraînait tout! Tout y passait : la guerre, la diplomatie, les finances, la morale, l'éducation, les
sciences, les arts, tous les progrès! Un mois de la
Convention! mais c'était toute la vie d'un peuple!
(*Bravo! bravo! — Applaudissements répétés.*)

Eh bien, la Convention délibéra pendant un mois
sur la question de savoir si elle accepterait la réunion
volontaire de la Savoie à la France! Et après avoir
mûrement débattu la question, après avoir formé
une enquête, envoyé des commissaires, et recherché
surtout si les généraux qui étaient à la tête des armées
françaises n'avaient pas exercé de pression sur le
pays, — c'est après avoir pris toutes ces précautions
que la Convention, qui généralisait tout, qui ne cherchait jamais à rien résoudre par expédient, mais qui
prenait corps à corps les difficultés, les élevait et,
après cet examen, formait une règle générale, —
c'est après tout cela que la Convention, dis-je, fit un
des plus immortels, un des plus admirables de ses
décrets, le décret dans lequel il fut statué, pour servir
de règle politique aux armées de la République tout
entière, que toutes les fois qu'un pays serait sur le
point d'être envahi par une armée française, les généraux réuniraient leurs troupes, leur feraient prêter
serment de respecter les propriétés et les personnes,
de ne se livrer à aucune espèce de vexations, de sai-
sies ou de pillage, convoqueraient les municipalités,

rassembleraient les citoyens dans leurs comices sous
la garantie, sous la protection de leur épée, de telle
sorte que la présence de ces troupes n'était plus alors
une menace, mais, au contraire, une égide ; puis, les
peuples, ainsi convoqués, étaient appelés à délibérer
sur leur destinée : la Convention affirmait par là cette
noble idée, si cruellement méconnue par d'autres,
que la République française ne se battait pas par esprit de conquête ou d'usurpation ; qu'elle n'entrait
sur les territoires étrangers que pour y abattre le
despotisme et que pour rendre les hommes et les citoyens à eux-mêmes. (*Bravo ! bravo ! — Applaudissements.*)

Lorsque la force triomphe dans le monde et qu'on
ose formuler ce cynique axiome que la force prime le
droit, on a le devoir de remonter à cette époque et
de rappeler que, quand la France victorieuse prome-
nait ses légions à travers toutes les capitales, elle
avait une ligne de conduite inflexible, et que c'était
devant le droit qu'elle arrêtait toujours ses bataillons
victorieux. (*Longs applaudissements. — Bravo ! bravo !*)

On a le devoir de rappeler qu'elle ne faisait pas de
conquêtes, qu'elle ne prenait pas de territoires, comme
on le fait quand les populations sont considérées
comme un bétail ; qu'elle s'arrêtait devant les mœurs,
les tendances, les aspirations des peuples pour les
respecter dans leur ensemble ; qu'elle savait et qu'elle
disait que la force ne fonde rien et qu'un contrat devait toujours être à la base de tout changement, de
toute modification, — car la Révolution française
aura surtout cette gloire et cet honneur d'avoir substitué, dans les affaires humaines, l'idée de contrat à
l'idée d'exploitation et d'arbitraire. (*Bravo ! bravo ! —
Applaudissements répétés.*)

Aussi c'est avec un véritable sentiment de joie que
j'ai recueilli les paroles du doyen de cette démocratie
et que, m'y associant, moi nouveau venu parmi vous,

mais, à coup sûr, celui que vous avez su le mieux conquérir et le plus pénétrer, je bois à votre indéfectible
avenir et à votre indissoluble union avec la France
républicaine ! (*Bravos prolongés.* — *Applaudissements.*
— *Vive la République !* — *Vive Gambetta !*)

DISCOURS

Prononcé le 2 octobre 1872

A SAINT-JULIEN

Saint-Julien fut la dernière étape du voyage de M. Gambetta en Savoie. Un banquet de cinquante couverts y avait été organisé par M. Silva, député. Les maires et les conseillers municipaux républicains du canton y assistèrent, en même temps qu'une députation du pays de Gex.

A la fin du dîner, M. Duboin, substitut du procureur de la République, prononce le discours suivant :

« Messieurs,

« Permettez-moi, comme citoyen de la Savoie du nord, de témoigner toute ma profonde sympathie pour l'homme qui se dévoue pour la République, pour celui qui a su résister à toutes les défaillances et dont vous connaissez les efforts énergiques pour repousser l'envahisseur.

« Si aujourd'hui notre patrie montre ce spectacle merveilleux d'une nation qui tire, de ses propres malheurs, une force nouvelle; le spectacle de cette grandeur doit être reporté au gouvernement de la Défense nationale qui a su ranimer le patriotisme dans notre pays. (*Bravos et applaudissements.*)

« Un peuple n'est pas près de sa décadence quand il sait s'imposer les plus lourds sacrifices, quand il sait écouter les conseils des hommes d'initiative et de volonté, et c'est un de ces hommes que nous saluons aujourd'hui, et avec d'autant plus de plaisir que nous avons montré ce que nous valions.

« La Savoie a fait grandement son devoir au moment des luttes héroïques. La France lui a demandé des hommes et

de l'argent, et la Savoie les a donnés sans compter. Et
pourtant l'occasion se présentait facile, surtout pour la Savoie du nord dont la situation politique n'est pas suffisamment connue au dehors, de se soustraire à ces charges en
revendiquant sa nationalité consacrée par les traités de
1815 qui l'assimilent à la République helvétique. Cette revendication pouvait être une égide, mais le mot n'a pas été
prononcé, pourquoi? Parce que, ne voulant suivre que les
conseils de vertu républicaine, dont l'exemple lui est donné
par ce peuple suisse avec lequel elle entretient des rapports
journaliers, elle a préféré prendre sa part des efforts de la
France républicaine et concourir avec elle à son salut. (*Bravos et applaudissements.*)

« Seulement, si la Savoie appartient de cœur à la France,
il faut bien reconnaître que ses intérêts sont ailleurs et
notre position de zone toute exceptionnelle, qui était la condition *sine qua non* absolue de notre annexion à la France,
le prouve surabondamment.

« Dans ces conditions, il est évident que la Savoie, qui a
eu sous les yeux l'exemple de la Suisse, ne pouvait qu'être
unie à un peuple dont les institutions seraient républicaines; la France est devenue républicaine. La Savoie s'est
souvenue d'elle, et c'est ce qui fait qu'elle est indissolublement, nous l'espérons, attachée à la France, mais tant que
la France sera républicaine. (*Bravos.*)

« Je bois à la France et je bois à M. Gambetta, le cham-
pion dévoué de la République! » (*Applaudissements. —
Vive la République! — Vive Gambetta!*)

M. Gambetta a répondu :

Mes chers concitoyens,

Quoique le temps me presse, permettez-moi de porter un toast à l'union de la Savoie et de la France
républicaine. Tout à l'heure vous avez entendu les
paroles qui m'étaient adressées par un de vos amis
qui se servait d'une expression tout à fait caractéristique pour dire en quel nom il prenait la parole devant vous; il vous a dit, comme citoyen, et j'ai été,
pour ma part, sachant qui il était, sachant aussi quels

étaient les convives, très touché de sa fermeté civique, très satisfait, moralement, de rencontrer ici des hommes qui savent faire la distinction de leur charge et de leur liberté propre ; (*Bravos.*) qui savent se conduire dans la vie en dehors des routines et des traditions serviles auxquelles malheureusement, dans le passé, nous avons été trop habitués. (*Bravos et applaudissements.*)

C'est donc avec un véritable plaisir que je me suis assis à cette table, au milieu de véritables amis et, permettez-moi d'ajouter, au milieu de compatriotes qui nous resteront indissolublement attachés. (*Oui! oui! — Vive approbation.*)

Car, Messieurs, malgré l'attraction légitime qu'exercent sur vos populations ce voisinage, ce rayonnement démocratiques et républicains de la Suisse, malgré cette affinité d'autant plus irrésistible qu'elle s'insinue partout, qu'elle tient aux relations, aux affaires, aux mœurs, à la communauté d'intérêts résultant des voies, des chemins, de la direction des terrains et des fleuves; eh bien, malgré tout cela, vous le rappeliez vous-mêmes et vous prouviez, par un souvenir qu'il vous plaisait d'invoquer et qui, moi, me remuait l'âme, vous prouviez combien, même chez les plus limitrophes de la Suisse, le sentiment français est vigilant et ferme; vous rappeliez que, revenus à la France, alors que la France était elle-même en servitude, vous aviez passé votre tête sous le même joug où nous avions la nôtre pour avoir votre tête voisine de la France.

Vous avez rappelé ce que vous avez fait pendant cette guerre et j'aurais voulu que bien des départements français vous imitassent; nous n'en serions peut-être pas réduits à l'extrémité d'aujourd'hui, à payer notre rançon à prix d'or. Oui, s'il y a eu un pays, dans le territoire français, qui ait noblement fait son devoir, sans calcul, sans arrière-pensée, sans hésitation, de plein élan de cœur et d'âme, qui ait

donné, comme vous l'avez dit, ses enfants et son or,
sans compter et sans aucun réfractaire, — j'aime à le
répéter, — c'est la Savoie et la Haute-Savoie. Vous
n'avez pas voulu non plus exciper d'arguments diplo-
matiques qui, avec l'esprit procédurier qui caracté-
risait nos ennemis, aurait tourné contre la France.
Non ! vous avez voulu supporter votre part de toutes
nos charges.

Par conséquent, permettez-moi de croire que, quoi
qu'il arrive, il n'y a rien à craindre, rien à redouter
sur cette liaison cimentée dans le malheur, nouée
dans les mauvais jours et qui ne peut aujourd'hui
que grandir et se développer, alors que la fortune
nous revient, et quand le génie de la France réap-
paraît.

D'abord il faut écarter une première hypothèse.
qui est repoussée non pas seulement par la crainte et
l'horreur qu'elle inspire, mais encore par une discussion sérieuse : il n'y a plus de monarchie à redouter
en France. Elle a été à craindre; nous en avons passé
aussi près que possible; la réaction a été terrible et
elle pouvait peut-être, si elle eût mieux discipliné
ses forces, si elle eût eu dans ses rangs des hommes
résolus qui eussent su profiter du moment de stupeur
et d'abattement qui avait suivi la défaite, — elle pouvait peut-être, dis-je, mais pas pour longtemps,
mettre la main sur le pays et nous infliger cette hu-
miliation après toutes les humiliations, cette honte
après toutes les hontes, de subir un roi, ne fût-ce que
pendant quelques jours. (*Bravos. — Très bien! — Ap-*
plaudissements.)

Mais nous avons passé ce défilé, et, à l'heure qu'il
est, l'impuissance, l'avortement, l'insignifiance, —
permettez-moi ce mot, — des partis monarchiques
est tellement démontrée, que les enfants eux-mêmes
en rient dans la rue. Il n'y a donc plus à parler des
partis monarchiques. (*Applaudissements et rires.*)

Il reste un parti que vous connaissez bien, un parti qui est l'ennemi de toute indépendance, de toute lumière et de toute stabilité, car ce parti est l'ennemi déclaré de tout ce qu'il y a de sain, de tout ce qu'il y a de bienfaisant dans l'organisation des sociétés modernes; cet ennemi vous l'avez nommé, c'est le cléricalisme. (*Oui! oui! — Très bien. — Bravos redoublés.*)

Il ne reste que celui-là. Quant aux partis monarchiques, ils ont disparu. L'un est tombé dans le sang et dans la boue, c'est l'empire. Un autre, d'un mysticisme gothique, s'appuie sur un homme qui se croit le représentant de quatorze siècles, sur un ascète prêt à s'enterrer dans un cloître, enveloppé dans son drapeau. Sur ce parti on peut mettre une pierre tombale et y inscrire : Ci-gît le droit divin.

Les représentants d'un autre parti ne parlent que de leur amour du bien public, n'avouant aucune ambition, et se déguisant derrière toute espèce de voiles, de réticences de langage, ne parlant pas, votant peu; pénétrant dans la Chambre plutôt pour y ourdir de petites intrigues qu'on fait démentir immédiatement. Ce parti a des gens pour tout faire : les uns sont pour la fusion, les autres sont contre; ceux-là sont pour la marine, ceux-ci pour l'armée, les autres pour la fonction royale; ils représentent une monarchie qui s'accommodera de la République s'il n'y a pas moyen de faire autrement : ce n'est plus un parti, c'est une affaire, mais une affaire percée à jour. (*Hilarité générale. — Très bien! — Bravo! bravo!*)

On ne croit plus à la monarchie. Les gens mêmes payés pour en parler, pour la soutenir, le font sans conviction et sans foi; on sent que ce qu'ils font là c'est une besogne à remplir; ils travaillent de leur état dans la monarchie, mais sans persuasion. (*Nouvelle hilarité.*)

Nous n'avons en face de nous qu'un ennemi, mais

c'est un ennemi bien organisé, bien discipliné, ayant
l'obéissance passive pour premier instrument, ayant
l'argent qu'il soutire de toutes les sottises et de
toutes les superstitions pour levier, avec une manière
de procéder qui renverse tous les obstacles, parce
qu'il n'a aucun scrupule, et enfin la haine de la société moderne, non seulement en France, mais dans
le monde entier.

Voilà l'ennemi!

Eh bien, cet ennemi, on commence à en sentir partout les atteintes, tous les dangers, tous les secrets
complots. Cela suffit pour que, en France, très prochainement, il n'y ait plus que deux partis en présence. Quant à la République, elle est fondée et
désormais au-dessus des partis; elle est fondée d'une
certaine façon, par un biais; elle est sous la conduite
d'un homme qui l'a faite par nécessité, par raison,
mais enfin elle est fondée et ce n'est pas la première
fois que, dans l'histoire, on voit ceux qui étaient les
ennemis d'une idée en devenir, au dernier moment,
les véritables coopérateurs.

Je maintiens donc, après toutes les preuves de vitalité qu'a données le gouvernement républicain, que
c'est chose terminée, à moins que nous ne soyons
tout à fait imprudents, maladroits, sans vigilance et
sans sagesse. Mais le parti républicain a juré d'être
le plus sage des partis, et il se tiendra parole. (Oui!
oui! — Bravos.)

Il n'y aura donc plus que deux partis en présence,
je le répète : les démocrates républicains et les cléricaux. Eh bien, ce n'est pas le moment d'agiter la
question de savoir s'il faudra aller à droite ou à gauche lorsque nous en serons là; en ce moment nous
avons à achever la constitution du grand parti républicain, c'est-à-dire de la nation même. Les sacrifices
que vous avez déjà faits, le concours que vous avez
prêté à la patrie en détresse répondent de vos efforts

à venir. C'est à cette œuvre, c'est à cette besogne que je vous convie : en est-il de plus noble à accomplir? Vous êtes avec nous pour faire cette tâche, et vos paroles le signifiaient quand vous disiez, tout à l'heure, que vous étiez de cœur et d'âme avec la France républicaine, c'est-à-dire avec la France qui veut la paix sociale, qui veut le progrès pour la classe la plus déshéritée; avec la France qui ne comprend qu'une idée dans le monde : le droit, création de la conscience humaine.

Je bois, au nom de ces principes, à l'indissoluble alliance de votre pays avec le mien. (*Applaudissements et acclamations. — Vive la République! — Vive Gambetta!*)

DISCOURS

LES PÉTITIONS RELATIVES A LA DISSOLUTION
DE L'ASSEMBLÉE NATIONALE

Prononcé le 14 décembre 1872

A L'ASSEMBLÉE NATIONALE

L'Assemblée nationale rentra en session le 12 novembre.
Le lendemain 13, le général Changarnier déposa une demande d'interpellation conçue en ces termes :
« J'ai l'honneur de demander à l'Assemblée nationale
l'autorisation d'interpeller le gouvernement à l'occasion des
voyages de l'honorable M. Gambetta en Savoie et en Dauphiné pendant les vacances parlementaires. »
M. Dufaure monte aussitôt à la tribune : « Le gouvernement, dit le garde des sceaux, répondra à l'interpellation
de l'honorable général Changarnier le jour qu'il plaira à
l'Assemblée de fixer. » L'Assemblée décide que l'interpellation sera mise à l'ordre du jour du lundi 18 novembre.
Le 13, M. Thiers donna lecture de son message. La *République française* du lendemain caractérisa en ces termes ce
document important, le plus grand acte politique de la
présidence de M. Thiers :
« Le message de M. le président de la République était
attendu par la France entière avec un sentiment d'extrême
anxiété. Nous croyons que ce document, qui a été lu hier
devant l'Assemblée de Versailles par M. Thiers en personne,
est appelé à produire sur la France républicaine une impres-

sion plus grande encore que sur l'Assemblée, où pourtant
il a été accueilli, soit à droite, soit à gauche, par des démonstrations qui ne laissent aucun doute sur l'importance
que l'on doit y attacher.

« La journée d'hier est décisive dans l'histoire intérieure
de la France. Au moment où Sieyès, organe de la Révolution, jugea qu'il fallait rompre définitivement avec l'ancien
régime, il prononça cette parole célèbre : Coupons le câble!
et l'on peut dire que c'est de cette parole que date la
France moderne. M. Thiers vient à son tour de couper le
câble. Il a rompu hier avec la monarchie, quelle qu'elle
soit. Il a proclamé la République comme le seul gouvernement qui puisse désormais convenir à notre pays; il en a
vanté les bienfaits, exalté les services, glorifié les avantages. Jamais M. Thiers ne s'était inspiré comme dans cette
circonstance mémorable du véritable esprit de la France
de nos jours. D'un seul coup il s'est élevé à la hauteur de
ses aspirations et de la conception qu'elle s'est faite depuis
quatre-vingts ans, à travers tant d'alternatives diverses et
de changements de fortune, du gouvernement des sociétés
démocratiques. Heureux les hommes qui, à de certains jours
de leur vie, peuvent être ainsi les interprètes de tout un
peuple! C'est là la vraie gloire, et cette gloire, M. Thiers,
qui depuis si longtemps songeait à l'acquérir, a fait hier un
acte qui, s'il est suivi d'autres que le pays attend, nous
semble de nature à la lui assurer.

« Nous n'entrerons pas dans l'examen détaillé du message de M. le président de la République. Nous aurons à
faire cette analyse, qui nous apprendra tout ce que nous
devons savoir de l'état présent des affaires du pays. D'ailleurs, avons-nous besoin de l'ajouter? nous sommes loin
d'être d'accord avec M. Thiers sur une foule de points de
fait, et encore moins sur certaines théories, certaines doctrines qu'il a cru devoir exposer de nouveau dans son message. On nous permettra de laisser pour aujourd'hui ces
points à l'écart. Nous n'avons jamais attendu de M. Thiers
qu'il portât en son nom à la tribune nationale nos idées,
nos principes, nos projets de réforme, et nous aurions mauvaise grâce de lui en vouloir de sa persistance à exprimer
des opinions qui ne sont pas les nôtres, mais qu'il a professées pendant toute sa vie.

« Toutefois celle de ses opinions à laquelle M. Thiers
attachait naguère encore le plus haut prix, sa préférence
raisonnée et marquée pour la monarchie, M. Thiers vient
de l'abandonner avec résolution, avec éclat, à la face de
la France et de l'Europe, dans la circonstance la plus solennelle, puisqu'il parlait comme chef de l'État, comme premier magistrat de son pays. C'est là surtout ce qui mérite
d'être relevé dans le message. La République a été mise
hier au-dessus de la monarchie, par l'homme qui était, il y
a vingt mois, le plus ferme appui, le dernier rempart des
idées monarchiques en France. La monarchie a vécu, et
c'est M. Thiers qui a prononcé son arrêt de mort.

« Nous voudrions louer M. le président de la République
du langage admirable qu'au nom de la France républicaine
il a tenu à l'Europe. Cette partie de son message a touché
trop profondément notre patriotisme pour qu'aujourd'hui
il y ait autre chose sous notre plume que l'expression de
notre émotion. Depuis nos malheurs, ces paroles sont les
plus hautes, les meilleures que notre pays, si indignement
traité par la fortune, mais toujours si noble dans sa détresse, ait entendues. M. Thiers, on peut le dire, a présenté
hier notre jeune République à la vieille Europe. Il l'a fait
avec une dignité, avec une noblesse toute française. Les
monarchistes ont senti à ce dernier coup que c'en était fait
de leur cause, et c'est en vérité leur dernier espoir qui s'est
évanoui. »

M. Thiers avait à peine terminé au milieu des acclamations de toute la gauche la lecture de son message que
M. de la Rochefoucauld-Bisaccia s'élançait à la tribune pour
protester contre les déclarations du président de la République. La droite applaudit. M. de Kerdrel dépose une proposition tendant à nommer une commission pour présenter
à l'Assemblée nationale un projet de réponse au message
de M. Thiers. L'urgence est votée à une faible majorité.

Le 18 novembre, l'ordre du jour appelait l'interpellation
de M. Changarnier. Le général monte à la tribune pour la
développer : « Messieurs, le jeudi 10 octobre, devant la
commission de permanence, j'ai pris l'engagement d'entretenir l'Assemblée des voyages de l'honorable M. Gambetta.
Je viens dégager ma parole. Dieu me fera la grâce de mourir sans y avoir jamais manqué.

« L'ardeur de mon patriotisme me commande impérieu-
sement de prier, de supplier M. le président de la République que j'ai tant aimé, que j'aime encore, de s'unir à la
majorité de cette Assemblée pour combattre l'audace croissante du radicalisme. Dans le long discours qu'il a prononcé à Grenoble, l'honorable M. Gambetta a injurié gros-
sièrement l'Assemblée souveraine, il a outragé la religion
de la majorité des Français en annonçant l'avènement d'une
nouvelle couche sociale, il a inquiété les ouvriers honnêtes,
les négociants et les propriétaires sur leur droit de jouir de
la position acquise par leur travail ou par le travail accumulé
de leurs ancêtres..... J'ai le malheur de ne pas admirer la
bruyante éloquence de l'honorable M. Gambetta; j'aurais
depuis longtemps oublié cette prose, si je n'avais été obligé
de reconnaître qu'elle avait fait beaucoup de mal; elle ne
s'adresse pas à des esprits cultivés, elle s'adresse à des hommes faibles, disposés à prendre la violence pour de la force.
Beaucoup de pauvres gens se sont dit : Les radicaux nous
menacent, donc ils sont forts. Ce triste raisonnement a préparé l'éclatante défaite des conservateurs aux dernières
élections... Oui, messieurs de la gauche, c'est vrai, cela
vous fait rire, mais c'est vrai !... Ne se sentant pas suffisamment protégés (le général Changarnier se tourne vers
M. Thiers) par un gouvernement que je ne voudrais pas
embarrasser, mais qui, il me permettra de le lui dire, est
un peu indécis dans ses allures, les hommes paisibles,
doux et faibles, tâchent de se faire oublier du dangereux
tribun dont l'avènement au pouvoir semble de jour en jour
plus probable. Voilà la vraie raison des abstentions. » La
droite éclate en applaudissements. M. Changarnier poursuit
en sommant le gouvernement de se séparer d'un factieux
prêt à tout bouleverser. Le président Grévy intervient :
« Général, je vous invite à ne pas employer à l'égard d'un
de vos collègues des expressions que le règlement et les
convenances parlementaires interdisent. » M. Changarnier
rectifie alors sa phrase ainsi qu'il suit : « Le gouvernement
ne reconnaîtra-t-il pas que le moment est venu de se séparer, hautement, franchement, d'un collègue disposé à tout
bouleverser pour ressaisir une dictature désastreuse dont
le retour perdrait à jamais la France? »
C'était au ministre de l'intérieur, M. Victor Lefranc, qu'il

appartenait de répondre. Il débuta par quelques paroles
énergiques. « Non, il n'est pas vrai que nous soyons les
ministres d'un gouvernement provisoire! » La droite proteste avec violence. M. Victor Lefranc se trouble. Il se perd
dans mille détails superflus. En rappelant que dans la
commission de permanence M. Thiers avait blâmé le discours de Grenoble, il donne à M. de Broglie l'occasion d'intervenir dans le débat :

« M. Victor Lefranc. — Voici les paroles qu'à prononcées
M. le président de la République devant la commission de
permanence :

« M. le président de la République supplie ses collègues
d'aider le gouvernement dans ses efforts pour calmer et
apaiser les passions de toute sorte. Il relève d'abord l'expression de « République soi-disant conservatrice » employée par M. le duc de Bisaccia. On ne peut dire qu'un
gouvernement qui a vaincu la commune, rétabli l'ordre à
Paris, fait un emprunt, inspiré confiance aux étrangers,
réorganisé l'armée, n'est pas un gouvernement conservateur. » (C'est vrai!)

« Mais son rôle est d'être impartial et modéré, et sans se
plaindre des ingratitudes et des injustices... » (Rumeurs à
droite. — Très bien! à gauche) « il demande au moins que
l'on voie ce qui est possible et ce qui ne l'est pas. D'abord
une parole avait été donnée par lui, celle de faire respecter
l'Assemblée pendant la prorogation. Cette parole n'a-t-elle
pas été tenue de la manière la plus complète? » (Une voix à
droite : — Non!)

« M. le ministre. — Laissez-moi continuer :

« Au lieu de la campagne annoncée, on ne peut citer
qu'un discours, un seul, celui de Grenoble, discours profondément regrettable, surtout aux yeux de ceux qui pensent que la République est le seul gouvernement possible
aujourd'hui. Et qui pourrait songer à en établir un autre?
Le gouvernement a donc fait respecter cette Assemblée si
respectable en effet, car elle n'a jamais écouté les partis
extrêmes.

« On a appliqué très rigoureusement la loi qui interdit
les réunions publiques, et même le banquet de Chambéry
qui, aux yeux de bien des gens, eût pu passer pour une réunion privée. A Grenoble, un propriétaire a réuni dans sa

maison un certain nombre de convives dans un banquet qui
n'était point public, et le discours prononcé par M. Gambetta
a été publié par les journaux. Le discours a été publié, mais
la réunion n'était pas publique. Comment empêcher cela?
Que ne dirait-on pas si un grand propriétaire, dans un
splendide château, réunissait cent ou cinq cents de ses amis
pour les entretenir de ses vœux légitimes, et que le gouvernement intervînt?... » (*Exclamations à droite. — Très
bien! très bien! à gauche.*)

« On dirait que la vie privée n'est pas respectée. On ne pouvait pas davantage intervenir à Grenoble, quoique le discours
qui a été prononcé là fût mauvais, très mauvais. » (*Ah! ah!
à droite.*) « Il n'y a pas de classes sociales dans la nation. »
(*Très bien!*) « Il n'y a pas de couches sociales différentes. Il
n'y a dans la nation que la nation, et depuis que le code
civil et le code pénal sont établis il n'y a en France que des
Français. Tout gouvernement qui distinguerait ou désigne-
rait des classes différentes, serait un gouvernement dangereux, et une pareille théorie, si elle avait été produite à la
tribune, eût été combattue par le gouvernement qui aurait
demandé à l'Assemblée de se prononcer. » (*Nouvelles marques d'approbation.*)

« Le gouvernement est convaincu qu'on ne doit et qu'on
ne peut faire un gouvernement de parti, ni proclamer une
dynastie, et que la République doit être le gouvernement de
tous en dehors des partis. S'il en était autrement, la France
serait dans le sang le lendemain. » (*Adhésion à gauche.*)

« Ce discours a fait un mal sérieux, et tous ceux auxquels
la République est chère doivent le blâmer. On peut avoir
une préférence pour telle ou telle forme de gouvernement,
mais il faut arriver à la pratique, et la pratique c'est le
gouvernement actuel. » (*Mais non! à droite.*)

« L'Europe le sent bien comme la France et rend justice
aux efforts qui ont été faits. A Berlin récemment encore on
a constaté le calme qui régnait en France. »

« M. DE BELCASTEL. — Il ne faut pas aller chercher des
certificats à Berlin! »

« M. DE GAVARDIE. — L'ordre régnait à Varsovie! » (*Excla-
mation à gauche.*)

« M. LE MINISTRE continuant sa lecture :

« Ce calme, résultat de l'apaisement des passions est

absolument nécessaire, et chacun doit donner l'exemple.
L'emprunt a bien réussi... » (*Rumeurs à droite.*)

« M. Gaslonde. — Oui, il a bien réussi. On peut contester
autre chose, mais on ne peut pas contester cela! »

« M. le ministre. — Vous ne savez pas ce que vous interrompez, Messieurs. Laissez-moi continuer :

« L'emprunt a bien réussi, le crédit renaît, l'armée s'organise. Il y a lieu d'être satisfait ; mais, à la moindre agitation, le crédit s'effraye, l'emprunt baisse, la libération du
territoire est retardée. » (*Oui! oui! — Très bien! à gauche.*)

Le duc de Broglie remplace M. Victor Lefranc à la tribune.
« Il est parfaitement vrai, dit l'ex-ambassadeur de la République à Londres devenu le *leader* des droites, que quelques
jours après le banquet de Grenoble, M. Thiers, dans la commission de permanence, s'est exprimé avec une rare énergie
contre les doctrines scandaleuses qui ont été professées dans
cette réunion. J'aurais voulu que la France entière eût entendu les accents de sa voix et vu l'énergie de son geste.
Un froid et court procès-verbal ne peut en rendre l'effet. Ce
que nous avons voulu et ce que nous voulons encore aujour-
d'hui, c'est que cet effet renfermé dans les murs d'une
des salles de ce palais, que cet effet dont un petit nombre
de nous seulement a été témoin, toute la France le vit,
l'entendit, le ressentit. Voilà ce que nous avons désiré et
ce que nous désirons encore. C'est là ce que nous demandons avec angoisse et anxiété à M. le président de la République. Un grand, un immense scandale a été commis. Un
homme s'est posé devant vous et a dit à cette Assemblée,
le seul pouvoir légal du pays : « Vous n'existez plus! Non
seulement votre dissolution est proche, mais elle est faite!
Non seulement vous êtes mourants, mais vous êtes morts! »
Et en disant cela il a proclamé l'illégalité de toutes vos lois
et la légalité de l'insurrection. En présence de cet audacieux
défi jeté à la légalité tout entière, M. le président de la République s'est ému et a répondu au nom du gouvernement
dont il était l'organe. Je crois que la France entière désire
qu'il répète cette déclaration, pour l'applaudir elle-même
une fois de plus. Nous ne demandons que cela et nous le
désirons avec passion... Tant que la conscience publique
n'aura pas satisfaction sur ce grand scandale, comme elle
l'a eue, je le répète, dans la commission de permanence,

comme elle l'a eue à huis clos et sans écho au dehors, tant
qu'elle l'attendra au grand jour et à ciel ouvert, tant que
la conscience publique n'aura pas eu cette satisfaction, je
suis obligé de dire à M. le ministre de l'intérieur que l'interpellation du général Changarnier n'a pas reçu de réponse. »

M. Thiers monte à la tribune, où son apparition est saluée
par des applaudissements prolongés de la gauche et du centre
gauche. Le président de la République ne cherche pas à
cacher son irritation. Il s'adresse directement à M. de Broglie :

« C'est me faire une offense que de m'appeler ici à venir
professer ma foi lorsque quarante ans de vie l'ont fait
connaître. J'étais disposé pour ma part à apporter ici le
plus grand esprit de conciliation. Je sais ce qu'aurait de
grave, de très grave, la séparation de cette Assemblée et de
l'homme à qui elle a fait l'honneur de donner sa confiance
il y a deux ans. Aussi j'étais parfaitement décidé à ne rien
dire qui pût provoquer la rupture de cette union que j'ai
crue et que je crois encore nécessaire. Mais, lorsque dans
une position pareille on vient m'amener ici comme sur la
sellette, je n'accepte pas! Les paroles qu'on veut me faire
dire, quelque conformes qu'elles soient à mes convictions,
je ne les dirai pas.... Quand on veut qu'un gouvernement
soit fort, et vous le désirez apparemment, il faut lui faire
une situation digne de lui et ne pas l'amener ici comme un
coupable et un suspect pour venir faire une profession de
foi. Quelle que soit donc la forme amicale ou non avec
laquelle on m'a amené à cette tribune, je le répète, non je
ne répondrai pas, et je ne répondrai pas, parce que ma vie
a répondu et que ces deux dernières années répondent
encore pour quiconque est juste et ne veut pas fermer les
yeux à la lumière... Depuis deux ans je porte un poids
accablant et je me suis dit que je n'avais pas le droit, par
une susceptibilité imprudente, de faire naître pour le pays
une situation des plus graves. Mais quand on paraît douter
de moi, on me donne le droit de provoquer un témoignage
de confiance... Vous m'en avez donné le droit, je le demande, je le demande immédiatement... Quand on veut un
gouvernement décidé, il faut être décidé soi-même; eh
bien! soyez décidés à notre égard, soyez-le! »

Le général Changarnier répondit à ces vigoureuses paroles
de M. Thiers par cette inconvenance : « Plus rapproché que

l'illustre M. Thiers de l'heure inévitable où chacun doit
rendre compte à Dieu des dons qu'il en a reçus, je n'ai aucune ambition personnelle, ni n'aspire pas au pouvoir ! Je
n'ai pas pour le pouvoir une ambition sénile ! » M. de Broglie
remonte à la tribune pour chercher à atténuer les paroles
de M. Changarnier. Pour sa part, il n'a jamais été en dis-
sentiment avec M. Thiers. (Rires.) Il propose à l'Assemblée
de ne s'expliquer ni sur la confiance ni sur la défiance,
mais de passer à l'ordre du jour après avoir repoussé les
doctrines professées au banquet de Grenoble.

Le président de la République prend une seconde fois la
parole. Il réitère ses déclarations. Il affirme que personne
n'a le droit de lui demander une profession de foi, que sa
vie entière répond pour lui. Pour la seconde fois, il prend
directement le duc de Broglie à partie : « Votre vie a été
moins longue que la mienne, vos actes ont été fort honorables, mais ils n'ont pas été plus significatifs que les miens
dans le sens de l'ordre, et, si l'on vous adressait une sommation pareille, vous vous trouveriez blessé. Je ne suis pas
irrité, mais je suis blessé, oui, et j'ai le droit de l'être...
Après ce que j'ai fait depuis deux ans, le doute même, je
l'ose dire, est un acte d'ingratitude. » La gauche interrompt
M. Thiers par des bravos prolongés. « M. Gambetta, continue le président de la République, M. Gambetta a pu être
l'objet de cette interpellation, mais la véritable interpellation s'adressait à moi... Je ne sollicite pas le témoignage de
votre confiance, car je n'ai pas d'ambition sénile... (Vive
approbation à gauche et au centre gauche.) Je ne suis pas allé
solliciter le pouvoir à Bordeaux. Qu'il se lève celui qui peut
dire que j'ai sollicité les voix ! » (Très bien ! à gauche. —
Mouvement prolongé.) Et enfin : « Je maintiendrai l'ordre.
Je l'ai maintenu. L'ordre moral ne dépend pas de moi;...
(Rumeurs à droite.) mais si le pays a à se plaindre à quelqu'un du trouble apporté dans l'ordre moral, j'ai la conviction, je le déclare devant Dieu, devant la nation et devant
l'Europe, ce n'est pas moi qu'il en accusera. » (Vifs et itéra-
tifs applaudissements à gauche et au centre gauche.)

« En descendant de la tribune, M. Thiers avait la victoire
en main, il n'avait qu'à la saisir. Il ne le fit pas, soit qu'il
ait manqué de son coup d'œil habituel, soit qu'il ait cédé
aux conseils de M. Dufaure. Plusieurs ordres du jour étaient

en présence. L'un, de M. l'amiral Jaurès, disait simplement :
« L'Assemblée nationale, renouvelant à M. le président de la
République le témoignage de sa confiance... » L'autre, de
M. Mettetal, portait : « L'Assemblée, confiante dans l'é-
nergie du gouvernement et réprouvant les doctrines professées à Grenoble... » Si le gouvernement avait accepté
l'ordre du jour présenté par l'amiral Jaurès, le triomphe
était certain. M. le duc de Broglie, dans sa réplique à
M. Thiers, s'était replié habilement, protestant qu'il n'y
avait dans la pensée des interpellateurs nulle méfiance contre le président de la République. Il était clair que les con-
spirateurs n'étaient pas prêts, qu'ils réservaient leurs forces
pour le débat sur la proposition Kerdrel, et que ce jour-là
ils avaient seulement manœuvré pour séparer M. Thiers
d'une partie de la gauche. C'était le moment de leur infliger
une défaite signalée. Tout le monde y comptait ; aussi l'é-
tonnement fut grand lorsqu'on entendit M. Dufaure annoncer que le gouvernement se ralliait à la rédaction Mettetal.
Qu'arriva-t-il alors ? Ce qu'on aurait pu, ce qu'on aurait
dû prévoir : l'extrême gauche vota contre l'ordre du jour ;
une grande partie de la gauche républicaine s'abstint ; bon
nombre de membres de la droite en firent autant ; d'autres
votèrent contre ; bref il n'y eut que 379 votants, parmi
lesquels 263 pour et 116 contre l'ordre du jour. 263 voix !
C'était une majorité dérisoire ! M. Thiers s'était affaibli.
C'était toujours la même erreur : M. Thiers croyait désarmer ses adversaires et leur faire accepter la République par
des concessions, tandis qu'à leurs yeux les concessions
comptaient pour zéro. Du moment où le président travaillait sincèrement à fonder la République, sa perte était jurée.
Sa seule ressource était de marcher vite, de ne pas donner
à l'ennemi le temps de se reconnaître, et, à force d'énergie,
de le dompter, de le mater. » (RANC. *De Bordeaux à Versailles*, p. 132.) L'ordre du jour pur et simple, proposé par
Edgar Quinet et le général Billot, avait réuni 133 voix contre 490. L'ordre du jour de M. Benoit d'Azy, auquel s'était
rallié le duc de Broglie, réunit 274 voix contre 377. Il était
ainsi conçu : « L'Assemblée, repoussant les doctrines professées au banquet de Grenoble et s'associant au blâme
que leur a infligé M. le président de la République, passe à
l'ordre du jour. »

La *République française* écrivait le lendemain du vote :
« Que prouve ce dénoûment? Tout le monde le dira demain.
Il prouve l'impuissance de la Chambre. L'appel au pays,
comme dit M. Thiers, les élections nouvelles, la dissolution,
s'imposent comme une nécessité de salut national. » Toute
la presse républicaine tint le même langage, qui fut également celui de quelques monarchistes perspicaces : « Il n'y
a plus maintenant à l'ordre du jour qu'une seule question.
Ce n'est pas l'esprit de parti qui l'a posée, ce sont les faits et
les chiffres qui l'imposent : la dissolution. » (*Le Rappel.*) « Le
pays a autant de confiance dans M. Thiers qu'il en a peu
dans l'Assemblée. Il ne voit que sagesse et modération dans
le président de la République ; il ne voit que folie, violence
et impuissance dans les représentants qui nient la volonté
manifeste du peuple et refoulent ses aspirations. M. Thiers
a servi la France, la Chambre l'a constamment desservie dans
la mesure de ses médiocres et piteux moyens. M. Thiers est
le moteur de notre régénération, l'Assemblée en est l'obstacle... L'Assemblée s'est suicidée hier soir, elle est morte,
et le seul remède à la situation terrible qu'elle nous a léguée est dans une convocation des électeurs à bref délai. »
(*XIXᵉ Siècle*, article signé : *Edmond About.*) « A moins que
les monarchistes ne rencontrent une nouvelle route de Da-
mas, il n'y a plus que la dissolution. » (*La Gazette de Paris.*)
« Après tout, si M. Thiers a raison, si l'on peut s'entendre
avec l'Assemblée, et si le pays est avec M. Thiers, le mieux
est que l'Assemblée s'en aille. » (*Journal de Paris.*) Trente-
quatre conseillers municipaux de Paris, « agissant en leur
nom personnel, » écrivirent à M. Thiers pour exprimer leur
adhésion aux idées contenues dans son message et leur conviction « que le moment était venu de consulter le pays
qui est derrière nous et qui, après tant de désastres, aspire
à la stabilité, afin de réparer par le travail les ruines produites par l'institution monarchique. » *Signé :* Marmottan,
Thulié, Hérisson, Murat, Braleret, Dʳ Loiseau, Lockroy,
A. Ranc, Jobbé-Duval, Cantagrel, Trélat, Métivier, Combes,
Nadaud, Allain-Targé, Clémenceau, Floquet, etc.

Nous avons dit (page 196) que l'Assemblée nationale avait
voté, le 13 novembre, une proposition de M. de Kerdrel tendant à nommer une commission de 15 membres pour présenter à l'Assemblée un projet de réponse au message de

M. Thiers. La commission, élue dans les bureaux le 14 novembre, après une discussion d'une extrême vivacité, se composait de neuf membres de la droite : MM. Batbie, Raoul Duval, de la Bassetière, Henri Fournier, duc d'Audiffret-Pasquier, Lucien Brun, de Lacombe, Albert Grivart et Ernoul; de six membres des gauches : MM. de Lasteyrie, Ricard, Gauthier de Rumilly, Albert Grévy, Emmanuel Arago et Martel. La majorité était donc hostile à la République et à M. Thiers. Le 26 novembre, M. Batbie donna lecture de son rapport, qui est devenu une page historique. Les desseins de la droite y étaient pleinement dévoilés :

« Jusqu'à présent, disait le rapporteur, les communications de M. le président de la République avaient été reçues par la simple formalité qui consiste à donner acte. Pourquoi avons-nous renoncé à cet usage, et quel motif a porté M. de Kerdrel à provoquer une réponse de l'Assemblée? C'est que plusieurs passages avaient troublé une partie de cette Chambre. Quelques-uns de nos collègues, en entendant M. le président dire « qu'il ne fallait pas employer son temps à proclamer la République, mais à l'organiser, puisqu'elle était l'état légal du pays, » s'étaient demandé si le pacte de Bordeaux était déchiré, et si le pouvoir constituant de l'Assemblée était mis en doute.

« En tout cas, ils étaient alarmés de voir que le gouvernement, sortant de son impartialité, portait toutes ses forces d'un côté et qu'un pouvoir institué par l'unanimité de l'Assemblée mettait la puissance de l'autorité au service d'un parti qui jusqu'à, présent, du moins, n'avait pas eu la majorité parmi nous. Ces collègues rappelaient qu'à Bordeaux, M. Thiers avait dit : « Vous, monarchistes, et vous républicains, non, vous ne serez trompés, ni les uns, ni les autres... »

« La lecture du message avait fait naître un autre doute. Plusieurs de nos collègues s'étaient demandé, en entendant les applaudissements qui venaient de ce côté (l'extrême gauche), si le langage de M. le président avait été assez net et assez ferme à l'égard des éternels ennemis de « l'ordre social. » . . . .

« Si le radicalisme méritait le nom de parti qu'on lui donne abusivement, nous ne demanderions pas au gouvernement de rompre la neutralité qu'il a promise à toutes les opinions politiques. Le rôle du pouvoir que nous avons institué est en effet de planer au-dessus de tous ceux qui ont concouru à son établissement. Mais, loin d'être un parti à nos yeux, le radicalisme est l'adversaire de tous les partis respectables. Comment rentrerait-elle dans les limites de l'impartialité politique, cette faction, dont l'audacieuse formule met hors la loi quiconque est un obstacle à sa marche?

« Dans les conversations cordiales que nous avons eues avec M. le président, nous avons pu lui faire connaître nos craintes et nos désirs.

« La majorité de votre commission lui a dit que le parti conservateur était justement inquiet des progrès du radicalisme, et que nous marchions à son triomphe légal, mal sans remède et bien pire que le triomphe passager d'une insurrection.

« Nous avons ajouté que, pour arrêter cette invasion, il nous paraissait indispensable de lui opposer un gouvernement de combat qui réunirait toutes les forces conservatrices à l'effet d'éclairer les populations sur les desseins de l'ennemi.

« Si l'administration n'est pas suffisamment armée dans le département et la commune, que les ministres nous le disent, et nous n'hésiterons pas à les seconder; vous ne désavouerez pas, nous en sommes certains, l'assurance que nous avons donnée en votre nom, au gouvernement, de le suivre fidèlement toutes les fois qu'il nous proposera d'adopter une mesure énergique. . . . .

« On se demande comment il se fait que deux pouvoirs, ayant la même origine et animés des mêmes intentions, aient éprouvé des crises comme celles d'où nous venons de sortir. La majorité de votre commission est d'avis que le malaise tient à l'intervention personnelle du chef du pouvoir exécutif dans nos débats.

« En sa présence nous n'avons pas moralement une liberté entière, le chef du pouvoir exécutif pouvant à tout instant couvrir les ministres interpellés, et transformer une question ministérielle en question gouvernementale. Si notre patriotisme nous défend d'ébranler le pouvoir, il nous commande aussi d'assurer la sincérité de nos délibérations.

« En conséquence, votre commission propose la résolution suivante : « Une commission de quinze membres sera nommée dans les bureaux, à l'effet de présenter, dans le plus bref délai, à l'Assemblée nationale un projet de loi sur la responsabilité ministérielle. »

La discussion sur le rapport de M. Batbie s'ouvrit le 28 novembre. M. Dufaure reprit avec beaucoup de fermeté les déclarations du message. Il déclara d'un ton assez dédaigneux qu'il ne dirait rien du rapport, qu'il irait droit à la conclusion relative à la responsabilité ministérielle. « Messieurs, dit le garde des sceaux, ce qu'on vous demande, ce sont les moyens d'interdire à M. le président de la République l'abord de votre tribune. Je crois que c'est la proposition. Si ce n'est pas cela, M. le rapporteur me corrigera.

« C'est une demande qui a sa gravité, et la loi qu'on vous demande sera, je le pense, difficile à faire. Mais, enfin, nous verrons. Jamais, à mon avis, dans aucun pays libre, on n'a trouvé un chef du pouvoir exécutif qui fût membre d'une Assemblée délibérante, responsable envers l'Assemblée, parce qu'il est choisi par elle, et qui, en même temps, dût subir l'interdiction de s'associer à des débats auxquels vingt-six départements lui ont imposé le devoir de prendre part, alors surtout qu'il est responsable envers l'Assemblée devant laquelle ces débats s'engagent.

« Je me rappelle, et quelques-uns de nos honorables collègues se rappellent comme moi, qu'en 1848, pendant six mois, mon illustre et regretté ami le général Cavaignac a été précisément dans la même situation. Il n'avait pas le titre de président de la République qu'a M. Thiers, mais il était chef du pouvoir exécutif, nommé par l'Assemblée, responsable envers l'Assemblée, et choisissant des ministres responsables comme lui. Jamais, pendant ces six mois, il n'est venu à la pensée de personne d'interdire au général Cavaignac l'accès de la tribune française; jamais! C'est donc à la fois une chose nouvelle, une chose délicate, une chose difficile que de tenter de le faire aujourd'hui pour M. Thiers.

« Néanmoins, Messieurs, sauf des tempéraments et des compensations dont je vais dire un mot, nous ne considérons pas cette chose comme absolument impossible; nous

ne vous demandons pas de l'enlever à la compétence de la
commission que vous aller nommer; nous vous disons simplement : Si vous voulez arriver à cette étrange combinaison d'un chef du pouvoir exécutif responsable envers
vous et qui n'aura pas le droit de prendre part à vos débats,
lorsque sa responsabilité y est engagée, même sans qu'on
le dise, même sans qu'on l'attaque directement, il faut évidemment trouver dans l'ensemble d'autres institutions une
compensation à ce droit que vous lui enlevez.

« Si le président de la République des États-Unis n'a pas
le droit de comparaître devant les Chambres et de s'y défendre, il a un véto suspensif sur les résolutions du Congrès,
et, d'un autre côté, il y a deux Chambres d'origine différente, l'une qui peut le défendre, tandis que l'autre l'attaque.   .

« Tâchons donc, dans l'organisation des pouvoirs publics,
d'arriver à ce que vous recherchez sous le nom de responsabilité ministérielle, à compenser pour le chef du pouvoir
exécutif le droit que vous lui enlèveriez de venir ici défendre
lui-même ses résolutions, tout en tempérant votre détermi-
nation, car il serait impossible de prononcer contre lui une
interdiction absolue de ce droit.

« Voilà pourquoi nous croyons que la proposition de la
commission est trop étroite; nous vous demandons de
l'étendre, de l'étendre dans des limites néanmoins assez
circonscrites, et voici la proposition que le gouvernement
soumet à la délibération de l'Assemblée :

« Une commission de trente membres sera nommée dans
les bureaux, à l'effet de présenter à l'Assemblée nationale
un projet de loi pour régler les attributions des pouvoirs
publics et les conditions de la responsabilité ministérielle. »

« Maintenant, Messieurs je n'ajouterai plus qn'un mot.
Comme je le disais en commençant, il s'agit de répondre
au message. Le message a été considéré par la nation comme
digne d'une assez haute estime... (*Vive approbation et applaudissements à gauche.*) Les étrangers ont trouvé qu'il y
avait quelque grandeur dans ce langage du chef du pouvoir
exécutif de la France après les malheurs inouïs qui l'ont
désolée, après le vigoureux réveil qui depuis dix-huit mois
la relève;... (*Nouveaux applaudissements*) enfin peut-être
que l'histoire lui fera une certaine place.

« Eh bien, Messieurs, je vous le demande. Si vous répondez à ce message en disant : « Une commission va rechercher les moyens par lesquels M. Thiers sera empêché d'aborder la tribune française », votre réponse aura-t-elle le même accueil ?» (*Applaudissements répétés à gauche et au centre gauche. — Mouvement prolongé.*)

M. Batbie monte à la tribune. Il prie l'Assemblée de suspendre la séance, afin que la commission puisse délibérer. Il était trois heures. A sept heures, l'Assemblée rentrait en séance, et M. Batbie déclarait que la commission, ne pouvant pas adhérer à la proposition de M. Dufaure, maintenait purement et simplement sa résolution. M. Thiers monte aussitôt à la tribune. La gauche applaudit. Le président de la République déclare qu'il est prêt à discuter ces propositions et qu'il ne s'oppose pas au vote immédiat. Les applaudissements redoublent à gauche. Sur la demande de M. Batbie, la majorité vote le renvoi de la discussion au lendemain 29.

M. Thiers ouvrit la séance par un admirable discours dont nous devons reproduire les principaux passages :

« C'est à Bordeaux que mes relations avec cette grande Assemblée ont commencé. Vous savez quelle était notre situation alors. Vous avez bien voulu m'offrir le pouvoir, et dans les circonstances où nous étions, me l'offrir c'était me donner l'ordre impérieux de l'accepter. (*Très bien! très bien! à gauche.*) Je l'avais refusé de l'Empire mourant, je l'avais refusé de la République naissante, parce que j'étais non pas effrayé, — après cinquante ans de la vie que j'ai menée, on serait bien faible si on pouvait éprouver un effroi quelconque, — mais j'étais anxieux de la tâche cruelle qui pesait sur ma tête, moi à qui, je crois, vous n'aviez pas le droit de l'imposer, cette paix cruelle et douloureuse que j'ai signée avec la conviction que je rendais un grand service à mon pays, mais inconsolable, à jamais inconsolable d'avoir dû la signer. (*Mouvement. — Très bien! très bien! à gauche et au centre gauche.*)

« Eh bien, quelqu'un pourra-t-il dire que je l'aie sollicité quand on m'a donné le pouvoir? Qu'il se lève celui qui pourra dire que je l'ai sollicité de quelque manière que ce soit! Non!

« Mais vous ne m'avez pas choisi. Non! Je ne vous con-

naissais pas pour la plupart ; vous n'aviez aucunes relations
personnelles avec moi. Vous ne m'avez pas choisi ; vous
m'avez reçu des circonstances, et j'ai dû céder à ces circonstances ainsi que vous. Ayant toujours refusé depuis six
mois, je n'ai pas délibéré un moment ; j'aurais cru que délibérer ç'aurait été une lâcheté, un manquement à tous mes
devoirs. (*Très bien ! très bien ! à gauche.*)

« C'est alors que j'ai conçu ce qu'on appelle le pacte de
Bordeaux, qui se trouve contenu dans un discours écrit, réfléchi, ayant obtenu l'assentiment de tous mes collègues et
que vous avez écouté avec applaudissement. Quelle était
alors ma pensée ? Comment ! me disais-je, après la guerre
étrangère viendrait la guerre civile ? Nous nous égorgerions
après avoir été égorgés par l'étranger ? Non ! non !

« Il y avait une forme de gouvernement qui était donnée
par les événements ; il faut l'appeler par son nom : la République.

« Comment m'a-t-on appelé moi-même ? Me suis-je donné
mon titre ? l'ai-je recherché ? l'ai-je discuté ? On m'a appelé
chef du pouvoir exécutif de la République française ; tout
le monde a voté ce titre. Était-ce le titre qui répondait aux
affections, aux pensées et aux théories de toute ma vie ?
Non. Pendant toute ma vie je l'ai dit, je l'ai répété et je le
répète encore. Si, comme le sculpteur qui a de la terre
plastique dans les mains, j'avais pu façonner mon pays,
j'en aurais fait une Angleterre et non pas une Amérique.
Je l'ai dit à tout le monde, je le répète encore, je ne recule
devant aucune de mes opinions, car elles ont été toutes
sérieuses, imposées par l'amour du pays.

« Et sous la domination de circonstances auxquelles nous
ne pouvions pas résister, j'ai pensé, — et vous avez pensé
comme moi, pas un ne m'a démenti, arrêté, — j'ai pensé
qu'il n'y avait qu'un moyen de nous saisir du pouvoir devant ceux qui l'occupaient, c'était de conserver ce titre de
la République française ; car à Bordeaux je vous aurais défié
de prononcer le mot de monarchie. (*Mouvements divers. —
Très bien ! très bien ! à gauche et au centre gauche.*) Eh bien,
la vérité, la voilà !

« Ce jour-là je me suis dit que je ne serais d'aucun parti,
et aujourd'hui encore je le répète, je ne suis d'aucun parti.
Je gouverne au nom du fait, dans l'intérêt du fait et dans

l'intérêt du pays. Je ne vous ai fait, dans mon message, qu'une insinuation : ce n'était pas d'enchaîner l'avenir de la France, c'était de pratiquer sincèrement, loyalement le gouvernement existant, et de lui donner le moyen de remplir les fonctions que tout gouvernement doit exercer, celui de mener le pays au repos, à la prospérité, au bien-être.

« Eh bien, cette politique que je déclare la bonne aujourd'hui et que j'oppose à la politique du gouvernement de combat..... (*Bravos et applaudissements à gauche et au centre gauche. — Mouvement prolongé.*).... cette politique, elle a consisté, elle consiste en ce que je vais dire, et pour ma part je suis convaincu que les trois gouvernements qui ont succombé successivement n'ont péri que faute d'avoir compris et pratiqué cette politique. Cette politique consiste à prendre le terrain le meilleur, le plus favorable pour combattre le mal, et pour cela de désintéresser le plus possible toutes les opinions sincères, pour réduire l'opposition à ceux qui veulent le mal. Eh bien, à Bordeaux, cette politique, en pratiquant sincèrement la République, cette politique nous a permis de nous saisir du pouvoir.

« Le pouvoir n'était pas dans nos mains, il était dans les mains de ceux qui avaient voulu pousser la guerre à son dernier terme et qui, à mon avis, se trompaient et mettaient le pays dans le plus grand danger. Le pouvoir, je le répète, n'était pas dans mes mains. Toutes les villes du Midi étaient coalisées, elles étaient armées, mal armées pour résister à l'étranger, suffisamment pour résister à un gouvernement naissant. Si nous avions alors parlé monarchie aux villes de Lyon, de Marseille, de Toulouse, de Bordeaux, qui étaient armées, nous n'aurions pas pu nous saisir du pouvoir.

« Nous nous sommes trouvés, sous les murs de Paris, devant une résistance formidable; il y avait 3,000 bouches à feu, 400,000 fusils; nous les avons arrachés aux mains de ce peuple égaré. Il y avait un peuple habitué depuis plusieurs mois à entendre le canon, à ne pas travailler, à sortir des murs, à voir l'ennemi et à rentrer; ce peuple était animé sans doute par le patriotisme, mais égaré par des hommes à doctrines détestables. Eh bien, en cinq semaines nous avons réussi, — et peut-être que l'histoire, plus juste que les contemporains, nous en tiendra quelque compte, —

nous avons réussi en cinq semaines à réunir une armée
de 140,000 hommes. Cela paraît extraordinaire. Oh ! s'il n'y
avait eu qu'à réprimer une émeute, il aurait fallu une force
bien moindre ; mais cette armée, nous avions bien de la
peine à la former ; car l'étranger qui occupait une partie
des murs de Paris, qui nous observait, regardait d'un œil
défiant la formation de cette armée ; il pouvait se demander,
avant d'avoir éprouvé la bonne foi des hommes qui ont été
à la tête du gouvernement, pour qui nous rassemblions ces
140,000 hommes ; nous étions au milieu de toutes les difficultés.

« Eh bien, en ce moment-là, non seulement une partie des
habitants de Paris, mais tous les personnages qui, dans les
grandes villes, détenaient l'autorité, en ce moment sont venus
à Paris ; ils ont engagé avec moi des négociations ; vous les
avez connues, j'ai été interpellé dans ces négociations ; et
que me disait-on ? On me disait : « Nous détestons la Commune, elle professe des principes qui ne sont pas les nôtres ;
nous sommes prêts à nous séparer d'elle, mais dites-nous
si vous travaillez pour la monarchie ou pour la République. » A cela j'ai répondu : « Vous calomniez l'Assemblée ;
il est bien vrai que beaucoup d'hommes respectables de
cette Assemblée sont, je dirai depuis leurs aïeux. depuis
leur naissance, passionnés, — j'ai prononcé le mot, — pour
la monarchie, c'est leur droit ; mais personne dans l'Assemblée ne conspire ; vous la calomniez, et en tous cas, moi
qui vous parle, je tiendrai ma parole, je maintiendrai la
République ! »

« On m'a dit : « Nous croyons à votre parole, pas un de
nous ne cherchera à agiter les localités au milieu desquelles il vit ! » — On a tenu parole : Aucune de nos villes
n'a fait un mouvement. Messieurs, aujourd'hui nous pouvons le dire, il n'y a aucun danger, et notre armée française, revenue à sa discipline, dans les mains de grands et
nobles chefs, ne faillira jamais, le moindre trouble sera
implacablement réprimé.

« A cette heure, il n'y a rien à craindre, rien ; l'armée
appartient à la loi, avec le plus parfait dévouement. Aujour-
d'hui nous pouvons parler, il n'y a pas de danger de désordre ; c'est la vérité. On n'abusera pas de nos paroles.
Mais alors, si j'avais été obligé de détacher vingt ou trente

mille hommes de l'armée de Paris, je n'aurais pas triomphé
de la Commune.

« Eh bien, je suis obligé de tout dire : vous n'êtes pas
engagés, moi, je le suis! (*Très bien! très bien! à gauche et au
centre gauche.*)

« Quand j'ai donné ma parole, moi monarchiste, moi qui
ai toujours rêvé pour mon pays la monarchie constitutionnelle, eh bien, oui, sous l'empire des circonstances, je me
suis engagé! Mais il n'y a que moi d'engagé, je le répète.
Vous avez parfaitement le droit de me dire : Vous êtes
engagé, tenez vos engagements. Je suis tout prêt; car mon
engagement, quand j'ai quitté le pouvoir, il est rempli.

« Mais je me suis souvent interrogé : est-ce que vous
croyez qu'à mon âge, très près de ce que j'appelle les
vérités éternelles, je voudrais, devant ma conscience et
devant cette conscience du genre humain qu'on appelle
l'histoire, commettre cet acte abominable de pousser, moi,
moi seul, de ma propre volonté, mon pays dans une voie ou
dans une autre, dans celle qui a été quatorze siècles la
sienne, ou dans celle qui est une voie nouvelle, tout à fait
nouvelle, j'en conviens? Moi, pousser mon pays ici ou là,
parce que je serais engagé? non, non, je ne le ferai pas!
(*Très bien! sur plusieurs bancs à gauche.*)

« C'est avec une réflexion profonde de tous les moments,
pendant deux ans de la vie la plus cruelle, que j'ai pensé à
ce sujet. Je me suis engagé, mais encore une fois mon engagement n'est rien. Que l'on me jette de côté comme ces
instruments dont on se sert et que l'on abandonne après
s'en être servi, je ne me tiendrai pas pour offensé ou pour
malheureux; que l'on me rejette comme un instrument dont
on a usé et qui n'est plus utile aujourd'hui.

« Croyez-moi, je parle sincèrement, si vous étiez à ma
place, si vous travailliez dix-huit heures par jour comme je
le fais, vous verriez si je puis tenir pour un motif quelconque à la conservation de ce pouvoir! Je me suis demandé
quel était mon devoir. Je n'hésite pas à le dire, si devant
moi je voyais la possibilité de faire la monarchie, si on le
pouvait... Si on le peut, il faut me le dire! si je croyais que
la faire en ce moment fût un devoir, que ce fût une manière
de terminer notre anxiété, si j'étais sûr qu'une monarchie
eût de l'avenir, qu'elle pût durer; que l'on fût d'accord,

qu'une des trois monarchies possibles rencontrât la soumission des deux autres et la soumission de cette portion considérable du pays qui s'est donnée à la République, savez
vous ce que je ferais? Je dirais : J'ai pris un engagement,
cela ne regarde que moi, cela ne vous regarde pas. Je trou-
verais une manière de me retirer et je laisserais faire ceux
qui pourraient restaurer la monarchie. Ne dites donc pas
que c'est l'intérêt qui m'a guidé. Si je me trompe, si c'est
l'intérêt qui m'aveugle, ce triste, ce misérable intérêt au-
dessus duquel je suis, dites-le! Ah! si vous saviez le fond de
ma pensée, vous verriez que ce que je désire ce soir même,
c'est de n'être plus à la tête du gouvernement, oui, je le
désire avec passion. (*Mouvement*).

« Et bien, si je croyais la monarchie possible, je me reti-
rerais, je vous la laisserais faire; j'aurais acquitté mon engagement, je resterais homme d'honneur, et je verrais mon
pays suivre ce que vous appelez ses destinées.

« Interrompez-moi en ce moment si vous croyez que l'intérêt du pays est de faire la monarchie aujourd'hui; faites-
moi descendre de la tribune, prenez le pouvoir, ce n'est pas
moi qui vous le disputerai. (*Bravos et applaudissements trois
fois répétés à gauche et au centre gauche.*)

« Messieurs, voilà qui je suis : je suis un vieux disciple de
la monarchie, je suis ce qu'on appelle un monarchiste, qui
pratique la République par deux raisons : parce qu'il s'est
engagé et que pratiquement, aujourd'hui, il ne peut pas
faire autre chose. Voilà quel républicain je suis, je me
donne pour ce que je suis, je ne trompe personne. (*Nouveau
mouvement. — Très bien!*)

« Eh bien, l'équivoque va cesser à l'instant même. Vous me
demandez pourquoi on m'applaudit : le voilà! (*Très bien! très
bien! — Vifs applaudissements à gauche et au centre gauche.*)

« Ce n'est pas parce que j'ai failli aux doctrines de ma
vie; ce n'est pas parce que je partage les opinions des honorables députés qui siègent sur ces bancs; (*en montrant la
gauche.*) Ce n'est pas parce que je partage les opinions non
pas des plus avancés, mais des plus modérés. Non! ils savent
que sur la plupart des questions sociales, politiques et éco-
nomiques, je ne partage pas leurs opinions; ils le savent; je
le leur ai dit toujours. (*Oui! c'est vrai! à gauche. — Rires
prolongés à droite et au centre.*)

« Non, ni sur l'impôt, ni sur l'armée, ni sur l'organisation
sociale, ni sur l'organisation politique, ni sur l'organisation
de la République je ne pense comme eux. (*Rires et exclamations ironiques à droite et en face de la tribune.*)

« Mais on m'applaudit parce que je suis très arrêté sur ce
point, qu'il n'y a aujourd'hui pour la France d'autre gouvernement possible que la République conservatrice. C'est là
ce qui me vaut une faveur que je n'ai recherchée par aucun
désaveu des sentiments de toute ma vie. Je ne la recherche
pas davantage aujourd'hui pour acquérir de votre côté, en
désavouant certaines de mes opinions, quelques voix de
plus. Non, je ne demande rien que le repos. (*Sensation
marquée.*)

« Mais il y a des opinions pour lesquelles, me dit-on, je
suis trop indulgent.

« Ces opinions, je les ai toujours combattues, je les com-
bats encore aujourd'hui, mais c'est la loyauté, j'ose dire la
franchise de ma conduite qui me valent les applaudissements que vous me reprochez. (*Oui! oui! très bien! très
bien! à gauche et au centre gauche.*)

« Si l'on vient me dire que je me trompe et qu'il y a autre
chose à faire, eh bien! qu'on l'essaye et je me rends à l'instant même. Mais, puisqu'on ne peut sortir de la République,
j'ajoute : Appelons-la conservatrice et tâchons que ce titre
soit mérité. Tout le secret de ma politique et celle de mes
collègues est là ; nous n'en avons pas d'autre.

« Maintenant cette politique, j'en conviens, elle n'est pas
la politique de combat, non! Lorsque le désordre est dans
la rue, il n'y a qu'une politique, la force, la force déployée
dans toute son énergie ; mais, quand le combat a cessé, il n'y
a plus qu'une politique, la fermeté ; d'abord il faut défendre
le gouvernement contre tout le monde, contre ses propres
amis souvent, contre ceux dont on préférerait l'appui à tout
autre ; oui, la fermeté, et, après la fermeté, la modération.
(*Très bien! très bien!*)

« Après la modération dans un pays où les partis sont
aussi divisés que dans le nôtre, l'impartialité à l'égard de
tous les partis.

« Par ces moyens-là, l'énergie dans le combat, la fermeté
dans la conduite du gouvernement, la modération, l'impartialité à l'égard des partis, on arrive à l'apaisement, je ne

connais pas d'autres moyens. Si vous croyez que la politique de combat vaille mieux, pratiquez-la, je ne vous disputerai pas le pouvoir; mais il faut se donner pour ce qu'on
est, et moi, je ne veux pas me donner pour un homme de la
politique de combat. (*Bravos et applaudissements à gauche.*)

« Je ne dis pas qu'on doive faire des constitutions en 20,
30, 50, 100, 200 articles; mais je dis qu'on doit faire le
nécessaire, l'indispensable. Je ne dis pas qu'on doive le
faire aujourd'hui, non; mais il faut dès maintenant qu'on
en commence l'examen, qu'on n'en détache pas, — pardonnez-moi le mot, — malicieusement une question qui a
l'air d'une question personnelle, uniquement pour donner
un témoignage de méfiance.

« Agissez donc par un moyen plus simple. Vous vous dé-
fiez de ma politique, de mon indulgence. Vous pouvez me
le témoigner directement; cela vaut mieux que de prendre
une mauvaise résolution, beaucoup mieux. Certes, quand je
songe au pays, je serais affligé d'un changement de mains
dans les circonstances où nous sommes. Dieu me garde de
dire que ce changement n'est pas possible ou qu'il serait
dangereux, je vous demande pardon de vous dire ce qui
vous déplaît, mais je dis que si je pouvais séparer l'homme
du citoyen, je serais le plus heureux des hommes; si vous
me renvoyiez au repos, à la retraite, aux nobles études
auxquelles j'ai consacré la fin de ma vie, je ne pourrais que
m'en réjouir; mais une expression de défiance détournée,
permettez-moi de ne pas m'y résigner.

« Si vous voulez examiner sérieusement toutes les questions que le sujet comporte, celle de la responsabilité ministérielle et présidentielle concurremment avec chacune
des autres, mais chacune étant à sa place, l'une n'étant pas
tirée, avec une intention personnelle, de l'ordre naturel
d'idées dont elle fait partie, de son cadre vrai, pour en
faire de suite une arme, si vous voulez procéder ainsi, je le
veux bien : toutes les questions seront examinées dans leur
ordre naturel.

« Si, maintenant, on ne veut examiner qu'une seule question qu'on dirige contre moi, c'est une question de défiance.
Eh bien, qu'on émette un vote de défiance; mais alors le
sujet de discussion est transformé : il ne s'agit plus de la
responsabilité ministérielle, il s'agit de la confiance et de la

défiance que vous avez envers moi. (*Très bien! très bien!* — *Applaudissemens à gauche et au centre gauche.*)

« Quant à moi, quoi qu'on pense, quoi qu'on dise, permettez-moi d'achever par ces mots que vous condamnerez peut-être, que les hommes équitables approuveront, je crois : Je jure devant vous, devant Dieu, que j'ai servi deux ans mon pays avec un dévouement sans bornes ! » (*Profonde émotion.* — *Vives acclamations et applaudissements prolongés à gauche et au centre gauche.*)

(*M. le Président de la République revient s'asseoir au banc du gouvernement. Un grand nombre de membres quittent leurs places et viennent le féliciter.*)

M. Ernoul répondit à M. Thiers, au nom de la droite, pour déclarer que le débat engagé ne portait ni sur la république ni sur la monarchie, mais que M. Thiers ne devait pas couper le câble qui l'attachait à l'Assemblée, car ce câble tenait « à l'ancre de miséricorde ». Le président de la République crut devoir répondre à M. Ernoul. M. Lucien Brun reprit la thèse de son collègue et donna sa parole qu'il ne s'agissait ni d'une question personnelle ni d'une question politique. « Il ne s'agit que de cela ! » lui cria M. Thiers. On alla aux voix. La proposition du gouvernement fut adoptée à 37 voix de majorité, par 372 contre 335. Le soir, à la gare Saint-Lazare, une foule nombreuse accueillit les députés rentrant dans Paris aux cris de : Vive la République ! Vive M. Thiers !

Les chefs de la réaction monarchique avaient prévu cet échec. Ils recommencèrent aussitôt la lutte. MM. Changarnier, Dupanloup, de Broglie, Bocher, Lucien Brun et Batbie jurèrent que désormais, pour jeter à bas M. Thiers et pour renverser la République, tout moyen serait bon. M. Batbie avait eu, dès le 28 novembre, une entrevue avec MM. Rouher, Gavini, Levert et Galloni d'Istria. Le 29, les journaux bonapartistes publièrent cette note significative : « On s'est demandé quelle serait l'attitude des députés de l'appel au peuple dans le débat qui s'ouvre aujourd'hui. Nous croyons savoir que ces députés ont eu une réunion dans laquelle ils ont décidé qu'ils appuieraient la proposition du rapport Batbie. » Le 30, M. Prax-Paris, député bonapartiste, interpella le ministre de l'intérieur au sujet des adresses envoyées au Président de la République, pour le féliciter de son message, par des conseillers municipaux réunis hors session : M. Raoul

Duval, autre député bonapartiste, déposa un ordre du jour de méfiance et l'Assemblée le vota par 305 voix contre 296. Au sortir de la séance, M. Rouher dit à un de ses amis : « Enfin, nous avons arraché la première feuille de l'artichaut! » M. Victor Lefranc donna sa démission. M. de Goulard le remplaça. M. Thiers donna le portefeuille des finances à M. Léon Say et celui des travaux publics à M. de Fourtou. M. Calmon succéda à M. Say à la préfecture de la Seine. (7 décembre.)

La veille, l'Assemblée, réunie dans ses bureaux, avait nommé la commission des Trente. Elle comprenait onze membres soutenus par les gauches : MM. Duchâtel, Delacour, Marcel Barthe, Duclerc, Ricard, Martel, de Fourtou[1], Arago, Bertauld, Albert Grévy et Max Richard. La droite comptait dix-neuf membres : MM. Bathie, Théry, d'Haussonville, de la Bassetière, Sacaze, de Larcy, Fournier, d'Audiffret-Pasquier, de Cumont, Decazes, Germonière, Lucien Brun, l'Ebraly, de Lacombe, Amédée Lefèvre-Pontalis, Grivart, Deseilligny, Ernoul et Baze. M. de Larcy fut élu président par 19 voix contre 17 données à M. Martel. « La victoire du gouvernement avait donc été inutile, dit M. Ranc. (*De Bordeaux à Versailles*, p. 144.) Ce qu'on pouvait espérer de mieux, c'est que le législatif et l'exécutif continueraient à s'annuler réciproquement. Il était urgent de se tirer d'une situation insoluble. Nul autre moyen que la dissolution. Le gouvernement lui-même ne comprendrait-il pas? On put croire que M. Thiers s'était enfin résolu à ne plus entraver les mouvement, lorsqu'on vit le *Siècle* prendre tout d'un coup l'initiative d'une organisation générale du pétitionnement dissolutionniste. M. Leblond, député de la Marne, était alors directeur politique du *Siècle*; il voyait souvent M. Thiers. On pensa qu'il n'avait pas agi sans le consulter. Peut-être ne se trompait-on pas. Quoi qu'il en soit, l'occasion était propice pour frapper un grand coup. L'*Union républicaine* se réunit et lança la proclamation suivante :

« Chers concitoyens,

« Depuis trois semaines, la France est en émoi, le travail

1. MM. Martel et de Fourtou avaient été élus dans le 5e bureau par 25 voix contre MM. de Broglie, 23 voix, et de Meaux, 21. M. de Fourtou ayant été nommé ministre des travaux publics, M. de Broglie fut élu le 10 décembre par 24 voix contre 23 données à M. La Caze.

se ralentit, le mouvement des affaires s'arrête, l'inquiétude
envahit tous les esprits, l'existence nationale est comme suspendue.

« Ce malaise tient à l'état de division d'où l'Assemblée
paraît ne pas pouvoir sortir, qui frappe d'impuissance le
gouvernement de la République, et qui tue dans son germe
toute espérance de stabilité.

« D'honnêtes mais timides esprits ont pu croire jusqu'à
présent que la circonspection, la prudence, la temporisation,
suffiraient pour mettre un terme à cette situation.

« Aujourd'hui l'illusion n'est plus permise. Les derniers
votes de l'Assemblée montrent qu'une majorité ne peut ni
s'y fixer ni même s'y former. Aussi le gouvernement, bien
loin de pouvoir gouverner, semble quelquefois ne pas se
sentir assuré de vivre.

« Des crises, mortelles à tous les intérêts, renaissent inces-
samment. De là, dans l'esprit de tous les patriotes clair-
voyants, cette conviction qu'il est temps que le pays reprenne
l'usage de sa souveraineté pour terminer un différend que
seul il peut trancher.

« Dès le mois d'août 1871, dans la séance même où l'Assemblée s'attribuait le pouvoir constituant, le groupe de
l'*Union républicaine* a, dans une proposition de loi, réclamé
la dissolution intégrale et demandé qu'il fût fait un nouvel
appel aux électeurs.

« L'adoption de ce projet eût coupé court aux difficultés
qui commençaient; elle eût épargné au pays les épreuves
qui, depuis cette époque, lui ont été imposées.

« Aujourd'hui, une grande fraction de l'Assemblée reconnaît que la dissolution demeure la seule issue pour ceux qui
désirent éviter de nouveaux périls. De toutes parts, les électeurs s'associent à cette pensée libératrice.

« La dissolution obtenue par les voies légales, tel est notre
but, telle est la volonté avérée de la nation.

« Nous repoussons hautement tout moyen de pression
violente; nous répudions les coups de force d'où qu'ils viennent; nous sommes ennemis du désordre; nous en avons,
depuis bientôt deux ans, donné de nombreuses preuves,
car on nous a trouvés unis autour du gouvernement de
M. Thiers, toutes les fois qu'il a été menacé.

« Nous demandons que le pays continue notre œuvre:

que, par des élections nouvelles, il constitue une majorité
puissante, capable de donner au gouvernement la République un concours efficace, d'assurer le triomphe pacifique
de la volonté nationale et la stabilité des institutions républicaines.

« Chers concitoyens,

« Votre patriotisme est venu à notre aide. Vous assu-
rerez, par votre zèle, la victoire de l'opinion publique.

« Surtout, sachez bien et rappelez-vous que le droit de
pétition est un droit inviolable et dont l'exercice est garanti
par les lois du pays. Il est indissolublement lié au principe de la souveraineté nationale. Lui porter atteinte, ce
serait attenter au suffrage universel lui-même.

« Paris, 10 décembre 1872.

« Edmond Adam (Seine), Allemand (Basses-Alpes), Ancelon
(Meurthe-et-Moselle), Arrazat (Hérault), Barni (Somme),
Berlet (Meurthe-et-Moselle), Martin Bernard (Seine), Paul
Bert (Yonne), Louis Blanc (Seine), Melvil-Bloncourt
(Guadeloupe), Boucau (Landes), Bouchet (Bouches-du-
Rhône), Charles Boysset (Saône-et-Loire), Émile Brelay
(Seine), Brillier (Isère), Henri Brisson, (Seine), Brousses
(Aude), Caduc (Gironde), Carion (Côte-d'Or), Castelnau
(Hérault), Cazot (Gard), Challemel-Lacour (Bouches-du-
Rhône, Colas (Constantine), Corbon (Seine), Cotte (Var),
Crémieux (Alger), Daumas (Var), Deregnaucourt (Nord),
Dorian (Loire), Dréo (Var), Dubois (Côte-d'Or), Ducuing
(Hautes-Pyrénées), Pascal Duprat (Landes), Dupuy (Drôme),
Durieu (Cantal), Escarguel (Pyrénées-Orientales), Esquiros
(Bouches-du-Rhône), Farcy, lieutenant de vaisseau (Seine,
Ferrouillat (Var), Gambetta (Seine), Ganault (Aisne), Gaudy
(Doubs), Gent (Vaucluse), René Gobet (Somme), Godin
(Aisne), Grandpierre (Meuse), Greppo (Seine), Joigneaux
(Côte-d'Or), Lacretelle (Saône-et-Loire), Lallize (Meurthe-
et-Moselle), Lafon de Fongaufier (Sénégal), Laget (Gard),
Lambert (Oran), Langlois (Seine), Larrieu (Gironde),
Laurent-Pichat (Seine), Lefèvre (Alpes-Maritimes), Lepère
(Yonne); Lepouzé (Eure), Lherminier (Orne), Loustalot
(Landes), Mercier (Ain), Millaud, (Rhône), Monier (Vaucluse),

Moreau (Côte-d'Or), Naquet (Vaucluse), Ordinaire (Rhône), Parent (Savoie), Peyrat (Seine), Edgar Quinet (Seine), Rathier (Yonne), Renaud, Michel (Basses-Pyrénées), Rouvier (Bouches-du-Rhône), Salneuve (Puy-de-Dôme), Sansas (Gironde), Scheurer-Kestner (Seine), Schœlcher (Martinique), Simiot, (Gironde), Taberlet (Haute-Savoie), Tardieu (Bouches-du-Rhône), Testelin (Nord), Tiersot (Ain), Tirard (Seine), Tolain (Seine), Turquet (Aisne), Viox (Meurthe-et-Moselle).

La formule de pétition adoptée par le *Siècle* était ainsi conçue :

« *Les citoyens soussignés prient l'Assemblée nationale de vouloir bien prononcer sa dissolution.* »

Le 11 décembre, MM. Chevandier (Drôme), Folliet (Haute-Savoie), Jacques (Oran), La Serve, (la Réunion), de Mahy, (la Réunion), et Mazeau (Côte-d'Or), qui n'avaient pu assister à la réunion de l'Union républicaine, adhéraient au manifeste de ce groupe par une lettre adressée au rédacteur en chef de la *République Française*.

A la même date, la gauche républicaine adoptait la résolution suivante :

« La gauche républicaine, s'associant aux manifestations de l'opinion publique en faveur des prochaines élections, approuve le pétitionnement et déclare que, sans exclure absolument l'idée d'un renouvellement partiel, elle votera le projet du renouvellement intégral de l'Assemblée nationale. »

SIGNÉ : Magnin (Côte-d'Or), *président*;

Fourcand (Gironde), *vice-président*;

Sadi Carnot, Lévêque (Côte-d'Or), *secrétaires*;

Charles Rolland (Saône-et-Loire), *questeur*;

Faye (Lot-et-Garonne), *trésorier*;

Amat (Bouches-du-Rhône), *trésorier-adjoint*; Général Guillemaut (Saône-et-Loire), Humbert (Haute-Garonne), Malézieux (Aisne), Carnot père, (Seine-et-Oise), Leblond (Marne), Mestreau (Charente-Inférieure), *membres du comité de direction*.

Allemand, (Basses-Alpes), Ancelon (Meurthe-et-Moselle), Emmanuel Arago (Pyrénées-Orientales), Bamberger (Meurthe-et-Moselle), Berlet (Meurthe-et-Moselle), Billy (Meuse),

Boucau (Landes), Bozérian (Loir-et-Cher) Breton, (Isère),
Brice (Meurthe-et-Moselle), Carquet (Savoie), Charton,
(Yonne), Chavassieu (Loire), Cherpin (Loire), Chevandier
(Drôme), Claude (Meurthe-et-Moselle), Claude (Vosges),
Clerc (Drôme), Colas (Constantine), Contaut (Vosges),
Taxile Delord (Vaucluse), Deregnaucourt (Nord), Des-
change (Moselle), Dorian (Loire), Dubois (Côte-d'Or),
Ducoux (Loir-et-Cher), Ducuing (Hautes-Pyrénées), Dufay
(Loir-et-Cher), Duparc (Haute-Savoie), Durieu (Cantal),
Duvergier de Hauranne (Cher), Fernier (Doubs), Folliet
(Haute-Savoie), Gatien-Arnoult (Haute-Garonne), George
(Vosges), Cyprien Girerd (Nièvre), Godin (Aisne), Grand-
pierre (Meuse), Albert Grévy (Doubs), Guichard (Yonne),
Guinard (Savoie), Guinot (Indre-et-Loire), Guiter (Pyrénées-
Orientales), Hèvre (Seine-et-Oise), Jacques (Oran), Jouin
(Ille-et-Vilaine), Jozon (Seine-et-Marne), Labélouye (Seine-
et-Oise), Oscar de Lafayette (Seine-et-Marne), Laflize
(Meurthe-et-Moselle), Lafon de Fongaufier (Sénégal),
Lamy (Jura), Langlois (Seine), La Serve (Réunion), Lebre-
ton (Finistère), Pierre Lefranc (Pyrénées-Orientales), Le
Royer (Rhône), Loustalot (Landes), Lucet (Constantine),
De Mahy (Réunion), Malens (Drôme), Margaine (Marne),
Henri Martin (Aisne), Mazeau (Côte-d'Or), Meline (Vosges),
Mercier (Ain), Monier (Vaucluse), Paul Morin (Seine),
Noël Parfait (Eure-et-Loir), Parent (Savoie), Général Pélis-
sier (Saône-et-Loire), Pin (Vaucluse), De Pompéry (Finis-
tère), Rameau (Seine-et-Oise), Michel Renaud (Basses-Py-
rénées), Riondel (Isère), Léon Robert (Ardennes), Roger-
Marvaise (Ille-et-Vilaine), Salneuve (Puy-de-Dôme), Silva
(Haute-Savoie), Tamisier (Jura), Tassin (Loir-et-Cher),
Testelin (Nord), Thomas (Marne), Thurel (Jura), Tirard
(Seine), De Tocqueville (Manche), Varroy (Meurthe-et-Mo-
selle), Villain (Aisne), Viox (Meurthe-et-Moselle), Warnier
(Marne), Warnier (Alger), Wilson (Indre-et-Loire).

Le même jour, 11 décembre, M. Lambert Saint-Croix
demandait à l'Assemblée de mettre à son ordre du jour du
surlendemain 14 décembre la discussion des pétitions demandant la dissolution de l'Assemblée. La majorité de la
commission des Trente venait de jouer une assez habile comédie : elle avait fait savoir à M. Thiers qu'il se méprenait

sur ses intentions et qu'elle ne demandait pas mieux que de s'entendre, moyennant quelques concessions réciproques.

M. Lambert de Sainte-Croix. — Messieurs, j'ai l'honneur de demander à l'Assemblée de vouloir bien mettre à son ordre du jour de samedi prochain, qui est, d'après le règlement, le jour consacré aux pétitions, les rapports qui sont prêts sur les pétitions relatives à la dissolution de l'Assemblée. (*Très bien! très bien! sur un grand nombre de bancs.*)

L'Assemblée tout entière comprendra que la question est assez grave et qu'elle est assez urgente, après les manifestations qui se font à l'heure où je parle, pour qu'elle puisse donner à cette grande question, qui tient tous les intérêts du pays suspendus, une solution immédiate. (*Très bien! très bien! à droite.*)

Elle comprendra aussi qu'il peut être temps que les attaques dont cette Assemblée est poursuivie au dehors, osent enfin affronter cette tribune. (*Vives et nombreuses marques d'assentiment.*)

M. Gambetta *et plusieurs membres à gauche.* — Appuyé! appuyé!

M. le président. — M. Lambert Sainte-Croix demande que l'Assemblée consacre la séance de samedi prochain au rapport des pétitions demandant la dissolution de l'Assemblée. (*Appuyé! appuyé!*)

M. Carion. — Ce sont ceux qui repoussaient ces pétitions par la question préalable.....

A *droite.* — Comment! la question préalable? — Qui demande la question préalable?

M. Carion. — Je dis que ce sont ceux qui repoussaient ces pétitions par la question préalable qui en demandent aujourd'hui la discussion.

M. le marquis de Castellane. — Ce sont ceux qui pétitionnent qui se refusent à ce qu'on examine leurs pétitions!

M. Gambetta. — Je demande la parole.

M. LE PRÉSIDENT. — M. Gambetta a la parole.

Voix nombreuses à droite.—A la tribune ! à la tribune !

M. GAMBETTA, *à la tribune.* — Messieurs, nous aussi nous pensons, et depuis longtemps, que la discussion solennelle et nécessaire sur la dissolution de l'Assemblée devant laquelle j'ai l'honneur de parler est une question des plus urgentes.

L'urgence, nous l'avons réclamée à plusieurs reprises ; elle nous a été constamment déniée, et ce n'est pas aujourd'hui, que pliant sous le poids de l'opinion publique..... (*Vives réclamations et interruptions à droite et au centre droit. — Approbation et applaudissements à gauche.*)

Plusieurs membres à droite. — A l'ordre ! à l'ordre !

M. ANISSON-DUPERRON. — L'opinion dont vous parlez, c'est l'opinion de la *République française ;* ce n'est pas l'opinion publique. (*Bruit.*) C'est l'opinion du journal la *République française*.....

M. GAMBETTA. — Je vous ai entendu, Monsieur.

Ce n'est pas d'aujourd'hui que le sentiment spontané de la France démontre..... (*Nouvelles interruptions et dénégations à droite et au centre droit.*)

M. LE MARQUIS DE FRANCLIEU. — La France ! vous n'avez pas le droit de parler en son nom.

M. AUDREN DE KERDREL. — Personne n'a fait violence aux sentiments de la France comme vous.

M. BARAGNON. — Je demande la parole.

M. GAMBETTA. — ... démontre qu'on n'a plus que le choix entre ces deux choses : ou discuter avant qu'elle ait manifesté unanimement son opinion...(*Allons donc ! à droite*), ou discuter pendant qu'elle la manifeste.

Eh bien, nous sommes de ceux qui attendent le débat avec autant d'impatience que vous ; mais nous le voulons direct et complet. A samedi ! (*Mouvements en sens divers.*)

Après quelques paroles de M. Baragnon, l'Assemblée, à

l'unanimité, vote la mise à l'ordre du jour du samedi 14 décembre de la discussion des pétitions demandant la dissolution.

Le 14, M. Gambetta ouvrit la discussion par le discours suivant :

M. GAMBETTA. — Messieurs, le débat qui s'engage devant vous, bien qu'il soit né à la suite de pétitions qui ont déjà un an de date, soulève une question dont l'opinion s'est emparée à tel point, depuis quelques jours, qu'il me semble nécessaire que, malgré la date des pétitions rapportées, nous entrions complètement dans les détails de la grave question, certainement la plus grave qu'on puisse agiter dans une Assemblée : la question de son existence politique.

Et, Messieurs, je ne me dissimule pas avec quel sentiment intérieur une grande partie de cette Assemblée me voit paraître à cette tribune.

Je sais, par conséquent, si j'ai bien le souci des intérêts et des droits dont je suis le très humble, mais très ferme serviteur, à quelles précautions de langage, à quelle modération de parole me condamne... (*Légères rumeurs à droite. — Écoutez! écoutez!*) la situation qui m'est faite par mes honorables contradicteurs.

Mais, Messieurs, j'éprouve le besoin de vous dire que, si depuis longtemps nous n'avons pas déjà apporté à cette tribune la question, il faut bien que vous conveniez que ce n'est point du tout à notre charge et à notre responsabilité.

Nous avons déposé, dès le mois d'août 1871, au moment même où vous votiez la constitution Vitet-Rivet, une proposition signée par un groupe de cette Assemblée qui, contestant, à raison de son origine, le mandat constituant de l'Assemblée, vous demandait de prononcer vous-mêmes votre dissolution.

Cette proposition a été l'objet, de la part de deux de vos commissions d'initiative, d'un rapport qui associait notre propre demande au vœu d'une partie de cette Assemblée demandant aussi la dissolution partielle de l'Assemblée et son renouvellement partiel.

Depuis un an et plus d'un an que ces propositions ont été faites, il ne nous a pas été donné de les voir paraître à l'ordre du jour.

Un membre à droite. — Il fallait le demander!

M. GAMBETTA. — Nous l'avons demandé à cinq reprises différentes, comme le constate le *Journal officiel.* A diverses reprises, M. Quinet, M. Schœlcher sont venus à cette tribune vous prier de mettre à votre ordre du jour les propositions dont il s'agit. Je tenais à bien établir ces précédents, afin que le reproche qui nous est fait par certains esprits dans cette Assemblée d'avoir provoqué, à l'heure actuelle, la discussion d'aujourd'hui, ne nous fût pas sérieusement imputable, et aussi pour faire ressortir ce qu'il y a, permettez-moi de le dire, d'oblique et de détourné à poser la question de dissolution sur des pétitions qui ont un an de date, quand vous êtes saisis régulièrement, par l'initiative parlementaire, et par le rapport de l'honorable M. Princeteau, d'un projet de loi qui pose la question de dissolution. (*Très bien! très bien! à gauche.*)

Mais, si je fais cette observation, ce n'est pas, à coup sûr, pour ne pas profiter de l'occasion qui nous est donnée, et, puisqu'il s'ouvre, le débat veut qu'on l'achève et qu'on l'épuise.

Et d'abord, je crois bon de nous expliquer sur le projet même de dissolution.

Il règne, en effet, dans l'Assemblée comme au dehors, sur les tendances des hommes politiques qui se sont associés au mouvement de dissolution, une série d'erreurs, de préjugés, d'inventions calomnieuses, qu'il est bon de dissiper.

On représente les partisans de la dissolution comme des hommes de violence, comme des hommes amoureux, avant tout, de provoquer le désordre, et d'arriver

par une pression violente, irrégulière, ayant même
recours à l'emploi de la force matérielle, à la séparation de cette Assemblée.

Je sais bien que ce n'est pas dans cette enceinte
que je rencontrerai des esprits sérieusement convaincus d'une pareille disposition de notre part, mais
on nous l'attribue au dehors, et, par là, on essaye de
troubler l'esprit public : on essaye d'entraver ce mouvement qui se fait sur tous les points du territoire et
qui, obéissant à des nécessités d'ordre public, à des
considérations politiques de premier ordre, à l'urgence même de la situation, veut, non pas infliger une
atteinte ni à la dignité ni à l'indépendance de cette
Assemblée, mais veut qu'on sorte d'une situation
inextricable, grosse peut-être de trouble et de crise,
veut que le différend qui s'agite ici soit tranché. Et il
ne peut l'être par un autre arbitrage que celui du
suffrage universel, afin que tout le monde s'incline
lorsqu'il se sera prononcé. (*Très bien! très bien! à
gauche.*)

Il est donc bien entendu que ce que nous réclamons, ce n'est pas, comme le craignent et comme se
plaisent à le répéter certaines personnes, certains
écrivains, ce n'est pas la dislocation de l'Assemblée,
l'expulsion d'une partie de l'Assemblée ; ce n'est pas
la provocation ni au pouvoir d'en haut, ni à la force
d'en bas, à se porter à un acte criminel, à une tentative violente contre les pouvoirs constitués. Non !
c'est le droit que retient et qu'exerce tout membre du
corps souverain par excellence, le souverain électoral,
de se prononcer sur la conduite de ses mandataires,
de juger de leur politique, d'apprécier leur situation
devant le pays, de dire nettement, résolument, ce
qu'il en pense. Et s'il pense qu'il y a lieu, pour le bien
général, alors même qu'il se tromperait, alors même
qu'il errerait, s'il pense, dis-je, que la dissolution est
la seule issue qui reste pour sortir des difficultés qui

nous environnent, il a plus que le droit de le faire
connaître, il en a le devoir. (*Très bien! très bien! à
gauche.*)

Alors, Messieurs, il est imposé à l'Assemblée un
autre devoir. C'est, non pas de considérer les pétitions
qui arrivent à la barre comme des injonctions, comme
des ordres, comme je ne sais quelle affectation téméraire de violence dans le Parlement; non, c'est de les
juger en hommes politiques, avec le coup d'œil d'hommes d'État, et de se demander : Est-ce que le pays se
trompe? Est-ce que ces symptômes qui se manifestent
doivent pour nous devenir l'occasion d'un jugement
nouveau sur la politique du pays?

Et ce n'est pas au point de vue de ces reproches
qu'on adresse à certaines pétitions, que je n'ai pas
lues, qui pouvaient être mal rédigées, qui pourraient
émaner même de certains corps collectifs qui n'auraient pas eu légalement et strictement le droit de les
rendre, que je veux porter le débat. Non, je veux le
localiser sur le terrain purement politique, purement
parlementaire.

Il s'agit de savoir si l'opinion publique, si le suffrage
universel, depuis le 8 février 1871, a modifié, — en
prenant la thèse qui vous est le plus favorable, — a
modifié ses sentiments sur la marche des affaires, et si,
par les actes successifs auxquels il s'est livré, il a
condamné votre politique et épuisé votre droit.

Eh bien, je dis que, quand on remonte aux origines
de l'Assemblée, on peut établir de la façon la plus
claire que le mandat dont cette Assemblée a été investie par le suffrage universel d'alors était un mandat limité, déterminé, caractérisé, spécial; que ce
mandat a reçu son exécution, et que ce n'est pas là
une thèse de juriste, que c'est l'instinct infaillible du
suffrage universel qui lui a dit à ce moment-là ce
qu'elle avait à faire, et qui lui dit aujourd'hui ce qu'il
lui convient, ce qu'il est expédient de refaire.

En effet, par quel titre avez-vous été convoqués,
messieurs? Je suis bien obligé de reprendre les choses à l'origine, bien qu'aujourd'hui on pourrait dire
qu'il s'agit encore moins de vous disputer le pouvoir
constituant que d'établir votre impuissance gouvernementale. Mais, puisqu'on nous a provoqués au débat,
il faut qu'au dehors on sache, de la façon la plus complète, quelles sont les raisons qui, à mon sens, mili-
tent pour la dissolution. Nous dirons également, dût-
on ne pas nous les opposer ici, et avec la plus grande
loyauté, parmi les objections contre la dissolution,
celles qui ne sont que factices et puériles et celles qui
sont plus élevées et plus spécieuses. C'est à cette tà-
che que je veux me consacrer.

Je veux établir cinq points différents. (*Interruptions.*)
Je n'ai pas la prétention de faire un discours ni de
passion ni de polémique : je veux faire une démonstration. Ce n'est pas pour vous, Messieurs, que je veux
la faire, car je sais que malheureusement nous mar-
chons à un échec numérique. Je ne me suis fait aucune illusion; je sais parfaitement que, quand on pose
aux Assemblées la question de leur existence, elles se
décernent à elles-mêmes un brevet, non pas d'immor-
talité, mais de vitalité. Par conséquent, je veux purement et simplement légitimer le mouvement dissolutionniste, en donner les véritables raisons, le justifier,
sûr que, d'ici à quelques semaines, l'opinion saura
bien, même pour les plus incrédules et les plus résis-
tants, trouver les moyens de conviction qui s'imposent.
(*Rumeurs à droite.*)

M. LE MARQUIS DE DAMPIERRE. — C'est de la menace!

M. GAMBETTA. — Messieurs, il n'y a aucune menace
là-dedans. (*Mouvements divers. — Parlez!*) Il y a la pré-
vision d'un fait qui se réalisera très certainement, si
l'on en croit les symptômes qui se manifestent depuis
quatre jours dans le pays. (*Exclamations à droite.*) C'est
à savoir que la quantité de listes de signatures qui

vous seront déposées vous prouveront que vous êtes
en présence d'une manifestation vraie, profonde, irrésistible du suffrage universel. (*Rumeurs à droite.*)

Je dis qu'à l'origine, au 8 février 1871, l'Assemblée
a été constituée en vertu d'un titre qui ne laisse aucune espèce de doute sur la nature des pouvoirs qu'entendait lui conférer le souverain, le suffrage universel.

Voici, en effet, dans quels termes était conçu l'acte
qui ouvrait les collèges :

« Article 2 de la convention signée entre M. de Bis-
mark et M. Jules Favre :

« L'armistice ainsi convenu a pour but de permettre au gouvernement de la Défense nationale de convoquer une Assemblée librement élue qui se prononcera sur la question de savoir si la guerre doit être
continuée ou à quelles conditions la paix doit être
faite. » (*Vives réclamations et murmures à droite.*)

Un membre. — Notre titre ne vient pas des Prussiens !

Un autre membre. — C'est honteux d'invoquer le
traité avec la Prusse !

M. GAMBETTA. — Le décret qui convoque les électeurs reproduisait textuellement les lignes que je viens
de lire, et, si on voulait remonter aux travaux préparatoires, si on peut appeler ainsi les quelques jours
qui furent consacrés à la préparation des listes et à la
nomination des candidats, on trouverait que c'était là
l'opinion unanime de ceux qui, depuis, se sont consi-
dérés comme investis d'un mandat à la fois illimité et
omnipotent.

En effet, à cette époque les réunions publiques
étaient empêchées et entravées par la présence de
l'ennemi; on avait eu à peine le temps de faire connaître, dans toutes les localités, que les élections allaient avoir lieu ; il était impossible d'imprimer des
listes que la poste pût transporter partout, puisque
les communications postales étaient entravées et in-
terdites dans quarante-trois départements.

Vous l'avez si bien compris, que, lorsque vous vous êtes réunis, à Bordeaux, vous avez vérifié les élections en partant de ce principe que les élections seraient vérifiées *ipso facto*, par cela même qu'il n'y aurait pas de protestation dans un certain délai; vous les avez vérifiées sur des dépêches télégraphiques.

Cela est tellement vrai, que vous serez, des Assemblées qui se sont succédé en France, depuis cent ans, la seule qui n'ait pas d'acte civil : il n'existe pas aux archives, à l'heure qu'il est, de procès-verbaux réguliers constatant par quel nombre d'électeurs, inscrits ou votants, vous avez été élus. (*Réclamations à droite.*)

M. LE MARQUIS DE DAMPIERRE. — Vous n'en savez rien, puisque vous n'étiez pas là! Vous étiez en Espagne!

M. LE COMTE DE RESSÉGUIER. — Il y a des rapports sur chaque élection.

M. GAMBETTA. — Cette absence de concours du corps électoral, à l'époque de votre nomination, se retrouve encore dans l'addition des chiffres des suffrages exprimés. En prenant dans chaque département les têtes de listes, on n'arrive pas à 5,500,000 électeurs ayant pris part aux votes. Or, vous connaissez le chiffre de la population électorale de France. Vous n'en atteignez donc pas la moitié. (*Nouvelles réclamations à droite.*)

J'ajoute que, depuis le moment où on a constitué l'Assemblée au 8 février, des élections successives ont eu le résultat de consulter à peu près les trois quarts du suffrage universel, par suite des renouvellements partiels qui ont eu lieu, dans certains départements une fois, dans d'autres deux fois, et dans certains trois fois, de telle sorte que le suffrage universel, ayant envoyé un certain nombre de députés depuis le 8 février 1871, on arrive à constater ce phénomène particulier, que presque toutes les élections, 115 à peu près sur 133 ou 134, ont amené des représentants d'idées absolument opposées, au point de vue de la

forme politique, au point de vue des institutions gouvernementales, aux députés qui siégeaient en vertu
de l'élection du 8 février 1871, et qui excipaient du
prétendu mandat illimité pour fonder ou organiser la
monarchie. Je dis qu'on trouve dans cette simple
comparaison, entre les élections antérieures et les
élections postérieures au 2 juillet 1871, la preuve que
le suffrage universel, tout au moins, a changé absolument sa manière de voir au point de vue de vos prétendus pouvoirs constituants.

Mais j'ai peut-être mieux que des arguments tirés
de ces comparaisons entre les listes des candidats,
entre les professions de foi, et c'est l'aveu même de
ceux qui représentent, dans les élections du 8 février
1871, le parti auquel appartenait la majorité de cette
époque. (*Interruptions à droite.*)

Si vous voulez, je mettrai sous vos yeux un extrait
des doctrines et des aperçus qu'on trouvait à cette
époque dans les journaux qui représentaient précisément l'opinion que l'Assemblée ne pouvait être constituante, parce qu'elle avait été bâclée. (*Réclamations et
murmures à droite.*)

M. LE PRÉSIDENT. — Je ne puis vous laisser dire cela.

M. GAMBETTA. — Cependant, c'est une indication de
faits qui me permettrait de mettre sous les yeux du
pays et de l'Assemblée... (*Mouvements divers.*)

Quelques membres. — Laissez dire.

M. LE PRÉSIDENT. — L'orateur ne peut pas ignorer
et ne doit pas oublier que l'Assemblée s'est prononcée
par une résolution formelle sur le point auquel il touche. Et il ne m'est pas possible de laisser remettre en
question devant l'Assemblée ses propres décisions.
(*Très bien! très bien! à droite et au centre.*)

J'invite l'orateur à quitter ce terrain.

M. GAMBETTA. — Messieurs, cependant il me semble
absolument impossible que vous admettiez la discussion sur la dissolution, et que vous n'admettiez pas

la discussion sur l'origine de vos pouvoirs. (*Parlez!*)
Car, de quoi s'agit-il? Il s'agit de savoir précisément,
entre, vous et les pétitionnaires, si, au moment où
vous avez été élus, non seulement le suffrage universel
entendait vous donner le pouvoir constituant, mais
si vous-mêmes, au moment où vous sollicitiez les suffrages, vous demandiez ce pouvoir et si vous y croyiez.

A droite. — Oui! oui!

M. GAMBETTA. — J'entends bien que vous dites :
Oui!......

M. LE [PRÉSIDENT. — L'Assemblée a décidé, par un
vote formel et solennel, qu'elle était constituante.
Tant que cette décision existe, tant qu'elle n'est pas
rapportée par elle-même, mon devoir est de ne pas la
laisser remettre en question. (*Très bien! très bien!*)

M. Gambetta peut assurément introduire, par une
voie directe, une proposition tendant à amener l'Assemblée à rapporter sa décision; mais, tant que cette
décision subsiste, je répète que le devoir du président est de la faire respecter. (*Très bien! très bien!*)

M. GAMBETTA. — Messieurs, cependant... (*Interruptions à droite.*) Vous ne savez pas ce que je veux vous
dire, et vous m'interrompez!

Messieurs, cependant, permettez-moi de vous mettre sous les yeux l'opinion qu'exprimait votre propre
rapporteur, l'honorable M. Vitet, précisément dans
la journée où vous mettiez la main sur le pouvoir
constituant... (*Vives réclamations et murmures à droite.*)
Voici ce qu'il vous disait... (*Nouvelles interruptions.*)
Je puis bien citer un texte législatif, ce me semble!
(*Parlez!*)

Messieurs, la question de savoir si vous étiez constituants divisait à ce point l'Assemblée, que votre propre rapporteur, ayant à s'expliquer sur l'emploi de ce
pouvoir constituant, vous disait : « Sans doute il eût
été plus simple, et surtout plus commode, de fermer
l'oreille à toute transaction; nous aurions pu vous

proposer, soit un refus, soit un ajournement; » — de la proposition qui était soumise alors à l'Assemblée, — « nous avions dans la commission une majorité suffisante; mais à l'Assemblée demandez-vous ce qu'il y fût advenu! Comptez les voix qui nous avaient nommés dans les bureaux et voyez cette Assemblée coupée en deux parts presque égales; tout gouvernement impossible, et les bons citoyens eux-mêmes forcés de prononcer ce mot de dissolution. Ce n'est pas là ce qu'il faut à la France : il lui faut une majorité, un parti de gouvernement. Or, il existe, il est en germe dans cette enceinte, il grandira. »

Voix à droite. — Oui! oui!

M. GAMBETTA. — Vous devez en savoir quelque chose depuis le mois d'août 1871.

M. VITET. — Je vous remercie d'avoir répété mes paroles.

M. LE PRÉSIDENT. — Lisez la résolution qui a suivi, Monsieur Gambetta, et vous verrez qu'il est impossible que vous repreniez le développement de cette thèse. (*Assentiment à droite.*)

M. LE GARDE DES SCEAUX. — Lisez le préambule de la résolution, qui déclare positivement que l'Assemblée est constituante. (*Bruit à gauche.*)

M. VITET. — Lisez les considérants !

M. GAMBETTA. — Il me semblait qu'en abordant cette tribune, au milieu certainement de l'aversion générale pour la thèse de la dissolution de cette Assemblée, par cela même que vous admettiez la possibilité du débat, vous admettiez qu'on pouvait porter cette démonstration sur tous les points qu'elle comporte...

Un membre à droite. — Parlez sur les pétitions.

M. GAMBETTA. — Eh bien, il est absolument impossible de suivre une discussion de cette nature, qui demande des détails aussi ténus, au milieu des interruptions, des interrogations et des réflexions de tout le monde.

Voix diverses. — On ne vous interrompt pas! — Parlez! Parlez!

M. GAMBETTA. — Vous prétendez que le vote du premier considérant présenté par M. Vitet ou par la commission qu'il avait l'honneur de présider, vous a donné le pouvoir constituant... *(Interruption.)*

Plusieurs membres. — Comment, donné?

M. LE PRÉSIDENT. — N'interrompez donc pas!

M. GAMBETTA. — Vous a attribué...

De divers côtés. — On ne peut pas discuter cela!

M. LE GARDE DES SCEAUX. — A reconnu!

M. GAMBETTA. — Vous a reconnu, si vous voulez... Mais c'est vous-mêmes, Messieurs, qui vous l'êtes reconnu, et c'est là précisément la question entre le pays et vous; vous vous l'êtes reconnu.

Eh bien, quelles que soient l'autorité et la valeur, à vos yeux, de la décision qui a été prise ce jour-là, il est impossible que vous empêchiez les pétitionnaires de remonter pour leur propre compte à l'acte initial qui vous a constitué le 8 février 1871, et de vous mettre en présence des circonstances qui ont présidé à votre nomination, et de vous dire qu'il n'est intervenu depuis, que je sache, aucun nouveau mandat. C'est la démonstration que je veux faire, et je dis qu'il est important d'écouter ce que disaient vos amis et dans quels termes ils parlaient de l'Assemblée qui devait être nommée.

Voici ce qu'ils disaient :

« Cinq jours seulement nous séparent du jour du vote, et les comités commencent à peine à se constituer. Personne n'est prêt, personne ne sera prêt. Une liste de quarante-trois noms, dressée sans entente, sans discussion préalable, sera forcément confuse et disparate.

« Comment le public pourra-t-il être éclairé et faire ses choix en connaissance de cause? Il prendra au hasard, sans savoir ce qu'il fait, et des élections accom-

plies dans ces conditions, c'est-à-dire à l'aveuglette,
manqueront de sincérité : elles seront dépourvues de
toute autorité.

« Ce temps bien court, trop court, mais que les
clauses de l'armistice conclu par M. Jules Favre ne
permettaient pas de rendre plus long, sera suffisant
néanmoins, si le bon sens public fixe d'avance à la
prochaine Assemblée les limites qu'elle ne devra pas
franchir, limites renfermées dans l'examen de la question de paix ou de guerre.

« Il est évident, pour qui veut raisonner, pour qui
veut être logique, pour qui examine loyalement la
situation de plus de trente de nos départements, où
les électeurs ne pourront que très difficilement exercer leur droit de vote sans presque aucune garantie
de liberté ; pour qui se rend compte de la façon hâ-
tive, précipitée, dont les élections auront lieu partout
ailleurs, que les députés élus pourront au plus recevoir le mandat de traiter avec la Prusse.

« Or, ainsi restreint, le mandat est facile à donner,
car il se réduit à ces deux termes : Y a-t-il possibilité
de proclamer la défense, ou nécessité de subir la loi
du vainqueur?

« Il n'en serait pas de même si la future Assemblée
devait recevoir des pouvoirs constituants, si elle devait prononcer sur la forme du gouvernement et dis-
poser par conséquent des destinées du pays. Dans ce
cas, le délai qui nous est accordé ne serait évidemment pas suffisant. Une Assemblée pourvue de pouvoirs aussi étendus, aussi considérables, ne doit pas
être une Assemblée bâclée, nommée par surprise, au
hasard de la fourchette. » (*Rires à gauche.* — *Exclamations et murmures à droite.*)

M. GASLONDE. — Qu'est-ce qui a dit cela?

M. GAMBETTA. — Je vais vous le dire tout à l'heure,
laissez-moi achever :

« Pour l'élire dans les conditions d'honnêteté, de

loyauté, de sincérité, sans lesquelles les institutions qu'elle fonderait, — quelles qu'elles fussent, — seraient sans force, sans prestige, sans durée, en butte aux légitimes suspicions de l'opinion publique, il importe que le pays ait le temps de la réflexion, et aussi qu'il soit libre de toute autre préoccupation, qu'il soit délivré enfin de l'invasion étrangère. (*Interruptions diverses.*)

« C'est donc à une autre Assemblée élue plus tard, après la conclusion de la paix, qu'il doit seulement appartenir de se prononcer sur les questions de gouvernement et sur les autres questions constitutionnelles à résoudre conformément aux vœux de la nation sincèrement, sérieusement et loyalement consultée.

« Nous ne voulons pas que la prochaine Assemblée puisse s'attribuer cette mission, parce que nous ne voulons ni surprise, ni escamotage.

« La question ainsi posée, nos amis n'éprouveront aucune difficulté à faire leur choix ; ils inscriront sur leurs listes les candidats qui prendront l'engagement de réserver à une autre Assemblée toutes les solutions constitutionnelles, et ils rejetteront sans hésitation, quelque sympathie personnelle qu'ils puissent d'ailleurs leur inspirer, ceux qui réclameront les pouvoirs constituants en faveur de la prochaine Assemblée. »

M. PRINCETEAU. — Qu'est-ce que cela nous fait ? Nous avons déclaré le contraire !

M. GAMBETTA. — Qu'est-ce que cela vous fait ? Permettez : cela vous fait retrouver la sincérité du mouvement qui vous a portés à l'Assemblée. (*Bruyantes interruptions à droite. — Assentiment à gauche.*)

M. FOUBERT. — Lisez le décret que vous avez signé vous-même sur la convocation d'une Assemblée constituante au 16 octobre !

M. GAMBETTA. — Une semaine plus tard, le 7 fé-

vrier, au moment du vote, le même journal, revenant
sur le même sujet, s'exprimait ainsi :

« Ce sont ces conditions dans lesquelles s'accom-
pliront les élections de demain qui nous ont fait dé-
nier à la future Assemblée le pouvoir constituant,
qu'elle ne saurait exercer sans usurper un mandat
qu'elle ne recevra pas certainement d'un scrutin à ce
point dépourvu de sincérité, de liberté et d'universalité.

« Qu'elle s'assemble vite et décide plus vite encore
la question de paix ou de guerre, car il y a hâte; cette
question réglée, que le pays puisse enfin prendre en
main sérieusement la direction de ses destinées. »

Sur divers bancs. — Dites la signature! L'auteur!
l'auteur!

M. DE TILLANCOURT. — L'auteur, c'est M. Janicot!

M. GAMBETTA. — L'auteur, Messieurs, je vais vous
le dire... C'est la *Gazette de France!* (*Rires à gauche.* —
Exclamations à droite.)

M. LE MARQUIS DE CASTELLANE. — Vous lisez l'édition
de Paris. Les rédacteurs étaient alors renfermés dans
les murs de la capitale; ils ne savaient pas dans quel
état vous aviez mis le pays.

M. LE MARQUIS DE DAMPIERRE. — Je vous défie de lire
la date et la signature de cet article. Elles seraient la
preuve qu'il s'agit d'un journal alors renfermé dans
Paris!

M. DEPEYRE. — Vous venez de lire la *Gazette de
France* qui se publiait à Paris pendant le siège; lisez
donc la *Gazette* de Tours et de Bordeaux! Vous la
connaissez bien!

M. LE PRÉSIDENT. — Veuillez donc, Monsieur, ne pas
interrompre; vous ne pouvez pas discuter de votre
place. Vous monterez à la tribune : vous êtes inscrit.

M. GAMBETTA. — Je dis, Messieurs, que si je remonte à ces détails, c'est pour bien établir que dans
les deux camps, à ce moment-là, aussi bien du côté

des républicains que du côté des partisans des diverses
monarchies, on sentait que le temps, le calme, la
précision faisaient défaut ; l'universalité des électeurs,
surtout, faisait défaut pour organiser une Assemblée
capable de donner avec autorité au pays des institutions fondamentales et véritablement définitives.
(*Rumeurs à droite.*)

Je dis qu'aussitôt que l'Assemblée se fut réunie et
qu'elle eut entrepris l'exécution du mandat bien déterminé et bien circonscrit qu'elle avait reçu... (*Nouvelles rumeurs.*) il se produisit dans le pays, presque
immédiatement, en face d'une prétention que vous
trouviez légitime, mais enfin que vous me permettrez
bien de contester, en face d'une prétention avouée de
faire la monarchie ou d'organiser constitutionnelle-
ment le pays, il se fit en France un mouvement de
surprise.

Les divers actes auxquels l'Assemblée nationale, qui
avait été réunie à Bordeaux, se livra, éclairèrent le
pays sur la nature des intentions politiques de cette
Assemblée, et le pays vit que cette même Assemblée,
qui avait été nommée pour faire la paix ou continuer
la guerre, voyait ou croyait voir, — je veux ménager
toutes les susceptibilités raisonnables, — loyalement
s'imaginait, si vous le voulez, que son mandat était
encore plus complet, plus étendu, et que, comme
vous le dites tous les jours, vous étiez véritablement,
complètement souverains, et que vous pouviez choisir entre telle ou telle monarchie qu'il vous conviendrait de donner au pays.

Je dis qu'aussitôt que ces intentions-là furent révé-
lées, et qu'elles se traduisirent soit par des discours,
soit par des actes, soit par des démarches, soit même
par des propositions, immédiatement le pays, qui savait bien, lui, ce qu'il avait voulu faire, qui connaissait bien quel genre de mandat il vous avait décerné,
le pays se mit en mesure de vous faire comprendre

par des manifestations légales, pacifiques, régulières, que vous étiez dans l'erreur, et que le droit que vous vous attribuez, même très sincèrement, il ne vous l'avait pas délégué. (*Dénégations à droite.*)

Et c'est pour cela que vous eûtes les élections municipales dont le caractère républicain vous frappa universellement ; c'est pour cela que, plus tard, vous eûtes les élections du 2 juillet qui envoyèrent dans cette Assemblée, d'une façon presque unanime, les représentants les plus éprouvés de la démocratie républicaine.

C'est pour cela que, lorsque le pays fut consulté au moment des élections des conseils généraux, il nomma en grande majorité des républicains. (*Oh! oh! — Réclamations à droite.*)

Écoutez, Messieurs, j'ai la liste des élus, et, si vous le voulez, je la lirai. (*Non! non!*)

Le suffrage universel fit quelque chose de plus significatif encore. Il voulut donner un signe éclatant, manifeste, que la politique d'entreprise monarchique n'était pas sa politique ; il voulut vous signifier légalement, pacifiquement, et chez vous, dans vos cantons, Messieurs, sa volonté ; et alors savez-vous ce qu'il fit? Il nomma de véritables républicains dans les conseils généraux.

Pour la première fois peut-être depuis 1789, nous assistâmes à la prise de possession, dans les localités, dans les cantons, par la démocratie des conseils locaux.

C'était un évènement nouveau dont, pour moi, les conséquences sont à ce point heureuses et incalculables, que nous pouvons dire que nous avons véritablement la Révolution accomplie, la Révolution qui pourra véritablement, cette fois, renoncer à l'esprit de désordre et d'agitation. (*Ah! ah! — Rires ironiques à droite.*)

Messieurs, je suis bien étonné que des conservateurs

ne puissen pas écouter ces paroles. (*Protestations à droite.*)

Enfin, Messieurs, vous voulez être des parlementaires, et vous ne savez pas écouter un adversaire qui se fait modéré.

Plusieurs membres à droite. — Parlez! parlez!

M. MALARTRE. — Lorsque M. Gambetta dit qu'on ne l'écoute pas, il parle pour l'effet du dehors, car nous l'écoutons attentivement, et, malgré la distance, nous ne perdons pas un mot de son discours,

Sur divers bancs. — N'interrompez pas!

M. GAMBETTA. — Je dis, Messieurs, que l'accession dans les conseils départementaux et communaux, par le fonctionnement du suffrage universel, des gens qui jusqu'ici avaient été tenus à l'écart des affaires, leur entrée locale aux centres mêmes où leurs intérêts immédiats s'élaborent, je dis que c'est là une garantie d'ordre, et que plus le suffrage universel entrera dans cette voie d'application pratique et d'élaboration personnelle de ses intérêts, plus la foule qui en est le moteur souverain s'écartera des voies irrégulières et désordonnées. Je suis bien surpris, pour ma part, quand je vous dis : La victoire du suffrage universel dans les conseils généraux mettra une fin à la révolution ardente et brutale, je suis bien étonné de vous voir protester, car je ne connais rien au monde de plus conservateur que ma proposition. (*Applaudissements à gauche. — Rumeurs et dénégations à droite.*)

Et savez-vous, Messieurs, ce qui avait fait jusqu'ici la facilité avec laquelle on pouvait susciter l'agitation, la passion, la colère, l'effervescence populaire, c'est que, dans le maniement des affaires locales, il n'y avait pas une part suffisante faite à ceux qui ont besoin de voir de près comment on gère leurs intérêts. (*Nouvelles rumeurs à droite.*)

Messieurs, j'en suis bien fâché, mais plus nous irons, plus il faudra que vous vous habituiez au gouvernement

de la démocratie par elle-même, et le vrai rôle, le rôle
des conservateurs éclairés, de ce qu'on appelle les hommes des classes d'élite, ce n'est pas de s'écarter de ce
mouvement, ce n'est pas de le condamner sans le connaître, c'est au contraire de s'en rapprocher, de se
plonger dans ce courant et de s'efforcer d'en diriger
le cours. Voilà quel serait peut-être son véritable rôle.
(*Applaudissements à gauche*).

M. MALARTRE. — Lorsqu'on est plongé dans le courant, on ne dirige pas, on est entraîné !

M. GAMBETTA. — Au lieu de traiter d'avance comme
des factieux ou comme des misérables, comme des
gens de violence, de pillage et d'assassinat... (*Bruit à
droite.*) Vous savez bien, Messieurs, à quoi je fais
allusion quand je relève de semblables paroles. Je
dis qu'au lieu d'employer ce système qui a toujours
été le système de la résistance aveugle qui n'a jamais
su céder à temps, qui n'a jamais su se rendre un compte
exact du milieu politique dans lequel se développe la
démocratie française, il vous conviendrait, à vous
et à ceux qui veulent véritablement mériter le nom
de conservateurs, — et je ne vois pas pourquoi on
nous l'oppose, — il vous conviendrait, dis-je, de vous
rapprocher davantage de l'esprit démocratique, des
représentants de la société démocratique, et d'avouer
que, sous peine de voir cet immense organisme du
suffrage universel devenir la source de toutes les fautes, de tous les périls, il vous faut, avec prudence, avec
ménagement, vous servir de ce que vous avez eu plus
d'influence sociale ou de culture intellectuelle pour
les éclairer, pour les guider, et non pour les rejeter,
et non pour les condamner d'avance et pour les confondre avec les misérables qu'ils sont les premiers à
flétrir, lorsqu'ils les rencontrent eux-mêmes. (*Oui ! oui !
— Très bien ! très bien ! et applaudissements à gauche.*)

Je dis que le suffrage universel, faisant son apparition dans les départements et dans les cantons, et vous

donnant ce que vous n'aviez pas encore vu à un si haut degré, des municipalités républicaines, des conseils généraux républicains, vous a signifié par les choix qu'il a faits, que la République lui apparaissait comme le gouvernement naturel de son principe, que, par conséquent, comme vous aviez manifesté des tendances, des opinions et des traditions monarchiques, il vous résistait.

Et voici la preuve que j'en trouve dans les statistiques électorales : c'est qu'à peu près cent vingt des députés les plus marquants, de ceux qui dans cette enceinte sont véritablement les chefs des divers partis monarchiques et qui se présentaient dans leurs cantons au lendemain d'actes et de tentatives monarchiques, étaient battus au siège même de leur influence, de leur fortune, par des représentants de la démocratie républicaine. (*Mouvement en sens divers.*)

Eh bien, je dis qu'il y avait là, permettez-moi d'y insister, un signe visible de la volonté de la France.

On ne s'en est point tenu là. Il y a eu dans les conseils généraux des actes. Vous vous rappelez quelles séries de vœux ils ont émis, quels genres d'adresses ils ont écrites, quel langage ils ont tenu soit au pouvoir soit au pays. Vous avez vu presque partout ces adresses hors session, au chef de l'État, le remerciant de son attitude patriotique, de ses efforts pour empêcher les partis de se précipiter les uns sur les autres, disant, faisant bien entendre qu'il n'y avait que la République qui pût continuer à maintenir l'ordre, l'ordre matériel aussi bien que l'ordre moral. Car, en somme, il faudra bien, Messieurs, quelque respectables que soient vos convictions, il faudra bien, lorsque la France aura prononcé, que vous fassiez un abandon, au moins politique, de vos préférences, pour vous rallier au gouvernement en face duquel il n'y a que minorités impuissantes, le gouvernement de la République. (*Très bien! très bien! à gauche.*)

Et au fond, si nous débattons aujourd'hui la question de la dissolution de l'Assemblée...

M. LE DUC D'AUDIFFRET-PASQUIER. — Je demande la parole !

M. GAMBETTA. — ... Il faut bien le dire avec franchise, c'est à la suite des manifestations successives, non équivoques, du suffrage universel, c'est à l'entrée dans cette Assemblée d'un nombre toujours grossissant des représentants de l'idée républicaine, que nous avons dû de voir les questions se préciser dans la sphère du gouvernement et venir jusqu'à cette tribune, où, dans le langage si élevé et en même temps si réservé qui convenait au premier magistrat de la République, on a, en définitive, posé la véritable question, celle que le pays seul peut résoudre, mais celle qui, je le crains bien, vous divisera toujours : la question entre la monarchie et la République.

Et la vérité vraie, ce qui faisait la gravité du débat, ce qui faisait son importance, ce qui en faisait la passion ou occulte, ou par moment explosive, c'est que chacun sentait bien qu'à travers toutes ces questions personnelles, à travers toutes ces clameurs d'opinions, on ne débattait qu'une question : la fondation de la République, (*Mouvements divers*) et c'est pour cela Messieurs, que vous avez trouvé le vote du 28 novembre si important, si grave, c'est parce qu'il tranchait la question même dans cette Assemblée. (*Dénégations et réclamations à droite.*) C'est mon opinion, je parle politique, je ne veux pas vous blesser. Vous dites qu'il ne l'a pas tranchée : eh bien, c'est précisément là l'argument que je veux faire valoir pour la dissolution.

Évidemment, c'est parce que la question avait pris cette gravité et cette importance, et, pour en revenir aux expressions de l'honorable M. Vitet, dans son rapport, c'est parce que l'Assemblée s'était partagée

en deux parts à peu près égales, car je ne suis pas de
ceux qui croient qu'avec des majorités comme celle
qu'on avait obtenue, majorités qui se fondent le lendemain dans l'ombre des bureaux, et qui pourraient
renaître le surlendemain à la lumière de cette tribune, on ne puisse ni fonder un gouvernement ni vivre; c'est précisément parce que je sens que le pays
l'a deviné, et qu'il a fait ce mouvement de dissolution
sur lequel je m'expliquerai tout à l'heure, que je crois
pouvoir vous dire que quand vous aurez, dans le recueillement de vos esprits, mûrement balancé la question entre la République et la monarchie, il arrivera
ceci : ceux qui loyalement ont pu croire qu'ils avaient
reçu le mandat de fonder la monarchie ne consenti-
ront jamais à constituer la République; mais ceux
qui, au contraire, auraient pu avoir cette tendance,
non pas par tradition, ni par une foi bien inébran-
lable, mais par relations, par entraînement et peut-
être par nécessité, se seront dit : Oui, nous nous
accommoderons de la monarchie, non pas de la monarchie traditionnelle, mais d'une monarchie parlementaire, d'une monarchie entourée de toutes les
institutions républicaines, bref, aussi peu monarchique que possible, — ceux-là pourront ne pas aller à la
République dans le parlement, mais ils y viendront
dans le pays, devant le suffrage universel.

Oui, je ne crois pas, quels que soient les procédés
parlementaires que vous employiez, les ministres que
vous fassiez, la formule parlementaire à laquelle vous
ayez recours, je ne crois pas que vous puissiez sortir
de cette impossibilité de créer une majorité véritablement compacte, véritablement unie, ayant des opinions politiques exactement les mêmes, s'incarnant
visiblement, d'une façon absolument palpable, dans
un cabinet. Non, vous n'arriverez pas à la création
d'une majorité stable; vous ne donnerez, par conséquent, au gouvernement aucune certitude sur son

lendemain ; la division sortira de toutes les urnes, et par conséquent vous ne ferez que prolonger, qu'aggraver, qu'exaspérer la crise que traverse le pays et qui s'appelle : l'incertitude du lendemain ! (*Vive approbation à gauche.*)

Eh bien, j'ai pensé qu'il était bon de reconnaître cet état politique, ici, dans cette enceinte; et nous, qui sommes les représentants de la démocratie républicaine, et qui, par conséquent, devons avoir une compréhension différente de la vôtre du mandat législatif, du mandat politique, nous avons pensé, nous pensons encore, et nous pratiquerons toujours, sous ce gouvernement comme sous tout autre, cette manière de voir, que lorsque nos électeurs, nos commettants, fatigués de voir se multiplier les signes manifestes de leur volonté, après les semaines que vous venez de passer, semaines d'incertitude, de trouble, d'angoisses, jugeaient qu'il n'y avait plus rien à faire pour leurs élus que de reparaître devant eux, nous avons pensé que notre devoir strict était de nous associer à eux et de parler à notre tour, car nos mandants avaient parlé. (*Nouvelle approbation sur plusieurs bancs à gauche.*)

Je ne vois là, permettez-moi de vous le dire, rien qui puisse exciter les susceptibilités d'aucune fraction de l'Assemblée. (*Rumeurs à droite.*)

Nous sommes dans l'exécution stricte et régulière de notre mandat de députés, et les populations l'ont bien compris; car, Messieurs, je crois qu'à l'heure où nous sommes, sans nous targuer du succès, le chiffre des signatures obtenues est de plus d'un million... (*Dénégations à droite.*)

Nous vous le prouverons messieurs ! La semaine prochaine, nous vous les apporterons ; et permettez-moi de vous dire que je vous trouve bien difficiles en matière de pétition. Nous vous avons connus, laissez-moi vous le faire remarquer, moins exigeants. Car en-

fin on dirait que nous avons apporté à cette tribune
un fait parfaitement irrégulier et anormal, et que
quand nous parlons d'un million de signatures, on a
le droit de se redresser avec hauteur et de dire :
Qu'est-ce que cela signifie?

Eh bien, Messieurs, il y a eu une grande Assemblée,
une Assemblée qui, certainement, comme lumières,
comme patriotisme, eu égard aux hommes qu'elle
comptait dans son sein, — et vous y étiez bien partagés, Messieurs (*l'orateur s'adresse aux membres qui siègent à droite*) — était plus considérable, j'ose le dire,
que celle-ci. Cependant, investie d'un mandat incontestable en face d'un pays qui lui obéissait pleinement,
elle n'a pas hésité ou plutôt elle n'a hésité que pour
la forme, et pendant quelques semaines à peine, à
se dissoudre devant les protestations de 175,000 pétitionnaires.

M. DE TREVENEUC (Côtes-du-Nord.) — Les situations
ne sont pas les mêmes; la Constitution était faite; la
Constituante avait accompli son mandat.

M. GAMBETTA. — Oh! je connais l'argument; j'y répondrai.

Il est vrai de dire que les hommes politiques de ce
temps...

M. ERNEST PICARD. — Tout le monde sait cela!

M. GAMBETTA. — Tout le monde sait cela, mais il est
peut-être bon de le rappeler, Monsieur Picard!

M. ERNEST PICARD. — Les paroles que j'ai prononcées ne s'adressaient pas à vous. Votre interruption
ne porte pas. Je ne répondais pas à ce que vous disiez.

M. GAMBETTA. — Soit; mais j'ai entendu ces paroles.

Il est vrai, Messieurs, qu'à cette époque on tenait
pour quelque chose les signes de l'opinion et qu'on
ne s'arrêtait pas tant au chiffre des pétitions, qui étaient
l'objet des mêmes critiques que l'on répétait tout à
l'heure à cette tribune.

On critiquait aussi les croix apposées au bas des

pétitions en guise de signatures, l'orthographe des
pétitionnaires, l'uniformité de la contexture des pétitions; mais tout cela disparaissait devant les raisons
d'État, devant les raisons politiques, devant les raisons de confiance gouvernementale, qui, elles, à la
vérité étaient développées par des hommes comme
MM. de Montalembert, Dufaure...

M. DUFAURE, *garde des sceaux.* — Comment?

M. GAMBETTA. — Je vous citerai tout à l'heure, monsieur le garde des sceaux, n'ayant pas de meilleure
ressource que de reproduire votre langage si éloquent
de cette époque.

On disait, à cette époque, que ce qu'il fallait à une
Assemblée pour se déclarer véritablement en puissance
de rester, c'était d'être d'accord avec elle-même, c'é-
tait d'être d'accord avec son gouvernement, c'était
d'être d'accord avec l'opinion du pays.

Eh bien, j'estime que, dans la situation où nous
nous trouvons, aucune de ces trois conditions n'est
réalisée.

D'accord avec vous-mêmes?... Vous en savez quelque chose, Messieurs...

Sur divers bancs à droite. — Oui! oui! nous sommes d'accord.

M. GAMBETTA. — Vous me dites oui, Messieurs?.....
En effet : puisque dans la même journée vous avez été
tour à tour majorité et minorité, ce qui explique que,
de l'autre côté de l'Assemblée, il y avait la même instabilité que de votre propre côté. (*Mouvement sur divers bancs au centre gauche.*)

D'où il suit que vous n'êtes pas d'accord avec vous-
mêmes; qu'il y a ici deux partis parfaitement opposés,
à peu près d'égale force, mais impénétrables l'un à
l'autre. (*Mouvements divers.*)

M. LE COMTE DE RESSÉGUIER. — Non! non! Vous allez voir!

M. GAMBETTA. — Qu'est-ce que nous allons voir?

Nous allons voir peut-être que, sur la question de dissolution, vous réunirez beaucoup de voix. Mais qu'est-ce que cela prouvera? Cela prouvera purement et simplement, non pas que vous êtes d'accord sur la politique, non pas que vous êtes d'accord pour organiser un gouvernement, non pas que vous êtes d'accord sur les réformes à entreprendre; mais que vous êtes d'accord pour ne pas mourir. (*Très bien! très bien! à gauche. — Rires et applaudissements sur plusieurs bancs.*)

Je dis, Messieurs, que, dans le sein de l'Assemblée il y a absolument, pour les hommes impartiaux, pour les esprits de bonne foi, pour les gens dégagés d'intérêt personnel, impossibilité de marcher : vous êtes condamnés! Vous le dites vous-mêmes, quand la majorité insaisissable et impalpable vous échappe, vous dites qu'on forme une majorité de rencontre et de hasard.

Qu'est-ce que cela? Est-ce qu'on peut vivre, est-ce qu'on peut faire vivre un grand peuple avec une majorité de rencontre et de hasard? Je ne pense pas que ce soit là une politique que vous puissiez imposer plus longtemps à votre pays.

J'entends bien que nous sommes à Versailles, que nous nous livrons, avec plus ou moins d'habileté, d'aptitude, de sérénité d'esprit, à des combinaisons entre la gauche et la droite, entre l'extrême gauche et le centre droit entre l'extrême gauche et l'extrême droite... (*On rit.*) Eh bien, ces pratiques, le pays ne croit plus à leur efficacité. Le pays s'est dit : Le 28 novembre, la question a été nettement posée, le gouvernement a obtenu une majorité qui ne lui suffit pas pour gouverner. Et, le lendemain, comme pour donner le commentaire et la signification du vote de la veille, la majorité se déplaçait à nouveau. (*Mouvements divers.*)

C'est à ce moment-là que l'opinion publique s'est décidée, sans provocation...

A droite et au centre droit. — Oh! oh! sans provocation!...

M. GAMBETTA. — Oui, Messieurs, permettez-moi de
le dire, sans provocation, et je tiens surtout à vous
convaincre de ma sincérité. (*Rumeurs sur quelques bancs
à droite et au centre droit.*)

M. LE PRÉSIDENT. — Messieurs, ces interruptions ne
sont pas convenables. Laissez parler l'orateur.

M. GAMBETTA. — Je dis sans provocation. Remar-
quez bien que je ne dis pas que nous ne prenions pas
la responsabilité de l'initiative, de l'idée de dissolution. Il est certain, — il suffit pour cela d'avoir purement et simplement de la mémoire, — que, les premiers dans le pays et dans cette enceinte, nous avons
réclamé la dissolution de l'Assemblée.

Mais, Messieurs, il y a une vérité que tous les hommes publics doivent connaître, c'est qu'on n'est pas
le maître de l'opinion, qu'on n'est pas le maître des
mouvements d'un grand pays.

Eh bien, nous avons posé ici cette question de la
dissolution. Vous l'avez fait examiner par une commission que vous avez nommée, et cette commission
a fait un rapport. Vous n'avez pas fait cas de la question, vous ne l'avez pas mise à votre ordre du jour.
Pourquoi? Mais tout simplement parce que le mouvement n'était pas assez gros au dehors, parce qu'il n'a-
vait pas abouti, parce qu'il n'était pas suffisamment
menaçant pour vous obliger à vous en occuper.

Eh bien, depuis ce jour-là, nous n'avons pas le moins
du monde adressé un appel au pays; nous n'avons
fait aucune espèce de tentative pour organiser le pétitionnement. (*Réclamations à droite.*) J'en donnerai les
preuves si on le conteste.

Mais savez-vous qui a organisé ce mouvement, qui
l'a rendu invincible?... (*Nouvelles réclamations à droite.*)
Oui, invincible; c'est une question de semaine et je
vous y ajourne. Savez-vous ce qui l'a rendu invincible?

C'est qu'après les déclarations du message qui a fait
tressaillir le cœur du pays... (*Protestations à droite et au
centre droit. — Applaudissements sur plusieurs bancs à
gauche.*) Oui! parce que cette politique lui avait donné
véritablement confiance dans l'avenir et sécurité dans
le présent. (*Nouveaux applaudissements sur les mêmes
bancs à gauche.*)

Eh bien! le pays, par ses organes collectifs, — je
n'ai pas à apprécier la question de légalité que vous
avez soulevée dans une de nos dernières séances, —
le pays, par ses organes collectifs, a manifesté ses
sentiments de confiance et de reconnaissance au pouvoir, vous avez été... — comment dirai-je pour ne pas
contrarier vos susceptibilités? — vous avez été émus,
et, à la suite de votre émotion, que je trouve légitime,
puisqu'elle est la contre-partie de l'instinct de conservation qui vous anime... (*Rires sur divers bancs à
gauche,*) à la suite de votre émotion, vous avez imaginé
de produire une politique contraire, vous avez affirmé cette politique, vous l'avez écrite, et vous avez,
— autant qu'il a été en vous, — blâmé les accents de
reconnaissance du pays. Alors, en face de votre gouvernement de combat, que vous proposiez par voie
de réaction, on a organisé le mouvement de pétitionnement partout. (*Applaudissements à gauche.*)

C'est là qu'est la voix du pays, et cette voix, entendez-le bien, ne se taira pas devant un ordre du jour.
(*Exclamations et murmures à droite et au centre droit.*)

Oh! non, Messieurs, elle ne se taira pas, parce
qu'elle ne se fera pas entendre en dehors des formes
protectrices de la loi; elle ne se taira pas, parce que
la décision que vous pouvez prendre ici ne saurait
être qu'une décision d'influence, une décision de contradiction, et non pas une décision pénale,... (*Mouvements divers,*) à moins que vous ne prétendiez frapper
d'une peine l'exercice du droit de pétition.

Messieurs, aussitôt que le pays a été mis à même de

juger les deux politiques : la politique d'une partie de
cette Assemblée appuyant le gouvernement et la po-
tique d'une autre partie de l'Assemblée rejetant la politique du message, — car on couvre d'un grand amour
de parlementarisme le fond des choses, — aussitôt que
le pays, qui n'est pas au fait des finasseries parlementaires... (*Vives rumeurs à droite.*) et qui n'en a pas des
instincts moins infaillibles pour cela, a vu que ce qu'on
proposait sous le nom de gouvernement de combat,
c'était un combat contre la République, c'est-à-dire
contre lui-même, il s'est levé... (*Exclamations à droite.*)
et il s'est levé au nom de ses intérêts les plus légitimes
et les plus impérieux ; il s'est levé par instinct de conservation !

A droite et au centre droit. — Oh ! oh !

Sur divers bancs à gauche. — Oui ! oui ! — Très bien !
très bien !

M. GAMBETTA. — Messieurs, il faudrait une bonne
fois nous mettre d'accord sur ce mot de « conservation ». Ce mot n'est le monopole de personne... (*Très
bien ! très bien ! à gauche. — Exclamations à droite et au
centre droit.*)

Si j'entendais distinctement les interruptions, je
me ferais un devoir d'y répondre.

Voix à droite. — On ne vous adresse aucune interruption !

M. GAMBETTA. — Eh bien, je dis que ce mot de
« conservation » ne doit être le monopole de personne,
car, autrement, il serait la source de toutes les équivoques.

On nous appelle bien souvent, en nous associant à
l'espèce des voleurs et des hommes les plus décriés,
on nous appelle radicaux, et l'on prétend faire de ce
mot l'étiquette d'une sorte de secte anathématisée
d'avance et vouée à l'exécration publique. On cherche
à agir sur l'imagination du pays ; mais, quant à nous
dire ce que c'est que les radicaux, on s'en garde bien.

Eh bien! Messieurs, voici ce que c'est que les radicaux. (*Ah! ah! — Voyons! à droite.*)

Les radicaux, — puisque le mot a été lancé et qu'il
est aujourd'hui, au point de vue des intérêts plus ou
moins loyaux des partis, un instrument de tromperie
et d'erreur, il est bon de l'expliquer, — les radicaux
sont simplement des républicains qui pensent qu'il
n'y a pas de compatibilité entre toute forme de gouvernement autre que la République et le suffrage universel, qui le disent; qui sont prêts à s'incliner tant
que le pays ne sera pas avec eux, mais qui croient
que si on consulte le pays, c'est le succès de la République qui sortira de cette consultation. Et ce n'est
pas pour eux qu'ils le désirent..... (*Rires ironiques à
droite.*) Messieurs, vous pensez bien que c'est inten-
tionnellement que je dis ces choses; car, si nous fai-
sions jamais le compte des partisans de toutes les
monarchies qui servent la République et des radicaux
qui ne la servent pas, je ne sais pas quelle est la liste
qui serait la plus longue. (*Très bien! à gauche.*)

M. DE GAVARDIE. — Si vous n'aviez pas été renversé,
vous auriez placé partout vos créatures.

Sur divers bancs. — N'interrompez pas, n'interrompez pas!

M. GAMBETTA. — Eh bien, sans m'arrêter à une interruption que je n'ai pas entendue...

M. DE GAVARDIE. — Monsieur le président, voulez-
vous me permettre de la répéter? (*Non! non! n'interrompez pas!*)

M. LE PRÉSIDENT. — Ni le président ni le règlement
ne vous le permettent.

M. GAMBETTA. — Je n'ai pas entendu l'interruption,
mais j'en connais assez l'auteur pour penser qu'elle
ne fera pas une lacune demain au *Journal officiel.*
(*Rires à gauche.*)

Eh bien, Messieurs, je disais que c'était par intérêt
de conservation que le pays, ou une fraction du pays,

prenait part au mouvement de pétitionnement, et que
ce serait en vain qu'on chercherait à répandre le bruit
que nous sommes les ennemis de la conservation, que
nous sommes les ennemis de la République conservatrice. Nous aimons à ce point la République, nous
lui sommes à ce point dévoués (*Rires à droite*), que
nous comprenons aisément qu'il est nécessaire, qu'il
est bon qu'elle pénètre peu à peu les intelligences et
les consciences, qu'elle s'impose par l'autorité de ses
bienfaits. (*Rires ironiques à droite.*)

Messieurs, vous pouvez rire... Rira bien qui rira le
dernier. (*Exclamations à droite. — Approbation et applaudissements à gauche.*)

Je dis, par conséquent, que ce n'est pas comme radicaux que nous demandons la dissolution, et que
l'on a tort de vouloir répandre sur la prochaine
Assemblée, sur le caractère des prochaines élections, je ne sais quelle imagination, quelle apparence
effrayante qui fait que l'on a l'air de conduire la
France aux abîmes, si cette Assemblée se sépare et
renonce à lui faire une constitution monarchique.

Eh bien, j'ai la conviction que le pays a pris son
parti, et, dans la séance du 29 novembre, cette séance
qui est capitale, qui est le point culminant de la crise
parlementaire, à dater de laquelle vous ne retrou-
verez ni majorité, ni possibilité de détacher sérieusement et d'une façon stable un groupe quelconque
pour arriver à gouverner, je dis que, dans cette séance
du 29 novembre, la France a vu, le suffrage universel
a vu les indications de sa véritable politique électorale. Et si le pays demande la dissolution, c'est précisément pour dessiner une Chambre sur le patron de
ces 360 et quelques députés... (*Rires à gauche.*)

Par conséquent, je ne crois pas, pour ma part, tant
s'en faut, je ne crois pas le moins du monde que le
pays prête l'oreille aux conseils de terreur; et l'on
aura beau dire que le mouvement dissolutionniste est

un mouvement mené par les radicaux, on ne lui fera
pas prendre le change. Il sait très bien, et il le sait
parce que les pétitions se signent dans la commune...

Un membre à droite. — Dans le cabaret !

M. GAMBETTA... que ce ne sont pas exclusivement
des radicaux qui en prennent l'initiative... (*Dénégations à droite.*)

Messieurs, vous délibérez, à l'heure qu'il est, sur
des pétitions qui ont plus d'un an de date, et moi je
vous parle de pétitions qui ont quatre jours ; vous vérifierez et vous verrez. Mais je dis que la vraie question politique, c'est la question du jour, c'est celle
qui s'agite à l'heure où nous sommes dans toutes les
discussions, dans toutes les conversations qui ont lieu
au dehors de cette enceinte.

Eh bien, au dehors de cette enceinte, voici ce qu'on
dit : Il n'y a véritablement qu'une question en jeu,
c'est la politique du message. Est-on pour, est-on
contre la politique du message ? Et comme il n'y a pas
ici une Assemblée véritablement en harmonie avec
cette politique, le pays continuera à vous demander
la dissolution, jusqu'à ce qu'il l'ait obtenue.

Je sais bien que vous résisterez, Messieurs, mais la
résistance des villes et des Assemblées assiégées a un
terme. Ce que vous demandez, dans ce moment-ci,
par l'ordre du jour pur et simple, aux pétitionnaires,
au suffrage universel, au droit de dissolution qui
s'exprime à cette tribune, c'est un répit, un armistice.
Eh bien, vous pourrez voter cet armistice, vous vous
le serez donné à vous-mêmes ; mais vous n'aurez pas
éteint dans le pays le besoin d'avoir une Assemblée
nouvelle, parce que ce besoin, il repose sur trois
grandes considérations, qu'il ne nous appartient ni à
vous ni à moi de substituer.

La première de toutes est celle-ci. (*Exclamations à
droite.* — *Parlez ! parlez ! à gauche.*)

Ce sont les intérêts matériels, les intérêts d'affaires.

A quelque opinion qu'on appartienne, quelles que
soient les préférences politiques qu'on nourrisse, il
y a une chose bien claire, sur laquelle tout le monde
doit être d'accord ; c'est que les affaires ne peuvent
pas se passer de certitude, qu'elles ont besoin d'un
lendemain, de plus qu'un lendemain, d'un horizon,
d'une véritable échéance qui les laisse tranquilles
pendant le temps intermédiaire. Vous pouvez consulter au hasard les hommes d'affaires, qui, je le reconnais, d'habitude ne sont guère passionnés pour aucune forme politique ; ils ne sont pas plus épris de la
monarchie que de la République ; ce qu'ils désirent,
ce qu'ils veulent, ce qu'ils apprécient d'un inestimable
prix, c'est la tranquillité et la sécurité. (*C'est vrai! c'est
vrai!*) Et ils ont bien raison, car l'argent peut abonder,
les richesses de toute nature peuvent couvrir le sol,
tout cela est absolument inutile si la confiance manque.

Eh bien, vous avez beau dire, vous aurez beau protester, il n'y a pas de confiance. (*Rumeurs et mouvements divers.*)

Il n'y a pas de confiance sur la possibilité de voir
un ordre véritablement stable, des institutions fonc-
tionnant réellement, un gouvernement bien obéi au
dedans et capable de nous protéger au dehors, — si
vous n'avez pas résolu le problème fondamental de tout
gouvernement, c'est-à-dire son existence définitive.

Eh bien, pouvez-vous contester que les uns s'achar-
nent à maintenir le provisoire et que les autres s'a-
charnent à dire que c'est là un état ruineux, lamentable, indigne d'un grand pays et surtout d'un grand pays
qui épuise ses dernières forces ? (*Mouvements divers.*)

Est-il vrai, oui ou non, que ce sont ceux qui veulent
le définitif, que ce sont ceux qui veulent en finir avec
les agitations, avec les incertitudes, avec les inquié-
tudes, avec les angoisses de toutes sortes, que ce sont
ceux-là qui expriment les nécessités du crédit, les in-

térêts des gens d'affaires et, en somme, le vœu de la
France..... (*Exclamations ironiques à droite. — Applaudissements à gauche.*)

Oui, je dis qu'à l'heure actuelle, il suffit de vouloir
le maintien du provisoire pour être un adversaire des
intérêts. Eh bien je le demande à la loyauté des monarchistes qui sont dans cette Assemblée, est-il vrai,
oui ou non, qu'ils sont impuissants à faire la monarchie? Est-il vrai, oui ou non, que vous ne pourriez
rencontrer ni le monarque pour l'accepter ni le peuple
pour la ratifier?... (*Très bien! très bien! — Applaudissements à gauche. — Rumeurs à droite.*)

Si cela est vrai, si vous êtes impuissants à donner
la monarchie à ce pays-ci, est-il vrai que vos dernières
ressources sont de le faire piétiner sur place, de l'é-
puiser par la lassitude, par l'attente, et de l'énerver
(*Très bien! à gauche. — Vives réclamations à droite*), de
l'énerver afin que, de guerre lasse, il se jette dans les
bras d'un sauveur? Et entendez-le bien, ce n'est pas
dans vos familles qu'il ira le chercher! (*Nouvelles marques d'approbation à gauche. — Nouvelles réclamations
à droite.*)

Je dis donc que le pays veut du définitif. Et l'impuissance où se trouvent nos adversaires de faire autre
chose que du provisoire démontre réellement de quel
côté est la sagesse, de quel côté est le droit, de quel
côté est le pays. (*Très bien! très bien! à gauche.*)

Un membre à droite, ironiquement. — Parfait! parfait!
Bravo!

M. GAMBETTA, *se tournant vers la droite.* — Je voudrais
bien savoir quel est celui d'entre vous, Messieurs,
qui a le bon goût de crier : Parfait! Bravo!

Un membre. — On n'a rien dit!

M. GAMBETTA. — Je l'ai parfaitement entendu. Probablement ce doit être un émérite orateur; je l'atten-
drai à la réponse, et je l'écouterai en silence. (*Rumeurs
diverses.*)

Je l'ai entendu ; je sais qui c'est, je le nommerai à la première fois. (*Nouvelles rumeurs.*)

Je disais, Messieurs, que le premier de tous les intérêts en jeu était celui de la prospérité matérielle du pays, et que la dissolution seule peut mettre un terme aux difficultés dans lesquelles vous vous débattez, à la stérilité dont vous êtes frappés. Car vous ne pouvez rien faire, rien produire, non parce que l'unanimité vous manque, mais parce qu'une forte majorité vous fera perpétuellement défaut.

Il y a un autre point de vue, c'est l'intérêt de la France vis-à-vis de l'étranger.

Messieurs, il n'est pas douteux qu'un pays, et surtout un pays comme la France, que ses malheurs peuvent avoir momentanément écartée du grand rôle qu'elle est appelée à jouer, que les sympathies de l'Europe ont certainement suivie dans ses malheurs et dans sa défaite, ne puisse, — et ici, je ne parle pas comme homme de parti, je me place au point de vue qui est le vôtre, — ne puisse rien faire ni rien nouer, puisqu'il n'a pas la durée, puisque son gouvernement ne représente que l'incertain et le précaire.

Eh bien, est-ce qu'au point de vue patriotique, au point de vue de l'intérêt de la France, au point de vue de son unité et de son action extérieure, est-ce que vous croyez que l'Europe peut voir avec une sympathie persistante, de bon œil, un pays qui est engagé dans les querelles qui nous troublent tous les jours ? Est-ce que vous pensez que l'Europe peut songer un instant, non pas à intervenir dans nos propres affaires d'une façon active, mais à nous soutenir dans nos affaires extérieures, alors que vous mettez en question tous les deux jours l'existence même du pouvoir, alors que le pays divisé, mais certes moins divisé que vous-mêmes, a hautement répudié, dans des élections successives, les doctrines dominantes dans cette Assemblée ? Évidemment non.

C'est donc, au point de vue du patriotisme, une nécessité de premier ordre d'assurer un véritable gouvernement qui ait de la durée, qui ait de l'avenir, qui soit à assez long terme.

Eh bien, comment le ferez-vous?

L'Europe a répondu d'une façon à peu près unanime : il n'y a pas peut-être un journal en Europe qui n'ait demandé la dissolution de l'Assemblée. (*Exclamations à droite.*) Vous citerez ceux qui ne l'ont pas demandée. Les plus grands organes de pays divers, surtout d'un pays où, à coup sûr, on pratique aussi bien, sinon mieux qu'ici, le gouvernement parlementaire, les organes de la presse britannique ont été à peu près unanimes pour dire qu'il n'y avait pas d'autre moyen de sortir de la crise que vous imposez au pays. Toute l'Europe, dans le système d'échanges, de communications internationales, toute l'Europe subit le contre-coup de toutes les gênes, de toutes les anxiétés que vous faites peser sur votre propre marché.

Et il ne faut pas s'étonner si, dès lors, dans ces pays de libre discussion, dans ces pays parlementaires, on n'a vu d'autre remède que la dissolution.

Et, Messieurs, c'est tellement vrai, qu'enfin il n'est bruit, il n'est conversation qui ne roule sur les incertitudes de la situation.

On parle de projets, les uns les plus criminels, les autres les plus grossiers ; mais, en somme, vous connaissez comme moi les bruits qu'on fait courir, les projets de *pronunciamiento* militaire qu'on a jetés. (*Protestations sur un grand nombre de bancs.*) Je n'y crois pas, Messieurs.

M. LE GÉNÉRAL DE CISSEY, *ministre de la guerre.* — Non! non! il n'y en a jamais eu!

M. GAMBETTA. — Je le sais!

M. LE MINISTRE DE LA GUERRE. — Et s'il y en avait, de quelque côté qu'il vînt, soyez assuré que j'y mettrais bon ordre. (*Très bien! très bien!*)

M. GAMBETTA. — Dire et rapporter... (*Interruptions.*)

M. L'AMIRAL SAISSET. — Retirez votre mot. C'est une injure gratuite pour l'armée! (*Oui! oui! — Très bien!*)

Un membre. — Ce n'est pas le langage d'un bon Français!

M. LE PRÉSIDENT. — Veuillez donc faire silence et laisser l'orateur s'expliquer.

M. BARAGNON. — Ce sont des souvenirs d'Espagne qu'il rapporte! (*Rires à droite.*)

M. GAMBETTA. — Il faut avouer que les temps sont bien changés. (*Oui! oui!*)

Oh! Messieurs, si on ne peut pas dire une phrase sans être interrompu!... (*Nouvelles interruptions.*)

M. LAMBERT DE SAINTE-CROIX prononce quelques mots au milieu du bruit.

M. GAMBETTA. — Vous dites, monsieur Lambert de Sainte-Croix?

M. LAMBERT DE SAINTE-CROIX. — Oui, les temps sont bien changés, car on ne parlait pas ainsi autrefois à la tribune française. (*Très bien! très bien! — Bravos et applaudissements sur un grand nombre de bancs.*)

M. GAMBETTA. — M. Lambert de Sainte-Croix a mal pris son moment... (*Non! non!*) Non? non? Qu'en savez-vous? Laissez-moi parler! (*Rumeurs à droite.*) Car il me dit : Les temps sont bien changés, on ne parlait pas ainsi à la tribune française... (*Nouvelles interruptions à droite.*)

M. LE PRÉSIDENT. — Veuillez donc faire silence, Messieurs, ces interruptions continuelles sont intolérables.

M. GAMBETTA. — Or, ce que je vous disais n'était que la préparation d'une citation que j'emprunte à l'honorable garde des sceaux.

Je disais ceci et je reprends textuellement l'expression : On parle de coup d'État. Je me suis empressé de dire : Je n'y crois pas, et je relevais précisément la loyale interruption de notre honorable collègue,

M. Saisset. A coup sûr, il a bien raison de protester contre de pareilles éventualités; mais enfin, dire ce qui circule, ce qui s'imprime... (*Rumeurs à droite.*)

Un membre à droite. — C'est vous qui le faites circuler.

M. LE MARQUIS DE MORNAY. — Il ne faut pas reproduire des calomnies à la tribune.

M. GAMBETTA. — Écoutez, Monsieur, et vous verrez si ce que je dis est sérieux et sensé.

M. LE PRÉSIDENT. — Laissez achever l'orateur, vous jugerez ensuite.

M. GAMBETTA. — Il y a longtemps que je suis condamné sur l'étiquette.

M. LE PRÉSIDENT. — Laissez achever l'orateur. Je ne sais pas encore quelle est sa pensée. (*Exclamations.*) Si vous la connaissez, vous êtes bien plus avancés que moi. (*Rires sur plusieurs bancs à droite.*) Il n'y a pas d'ironie dans ma pensée, je ne voulais que vous recommander d'attendre, afin de mieux juger.

M. GAMBETTA. — Ce que l'on peut juger, Messieurs, c'est votre bienveillance et votre esprit de justice. (*Très bien! et applaudissements à gauche.*)

M. VENTE. — C'est contre vos insinuations qu'on proteste!

M. LE PRÉSIDENT. — Puisqu'on a ouvert une discussion sur les pétitions, il faut l'entendre. (*Oui! oui! — Très bien!*)

M. GAMBETTA. — Je tiens à justifier absolument les paroles que j'ai dites; et il me semble que, puisqu'il s'agit de l'intérêt de l'honneur national, vous pourriez suspendre vos murmures, au moins jusqu'à ce que j'aie achevé ma phrase.

Je disais que de mauvais propos circulent, qu'on les répète, que cela répand de funestes impressions dans certaines parties de la société; et, en disant qu'il n'est pas bon qu'il en fût ainsi, je ne faisais que reproduire ce qui avait déjà été entendu à la tribune fran-

çaise, malgré l'expérience et les protestations de
M. Lambert de Sainte-Croix, à savoir, ce que, dans
ce tour serré qui lui est habituel, disait M. le garde
des sceaux.

Il disait, quand on discutait la même question
en 1849 : « Non, ces bruits sont chimériques, et il
n'est pas bon qu'ils se répandent, il n'est pas bon
qu'ils se glissent dans certaines classes de la société,
dans certains rangs de fonctionnaires; il n'est pas
bon que cela se répète. Cela rappelle des temps détestables qui ont commencé le 9 thermidor pour aboutir au 18 brumaire. »

Est-ce vrai, Monsieur Dufaure?

M. Dufaure, *garde des sceaux.* — Oui, je l'ai dit, et
je ne me repens pas de l'avoir dit.

M. Gambetta. — Je le crois bien.

M. le garde des sceaux. — Je regrette qu'on ne l'ait
pas mieux écouté.

M. Gambetta. — Et vous avez bien raison, Monsieur le garde des sceaux!

Une voix. — Eh bien, alors?

M. Gambetta. — Alors? Je m'autorise de cette parole, et à coup sûr quand je parle de ce qui se dit...

M. Vente *et plusieurs membres à droite.* — On ne le
dit nulle part!

M. Gambetta. — Je vous mets au défi de justifier
votre interruption.

M. Vente. — Je vous répète qu'on ne le dit nulle
part, et je vous défie de faire une citation à l'appui de
ce que vous avancez! (*Exclamations à gauche.*)

M. Gambetta. — On ne le dit nulle part, prétend
M. Vente...

M. Vente. — Non!

Plusieurs voix à droite. — Non! non! Personne ne
le dit!

M. Gambetta. — Mais, Messieurs, permettez; on me
fait une interruption, j'y réponds; et vous répétez,

non! Il est impossible qu'une Assemblée véritablement digne de ce nom puisse s'abandonner à de pareilles pratiques parlementaires. (*Marques d'assentiment à gauche.*)

Eh bien, je réponds directement qu'il est à votre
connaissance, n'est-ce pas, Monsieur Vente? que der-
nièrement, pendant cette période troublée qui a succédé au vote du 29 novembre, il est à votre connaissance, et vous l'avez lu dans les journaux, cela a été
imprimé, répété... (*Nouvelles interruptions à droite.*)

Mais, Messieurs, je ne me fais pas responsable de
ces bruits... (*Parlez! parlez!*) Je constate la matéria-
lité d'un propos. (*Parlez!*) Vous savez très bien, aussi
bien que moi, Monsieur Vente, qu'on a parlé d'un
général dont on a cité certains ordres du jour. (*Exclamations à droite.*)

Mais vous ne me laissez pas achever. Je m'en vais
vous dire que je ne le crois pas, et que j'en ai pour
garant l'interruption même de M. le ministre de la
guerre.

Mais de quoi s'agit-il entre nous? Il s'agit de l'existence de la réalité du propos et des on-dit, et je vous
les cite.

Un membre à droite. — C'est dans vos journaux qu'ils
se trouvent!

M. GAMBETTA. — Eh bien, je vous dis qu'il n'y a pas
eu un journal en France..

M. VENTE. — Je demande la parole.

M. GAMBETTA. — Pas un, entendez-le bien, de quelque couleur que ce soit, qui n'ait reproduit les accusations, les insinuations, les bulletins que l'on a fait
circuler, au sujet, précisément, de la démarche tout
au moins imprudente et téméraire du général auquel
je fais allusion. (*Mouvements divers.*)

A droite. — Mais non! mais non!

Un membre à droite. — Ce sont vos journaux qui
l'ont jugé ainsi! (*Bruit prolongé.*)

M. LE PRÉSIDENT. — Voilà l'effet des interruptions !

M. GAMBETTA. — Par conséquent, la réalité des récits, sans entrer dans leur exactitude, entendez bien, ne saurait être contestée. Ce n'est pas à moi qu'il appartient de faire des enquêtes, mais vous n'ignorez pas qu'il s'est dit qu'on fait des enquêtes, Monsieur Vente; vous voyez donc bien qu'il en a été question.

M. VENTE. — Je vous répondrai !

M. GAMBETTA. — Vous me répondrez ! Il aurait mieux valu, alors, ne pas m'interrompre. (*Exclamations à droite.*) C'est évident, il fallait répondre toute de suite.

Eh bien, je répète avec M. le garde des sceaux, qu'il n'est pas bon que de telles préoccupations pèsent sur l'imagination publique, qu'il n'est pas bon, ni pour vous, ni pour la sécurité générale, ni pour le pays, ni pour aucune espèce d'intérêt dont vous ayez la garde, j'affirme qu'il n'est pas bon qu'un pareil état d'esprit s'accrédite et se prolonge, que ce n'est que pour cela que la France pétitionne, que c'est pour mettre un terme à cette inquiétude et à cette angoisse qu'elle vous demande de prononcer votre dissolution.

Eh bien ! de toutes les considérations que l'on peut invoquer pour justifier la démarche des pétitionnaires et pour vous inviter à les accueillir, non pas comme des injonctions ni comme des menaces, mais comme des vœux, comme des symptômes de l'opinion, comme un avertissement dont des hommes politiques, véritablement soucieux de ce titre, savent tenir un grand compte, je suis en droit de conclure et je dis en terminant que vous devriez penser au passé, faire un retour sur l'histoire de l'Assemblée constituante. Et en vérité, Messieurs, aux difficultés que j'éprouve devant vous, je ne peux m'empêcher d'opposer le souvenir de la facilité avec laquelle, au contraire, dans cette Assemblée constituante, dont j'invoquais tout à l'heure la grande image, les orateurs purent développer à satiété, pendant de longues séances, l'acte d'ac-

cusation de l'Assemblée qu'ils avaient devant eux, —
ce que je n'ai pas fait, — dans des termes que vous
n'auriez pas acceptés; ils ont pu réclamer impérieu-
sement et faire voter à une très faible majorité, il est
vrai, de trois, quatre, cinq ou six voix auxquelles vous
serez bientôt condamnés, la dissolution de la plus
grande Assemblée qu'ait eue la France, depuis la première Constituante.

Si je remettais sous vos yeux les discours ou les
fragments de discours des hommes qui, à cette époque,
représentaient le parti monarchique, et si je ne prenais
pas la précaution de vous dire à quel orateur je les
emprunte, vous avez si peu de patience, Messieurs, et
l'esprit politique varie à un tel point, que vous m'in-
terromperiez et ne voudriez pas m'entendre.

M. MONNET. — Mais non! On vous écoute très bien.

M. GAMBETTA. — Eh bien, je vais reproduire un des
arguments les plus décisifs et qui devraient toucher
les esprits loyaux de cette Assemblée, ne fût-ce que
pour mettre d'accord leur conduite d'aujourd'hui avec
la conduite de leurs devanciers.

M. de Montalembert, dans un discours qui est certainement un des plus élevés et, en même temps,
un des plus incisifs, un des plus mordants qu'il ait
prononcés, lui à qui l'ironie était si familière, M. de
Montalembert, disait en s'adressant à l'Assemblée, le
12 janvier 1849 :

« Messieurs, il faut plaindre les pouvoirs et les sociétés qui, dans l'ordre moral ou dans l'ordre politique,
suscitent ou subissent la formidable puissance du
doute. »

Il considérait qu'il suffisait que le mouvement des pétitions eût mis en doute la puissance et la compétence
de l'Assemblée pour qu'elle dût se retirer. Il ajoutait :

« Discuter le doute, savez-vous ce que c'est? C'est le
constater. Eh bien, ne le discutez pas, dissipez-le.

« Pour le dissiper vous n'avez qu'un moyen, c'est

un appel au juge souverain, au tribunal arbitral et
suprême, au suffrage universel. »

M. AUDREN DE KERDREL. — Les radicaux n'en voulaient
pas alors !

M. GAMBETTA. — Je fais observer au membre de la
droite qui m'interrompt que c'est M. de Montalembert
qu'il interrompt.

M. AUDREN DE KERDREL. — Je vous fais observer que
les radicaux ne voulaient pas alors du suffrage universel !

M. GAMBETTA. — M. de Montalembert disait encore :

« De deux choses l'une : ou vous représentez l'esprit
actuel du suffrage universel, et, s'il en est ainsi, vous
serez réélus, vous viendrez reprendre votre œuvre
retrempés dans le suffrage universel ; ou bien vous ne
représentez pas l'esprit actuel du suffrage universel
et vous ne serez pas réélus, et alors on finira par
vous demander : De quel droit restez-vous ici. »

Un membre à droite. — C'est à vos amis que cela
s'adressait !

M. GAMBETTA. — Ah ! Messieurs !.....

Plusieurs membres. — Ne répondez pas ! Continuez !
continuez !

M. GAMBETTA. — Eh bien, Messieurs, nous n'allons
pas aussi loin, nous ne disons pas : « De quel droit
restez-vous ici ? » Nous reconnaissons votre droit.

Un membre à droite. — C'est bien heureux !

M. GAMBETTA. — Nous reconnaissons votre droit ;
ce que nous vous demandons, et ce que nous espérons,
sinon pour aujourd'hui, au moins dans un avenir plus
prochain qu'on ne pense, ce que nous espérons, c'est
de voir vos convictions se former par la constatation
même de l'impuissance dont vous êtes atteints, dont
nous sommes atteints comme Assemblée parlementaire, c'est que vous céderez à la pression de l'opinion,
et qu'il vous restera encore un peu de patriotisme

pour abdiquer à propos. (*Vives réclamations à droite.
— Comment, encore! — A l'ordre!*)

M. GAMBETTA. — Comment, à l'ordre!

Plusieurs membres. — Retirez le mot « encore! »

M. GAMBETTA. — Comment! Messieurs, je suscite vos murmures, je provoque vos interruptions, en exprimant cette conviction que vous finirez par vous convaincre et par vous éclairer vous-mêmes devant les évènements, et qu'alors, ne vous inspirant plus de mesquins intérêts personnels, vous aurez assez de patriotisme pour vous dissoudre et vous retirer?

Un membre à droite. — Ce n'est pas pour cela qu'on a réclamé!

M. GAMBETTA. — En vérité. Messieurs, on ne sait quel langage vous tenir.

Eh bien, moi, je vous dis que le jour n'est pas éloigné où vous vous résoudrez à cette immolation de vous-mêmes, parce que les populations qui vous ont envoyés vous avertiront elles-mêmes; elles vous apprendront surtout que le vote d'aujourd'hui et que les votes successifs que vous rendrez sur les pétitions nouvelles qu'elles vous adresseront, seront les scrutins préparatoires des élections futures. (*Vives interruptions à droite et au centre.*)

M. LE BARON DE BARANTE. — C'est une menace que nous n'acceptons pas!

M. GAMBETTA. — Ce jour-là, le suffrage universel saura bien reconnaître les siens, et choisir entre ceux qui auront retardé et ceux qui auront préparé le triomphe définitif de la République. (*Réclamations nombreuses à droite et au centre. — Applaudissements répétés à l'extrême gauche. — L'orateur, en regagnant sa place, est entouré et félicité par un certain nombre de ses collègues. — La séance demeure suspendue pendant quelques instants.*)

Le duc d'Audiffret-Pasquier remplace M. Gambetta à la

tribune. « Le pétitionnement n'est pas spontané. Il date de
Bordeaux. Et depuis on l'a traîné de banquet en banquet.
Le pétitionnement contre l'Assemblée est un procédé révolutionnaire. Vous voulez la dissolution pour arriver au pouvoir, donc nous le gardons. Non! les radicaux ne sont pas
des républicains. Les radicaux veulent saper les bases de
l'état social. Je repousse les radicaux au nom de la liberté.
Vous parlez de couches souffrantes pour qu'on vous confie
le droit de les guérir. La liberté la plus grande existe ; l'é-
galité existe. Mais on ne peut pas faire que les épiciers aient
de l'esprit. 93 et la Commune sont le produit de pareilles
doctrines... Nous avons fait tous les sacrifices possibles. Nous
avons ajourné nos espérances. Mais nous n'abandonnerons
pas les libertés nécessaires. »

La séance continue au milieu de la plus vive agitation. La
droite couvre par le bruit prolongé des conversations la
réponse de M. Louis Blanc à M. d'Audiffret-Pasquier et décide, avec l'assentiment du ministre de l'intérieur, que le
débat sera tranché le soir même, dans une séance de nuit.
M. Ricard, au nom de la gauche, avait réclamé l'ajournement.

La séance de nuit est ouverte à neuf heures. M. Raoul
Duval monte à la tribune et provoque par sa violence une
longue scène de désordre. « Des hommes qui ont figuré
dans la Commune, dit M. Raoul Duval, se retrouvent aujour-
d'hui, dans une certaine proportion, parmi les organisateurs
de pétitionnement... » — « Vous êtes un calomniateur! » lui
crie M. Mestreau. La gauche éclate en longs applaudissements.
La droite proteste. Soutenu par MM. Langlois, Edmond Adam
et Laurent Pichat, M. Mestreau maintient son expression.
Le président Grévy le rappelle à l'ordre.

M. Le Royer répond à M. Raoul Duval. Il rappelle ces paroles de M. Thiers : « Le calme régnait dans le pays pendant sa prorogation. L'Assemblée se réunit. Vous savez ce
qui est résulté. »

M. Dufaure prend la parole au nom du Cabinet pour demander, assez tristement, l'ordre du jour sur les pétitions.
C'étaient les partisans les plus résolus de la politique du
messaye qui demandaient la dissolution. C'étaient les ennemis déclarés de M. Thiers qui la combattaient avec le
plus de colère. La position de M. Dufaure était difficile. Il

s'en tira par des personnalités. « Je ne dis pas comme
M. d'Audiffret-Pasquier l'a dit, peut-être à tort, je ne dis pas
à M. Gambetta, « Vous voulez de nouvelles élections, parce
qu'elles vous porteront au pouvoir! » Je ne le dis pas, je
m'en garde bien. Personne ne rend plus justice que moi à
son véritable talent, mais il a besoin de vivre encore quelque temps. M. Thiers a passé bien plus d'années au service
de son pays pour arriver au poste éclatant où votre confiance l'a appelé. »

L'Assemblée vote successivement l'affichage du discours
de M. Dufaure dans toutes les communes et, par 483 voix
contre 196, l'ordre du jour sur les pétitions demandé par le
cabinet.

DISCOURS

SUR

LE PROJET DE LOI

TENDANT A RÉGLER LES ATTRIBUTIONS DES POUVOIRS PUBLICS
ET LES CONDITIONS DE LA RESPONSABILITÉ MINISTÉRIELLE

Prononcé le 28 février 1873

A L'ASSEMBLÉE NATIONALE

———

Le discours prononcé par M. Dufaure dans la séance du 14 décembre 1872 avait pour objet d'opérer un rapprochement entre le gouvernement et la commission des Trente. Le duc de Broglie dirigeait les travaux de cette commission que présidait M. de Larcy. Naturellement, la tentative de rapprochement échoua. On sut, après vingt-quatre heures d'attente, qu'il n'y avait rien de fait et qu'on allait se battre à outrance. Et, en effet, pendant plus d'un mois, les alliés de M. de Broglie et les amis de M. Thiers se livrèrent à une lutte acharnée dont les nombreux incidents, qu'il serait superflu de raconter ici, augmentèrent chaque jour le malaise et la lassitude du pays. Nous nous bornons à emprunter à un historien qui ne saurait être suspect en cette matière le résumé des décisions finales de la Commission et des motifs qui déterminèrent le président de la République à accepter les résolutions perfidement byzantines des Trente.

« Le problème donné à la commission, raconte M. Jules Simon, était de faire une constitution qui n'en fût pas une. Comme rien de sérieux ne pouvait sortir de là et qu'en prolongeant la durée des équivoques et des faux-fuyants, on était tout près du ridicule, on se décida d'urgence au compromis que voici. Premièrement, M. Thiers consentirait

à ne plus parler qu'avec des formalités et des solennités
infinies. Il annoncerait sa résolution la veille; si, par aventure, il voulait parler le jour-même, il faudrait un vote.
Au jour fixé, il entrerait dans la Chambre, car la porte
même de la salle des séances lui serait ordinairement fer-
mée. Il prononcerait son discours, et disparaîtrait aussitôt.
La Chambre aussi s'en irait. On ne lui répondrait que le
lendemain. Ainsi il pourrait encore haranguer, mais il ne
pourrait plus discuter. On espérait que cette mise en scène,
ces pertes de temps et cette suppression du dialogue le
dégoûteraient de la tribune. C'était pour la droite un
grand soulagement. Elle se disait qu'imposer silence à
M. Thiers, c'était quelque chose comme ôter son épée à un
général. On lui donnait en échange deux droits importants :
celui de retarder de quelques jours la promulgation des
lois, et même de demander, c'est-à-dire d'exiger par un
message une délibération nouvelle. Cet ensemble de combinaisons reçut de l'opinion publique le nom de *chinoiseries*
qu'il méritait assez bien. On décidait, par un dernier article,
qu'après la dissolution, l'Assemblée serait remplacée par
une Chambre des députés et un Sénat..... M. Thiers et
M. Dufaure avaient assisté à la plupart des dernières séances
de la commission; on peut dire qu'ils avaient coopéré avec
elle. Le conseil, de son côté, était averti à mesure, par
M. Thiers, des propositions qui se faisaient jour dans la
commission. Tous les ministres étaient unanimes à considérer comme très importante la conquête d'un Sénat. Le
droit de provoquer une délibération nouvelle ne fut accepté
qu'après une discussion assez vive, et comme expédient jusqu'à la constitution des deux Chambres. Quelques mois au-
paravant, M. Thiers aurait jeté feu et flammes à la proposition de ne plus parler : il connaissait sa force, il dédaignait
un peu celle des autres, et il aimait, cet homme d'ordre, à
braver les orages parlementaires, à peu près comme un
vieux marin qui demande au ciel une mer calme, et qui se
sent malgré lui joyeux quand sa prière n'est pas exaucée.
Mais il ne pensait plus, en février 1873, qu'à achever la libération du territoire. Ce grand but absorbait tout en lui, et le
fit consentir à tout. « Je n'ai pas, disait-il, à m'occuper du
reste, car aussitôt la convention signée, la majorité décla-
rera, par un beau décret, que j'ai bien mérité de la patrie,

et elle me mettra par terre. » Il s'y résignait, non sans un
certain dédain pour les hommes, et même il le souhaitait. Ce
n'était pas une abdication. Il ne pensait pas que l'Assemblée
pût lui survivre, et, après elle, il y avait tout un avenir. » (Jules
Simon, *le Gouvernement de M. Thiers*, t. II, p. 359 et 361.)

La discussion sur le projet de la commission s'ouvrit, le
27 février 1873, par un discours de M. de Broglie, rapporteur,
qui demanda à l'Assemblée de déclarer l'urgence, « en raison des grands intérêts en suspens ». M. Thiers s'étant résigné, M. Dufaure appuya la demande d'urgence et déclara
que le gouvernement acceptait les résolutions de la commission. Puis, les divisions intimes de l'Assemblée éclatèrent
au grand jour. M. de Marcère ne combat pas le projet des Trente,
mais il proteste contre le rapport de M. de Broglie où le
message de M. Thiers n'est pas mentionné. M. Dahirel demande
que l'Assemblée rétablisse la monarchie légitime, et M. de
Castellane que l'Assemblée proclame la monarchie constitutionnelle, vu que « dans trois mois, il sera trop tard. »
Les conversations particulières couvrent un discours de
M. Ferdinand Boyer. M. Haentjens, au nom des députés bonapartistes, réclame l'appel au peuple. « L'Assemblée se sépara humiliée et confuse d'une discussion où l'on ne mar-
chait que dans les ténèbres. » (*République française* du
1ᵉʳ mars 1873.)

Le lendemain, 28 février, au début de la séance, M. Gambetta demande la parole. Plusieurs membres du centre droit
réclamaient déjà la clôture.

M. GAMBETTA. — Messieurs, si on insistait sur la
clôture, ce que je ne crois pas... (*Non! non! — Parlez!*)

Messieurs, quoique nous n'ayons pas encore eu la
satisfaction de voir monter à cette tribune un orateur
chargé de défendre le rapport et l'œuvre de la commission des Trente, — c'est là, sans doute, ce qui avait
fait un moment croire que l'on allait prononcer la
clôture, — je viens à mon tour, au risque de vous fa-
tiguer, parler contre le rapport, les considérants, les
motifs, et les propositions législatives qui l'accom-
pagnent.

La discussion si grave dont vous êtes saisis, Mes-

sieurs, ressemble trop à une revue des partis dans
cette enceinte, pour que nous puissions, sur les bancs
où je siège, laisser se fermer la discussion générale
sans dire avec la même loyauté et avec la même franchise qu'y ont mises les orateurs qui représentent ce
côté, — la droite, — ou une fraction de ce côté de
l'Assemblée, ce que nous pensons de l'œuvre à laquelle on convie l'Assemblée nationale.

Tout d'abord, la première pensée qui vient à l'esprit,
après avoir pris connaissance du rapport de la commission, c'est de se demander si le projet de loi cor-
respond aux préoccupations de l'opinion, si ce rapport
nous invite à organiser cela même que l'opinion demande depuis le message, ou si, au contraire, il ne va
pas nous entraîner à faire juste l'opposé de ce que
réclame le pays, et à lui imposer, en les préparant
trop par avance, des institutions qu'il repousse.

Je crois qu'un examen attentif du projet, de l'o-
rigine surtout de la question, des développements
qu'elle a reçus dans le rapport, des commentaires qui
l'ont accompagnée jusque sur le seuil de cette enceinte
et qui passionnent ou inquiètent le pays, nous permettra de comprendre que l'œuvre à laquelle on nous
convie est à la fois puérile et périlleuse.

C'est dans sa première partie que je trouve cette
œuvre puérile. Elle a, en effet, la prétention d'organiser la responsabilité ministérielle et, par compensation, de donner au pouvoir présidentiel plus d'extension et plus de garanties.

Eh bien, on peut dire, après avoir lu le rapport et
les explications qu'il donne, que le pouvoir du président de la République n'est ni augmenté ni diminué :
on peut dire aussi que la souveraineté de l'Assemblée
n'est ni augmentée ni diminuée. Il y a un cérémonial
plus compliqué, une procédure qui, à l'usage, sera
bientôt supprimée, parce que tout se passera bientôt
en écritures d'une extrême concision, d'une extrême

brièveté, et qu'ainsi le but que vous avez en vue ne sera pas atteint. (*Assentiment de divers côtés.*)

En effet, il est certain que ce n'est pas garantir l'indépendance de cette Assemblée que d'obliger le chef de l'État à écrire à plusieurs reprises dans la même discussion où l'on a reconnu tout à la fois son droit d'intervenir et l'utilité de son intervention. A cet égard on n'a rien fait qui soit réellement sérieux, et je ne veux pas y insister. J'ai hâte d'arriver à ce qui constitue pour moi le caractère dangereux de l'œuvre entreprise.

Cette œuvre présente trois parties. Une première partie, qui est une contradiction flagrante avec tout l'ensemble du projet de loi, c'est le préambule; une seconde, qui consiste dans ce cérémonial compliqué et parfaitement impuissant, dont je vous entretenais brièvement, et une troisième partie qui, à mon sens, est périlleuse ici pour tout le monde, pour tous les partis, quels qu'ils soient, qu'ils se réclament de la monarchie légitime ou de toute autre forme de monarchie, ou qu'ils se réclament d'une République sincère et loyale, parce que les mesures qu'on y propose constituent une aliénation de l'avenir et une véritable usurpation sur les pouvoirs destinés à sortir des prochaines élections générales.

Messieurs, je sais, par expérience, combien il est difficile de parler devant vous des sentiments, des aspirations du parti républicain; je sais que nous avons toujours à lutter contre une prévention de vos esprits, qui consiste à nous prêter des idées, des intentions et des passions que nous avons beau désavouer; vous nous interrompez quand nous voulons faire le développement de nos véritables intentions, et votre prévention subsiste.

Mais aujourd'hui, comme il s'agit avant tout de défendre ce qu'on peut appeler le bien propre de chaque parti dans cette enceinte, et comme il n'est besoin pour cela que de franchise et de loyauté, comme

chacun en définitive est intéressé à voir cette défense
se produire à cette tribune, je compte, sans me départir en aucune manière de la modération que réclame un aussi périlleux débat, une aussi délicate
discussion, je compte, dis-je, aller jusqu'au fond des
choses. (*Parlez! parlez!*)

Messieurs, il y a tout d'abord une impression singulière qui se dégage de ce débat : c'est de sentir le
malaise, l'inquiétude qui occupe et remplit la plupart
des esprits dans cette enceinte. Personne, au fond.
n'est content de ce contrat et de cette transaction,
qui sont tout à coup intervenus entre la commission
et le gouvernement; tout le monde, dans les couloirs,
dans les conversations, dans les journaux, multiplie
les critiques, dénonce les lacunes, les vices et les périls d'une pareille proposition. Et ici, au contraire,
tout le monde paraît résigné à se laisser aller à la dérive jusqu'à la votation définitive du projet de loi.

D'où peut venir. Messieurs, une pareille contradiction entre ce que l'on pense intérieurement et la conduite parlementaire à laquelle on paraît résigné? Je
crois que cela vient, Messieurs, de ce que chacun, en
présence de cette solution obscure, équivoque, se dit:
C'est un coup de dé, il pourra peut-être en sortir un
avantage pour mon parti. Ceux-ci disent : Nous y ga-
gnerons ceci; ceux-là se contentent de dire : Par cet
atermoiement nous conquerrons toujours un peu de
durée. Les uns répètent : Nous refoulons la démocratie. Les autres, au contraire : Par des voies obliques,
couvertes, détournées, nous arriverons tout de même
à la République.

Eh bien, Messieurs, je crois que ce double aspect si
contradictoire de la question apparaît au dehors à
l'opinion publique comme quelque chose d'incorrect,
d'irrégulier et, permettez-moi le mot, de malsain.

Ce que ce pays réclame avant tout, c'est la clarté.
Il y a assez longtemps qu'on le maintient, non seule-

ment dans le provisoire, mais dans l'équivoque et dans l'ambiguïté.

Ce qu'il désire, c'est de voir clair devant lui, c'est de voir où on le mène, c'est de voir surtout si on le mènera promptement à un abri où il pourra sérieusement, avec la certitude du lendemain, vaquer à ses affaires et s'occuper de son relèvement matériel et moral. (*Très bien! très bien! à gauche.*)

Car enfin, Messieurs, est-ce que vous n'êtes pas frappés comme moi du double et singulier langage que l'on tient quand on veut défendre le rapport et le faire voter, selon que l'on s'adresse à tel ou tel côté de cette Assemblée? croyez-vous que l'on pourrait mettre tout le monde d'accord, si l'on disait nettement et franchement ce qu'il y a au fond du projet? N'est-il pas évident que ce projet a telle ou telle importance, qu'il pourra produire telles ou telles conséquences, avoir telle ou telle influence sur les destinées du pays, selon qu'une fois voté par vous, une fois devenu le statut du pays, il sera interprété dans tel ou tel sens par une pensée supérieure, par la pensée qui lui donnera sa valeur véritable et sa force réelle?

Pour ma part, je ne demande pas mieux que d'être fixé. Je voudrais savoir à quoi on peut s'en tenir. Et c'est ici, Messieurs, dans cette enceinte, qu'il faut qu'on nous le dise. Quand vous avez discuté la Constitution Rivet, nous avons protesté, — et vous nous pardonnerez de le rappeler, — contre l'attribution à l'Assemblée du pouvoir constituant. Nous vous avons dit qu'étant données les origines de l'Assemblée, le peu de temps qui avait été laissé pour procéder, soit à la confection des listes électorales... (*Légers murmures sur quelques bancs.*)

Messieurs, je vous en prie... (*Exclamations sur plusieurs bancs.*)

Plusieurs membres. — On ne vous interrompt pas! Personne ne vous interrompt!

M. LE VICOMTE DE CUMONT. — C'est un artifice oratoire !

Un membre à droite. — Vous avez besoin d'interruptions.

M. GAMBETTA. — Ne croyez pas du tout, Monsieur
Gaslonde...

M. GASLONDE. — Mais je n'ai pas parlé ! (*C'est vrai !
c'est vrai !*)

M. GAMBETTA. — Ou Monsieur Ancel...

M. ANCEL. — Je n'ai pas dit un mot. (*On rit.*)

M. GAMBETTA. — N'avez-vous pas dit : C'est un moyen
oratoire ?

M. GASLONDE. — Ce n'est pas moi !

M. ANCEL. — Ni moi !

M. LE VICOMTE DE CUMONT. — C'est moi qui l'ai dit,
et je le maintiens.

M. GAMBETTA. — Croyez bien, Messieurs, que ce
n'est pas une précaution oratoire, et que ce que je
désire avant tout, c'est de pouvoir poursuivre le développement de ma pensée. Vous devez comprendre que
dans un débat aussi compliqué, dans une situation
aussi faussée, j'ai assez de peine à pouvoir, sans blesser personne, sans compromettre aucune espèce d'intérêt, me maintenir dans les limites précises que je me
suis proposé de ne pas dépasser. Par conséquent, s'il
m'arrive quelquefois de prononcer un mot qui puisse
toucher vos susceptibilités, ou même si voyant un mur-
mure se produire, et, comme tout à l'heure, dégéné-
rer en une interruption... (*Non ! non ! — C'est inexact !*)

Un membre au centre. — C'est à gauche qu'on a interrompu.

M. GAMBETTA. — Si vous voulez, à gauche ou à droite ;
mais veuillez croire qu'il n'y a là, de ma part, aucune
espèce d'artifice de langage, et que c'est purement
et simplement pour abréger. (*Rumeurs en sens divers.*)

Eh bien, je dis que ce n'est pas nous qui avons créé
la situation actuelle ; je dis que cette situation re-

monte au Message lui-même. Et, afin de faire bien
comprendre l'unité de notre conduite, je rappelais
tout à l'heure qu'à l'époque où on discutait ici la Charte
Rivet, nous avons repoussé les propositions qui étaient
faites : nous avons voté contre le préambule de la
Constitution Rivet, parce qu'il contenait, au bénéfice
de l'Assemblée, l'attribution du pouvoir constituant.

Aujourd'hui, pour rester logiques avec cette première protestation, nous sommes obligés de protester
de nouveau et de repousser l'exercice de ce pouvoir
constituant qui a été attribué à l'Assemblée. Il se présente aujourd'hui sous une autre forme; on prétend
ajouter un nouveau chapitre, deux chapitres, trois
chapitres à ce livre dont MM. Vitet et Saint-Marc
Girardin avaient, pour ainsi dire, coupé les feuillets
et écrit les premières pages.

Nous disions, à cette époque, que vous ne pouviez
pas faire une constitution, et notre argument était tiré
de l'état des partis dans l'Assemblée. Nous disions
qu'il était impossible d'aboutir à la constitution d'un
pouvoir organique sérieux, durable, accepté par le
pays; qu'on ne pouvait pas faire la monarchie, parce
qu'on n'avait pas un roi à mettre sur le trône, ni un
peuple pour accepter ce roi; qu'on ne pouvait pas
faire la République, parce que vous n'aviez pas mandat de l'organiser; et nous maintenions ainsi une parfaite égalité entre nos prétentions respectives.

Pourquoi l'état des partis que nous décrivions alors
serait-il changé aujourd'hui? S'est-il donc passé dans
l'Assemblée, entre les partis, quelque chose de nouveau?
Il s'est passé dans le pays, à la vérité, une certaine
manifestation de la volonté nationale qui a donné raison à ceux qui avaient tenu le langage que je viens de
rappeler lors de l'établissement de la constitution Rivet.

Du côté du gouvernement, que s'est-il produit? Un
fait considérable, important, qui a eu, il faut le reconnaître, de très vives sympathies dans le pays, c'est la

déclaration du gouvernement à l'occasion du Message,
par laquelle il a dit qu'il fallait organiser la République et lui donner ses principaux ressorts d'action.
Alors, Messieurs, il s'est produit, dans le pays, un fait
très considérable : l'opinion, avec une très grande
énergie, avec une très grande force d'expansion, s'est
précipitée vers le pouvoir et a donné, en grande majorité, son adhésion à la politique présidentielle.

Et vous, Messieurs, qu'avez-vous fait? Vous avez
nommé une commission. L'un de vous a pris l'initiative d'une contre-politique du Message; on a été dans
les bureaux, on a discuté, et aujourd'hui on réclame
la vérité sur le contrat intervenu entre ceux qui ne
voulaient pas déclarer la République, organiser la
République, et au contraire, le pouvoir qui avait dit:
Il n'est que temps de l'organiser, sans perdre son
temps à la proclamer.

Eh bien, il n'est pas possible que ceux qui ne voulaient pas du Message puissent voter un projet qui
serait, au dire de certains de ses partisans, la réalisation de la politique du Message. Si cela est vrai, il faut
le dire, il faut le déclarer, il faut qu'il n'y ait pas l'ombre d'un nuage sur une pareille solution. Car ce que
la France réclame, ce n'est pas deux Chambres, Messieurs, c'est de savoir si on la mène à la République
ou à la monarchie! (*Très bien! très bien! à gauche.*)

Il faut donc s'expliquer avec une parfaite netteté
sur ce point. Et je dis que tous les partis dans l'Assemblée y sont également engagés; car ce serait faire
une œuvre fausse, chimérique, condamnée d'avance
et, peut-être, qui irait directement contre le but que
tous vous voulez poursuivre, but de paix sociale, d'a-
paisement politique, si vous vous mettiez à organiser
un gouvernement sans dire d'abord quel sera son
nom, quelle sera sa direction. (*Très bien! à gauche.*)
Eh bien! on ne l'a pas dit, ou plutôt on l'a dit, mais
dans les camps les plus opposés, les plus divers, si bien

qu'on ne sait à quoi s'en tenir. Et on vous apporte
aujourd'hui une œuvre hybride, ambiguë, innommée,
où chacun triomphe et où chacun se croit pris, œuvre
qui, comme on l'a remarqué, semble une protection
pour chaque parti en même temps qu'elle leur apparaît comme une chausse-trape et un piège.

Eh bien, Messieurs, ce que nous réclamons tous, ce
que nous venons solliciter de l'Assemblée, c'est que
nous ne passions pas à l'examen de ces articles sans
avoir obtenu une déclaration précise, complète, après
laquelle il n'y ait plus aucune espèce d'obscurité sur
les intentions du gouvernement.

Nous voulons savoir si la politique du Message est
maintenue ou non ; si ce sont des institutions républicaines qui doivent être fondées ; si c'est enfin pour
répondre à cette acclamation de l'opinion publique
qui a salué le Message qu'a travaillé la commission
des Trente. (*Très bien! très bien! à gauche.*)

Il y a autre chose dans le débat ; il y a plus que la
question du Message, il y a les institutions mêmes que
l'on veut faire sortir du contrat, de l'engagement
passé entre le gouvernement et ce qui a été tour à
tour la majorité et la minorité de la commission
des Trente.

Et à ce propos, veuillez ne pas perdre de vue combien
il nous a été difficile, pour des hommes aussi peu renseignés sur les intentions de la majorité que nous le
sommes, de pouvoir nous expliquer la fin des travaux de la commission.

Il y a eu un moment où on comprenait très bien
ses rapports avec le gouvernement. C'était une hostilité, c'était une agression, c'était un refus. Oui, il
était clair qu'on repoussait le Message, qu'on voulait
obtenir comme une répudiation du Message et remettre sous le joug du pacte de Bordeaux le gouvernement
qui s'en était affranchi. On comprenait très bien ; nous
désapprouvions cette politique, nous la trouvions mau-

vaise, dangereuse; nous disions qu'il fallait lutter
contre elle; mais enfin c'était une politique claire.

Puis, tout à coup, sans qu'on puisse rencontrer
dans le rapport rien qui soit plus de nature à calmer
les susceptibilités des anciens amis qu'à désarmer la
critique des adversaires, de la brouille on passe à
l'accord.

On s'entend, on contracte, tout est pour le mieux;
on se trouve à l'entrée de la terre promise, et ce sont
précisément ceux qui ne voulaient pas d'abord y
pénétrer qui en deviennent pour ainsi dire les observateurs et les découvreurs. (*Rires et rumeurs diverses.*)

Une voix à droite. Les découvreurs? C'est un mot
nouveau.

M. GAMBETTA. — Les inventeurs, si vous voulez.

Messieurs, vous devriez remarquer que ce qui me
préoccupe surtout quand je suis à la tribune, c'est de
me faire comprendre. Je tâche que ce but soit atteint,
mais je n'ai pas la prétention de parler un langage
toujours correct et soutenu. (*Mouvements divers.*)

Eh bien, Messieurs, je dis que là aussi, de ce côté
encore, il nous faut une explication, il faut que nous
apprenions... (*Chuchotements.*) Je crois, Messieurs,
que ce que je dis est suffisamment clair; vous me répondrez plus académiquement, mais j'ignore si vous
me répondrez plus nettement.

M. LE DUC DE BROGLIE, *rapporteur.* — A qui parlez vous?

M. GAMBETTA. — Je réponds à ceux qui m'interrom-
pent.

Plusieurs membres au banc de la commission. — Personne ne vous a interrompu.

M. GAMBETTA. — J'entends toutes vos observations.
Si vous n'interrompez pas assez haut pour que vos
interruptions soient au *Journal officiel,* celui qui est à
la tribune a le plaisir de vous entendre; mais c'est
trop de parler deux à la fois.

M. LE VICOMTE DE CUMONT. — Je déclare que personne

parmi les membres de la commission ne vous a interrompu.

M. Gambetta. — Si vous ne m'avez pas interrompu, vous causez assez haut pour que toutes vos réflexions viennent jusqu'à moi. (*Exclamations sur un certain nombre de bancs.*) Mais on peut bien se taire!

Je comprends très bien qu'on échange avec son voisin ses impressions. (*Nouvelles exclamations.*) Mais il ne faut pas que cela se passe au banc de la commission.

Plusieurs membres. — Mais on ne vous a pas interrompu!

M. Gambetta. — Je ne me suis pas plaint à tort, je tiens à le constater.

M. le président. — Il ne faut pas attacher à ces observations plus d'importance qu'elles n'en méritent.

M. Gambetta. — Eh bien, je dis qu'il nous faut aussi, sur le changement à vue qui est resté jusqu'ici inexpliqué, de véritables justifications; car vous savez tous les bruits qui ont couru, vous savez avec quelle sollicitude, avec quelle avidité passionnée le public a suivi l'œuvre des Trente. Il a voulu se rendre compte de tout, et aujourd'hui il est tout à fait dérouté.

Or, il est impossible de vouloir imposer à une Assemblée une entreprise aussi considérable, qui peut avoir de pareilles conséquences, sans la mettre au courant, de la façon la plus nette, de tout ce qui a pu amener une telle et si inespérée conversion.

Les propositions qui vous sont soumises présentent, au point de vue spécial où je suis placé comme républicain, des objections bien plus graves encore. Et d'abord, Messieurs, la proposition de créer, et l'engagement une fois pris de créer, la création d'une seconde Chambre me paraît tout à fait inacceptable.

On nous présente la création d'une seconde Chambre comme nécessaire, pourquoi faire? Pour être, dit-on, une Chambre de résistance, — le mot est italiqué dans le rapport comme une citation, il est vrai que la citation me paraît légèrement incomplète... (*Inter-ruptions sur quelques bancs*) car on avait dit : « Une Chambre de résistance aux entraînements possibles d'une première Assemblée. »

Évidemment, le mot ainsi restitué n'a pas la même signification que lorsqu'on dit « Chambre de résis-tance » sans ajouter le complément auquel je fais allusion. Ces mots : « Chambre de résistance » rappel-lent à s'y méprendre les mots « Gouvernement de combat ». Eh bien, au fond, il pourrait bien y avoir entre les deux époques où ces deux expressions ont été inventées, entre ces deux mots, entre eux-mêmes, une véritable corrélation. Qui sait? peut-être a-t-on obtenu du chef du pouvoir exécutif ou de ses mi-nistres l'autorisation de substituer cette expression « Gouvernement de résistance » à celle de « Gouver-nement de combat ». Mais encore là-dessus faut-il s'expliquer, et j'espère qu'on n'y manquera pas.

Mais, en attendant, Messieurs, nous républicains. comment pourrions-nous consentir à ce qu'on exami-nât même la création d'une seconde Chambre dite de résistance? De résistance à quoi? la résistance à une Assemblée qui sera souveraine comme la nôtre est souveraine, dont le pouvoir sera aussi indivisible que celui que vous détenez actuellement? Mais, Messieurs, vous l'avez vous-mêmes compris, quand un de nos collègues vous a proposé de faire fonctionner dès à présent la seconde Chambre, en la constituant d'une certaine manière, vous avez compris que le dépôt de la souveraineté nationale que vous aviez reçu était indivisible, et que, dans ce pays tel qu'il est constitué, tel que les révolutions successives l'ont fait, tel que ses mœurs et son tempérament le font aujourd'hui, il est absolument chimérique de chercher à composer une seconde Chambre.

Une telle Chambre ne peut être le produit que de la combinaison la plus artificielle. Sous prétexte de

résister à la loi du nombre, c'est-à-dire à la souveraineté nationale, on cherche à organiser un frein, un
moyen de résistance. En réalité, on organiserait une
cause perpétuelle de conflit, on créerait une cause
d'excitation constante, et vous donneriez carrière à ces
violences de langage contre les inégalités ou contre
les conditions supérieures que vous voulez éviter
dans la politique.

C'est en créant une seconde Chambre que vous donnez, pour ainsi dire, une cible et un but aux passions
populaires.

Dans ce pays-ci, où il n'y a plus de traces d'une
aristocratie héréditaire, où il n'y a plus de traces
d'une constitution différente de la propriété, où, dans
la constitution de la famille, il n'y a plus d'aînés, de
majorats, de substitutions, toutes ces choses ayant
disparu, vous voulez prendre, au milieu de citoyens
qui ne se distinguent ni par des privilèges de naissance, ni par des privilèges de situation, une collec-
tion d'hommes en état d'exercer sur cette masse du
suffrage universel un pouvoir de résistance, un frein!
(*Très bien!*)

Non, Messieurs, c'est une chimère. On l'a essayé
dans ce pays, et l'histoire des secondes Chambres,
sauf peut-être pendant quelques années de la pre-
mièr restauration, parce qu'il restait encore alors
quelques descendants ou quelques représentants de
l'ancien esprit monarchique, cette histoire à tout point
est lamentable! Quoi de plus déplorable que l'histoire des Anciens, du premier Sénat de l'empire? Je
ne parle pas du second; on l'avait oublié dans la tour-
mente du 4 Septembre. (*Mouvements divers*).

M. Haentjens. — On n'a pas oublié M. Bonjean.
(*Exclamations à gauche.*)

M. Gambetta. — Si vous voulez que je vous dise ma
pensée sur M. Bonjean, je vous répondrai que c'était
certainement, dans le Sénat, l'homme qui avait le plus

de cœur et d'indépendance; on peut dire qu'il y brillait comme une perle isolée. (*Interruptions diverses à droite.*)

Un membre au banc de la commission. — Aussi il a été victime!

Un membre à droite. — C'est pour cela qu'on l'a assassiné!

M. CHARLES ABBATUCCI. — Ce n'est qu'une phrase, et d'ailleurs vos électeurs l'ont tué!

M. GAMBETTA. — Messieurs, j'ai eu l'occasion déjà une fois à cette tribune, à propos du même nom et de la même personne, que j'avais l'honneur de connaître, de protester contre l'indigne assassinat dont il avait été victime. Il paraît que vous avez la mémoire courte. Du reste, ce n'est pas rare chez les bonapartistes. (*Rires et applaudissements à gauche.*)

M. CHARLES ABBATUCCI. — Nous n'avons pas oublié votre dictature, dont les conséquences pèseront longtemps sur notre pays. (*Bruit*).

M. LE BARON ESCHASSÉRIAUX. — Ni votre décret d'exclusion de leurs candidats,

M. HAENTJENS. — Lorsque l'enquête du 4 Septembre sera publiée, vous verrez que nous n'oublions pas!

M. LE PRÉSIDENT. — Veuillez ne pas interrompre. Vous voyez que c'est bien inutile et que cela ne produit pas de bons résultats. (*Hilarité.*)

M. GAMBETTA. — Messieurs, nous disions qu'à aucun degré nous ne saurions nous associer à la création d'une seconde Chambre, qui ne peut s'expliquer, permettez-moi de vous le dire, que par de très mauvais desseins contre le suffrage universel.

En effet, pourquoi faire une seconde Chambre? Vous consulterez un jour le pays, vous produirez, — et ce sera votre droit, — vous produirez les uns et les autres vos professions de foi, monarchiques ou républicaines. Vous consulterez le pays, non pas par voie de plébiscite ou d'appel au peuple, moyen jugé, expérimenté, et l'on peut dire cruellement

éprouvé par la France, mais par le véritable moyen
de consulter la nation, par le mandat de député, par
le contrat entre l'électeur et l'élu. Et lorsque le pays
aura répondu, lorsqu'il aura créé une Assemblée
aussi souveraine que la vôtre, vous voulez que cette
Assemblée puisse rencontrer devant elle une autre
Assemblée, antérieure, supérieure, investie avant elle
du droit de reviser ses décisions, de refaire ses lois,
et peut-être, car on va encore plus loin, du droit de
la dissoudre. C'est-à-dire que ce que vous n'avez pas
voulu pour vous, ce que vous avez eu raison de repousser, ce que vous ne consentiriez jamais à faire, vous
le décidez par avance pour les élus que vous ne connaissez pas, dont vous ferez peut-être partie. Contre qui
prenez-vous vos précautions? contre la France! (*Assentiment à gauche.*) contre la démocratie, contre le
suffrage universel!

Eh bien, je le dis hautement, il peut y avoir dans
cette enceinte des gens qui agissent logiquement, conformément à leur conscience, conformément à leurs
traditions, en préparant une seconde Chambre, en voulant mutiler le suffrage universel. Ceux-là, héritiers
ou représentants d'un passé qui a la haine, l'horreur
de la démocratie, ils sont conséquents avec eux-mêmes.

Mais il en est, au contraire, qui ne sont rien que
par le peuple ou pour le peuple... (*Rumeurs et interruptions à droite. — Très bien! très bien! et applaudissements à gauche.*) qui sortent du suffrage universel, qui
doivent le défendre, qui doivent en empêcher la moindre mutilation, parce qu'on ne comprend pas la démocratie sans le suffrage universel, parce qu'on ne
comprend pas la République sans le suffrage universel : ce sont deux termes indivisiblement liés l'un à
l'autre, et livrer le suffrage universel, c'est livrer la
République. (*Très bien! très bien! à gauche.*)

J'ai bien le droit de dire que convier les républicains à une pareille entreprise et à une pareille œu-

vre, ce n'est certainement pas préparer la paix politique ni la paix sociale : c'est courir au-devant des
catastrophes. (*Marques d'assentiment à gauche.*)

Et puis vous n'êtes plus libres, j'ai bien le droit de
le dire, Messieurs de la droite, qui représentez la monarchie à tous degrés, légitime ou constitutionnelle...

Plusieurs membres à droite. — C'est la même chose.

M. LE MARQUIS DE DAMPIERRE. — La monarchie légitime est en même temps constitutionnelle.

M. GAMBETTA. — Ce n'est certainement pas pour
blesser les convictions de personne que j'emploie un
langage qui est connu et accepté. C'est une formule
faite. On distingue tous les jours la monarchie constitutionnelle de la monarchie légitime... (*Vives protestations à droite.*)

M. DE LA ROCHEFOUCAULD, DUC DE BISACCIA. — Nous
avons le droit de dire qu'elles n'en font qu'une. (*Mouvements divers.*)

M. GAMBETTA. — Vous vous mettrez d'accord là-dessus, c'est votre affaire et non la mienne; vous discu-
terez, vous vous entendrez, je vous le souhaite; seulement, plus vous faites d'efforts pour atteindre ce
but, plus vous vous en éloignez.

Il est vrai que vous rencontrez des résistances qui
peuvent amener la fin de votre parti, mais qui, au
moins, donnent à cette fin une grandeur que d'autres
peuvent lui envier. (*Assentiment à gauche. — Exclamations ironiques à droite et au centre.*)

Je dis que vous pouvez, en effet, aujourd'hui, si
cela vous plaît, si vous croyez que cela est profitable
à vos intérêts, si vous avez confiance, vous pouvez
voter le principe des deux Chambres, parce que, dans
votre passé, dans votre conduite, dans vos principes,
il n'y a rien qui y soit profondément opposé. Mais
nous, qui avons, à plusieurs reprises, contesté à cette
Assemblée... (*Interruptions à droite.*)

Oui, je le sais, nous avons été la minorité et nous

resterons la minorité jusqu'à ce que le pays nous fasse
majorité, et nous ne demandons, — quoi qu'on en
dise ici et au dehors, — pour devenir cette majorité,
que les armes légales de la discussion et de la persuasion. (*Très bien! à gauche.*)

Et c'est parce que nous sommes parfaitement convaincus que l'opinion est invincible et que nous n'a-
vons absolument rien à redouter de ses libres manifestations, que nous ne voulons pas d'une République
de surprise, d'une République d'ambiguïté ou d'équivoque, et que nous saurons attendre que le pays la
fasse telle qu'il la veut, c'est-à-dire progressive et libérale.

Eh bien, je dis que nous sommes engagés et nous
avons, à plusieurs reprises, dès l'origine de l'Assemblée, protesté contre ses prétentions au pouvoir constituant; et aujourd'hui nous lui reconnaitrions ce
pouvoir?

Comment, à partir du 2 juillet 1871, il n'est pas entré un républicain dans cette enceinte qui n'y ait été
envoyé pour y exprimer l'opinion de ses commettants;
or, l'opinion de ses commettants républicains a toujours été de réclamer de vous la dissolution comme
moyen politique, et non pas l'organisation des pouvoirs publics. Et ces républicains le savent bien, et la
preuve qu'ils le savent. c'est que, lorsqu'on a discuté
la Constitution Rivet, ils ont voté contre le préambule.

Ils sont donc liés par cette politique, ils sont liés
par ces principes, par ces actes, ils sont liés par le
vote de la Constitution Rivet, liés par le manifeste
qu'ils ont signé à l'heure des vacances, dans lequel
ils déclaraient que l'Assemblée actuelle ne possédait
pas le pouvoir constituant et qu'il n'y avait plus qu'une
résolution à prendre, la dissolution, qu'ils ont poursuivie par le vote du 14 novembre, par leur signature
apposée au bas du manifeste au dehors de cette Assemblée et par leur vote dans cette enceinte.

Et aujourd'hui, nous pourrions consentir à changer toute notre conduite, à désavouer tous nos actes! Par quelle grâce d'état? On nous a donc promis quelque chose? Il s'est donc accompli dans le Parlement ou dans les régions du pouvoir quelque chose de tellement inespéré, de tellement heureux, qu'on a pu, ne tenant plus compte ni du vote du 31 août 1871, ni des élections répétées, ni de la volonté clairement manifestée des commettants contre la prolongation des pouvoirs de l'Assemblée, fouler aux pieds tout cela, reconnaître le droit qu'elle a eu non seulement de constituer le pouvoir exécutif, mais encore de créer l'organisme de l'État tout entier, sans même qu'on veuille consentir à déclarer que le pouvoir constituant de l'Assemblée sera épuisé après qu'il en aura été fait une pareille application. Car il y a ceci de merveilleux dans la loi à laquelle on nous convie: on constitue, cela n'est pas douteux, car, passez en revue ce qu'on a fait, on organise le pouvoir exécutif, sa durée; on dit s'il y aura une Chambre ou deux Chambres, comment ces Chambres seront nommées, on établit le régime électoral d'un pays.

Or, toutes ces choses, vous les dites, vous faites tout ce que comporte une Constitution dans tous les pays du monde; et quand cela est fait, vous dites: Le pouvoir constituant n'est pas entamé.

Messieurs, le pays ne peut comprendre ces choses; pour moi, je suis absolument incapable de pénétrer ces subtilités, ces finesses, et je connais un axiome de droit qui domine aussi bien les contrats politiques que les contrats civils: vous ne pouvez pas constituer et retenir le pouvoir constituant.

Si vous constituez, votre pouvoir constituant est épuisé; vous ne pouvez donner et retenir: « Donner et retenir ne vaut. » C'est une maxime gauloise qui a traversé l'ancienne monarchie, qui doit s'appliquer sous la République. (*Très bien! à gauche.*)

Non, vous ne le pouvez pas ; c'est une contradiction flagrante, et ce préambule, qui est là, qu'on a eu
tort de maintenir, il est l'explication, il est la véritable glose qui donne le sens de toutes ces habiletés,
de tous ces stratagèmes que contiennent le rapport
et le projet de loi qui l'accompagne.

La permanence, la survivance du pouvoir constituant garantie au frontispice de ce projet de loi, mis
au-dessus de toutes les applications que vous pouvez
en faire, mais cela veut dire que l'œuvre à laquelle on
se livre n'a aucune valeur, aucune consistance, qu'elle
est éphémère, qu'elle est, pour ainsi dire, une sorte
de moyen à l'aide duquel on gouvernera au jour le
jour, à l'aide duquel on préparera plus ou moins bien
la disparition de cette Assemblée, à l'aide duquel on
fera les élections! (*Très bien! très bien! à gauche.*)

Eh bien! nous, nous ne croyons pas pouvoir nous
prêter à de semblables accommodements, la question
ne se pose pas pour nous de savoir qui fera les élections. Nous n'avons qu'une question à poser, c'est de
savoir quand on fera les élections.(*Très bien! à gauche.*)

Nous avons dit, dans d'autres circonstances, pourquoi, sous l'influence de quel principe, de quelle idée
dominante, nous demandions la dissolution. La principale, c'est qu'il nous semblait impossible que, dans
l'état actuel où se trouvent les partis, il fût véritablement praticable et d'une bonne politique, conforme
aux intérêts généraux du pays, de faire autre chose
que de régler le ménage de la nation et de se retirer.

Vous ne l'avez pas pensé; vous nous avez donné
tort. Eh bien, nous nous sommes résignés ; le pays
continue de réclamer la dissolution. (*Mouvements et
dénégations à droite et au centre.*)

M. Dussaussoy. — Cela n'est pas vrai!

Un membre. — Combien de signatures?

M. Millaud. — Lisez l'*Officiel;* nous déposons des
pétitions tous les jours.

M. GAMBETTA. — M. Dussaussoy me fait l'honneur de m'interrompre et de me dire : « Cela n'est pas vrai ! »

M. DUSSAUSSOY. — Non, cela n'est pas vrai ! C'est une opinion, voilà tout !

M. GAMBETTA. — Permettez-moi de vous dire que rien n'est plus vrai, et que vous en avez la preuve sous les yeux tous les jours... (*Interruptions.*)

Permettez : c'est l'énonciation d'un fait; si j'ai tort, vous me confondrez, et si j'ai raison, malgré vos dénégations, laissez-moi l'établir.

Je dis que vous avez sous les yeux des preuves que le pays ne cesse pas de demander la dissolution. Tous les jours le *Journal officiel* contient une série de pétitions qui réclament la dissolution. (*Bruit. — Laissez dire!*)

Messieurs, j'irai jusqu'au bout, n'ayez aucune inquiétude.

Vous êtes-vous donné la peine de faire la récapitulation de ces pétitions? Savez-vous que vous avez deux commissions de pétitions dont chaque membre a pour sa part entre 15 et 20,000 signatures à dépouiller?

M. TARGET. — Au 15 février, il y en avait 83.000, d'après les additions faites sur le *Journal officiel.* (*Ah! ah!*)

M. GAMBETTA. — Monsieur Target, vous m'interrompez pour me dire qu'au 15 février il y en avait 83,000. Eh bien, je vous interromps pour vous dire, moi, que M. Millaud, qui est là, député de Lyon, pour son compte personnel, à la date du 15 février, en avait déposé ou reçu 135,000.

M. TARGET. — Ce n'est pas au *Journal officiel.*

M. GAMBETTA. — Je dis, Messieurs, et vous vérifierez mon dire, qu'à l'heure qu'il est, il y a trente membres dans cette Assemblée qui sont chargés de dépouiller, chacun pour son compte personnel, 15,000 à 20,000 signatures; faites le compte, et dites-nous si

nous sommes loin du million, c'est-à-dire qu'à l'heure
qu'il est, vous avez dans vos cartons plus de 500,000
signatures, et que nous sommes en mesure... (*Dénégations sur divers bancs.*) Oui, oui, c'est un fait, et que
nous sommes en mesure de vous en apporter autant,
car nous les avons!

Par conséquent, rien n'est plus contraire à la vérité que de dire que le pays ne réclame pas la dissolution. (*Interruptions à droite.*)

Au contraire, on peut dire que c'est précisément en
face des résistances de l'Assemblée, de son impuissance et des œuvres comme celle qu'elle tente aujourd'hui, que la dissolution est de plus en plus à l'ordre du jour dans le pays. (*Nouvelles dénégations à
droite.*)

Je sais bien qu'il me sera parfaitement impossible
d'avoir votre adhésion sur une aussi irritante matière ;
seulement, je tenais à rétablir les faits, et comme
dans les discours que vous avez entendus hier on a
répété plusieurs fois que la campagne de dissolution
avait avorté, je tenais, au contraire, à vous faire voir
que la « campagne dissolutionniste », comme vous
disiez... (*Rires sur divers bancs.*)

Un membre à droite. — Le mot est excellent!

M. Gambetta. — Je ne dis pas que le mot ne soit
pas excellent, je le reprends, — « que la campagne
dissolutionniste », contre laquelle vous avez déchaîné
votre majorité... (*Oh! oh!*) et provoqué l'éloquence
de M. le garde des sceaux, que ce mouvement dissolutionniste ne s'est pas arrêté, qu'il continue, et qu'un
jour viendra où vous en tiendrez compte vous-mêmes
plus tôt que vous ne pensez. (*Ah! ah! à droite.*)

Dans tous les cas, ce qui importe, c'est de rétablir
l'argument que je faisais tout à l'heure, à savoir que
ceux qui se sont associés à ce mouvement de dissolution ne peuvent pas, aujourd'hui, reconnaître la compétence et la capacité de l'Assemblée pour organiser

deux Chambres, et c'est là tout l'intérêt de cette démonstration à laquelle je me suis livré au milieu de vos murmures. (*Oh! oh!*)

Maintenant, on peut aller plus loin et se demander comment ce projet, qui ne contente ni les partisans de la monarchie, ni les partisans de la République, peut cependant prendre corps, vivre, se présenter dans cette Assemblée et être à peu près assuré du succès. Il faut cependant qu'il se fasse au profit de quelqu'un. Je crois qu'en y regardant de bien près, en voyant quel est le nombre, la qualité des personnes qui protègent le projet, qui en sont les tuteurs, les auteurs, on pourrait trouver les bénéficiaires de cette combinaison politique, oui, les bénéficiaires de la situation politique qui sortira précisément de la votation du projet, votation qui me paraît assurée, puisqu'il y a, pour ainsi dire, une sorte de consentement résigné, entre les hommes qui représentent des principes parfaitement opposés à ce contrat, à le subir.

Par conséquent, il triomphera. Les attaques que je dirige contre lui sont à peu près platoniques ; elles ne peuvent déranger en rien absolument les savantes combinaisons de la commission des Trente ; c'est purement et simplement pour la satisfaction de nos principes, pour l'accomplissement de notre mandat, que je viens exposer en toute loyauté les scrupules, les craintes, les défiances que nous inspire une pareille œuvre.

Au nombre de ces craintes, de ces défiances, ce qui nous apparaît, c'est qu'il pourrait parfaitement se faire que cet état n'étant ni la monarchie ni la République, et soutenu à la fois par les plus tièdes d'entre les tièdes, qui sont sur la frontière de l'une ou de l'autre de ces institutions, ce fût... une sorte de gouvernement *sui generis* qui serait un gouvernement de personne et non pas un régime national... (*Mouve-*

ments divers.) à l'aide duquel on durerait, on vivrait, on traverserait le temps. On met, on cache sous des apparences de grand esprit de conciliation et d'apaisement, parce qu'on ne veut pas aller droit au principe, cet énorme besoin d'équivoque.

Eh bien, nous, Messieurs, nous ne pouvons pas nous y prêter. Que voulez-vous! Nous sommes tenus par nos souvenirs! Je ne dis pas cela pour ériger en dogme la suspicion, non, je crois très volontiers aux conversions, je crois parfaitement qu'il y a des monarchistes qui se disent : « La monarchie n'est point possible tout de suite, ou elle ne sera possible que dans quelques lustres, alors que nous-mêmes nous en aurons accumulé beaucoup trop sur nos têtes. » (*Sourires à gauche.*) Et on se décide à faire les affaires de son pays, on entre dans une Constitution qui n'est pas assez républicaine pour effaroucher un récent passé monarchique ; on se prête à la combinaison, on aide la République qu'on a appelée conservatrice...

M. LE COMTE RAMPON. — C'est la bonne!

M. GAMBETTA. — Je n'ai rien à dire contre le mot ni contre les personnes qui entrent dans cette combinaison.

Je ne comprendrais pas un régime qui se ferait sans conservateurs ; mais il ne faut pas qu'il se fasse exclusivement avec des conservateurs, et surtout des conservateurs d'une certaine catégorie. Nous comprenons la République autrement.

Nous ne vous en voulons pas, nous ne vous en voudrons jamais de nous appeler des républicains radicaux, des républicains de la veille, des républicains entiers! (*Rires bruyants et prolongés.*)

Je ne veux pas rechercher dans une différence de tempérament... (*Nouveaux rires.*) l'explication de cette hilarité. L'Assemblée est souveraine, elle peut se permettre toutes les allusions..... (*Oh! oh!*)

M. CLAPIER. — Passez sur cet incident.

M. Gambetta. — Je disais que nous avions un très grand respect pour la sincérité de nos collègues qui se rallient à la République conservatrice. Seulement, nous sommes bien obligés de déclarer, non pas par esprit d'exclusion, non pas parce que nous sommes obsédés d'une tradition qu'on appelle la tradition jacobine, et qui a pour principal caractère d'exercer le soupçon, la défiance, le dénigrement, sur ceux qui ne lui ont pas toujours appartenu.

En aucune manière, c'est parce que la dissidence porte plus haut, c'est parce que nous ne pouvons pas comprendre ce que c'est que l'organisation d'une République qui n'a d'autre programme « que de refouler la démocratie », qui ne comprend d'autres institutions que des institutions monarchiques, qui ne veut pas faire à l'esprit vraiment républicain les concessions sans lesquelles cette République n'est purement et simplement qu'une mise en œuvre des abus du passé ; c'est pour cela que nous ne voudrions pas d'une République en dehors précisément de cette souveraineté du suffrage universel, que vous avez appelé, bien dédaigneusement, la souveraineté, la brutalité du nombre, et que vous considérez presque comme une abjecte tyrannie.

Eh bien, derrière toutes ces menaces, tous ces gros mots de grand seigneur à l'adresse du suffrage universel, nous qui n'équivoquons pas et qui sommes pour le suffrage universel dans son universalité, nous nous sentons touchés, blessés, et nous vous disons : Si c'est là la République conservatrice, ce ne sera pas la République. (A gauche : Très bien! très bien! — Mouvements divers.)

Nous voulons la République avec ses libertés, c'est-à-dire ses droits primordiaux, de presse, de réunion, d'association, mis au-dessus des lois elles-mêmes..... (Exclamations en face et à droite de l'orateur.)

En quoi, Messieurs, une pareille déclaration pour-

rait-elle vous alarmer? Si la République existait, si
elle était aux mains des républicains, vous auriez
tous un intérêt primordial à ce que ces droits fussent
placés au-dessus des atteintes du législateur, à ce
qu'ils fussent placés dans une sphère inaccessible aux
entreprises des Assemblées et des pouvoirs exécutifs...
(*Mouvements divers.*)

M. DE LA BORDERIE. — Et surtout au-dessus des entreprises des dictateurs!

M. GAMBETTA. — Il est absolument impossible de
discuter dans ces conditions-là! (*Parlez! parlez!*)

Pour nous, dis-je, la République ne doit pas et ne
peut pas être un leurre...

Un membre. — C'est la théorie du droit divin de la
République!

M. GAMBETTA. — Ce n'est pas le droit divin de la République, — comme on me dit, — c'est la mise en action même de la dignité et de la raison humaines! (*Interruptions à droite.*) C'est évident, car qu'est-ce qui
fait la supériorité de l'homme, qu'est-ce qui fait sa dignité, si ce n'est pas précisément que, dans la société,
il ne puisse être dépouillé, il ne puisse être diminué de
sa somme de souveraineté et d'indépendance que dans
la mesure précise que comporte l'intérêt général? (*Ah!
ah! voilà!*)

M. DE LA BORDERIE. — Ce n'est pas le privilège de
la République.

M. GAMBETTA. — Eh bien, alors, pourquoi venir
parler de théorie de droit divin? Vous savez bien que
c'est là un mot qui n'a aucune espèce de relation, de
rapport avec nos doctrines, avec nos principes, avec
nos idées. Qu'il y ait des hommes qui honorent ce
droit divin, c'est très bien, et je comprends ces traditions. Mais pourquoi nous adresser ce mot comme
une injure, pourquoi nous faire cette injustice, lorsque, courtoisement, dans toutes les questions, nous
disons que nous ne voulons, que nous n'attendons

rien que du consentement national, et que c'est pour
cela que nous sommes les défenseurs résolus du suffrage universel qui en est l'expression? (*Nouvelles interruptions à droite. — Approbation à gauche.*)

Messieurs, vos interruptions m'éloignent de cette
description, que je vous faisais, des parrains et des
bénéficiaires de l'œuvre des Trente, et cependant c'é-
tait là précisément que je tenais à arriver, parce que
c'est dans le dénombrement des personnes, des hommes qui s'accommodent le plus aisément de l'œuvre
des Trente, que se trouvent pour nous les principales
raisons de défiance.

Je comprends, Messieurs, qu'on ait un principe ri-
goureux, qu'on soit pour la monarchie, sans transaction, ou pour la République radicale et loyale, mais je
ne comprendrais pas qu'on s'accommodât, en se réservant d'amener un jour, sinon la monarchie, du
moins une sorte de monarchie qui n'aurait pas l'investiture, le prestige, les grandeurs de la monarchie,
mais qui en même temps n'aurait pas l'électivité pé-
riodique du pouvoir présidentiel, qui ressemblerait à
une République entre les mains d'un Grand Pension-
naire à vie ou d'un stathouder... de race princière.
(*Mouvements divers.*)

Ce n'est pas, Messieurs, pour le chef actuel de l'É-
tat que je parle; mes prévisions vont au-delà de la situation actuelle, et je crois que sans témérité je puis
les apporter à cette tribune, parce qu'elles sont au
fond de vos consciences, au fond de la conscience de
nombre de braves gens qui, tous les jours, ont cette
inquiétude et qui cherchent, avec la plus grande patience, avec la meilleure bonne foi, à appuyer les
combinaisons gouvernementales, mais qui le font
avec crainte et qui, — pour emprunter une parole
forte et sagace, la parole d'un homme dont vous n'a-
vez jamais contesté ni la prévoyance, ni la sagesse,
ni la modération, du président républicain que nous

avons l'honneur d'avoir à notre tête, — qui ne veulent être ni « dupes, ni complices ».

Eh bien, Messieurs, c'est pour n'être ni complices ni dupes d'une sorte de combinaison qui, sans être la monarchie, ne serait pas non plus la République, que, nous, nous ne voulons pas nous associer à l'œuvre que vous entreprenez. Nous ne voulons pas nous engager dans cette série de défilés qu'on nous ouvre aujourd'hui et au bout de laquelle il ne peut y avoir qu'une grande déception pour le parti républicain. Voilà pourquoi, ni au point de vue des principes, ni au point de vue de nos actes, ni au point de vue de la souveraineté nationale, que vous ne pouvez pas, pour ainsi dire, confisquer par avance, nous refusons de nous prêter à aucune des dispositions qui vous sont soumises par la commission des Trente.

Je crois, en effet, Messieurs, que l'on nous convie à commettre une très grande faute, car si cette Assemblée, qui voit venir la libération du territoire, lègue après elle, à la France, un pouvoir qui lui ressemble, c'est-à-dire une représentation nationale dans laquelle il y aura également des monarchistes résolus, des républicains inflexibles, puis ces esprits intermédiaires, oscillants, hésitants, tantôt se portant d'un côté, tantôt se portant de l'autre, qu'est-ce qu'on aura fait pour l'ordre public, qu'est-ce qu'on aura fait pour la stabilité de nos institutions? Je suppose que, dans six mois, dans un an, ces deux Assemblées nouvelles soient en fonctions : l'une, sortie du suffrage universel, imbue de la volonté nationale, portée, si vous voulez, aux réformes, les voulant, croyant qu'il y a assez longtemps qu'on les ajourne et qu'on les retarde, — elle a tort ou elle a raison, je ne me place pas à ce point de vue, — imprégnée de l'opinion publique, ardente, décidée à agir et à faire; l'autre, évidemment rivale, puisqu'elle aura été créée avant la première pour la combattre, pour lui résister; la guerre va éclater tout d'abord. Comment se traduira cette guerre? Elle se traduira comme se traduisent ici nos dissentiments: par l'impuissance, par la provocation, par l'équivoque. La Chambre basse sera républicaine; la Chambre haute sera monarchique, et on opposera ainsi les partis les uns aux autres.

Ce qu'on vous propose d'organiser, c'est donc toujours le provisoire, c'est-à-dire l'énervement, l'anémie à perpétuité. (*Approbation sur divers bancs à droite et à gauche.*)

Eh bien, je crois, sans aller au delà, sans chercher si ces rivalités et ces conflits resteront enfermés dans le cercle parlementaire, — je ne veux pas, Messieurs, vous attrister par des prévisions trop lugubres. — je crois, et il est bien permis de le supposer, que, dans un pays aussi difficile, aussi mobile, aussi frémissant que le nôtre, il n'est peut-être pas bien sage de dire à ce pays, avant de l'avoir consulté, avant de lui avoir laissé librement choisir ses élus, il n'est peut-être pas bien sage de lui dire : Nous t'avons nommé un geôlier par avance. (*Mouvements en sens divers*).

Je déclare que c'est là une provocation téméraire, et que vous auriez bien tort, Messieurs, de penser que l'on peut impunément adresser de pareilles provocations au sentiment public.

Messieurs, en somme, pourquoi luttons-nous?

Les résistances que nous faisons au projet de la commission des Trente ne sont pas seulement dictées par l'amour de notre parti.

Il me paraît, Messieurs, que, bien que nous ayons un grand intérêt à voir rejeter les propositions qui vous sont soumises, nous ne sommes pas les seuls à avoir cet intérêt, et que ceux qui, dans cette enceinte, ont souci de la défense, de la protection des intérêts propres de leur parti, peuvent, sans redouter ces reproches de coalition... (*Interruptions sur quelques bancs.*) Eh oui !

il faut tout dire! *(Oui! oui! à droite. — Parlez! parlez!)*

Je reprends, et j'ajoute qu'il y aurait une fausse habileté à déguiser nos sentiments, à ne pas dire très
hautement que nous trouvons l'expédient constitu-
tionnel qu'on vous propose aujourd'hui mauvais pour
tous, pour vous monarchistes, comme pour nous républicains; oui, il y aurait une fausse habileté à ne
pas reconnaître que, sans abaisser, ni les uns ni les
autres, la dignité et l'indépendance de nos principes,
nous pouvons parfaitement nous rencontrer d'accord
dans le vote, nous pouvons repousser, les uns et les
autres, sous l'influence de nos principes respectifs, le
projet qui nous est présenté.

M. LE BARON CHAURAND, *et plusieurs autres membres à
droite.* — C'est vrai!

M. DE GAVARDIE. — Pas de comparaison! *(Exclamations diverses.)*

M. GAMBETTA. — M. de Gavardie m'interrompt pour
me dire *(Ne répondez pas! — Continuez!)* que ce qu'il
redoute, c'est la comparaison. Il n'a qu'à s'abstenir:
ce n'est pas à ceux qui ont peur de la comparaison que
je m'adresse.

Je dis que nous avons, à quelque parti que nous
appartenions, un droit de légitime défense à exercer,
en repoussant, chacun pour notre compte, un projet
que je trouve puéril et périlleux, je crois l'avoir établi... *(Assentiment sur divers bancs à droite et à gauche.)*
que je trouve contraire au véritable intérêt de la France,
soit qu'on veuille faire la France républicaine, soit
qu'on la veuille faire monarchique.

M. HERVÉ DE SAISY. — Très bien! très bien! *(Exc1a-
mations et rires sur divers bancs.)*

M. DE GAVARDIE prononce quelques mots qui se perdent dans le bruit.

M. GAMBETTA. — Il est bien difficile de poursuivre les
développements de sa pensée et cela, je dois le reconnaître, par la faute d'un seul interrupteur, mais je

le supplie, — et je lui promets de ne jamais l'interrompre, ce qui ne m'est pas encore arrivé, — je le supplie de me laisser aller jusqu'au bout. (*Parlez!*)

M. DE GAVARDIE se lève et prononce de sa place quelques paroles que le bruit empêche d'entendre.

Sur plusieurs bancs. — N'interrompez pas! n'interrompez pas!

M. GAMBETTA. — Vous voyez, Monsieur de Gavardie, que je reconnais toute votre puissance; j'espère que vous m'en tiendrez compte.

Je disais qu'il était impossible qu'à quelque parti qu'on appartienne ici, on puisse s'accommoder d'un expédient qui, permettez-moi de vous le dire, est un coup de dés; chacun selon son sort et selon la fortune pourra y trouver uniquement son avantage, mais il ne saurait vous convenir, (*L'orateur désigne la droite,*) de nous faire une Constitution, de nous livrer à un contrat aléatoire, et cependant on ne pourra pas nous accuser ni les uns, ni les autres, en votant non, d'avoir porté atteinte ni à la solidité ni à l'autorité du pouvoir exécutif.

En effet, toutes les fois que le pouvoir exécutif est venu dans cette enceinte poser des questions même graves, mais qui prêtaient matière aux concessions et aux transactions, nous n'avons jamais ni compté ni marchandé ces concessions et ces transactions. Mais quand aujourd'hui on vient nous demander, à nous républicains, de porter la main, sous prétexte, sous couleur de fondation nuageuse indéfiniment ajournée, oblique, de la République, quand on vient nous convier à porter atteinte nous-mêmes au dépôt sacré de l'intégrité du suffrage universel et de préparer des armes pour une oligarchie et contre la démocratie, nous disons en toute sécurité de conscience, convaincus que nous sommes les véritables amis de l'ordre et du gouvernement, nous disons : Non! (*Sensation prolongée à droite. — Vive approbation et applaudissements à gauche*

*— L'orateur reçoit, en reprenant sa place, les félicitations
de ses amis.*)

M. de Broglie, rapporteur, répond à M. Gambetta. Il déclare, aux applaudissements de la droite, que le projet de
la commission n'implique en rien la solution de la question :
République ou monarchie, et il dénonce « l'hostilité persévérante » de M. Gambetta contre l'Assemblée. « M. Raoul
Duval nous a montré comment cette hostilité a commencé
avant la naissance de cette Assemblée, par quel moyen il
s'était opposé à ce qu'elle se réunit; comment son hostilité
s'est continuée le lendemain, grandissant toujours et se
faisant jour par tous les moyens; il nous a rappelé ces
réunions, d'abord à petit bruit, d'abord à huis clos, puis à
ciel ouvert, à grand fracas, puis ses voyages...

« M. GAMBETTA. — Oh! oh!

« A *droite.* — C'est vrai! — Très bien!

« M. DE BROGLIE... Puis, enfin, la motion de dissolution ap-
portée dans cette Assemblée, qui était alors le dernier acte,
et qui, aujourd'hui, ne me paraît plus que l'avant-dernier. »

M. du Temple remplaça M. de Broglie à la tribune pour
lire, au milieu de l'indignation des gauches, un *factum* odieux
contre M. Thiers. « Il a attaqué son roi légitime, dit M. du
Temple, il a renversé son bienfaiteur, il présidait, en 1831, au
sac de l'archevêché de Paris et au renversement, du haut
de Notre-Dame, sur le parvis, de la croix de notre Dieu. »
M. Grévy intervint : « M. du Temple a adressé à M. le président de la République un outrage indigne, qui ne peut
l'atteindre. Je le rappelle à l'ordre. » M. de Lorgeril quitte
sa place et s'avance vers M. du Temple, auquel il serre
la main. M. Grévy invite M. de Lorgeril à reprendre sa
place.

La discussion du projet de loi dura encore onze séances.
Le 1er mars, à la suite d'un discours de M. Dufaure, l'Assemblée décida, par 444 voix contre 200, qu'elle passerait à
la discussion des articles. Le discours du garde des sceaux
avait été la confirmation de sa déclaration du 27 février.
M. Thiers avait manifesté l'intention de prendre lui-même
la parole pour rassurer les gauches sur ses intentions, et
pour confirmer encore une fois, devant le pays, les déclarations de son *message.* Mais M. Dufaure s'y était opposé,

menaçant le président de la République, s'il montait à la
tribune, de lui remettre aussitôt sa démission de garde des
sceaux. M. Thiers avait cédé. Le discours de M. Dufaure fut
un triomphe pour la droite : le garde des sceaux glorifia le
projet des Trente et passa sous silence le *message* du 13 novembre. M. Ricard avait promis à M. Thiers de parler à la
gauche, tandis que M. Dufaure parlerait à la droite. Mais les
forces de M. Ricard avaient trahi sa bonne volonté, et il en
résultait finalement, qu'au lieu de l'équilibre parfait que
M. Thiers s'était apprêté à maintenir, le gouvernement pen-
chait à droite. Le président de la République se décida
alors à intervenir, malgré l'opposition persistante de plusieurs membres du cabinet. Dans la séance du 3 mars, à la
suite de deux vigoureux discours prononcés par MM. Le
Royer et Bertauld contre le préambule du projet, M. Thiers
se fit mettre en demeure par MM. Ernest Duvergier de Hauranne et Rampon d'expliquer la politique du gouvernement.

« Nous qui avons entendu depuis quelque temps parler de
deux politiques, dit M. Rampon, la politique de *message* et
la politique du garde des sceaux, nous demandons au gouvernement, pour voter avec lui, qu'il monte à cette tribune et
qu'il s'explique » M. Thiers se présente aussitôt à la tribune
et déclare qu'après les questions réitérées qui lui sont adressées, le président de la République a effectivement le devoir
de parler, et qu'il donnera dans la séance du lendemain des
explications complètes.

Le discours de M. Thiers occupa toute la séance du 4 mars.
La position du président de la République était difficile : il
ne pouvait pas désavouer M. Dufaure et il tenait à affirmer de
nouveau la politique du *message*. M. Thiers se tira d'affaire
avec beaucoup d'habileté. « Le gouvernement avait paru trop
pencher à droite, disait la *République française* du lendemain. M. Thiers s'appliqua à le remettre debout entre les
deux côtés de l'Assemblée, en retournant un peu à gauche.
Il offrit des consolations à la majorité et il donna des conseils à la minorité. « Je ne vous dirai pas que vous êtes impuissants, disait-il à la droite, mais vous reconnaissez
vous-mêmes que vous ne pouvez faire la monarchie. » Et à
la gauche : « La République existe, j'ai promis d'en rendre
au pays le dépôt intact. Mais à quoi vous servirait-il de
faire proclamer tout de suite la République définitive ? Les

gouvernements s'affirment et durent par leurs actes et non
par les vains titres dont ils se décorent. »

L'Assemblée, à la suite de ce discours, vota, par 470 voix
contre 174, le préambule du projet des Trente qui était ainsi
conçu : « L'Assemblée, réservant dans son intégrité le pouvoir constituant qui lui appartient, mais voulant apporter
des améliorations aux attributions des pouvoirs publics,
décrète... »

Ces *améliorations* furent votées dans les séances suivantes
du 5 au 13 mars. M. Raoul Duval déclara que la République
allait faire un pas décisif, et qu'il était du devoir de la
droite de l'accepter « en honnêtes gens ». Le duc de Broglie
se défendit vivement d'avoir voulu faire une constitution
républicaine. M. de Belcastel demanda que les lois constitutionnelles fussent soustraites au droit suspensif accordé au
président de la République, et le gouvernement commit la
faute d'accepter cet amendement. M. Dufaure opéra une
conversion à gauche pour combattre et faire rejeter un
amendement de M. Lucien Brun, qui consistait à rendre
l'Assemblée seule juge des cas où le président de la République pourrait intervenir dans la discussion des interpellations. M. Ernest Duvergier de Hauranne et M. Louis Blanc
combattirent vainement l'article 5 du projet. M. de Franclieu
déclara, au nom de l'extrême droite, que l'Assemblée, en
votant le projet des Trente, « allait décréter frauduleuse-
ment la République ». Enfin, le 13 mars, l'ensemble du
projet fut mis aux voix et adopté par 411 voix contre 234.
Ce projet était ainsi conçu :

« ARTICLE PREMIER. — La loi du 31 août 1871 est modifiée
ainsi qu'il suit :

« Le président de la République communique avec l'Assemblée par des messages qui, à l'exception de ceux par
lesquels s'ouvrent les sessions, sont lus à la tribune par un
ministre. Néanmoins, il sera entendu par l'Assemblée dans
la discussion des lois, toutes les fois qu'il le jugera nécessaire,
et après l'avoir informée de son intention par un message.

« La discussion à l'occasion de laquelle le président de la
République veut prendre la parole est suspendue après la
réception du message, et le président sera entendu le lendemain, à moins qu'un vote spécial ne décide qu'il le sera
le même jour. La séance est levée après qu'il a été entendu,

et la discussion n'est reprise qu'à une séance ultérieure. La délibération a lieu hors la présence du président de la République.

« ART. 2. — Le président de la République promulgue les lois déclarées d'urgence dans les trois jours, et les lois non urgentes dans le mois après le vote de l'Assemblée.

« Dans le délai de trois jours, lorsqu'il s'agit d'une loi non soumise à trois lectures, le président de la République aura le droit de demander, par un message motivé, une nouvelle délibération.

« Pour les lois soumises à la formalité des trois lectures, le président de la République aura le droit, après la seconde, de demander que la mise à l'ordre du jour pour la troisième délibération ne soit fixée qu'après le délai de deux mois.

« ART. 3. — Les dispositions de l'article précédent ne s'appliqueront pas aux actes par lesquels l'Assemblée nationale exercera le pouvoir constituant qu'elle s'est réservé dans le préambule de la présente loi.

« ART. 4. — Les interpellations ne peuvent être adressées qu'aux ministres et non au président de la République.

« Lorsque les interpellations adressées aux ministres, ou les pétitions envoyées à l'Assemblée se rapporteront aux affaires extérieures, le président de la République aura le droit d'être entendu.

« Lorsque ces interpellations ou ces pétitions auront trait à la politique intérieure, les ministres répondront seuls des actes qui les concernent. Néanmoins, si, par une délibération spéciale communiquée à l'Assemblée, avant l'ouverture de la discussion, par le vice-président du conseil des ministres, le conseil déclare que les questions soulevées se rattachent à la politique générale du gouvernement, et engagent ainsi la responsabilité du président de la République, le président aura le droit d'être entendu dans les formes déterminées par l'article 1er.

« Après avoir entendu le vice-président du conseil, l'Assemblée fixe le jour de la discussion...

ART. 5. — L'Assemblée nationale ne se séparera pas avant d'avoir statué :

« 1° Sur l'organisation et le mode de transmission des pouvoirs législatif et exécutif;

« 2° Sur la création et les attributions d'une seconde

III.   20

Chambre ne devant entrer en fonctions qu'après la séparation de l'Assemblée actuelle;

« 3° Sur la loi électorale.

« Le gouvernement soumettra à l'Assemblée des projets
de loi sur les objets ci-dessus énumérés. »

Trois jours après, le 16 mars, le *Journal officiel* publiait
une note annonçant qu'un nouveau traité pour l'évacuation
du territoire venait d'être signé avec l'Allemagne. Le dernier milliard de l'indemnité devait être versé au Trésor
allemand en quatre payements égaux, les 5 juin, 5 juillet,
5 août et 5 septembre de l'année courante. En retour, les
quatre départements des Vosges, des Ardennes, de la Meuse,
et de Meurthe-et-Moselle, ainsi que Belfort, devaient être
évacués à partir du 1er juillet et l'évacuation ne devait pas
durer plus de quatre semaines. Pour gage des deux payements restant à accomplir, la place de Verdun devait seule
continuer à être occupée jusqu'au 5 septembre. Aucune in-
discrétion n'avait fait pressentir ce grand évènement. Il y
eut dans le pays une explosion de joie et d'immense soulagement. Mais la séance de l'Assemblée où M. de Rémusat
donna lecture du traité fut un véritable scandale.

« Dès que le ministre des affaires étrangères a terminé
son exposé, raconte M. Ranc, la gauche tout entière se
lève, et, après trois salves d'applaudissements, fait entendre
le cri vingt fois répété de : Vive la République! A droite
on répond par : Vive la France! M. Albert Christophle, président du centre gauche, monte à la tribune. Il propose une
résolution ainsi conçue : « L'Assemblée nationale déclare
que M. Thiers, président de la République, a bien mérité
de la patrie. »

« Aussitôt la droite lance en avant M. Saint-Marc Girardin,
qui propose l'ordre du jour suivant :

« Accueillant avec une patriotique satisfaction la communication qui vient de lui être faite, et heureuse d'avoir accompli ainsi une partie essentielle de sa tâche, l'Assemblée
vote des remerciements solennels à M. Thiers, président de
la République, et au gouvernement. »

« Cette phrase « heureuse d'avoir, etc., » est accueillie
par les rires de la gauche. On crie à M. Saint-Marc Girardin
qu'une Assemblée ne se vote pas des remerciements à elle-
même. M. Horace de Choiseul demande la priorité pour la

résolution de M. Christophle, et rappelle qu'il y a peu de
jours personne n'avait connaissance de ce qui se préparait,
et qu'à la tribune de l'Assemblée nationale, M. de Castellane avait osé dire : « Figurez-vous M. Thiers, président de
la République, allant traiter avec les puissances étrangères
au nom de la constitution Rivet. » « Messieurs, s'écrie-t-il,
une Assemblée s'honore en portant hardiment le poids de
la reconnaissance ! » (Rumeurs prolongées à droite.)

« M. Audren de Kerdrel relève ces dernières paroles.
M. de Belcastel demande qu'on ajoute à l'ordre du jour de
M. Saint-Marc-Girardin : « Grâce au concours généreux du
pays. » M. Wallon demande que l'on combine les deux
projets, c'est-à-dire qu'on ajoute à la rédaction présentée
par M. Saint-Marc Girardin cette phrase : « Et déclare que
M. Thiers a bien mérité de la patrie. »

« M. le président Grévy met aux voix le premier paragra-
phe, qui est adopté à l'unanimité. Sur le deuxième para-
graphe, « et heureuse d'avoir ainsi accompli une partie de sa
tâche », la gauche s'abstient. Quand on arrive à la phrase
finale : « Et déclare que M. Thiers a bien mérité de la patrie », c'est le tour de la droite. Sur l'ensemble, six légitimistes, trouvant que l'abstention n'indique pas suffisamment
l'énergie de leurs sentiments, votent contre. Ce sont :
MM. Dahirel, du Temple, de Franclieu, de Lur-Saluces, de
Lorgeril et de la Rochefoucauld-Bisaccia.

« M. le président Grévy se lève : « Je suis heureux, dit-il,
d'avoir, par ma fonction, à proclamer cette résolution de l'Assemblée. Les nations s'honorent par leur grandeur morale,
lorsque, élevant leur reconnaissance à la hauteur des services
rendus, elles savent décerner aux hommes qui les servent
une récompense digne d'elles et digne d'eux. » Triple salve
d'applaudissements à gauche, silence glacial à droite.

« Sur la proposition de M. Grévy, une députation est
chargée d'aller porter au président de la République l'a-
dresse de l'Assemblée. Le comte Rampon demande que la
séance soit immédiatement levée, afin que tous les membres
de l'Assemblée puissent se joindre à la députation. La droite
proteste. « C'est assez d'apothéose comme cela ! » crie M. de
la Rochejacquelein. Le centre droit et la droite votent en
masse contre la proposition Rampon, qui est repoussée.
La gauche se lève et sort de la salle. Les orléanistes, les

légitimistes, les bonapartistes restent à leurs bancs (1).

Quelques jours après, le 1er avril, la droite prenait sa revanche. La présence de M. Grévy au fauteuil de la présidence gênait les chefs de la droite pour l'accomplissement
de leurs desseins contre M. Thiers et contre la République.
Un coup fut préparé. Au cours de la discussion de la proposition de M. Chaurand (proposition tendant à reconstituer
la municipalité lyonnaise), M. Le Royer, après avoir énuméré
les arguments principaux du rapport de M. de Meaux, avait
prononcé cette phrase : « Voilà le *bagage* de la commission ! »
Aussitôt la droite poussa des clameurs furibondes. « C'est une
impertinence ! » s'écrie le marquis de Gramont. M. Grévy le
rappelle à l'ordre. Le tumulte redouble. M. Grévy offre sa
démission et lève la séance.

Le lendemain, 2 avril, M. Vitet, qui occupait le fauteuil,
donna lecture de la lettre de démission de M. Grévy. Au
scrutin pour l'élection d'un président, M. Grévy obtint 344
voix et M. Buffet 251.

M. Grévy, réélu président, écrivit à M. Vitet une seconde
lettre où il déclarait persister dans sa résolution.

Un nouveau scrutin eut lieu, et M. Buffet fut nommé président par 304 voix contre 285 accordées par les gauches à
M. Martel.

Ce fut la préface du 24 mai.

(1) *De Bordeaux à Versailles*, chap. xxiii. — « On s'entretenait
le lendemain, au conseil, de ces divers incidents. M. Jules Simon
dit, en riant, à M. Thiers : « A présent, il faut dire votre « *Nunc
dimittis*. » — Mais ils n'ont personne, répondit M. Thiers. — Ils
ont le maréchal de Mac-Mahon. — Oh ! pour celui-là, je réponds
de lui, il n'acceptera jamais. » (J. Simon, *le Gouvernement de
M. Thiers*, t. II, p. 368).

DISCOURS

LA PÉTITION DE M. LE GÉNÉRAL CARRÉ DE BELLEMARE

Prononcé le 22 mars 1873

A L'ASSEMBLÉE NATIONALE

_____

La loi du 8 août 1871 avait remis à une commission, tirée de l'Assemblée nationale, le soin de reviser les diverses promotions faites pendant la guerre. Cette commission statuait souverainement, souvent sans dossier, et toujours sans publicité, sans débats contradictoires. Le général Carré de Bellemare fut une des nombreuses victimes de la commission que dirigeaient MM. Changarnier, Audren de Kerdrel et de Witt. Bien que promu au grade de général de division dans les conditions prévues par la loi du 16 avril 1832, il ne fut pas maintenu dans son grade. Le général adressa aussitôt à l'Assemblée une pétition pour lui demander de rapporter la décision prise à son égard, le 16 septembre 1871, par la commission de révision des grades.

M. de Belcastel, dans la séance du 22 mars 1873, présenta le rapport de la pétition du général Carré de Bellemare. « La première partie de cette pétition, dit le rapporteur, a pour but d'établir que les décisions de la commission de révision des grades, bien que souveraines, sont soumises à la ratification supérieure de l'Assemblée. C'est là une interprétation erronée de l'article 3 de votre loi du 8 août 1871.

« Dans la seconde partie de sa pétition, M. le général de Bellemare dit que M. le ministre de la guerre n'aurait pas dû saisir la commission du décret du 8 décembre 1870, rendu par le gouvernement siégeant à Paris.

« Les mesures extra-légales prises par la délégation du

gouvernement de la Défense nationale auraient dû seules
être soumises à la révision.

« En conséquence, le général Bellemare prétend être en
possession légitime d'un grade qui, en vertu de la loi de
1834, serait devenu sa propriété incontestable hors les cas
d'indignité.

« Cette argumentation serait fondée, si la loi votée par
vous pour rétablir dans la hiérarchie militaire l'ordre, la
règle et l'honneur (*Interruptions à gauche*), avait entendu
établir une distinction d'origine dans la collation des grades.

« Mais il n'en est pas ainsi; d'après le texte et l'esprit de
la loi du 8 août, d'après les commentaires qui en ont été
faits par le rapport et par la discussion, l'Assemblée a voulu
créer un tribunal supérieur d'équité.

« Par ces motifs, la commission des pétitions propose
l'ordre du jour. »

M. Cazot répondit à M. de Belcastel par le discours suivant
que nous croyons nécessaire, pour l'intelligence du débat,
d'emprunter au compte-rendu analytique; « Messieurs, la pétition qui vient d'être rapportée se recommande à votre bienveillance et à votre justice par la nature des droits qui sont
revendiqués et par l'importance des questions soulevées. Le
grade régulièrement obtenu constitue pour l'officier la propriété la plus légitime et la plus sacrée, car elle est le fruit
du travail, la récompense de longs services, et souvent le prix
du sang versé pour le pays.

« Le législateur a entouré cette propriété de garanties
qu'on ne peut violer sans entrer dans l'odieuse carrière des
confiscations. Ce sont les principes qu'il faut rétablir. La justice le commande, et l'armée entière y est intéressée.

« M. LE GÉNÉRAL CHANGARNIER. — Je demande la parole.
(*Mouvement.*)

« M. CAZOT. — Pour préciser la situation du pétitionnaire,
il faut mettre sous vos yeux ses états de services.

« Sa vie militaire a deux périodes : la première commence
à sa sortie de Saint-Cyr, en 1843, et s'étend jusqu'au 25 août
1870, époque de sa nomination au grade de général de brigade. Pendant ces vingt-sept années, il a conquis tous ses
grades sur les champs de bataille, en Afrique, dans la Bal-
tique, en Crimée, en Italie, au Mexique, à Wissembourg et
à Frœschwiller. Savant distingué, il a été professeur de to-

pographie militaire et examinateur à l'École militaire.

« C'est comme général de brigade qu'il combat à Sedan en commandant une division dont le chef avait été mis hors de combat. Dans le conseil de guerre, il demande un effort suprême, il ne peut se résigner à l'affront d'une capitulation en rase campagne ; libre de tout engagement, il s'évade sous un déguisement de paysan ; il vient, à travers mille dangers, offrir son épée au gouvernement de la Défense nationale. (*Très bien! très bien!*)

« Il organise la défense de Saint-Denis, s'empare du Bourget. Abandonné ensuite, sans secours, sans artillerie, il n'est pas responsable de la catastrophe qui suivit.

« Après le Bourget, nous le trouvons à la tête d'une division : il passe la Marne, le 30 novembre, chasse les Prussiens, et c'est lui qui, le 2 décembre, sauve l'aile droite de l'armée refoulée sur la Marne ; et, le lendemain, c'est encore lui qui est chargé de protéger la retraite de l'armée. (*Interruptions.*)

« M. LE COMTE DE TRÉVENEUC. — L'armée n'était pas en retraite, elle s'est retirée !

« M. CAZOT. — Ce drame en trois actes s'appelle la bataille de Champigny.

« Le général de l'infanterie ayant été blessé à mort, le 13 décembre, le général Le Flô, sur le rapport du général Ducrot, nomma M. de Bellemare général de division. Je ne parle que pour mémoire de sa belle conduite à la bataille de Buzenval, où il commandait un corps d'armée de 30,000 hommes.

« Sa nomination se justifie donc et au fond et dans la forme ; elle est dans les conditions prévues par la loi du 16 avril 1832 ; son grade, dès lors, constituait pour lui une propriété inviolable dont il ne pouvait être privé que dans les cas limitativement prévus par la loi.

« Recherchons comment la commission de révision des grades s'est crue autorisée à y porter atteinte. Elle était souveraine, je ne le conteste pas, mais dans la limite de ses attributions. Or, la loi du 8 août 1871 l'avait instituée pour reviser les titres des officiers qui se trouvent dans une situation particulière, en raison des services qu'ils ont rendus et des grades qui leur ont été conférés.

« La loi du 8 août avait pour but d'annuler les décrets spéciaux rendus par la délégation de Tours pour suspendre les lois de l'avancement dans l'armée. Quant aux grades obtenus à titre provisoire ou auxiliaire, on ne voulut pas les annuler en bloc.

« On s'arrêta à ce système : maintien des grades régulièrement conférés en vertu des lois existantes, et, d'autre part, possibilité de reviser les grades obtenus à titre auxiliaire ou provisoire. La loi était une loi de faveur, un tempérament d'équité substitué à la rigueur de la loi. L'exposé des motifs de la loi indique nettement que tel était son caractère. Il ne s'agissait nullement de toucher aux grades conférés régulièrement par application de la loi.

« C'est par une interprétation erronée et abusive que la commission des grades, statuant à l'égard du général de Bellemare, l'a destitué du grade de général de division. (*Très bien! à gauche.*)

« Le rapport indique les règles générales qui ont servi de guide à la commission ; il dit que, pour s'entourer de toutes les garanties, on a consulté les chefs de corps, les commandants généraux et le général inspecteur.

« Cette garantie a manqué au général de Bellemare. Il avait pour chef de corps le général Ducrot, dont le témoignage valait la peine d'être recueilli et ne l'a pas été. (*Si! si!*)

« M. CHANGARNIER. — Il l'a été.

« M. CAZOT. — Il ne l'a pas été. (*Mouvements divers.*) Autrement il aurait hautement attesté... (*Interruptions à droite.*) Ne soyez pas si prompts, Messieurs. Je vous en donnerai la preuve tout à l'heure. (*Mouvement.*) Il aurait attesté les services rendus par le général de Bellemare et aussi l'esprit de dénigrement et les mesquines jalousies qui ont cherché à obscurcir ces services.

« J'ai là une lettre que le général Ducrot a adressée au général de Bellemare. Elle a été publiée par tous les journaux. Permettez-moi d'en mettre le texte sous vos yeux :

« Aussitôt que j'ai eu connaissance de la révision de votre
« grade, j'ai soumis mes observations à M. Changarnier, et
« lui ai demandé à être entendu par la commission. Il m'a
« répondu que la commission ne se réunirait pas avant le
« 4 décembre. Sur ces entrefaites, j'ai appris que la commis-
« sion devait se réunir le 3 novembre. J'ai envoyé mon adresse
« au secrétaire. J'espère défendre votre grade régulièrement
« acquis. Je ne me fais pas illusion sur la difficulté de la

« tâche. Ce déplorable résultat vient du mauvais vouloir des
« bureaux de la guerre, qui contestent les actes de courage
« qu'ils ne sauraient apprécier; car ils sont restés tout le temps
« de la guerre derrière leurs casiers. » (*Rumeurs prolongées.*)

« Voilà ce qu'aurait dit le général Ducrot. Et dès lors, je
me demande pourquoi on ne l'a pas consulté. C'est quelque
chose que je ne m'explique pas. Il y a plus : le général
Bellemare est le seul des officiers supérieurs régulièrement
promus qui n'ait pas gardé un des grades conquis à cette
époque. C'est le seul qui n'ait pas reçu la récompense de ses
services. Et l'opinion publique, si facile à égarer, se demande
quel est le crime qu'a commis le général Bellemare. A-t-il
forfait à l'honneur? A-t-il commis une lâcheté? A-t-il commis un de ces actes, désignés par le rapport de la commission des grades? (*Tumulte à droite.*)

« Le rapport parle des officiers qui ont donné leur parole à
l'ennemi et se sont évadés pour venir servir la France en détresse, comme le général de Bellemare s'est évadé.(*Rumeurs.*)

« M. LE GÉNÉRAL ROBERT. — Je suis témoin que le général
Bellemare n'a jamais manqué à sa parole.

« M. CAZOT. — Je prends acte de ce témoignage. Alors je me
demande quel motif a pu animer la commission des grades.

« Nous nous trouvons en présence d'une incontestable
usurpation, d'un excès de pouvoir. Je l'ai victorieusement
démontré. (*Rumeurs à droite.*)

« Maintenant, quelle est la voie que devait suivre le général Bellemare pour obtenir justice?

« Ce n'est pas une loi qui a dépouillé le général, ce serait
la première fois qu'une Assemblée aurait abdiqué entre les
mains d'une commission. Ce n'est pas un jugement : il n'y
a pas eu de conseil de guerre, l'accusé n'a pas été appelé à
défendre sa cause.

« Nous sommes en présence d'une commission qui agit
seule, en secret. C'est là la raison d'État et non la justice.
Je ne puis oublier cette parole d'un jurisconsulte : « Dieu
me garde de l'équité des Parlements! »

« La commission des grades a procédé comme aurait procédé le ministre. Dès lors, le général Bellemare devait s'a-
dresser au conseil d'État chargé de réprimer les excès de
pouvoir.

« L'acte de la commission était en dehors de sa compé-

tence, et contraire à la loi de 1832, cette charte de l'armée,
en dehors de laquelle, selon le mot du ministre de la guerre,
il n'y a qu'arbitraire et excès de pouvoir. (Rumeurs.)

« Le général de Bellemare a été appelé par la commission qui s'est bornée à lui demander un état général de ses
services. Il s'est endormi dans une trompeuse sécurité, pour
se réveiller avec la décision que j'attaque.

« Le général s'est adressé au conseil d'État, qui s'est déclaré incompétent. Il lui restait la pétition à l'Assemblée.
C'est ce qu'il a fait.

« Vous êtes appelés, par le droit de pétition, à connaître
des droits et de l'honneur des citoyens. Vous n'êtes pas appelés à exercer la puissance judiciaire. Mais vous pouvez renvoyer aux autorités compétentes pour réparer les dommages
commis.

« Le général de Bellemare, atteint dans sa propriété, dans
sa considération militaire, se devait à lui-même et à ses
camarades de ne pas souffrir en silence l'injure qui lui était
faite. Il vient vous demander, par ma voix, de déclarer que
son grade ne devait pas être soumis à révision, et de renvoyer sa pétition au ministre de la guerre pour y faire droit. »
(Bravos.)

Le général Changarnier répondit à M. Cazot. Nous re-
produisons également le compte-rendu analytique de son
discours :

« Messieurs, en promettant de ne pas être vif, je demande
à élargir la question, sans qu'il y ait rien de blessant pour
les personnes dont les dossiers ont passé devant la commission des grades.

« Mon honorable contradicteur n'a pas compris la loi
d'août 1871. L'Assemblée a nommé une commission souveraine et sans appel, chargée de statuer sur tous les grades
obtenus pendant la guerre.

« Cette commission s'est occupée de la qualité morale de
ceux qu'elle avait à juger. S'il ne s'était agi que de suppu-
ter des textes et des dates, l'Assemblée n'aurait pas nommé
une grande commission parlementaire.

« Le malheur est mauvais conseiller. Si la fortune des armes nous avait été favorable, la commission n'aurait pas
été fatiguée du spectacle d'officiers demandant des récompenses avec âpreté.

« Je blâme énergiquement ceux qui ont donné leur parole à l'ennemi et se sont évadés.

« Si l'administration n'avait pas eu à connaître des grades obtenus régulièrement, notre besogne aurait été simplifiée.

« Mais, dans l'armée de Paris, l'avancement a été scandaleux.

« Magistrats intègres, nous avons rempli notre devoir. Je ne parlerai de personne. Je ne veux pas affliger ceux dont on a réuni les dossiers.

« *A gauche.* — Parlez!

« Nous n'avons pas fait d'injustice. Le duc de Chartres, qui a fait la campagne comme chef d'escadron (*Rumeurs*), est simple capitaine.

« *A gauche.* — Pas de réclame! Parlez du général Belle-mare. »

Le général Changarnier termine brusquement en demandant à l'Assemblée de passer à l'ordre du jour. Le général de Cissey, ministre de la guerre, appuie la demande de M. Changarnier et de M. de Belcastel.

M. Gambetta monte à la tribune.

M. Gambetta. — Je n'ai que quelques mots à dire. (*La clôture! la clôture!*)

Avant que l'Assemblée passe à la votation et à la solution du problème qui lui est soumis, je lui demande la permission de ramener cette question à ses véritables proportions. (*Rumeurs.*)

L'honorable général Changarnier vous disait tout à l'heure qu'il voulait l'agrandir et l'étendre. En effet, Messieurs, si on ramène la question du général de Bellemare sur elle-même, si on ne la mêle pas, si on ne la confond pas avec cette grande œuvre qui a été confiée à la commission de révision des grades, le jugement que vous en porterez sera tout autre.

Venant corroborer l'argumentation du général Changarnier, l'honorable ministre de la guerre vous disait : Messieurs, ne touchez pas au travail de la commission des grades; c'était une œuvre difficile et nécessaire ; on a même pensé que Louvois eût été impuissant à l'accomplir. Mais moi, Messieurs, je crois que l'Assemblée doit se défendre d'un pareil entraînement. La question qui a été développée par l'honorable M. Cazot peut très bien être distinguée de la série des dossiers que, d'une façon parfaitement légale et compétente, la commission de révision des grades avait le devoir d'examiner.

Je comprends, Messieurs, toute la sollicitude et même toute l'inquiétude qui peut dominer vos esprits en présence d'un intérêt aussi grave et aussi capital pour tous les partis, en France, que le maintien de l'autorité du commandement dans l'armée française. (*Exclamations sur divers bancs.*) Mais, vous me permettrez de dire que les arguments qu'on a apportés à cette tribune, pour défendre le droit du pétitionnaire. n'ont même pas été effleurés dans une réfutation sérieuse.

M. LE RAPPORTEUR. — Je demande la parole !

M. CORNÉLIS DE WITT. — Je la demande aussi !

M. GAMBETTA. — Et, en effet, c'est avec plaisir que j'entends l'honorable rapporteur de la commission demander la parole pour défendre les conclusions de son rapport, et aussi l'honorable M. Cornélis de Witt la demander pour trancher la seule question qu'il faut trancher, oui, Messieurs, que nous tous, de quelque côté que nous siégions, nous devons trancher en toute loyauté et en toute sincérité.

Cette question, elle est unique ; c'est de savoir si les officiers qui ne relevaient pas de la loi du 14 octobre 1870 ni du décret du 4 novembre de la même année, qui n'étaient placés à aucun degré dans cette situation particulière, selon le terme employé par la loi en vertu de laquelle vous avez investi de pouvoirs souverains la commission parlementaire ; si, dis-je, les officiers qui n'étaient placés dans aucune de ces trois catégories, ni à titre auxiliaire, ni à titre provisoire, ni par dérogation particulière à la loi de 1832, aux termes du décret du 4 novembre 1870, peuvent, à un moment donné, par suite d'une dévolution des bureaux de la guerre à la commission parlementaire, devenir l'objet d'une décision légale ; c'est là la question ; il n'y en a pas d'autre. (*Interruptions.*)

Remarquez-le bien, Messieurs, je ne sais pas ce que vous en pensez, je ne dis pas que, par avance, vous deviez prendre parti pour ou contre ; je dis que vous n'allez pas au péril qu'on vous signalait tout à l'heure, de toucher aux décisions de la commission des grades, d'ébranler l'esprit militaire et de renouveler peut-être des dissidences et des discordes qui sont heureusement aplanies à l'heure actuelle.

Ce que je cherche, ce que je demande, c'est une solution légale... (*Nouvelle interruption.*)

Quelques voix. — Elle est faite !

M. GAMBETTA. — Permettez, elle n'est pas faite, puisque nous discutons et que vous n'avez pas encore voté. Ce que je demande donc, c'est une solution légale de cette grave question qui divise et agite les esprits depuis le 8 août 1871.

La pétition qui vous est déférée vous donnera l'occasion de tracer une règle à la jurisprudence, et par conséquent, non pas d'ébranler l'œuvre de la commission, mais, au contraire, de la consacrer, de lui donner une autorité, de fermer la porte à des réclamations téméraires. (*Bruit.*)

Seulement, il est indispensable que la discussion qui a lieu à cette tribune soit complète, et que l'on réponde aux arguments apportés en faveur du pétionnaire, à ces arguments qui s'inspirent du texte même de la loi du 8 août 1871, de l'esprit des rapports qui ont précédé cette loi, des procès-verbaux tenus par deux commissions successives d'où est sortie la commission actuelle, qui s'inspira surtout des principes constants de la jurisprudence et de la loi de 1832. Si ces arguments, qu'a fait valoir M. Cazot, ne triomphent pas de vos convictions, il est indispensable que

quelqu'un ici vienne en faire justice et les réduire à
ce qu'ils valent.

Eh bien, cette œuvre n'a pas été tentée. Je dis
qu'elle est nécessaire; que même, pour ce but que
vous voulez atteindre, but de démonstration de la
justice qui doit présider à votre décision, il faut que
la question s'engage.

Par conséquent, laissant complètement de côté les
allusions politiques qui ont été faites, restreignant
le débat à ce qu'il doit être, purement et simplement
à une question de droit personnel, soulevée par un officier général sur son état légal, je dis qu'en rappro-
chant l'article 1er et l'article 2 de la loi du 8 août
1871, on trouve que vous n'avez reçu qu'un mandat
limité, car l'attribution qui vous était faite portait sur
les armées de province. (*Exclamations à droite.*)

Écoutez, et vous verrez que l'extension me paraît
justifiée; mais ne m'interrompez pas avant la fin de
mon argumentation.

Ce qui avait provoqué l'institution de cette révision,
c'était à coup sûr l'état dans lequel se trouvaient les
cadres des armées de province.

Ce qui le prouve, c'est que ce qu'il s'agissait de
frapper, d'annuler ou de corriger, c'était le décret
qui avait suspendu l'effet des lois de 1832 et de 1834
sur l'avancement et l'état des officiers. Faisant un
pas de plus, dans la commission, et afin de rétablir
l'égalité, vous avez voulu mettre un terme à des réclamations dont la plupart étaient justes. Et cela
était bien nécessaire pour les officiers qui avaient été
faits prisonniers après s'être noblement battus, après
avoir défendu la patrie comme jamais armée ne l'a
fait... (*C'est vrai!*) car si nous avions pu précisément
avoir ces cadres d'officiers si vigoureux, si intelligents et si braves, oh! alors, ils eussent certainement arraché la victoire, même à des ennemis supérieurs en nombre : ils étaient habitués depuis le com-

mencement de la guerre à lutter, et quelquefois à
deux contre vingt. (*Oui! oui! Très bien! très bien! —
Applaudissements.*)

Donc rien de plus légitime qu'au retour de la captivité on ait songé au respect des droits qu'avaient
conservés, même pendant l'état de captivité, les officiers faits prisonniers.

Il devenait donc nécessaire d'établir un règlement
de justice et d'équité, et de faire un véritable travail
de révision. Mais, sur qui devait porter la révision?
Elle devait porter sur les officiers qui, à raison de leur
origine, de leur investiture et du décret qui les avait
nommés, de la lettre de service qui les avait autorisés, se trouvaient placés dans une situation particulière. C'étaient ceux qui étaient dans l'armée auxiliaire à titre provisoire, ou peut-être à titre définitif,
mais dont l'avancement choquait une des dispositions
fondamentales de la loi de 1832. Voilà quelle était
votre compétence, voilà quelle était la limite de vos
pouvoirs, et elle est parfaitement établie par le texte
même de votre loi, et pour ainsi dire, *a contrario*,
permettez-moi cette expression juridique.

Tout ce qui était régulier, normal, tout ce qui n'é-
tait pas dans une situation particulière, tout ce qui
était l'expression exacte de la loi de 1832, tout cela
ne tombait pas sous la compétence de la commission
parlementaire que vous avez instituée. (*Vives marques
d'assentiment à gauche.*)

Vous le sentiez vous-mêmes, et, lorsque cette œuvre
si délicate, si difficile, fut entreprise par l'Assemblée,
que fîmes-nous de ce côté de l'Asssemblée? (*L'orateur indique la gauche.*)

Après avoir pris connaissance du projet de loi du
gouvernement et du projet de loi élaboré de la commission, nous nous ralliâmes à la loi, et nous dîmes
que si l'on respectait les situations normales et régulières, celles qui avaient été le résultat de l'application

des principes de la loi de 1832, que si l'on s'en tenait
aux termes du contrat qui avait eu lieu entre le pouvoir exécutif d'une part et la commission de l'autre,
nous déclarions que, quant à nous, nous estimions
que la loi était juste, et qu'à certain point elle était
libérale.

C'est la déclaration que j'ai faite moi-même à cette
tribune. Mais qu'est-ce que cela voulait dire? Cela
voulait dire qu'investi d'un pouvoir aussi redoutable,
pouvant à la fois ébranler les bases mêmes de la discipline et frapper dans ce qu'il y a de plus délicat, d
plus susceptible, de plus prompt à s'offenser, l'honneur individuel, il fallait poser à ce pouvoir une barrière et une limite.

Cette barrière et cette limite, Messieurs, c'était de
mettre la loi de 1832 hors des atteintes de la commission parlementaire. (*Nouvelle marque d'adhésion à
gauche.*) Et on avait pris une précaution. Après
avoir dit dans l'article 1ᵉʳ qu'on ne statuera, — entendez-le bien! — que sur les officiers qui sont dans
une situation particulière, c'est-à-dire, je m'imagine,
qui ne sont pas dans une situation conforme à la loi,
on disait : « Le ministre de la guerre aura, par la voie
de l'inspection générale, et par les divers moyens que
les règlements autorisent, à étudier les titres de ceux
des officiers qui sont dans une situation particulière. »
On répète ce mot pour limiter et pour définir le
droit d'enquête du ministre lui-même, saisissez bien
ceci, car c'est capital, Messieurs. On dit au ministre
de la guerre : Vous étudierez les titres des officiers.
De quels officiers? De ceux qui sont dans une situation particulière. Eh bien, Messieurs, ce travail, il a
été entrepris, et on n'est pas allé jusqu'au bout.

Il a été entrepris, et je dis que lorsqu'on sort de
cette désignation littérale et sacrée de l'article 2, et
qu'on examine la situation d'un officier qui n'est pas,
lui, dans une situation particulière, qui est, au con-

traire, dans une situation normale ; lorsqu'on prend
son dossier et qu'on le transporte du ministère de la
guerre à la commission, je dis que voilà l'excès de pouvoir au moment où il se produit, et je vous le défère.

M. LE RAPPORTEUR. — Vous avez voté cela vous-
même !

M. GAMBETTA. — La question dont vous êtes saisis
et qu'il faut spécifier est la suivante : A quel moment
cet officier général, — et je ne parle pas plus de lui
que d'un autre, je ne connais pas ses états de service ;
c'est un être qui pour moi n'a ni chair, ni os, ni aucun passé, c'est le droit que je défends, — à quel
moment peut-il barrer le chemin à cette entreprise
faite sur sa propriété, sur sa fortune ? Au moment où
M. le ministre de la guerre rédige cette note sur lui
et la transmet à la commission.

S'il était informé de ce fait, il pourrait l'appréhen-
der, le peser, le déférer à la juridiction administrative supérieure, et alors il adviendrait ce qui advient
de tous les litiges entre particuliers et administrateurs : le conseil d'État statuerait, il dirait si le ministre a bien ou mal fait, et le procès serait vidé au
fond ; il n'y aurait plus lieu, pour le militaire dessaisi
de son grade, de se plaindre devant vous ; on aurait
apprécié un acte régulier ou irrégulier du pouvoir
exécutif ; mais tout se serait légalement passé.

En a-t-il été ainsi ? Nullement.

Il ne sait pas s'il fait partie de la catégorie déférée
à la commission parlementaire ; il ne l'apprend, et
avec quelles difficultés ! — ce sont là des points de
fait que je ne relève pas, — il ne l'apprend, dis-je,
que lorsqu'il est en présence d'un fait accompli. Alors
il se retourne devant le conseil d'État ; il lui porte sa
querelle, il le supplie de juger et il lui démontre qu'il
est frappé.

Et l'on n'en doute pas au conseil d'État, puisqu'on
déclare le bien fondé de la demande ; mais on dit

qu'elle est non recevable dans la forme. (*Dénégations sur divers bancs.*)

M. LE MINISTRE DE LA GUERRE. — Mais non! le conseil d'État n'a pas admis le bien fondé de la demande!

M. GAMBETTA. — Je connais l'affaire, Messieurs, et si vous voulez me la laisser expliquer, je vous rendrai raison.

Je n'ai pas dit que le conseil d'État avait admis le bien fondé de la demande, j'ai dit qu'on l'avait déclaré devant le conseil d'État. Voulez-vous savoir qui? c'était le commissaire du gouvernement, dont j'ai entendu les conclusions. (*Murmures.*)

Quand je rapporte des faits, vous pourriez bien, Messieurs, me faire la grâce de me laisser décrire complètement avant de murmurer.

Je dis que, devant le conseil d'État, l'affaire apparaissait avec cette gravité particulière, que, d'une façon incontestée, le général de Bellemare avait pour lui la légalité et le droit, mais que le conseil d'État se trouvait en présence d'une décision émanant du pouvoir souverain, sur laquelle décision il ne pouvait porter l'examen au fond, et pourquoi?

Parce que vous réunissez, à ce point de vue, tous les pouvoirs et que c'est en votre nom, par une délégation de vous, non seulement que le conseil d'État, mais aussi que les tribunaux ordinaires sont juges; de telle sorte que, sans enfreindre aucunement le principe de la séparation des pouvoirs, vous pouviez déléguer à votre commission parlementaire la souveraineté plénière pour examiner, pour trancher la question, et que, une fois que ces questions avaient été vidées par vous, il n'y avait pas de recours au-dessus de vous que vous-mêmes. (*Applaudissements sur divers bancs à gauche.*)

Aussi, le conseil d'État dit-il avec une pleine logique : Si j'avais été placé en face d'un acte du pouvoir exécutif, d'un acte ministériel, comme l'aurait été, par exemple, la décision de renvoi devant la commission d'un acte que vous m'auriez déféré à temps, je pourrais statuer; mais, aujourd'hui, la commission souveraine ayant statué, le ministre est parfaitement couvert et il ne peut plus être question pour moi, conseil d'État, de prononcer sur un acte administratif; je suis en face d'un acte d'une Assemblée souveraine, et je suis obligé de vous fermer le prétoire.

La réclamation que vous adresse le pétitionnaire revient donc devant vous dans des conditions tout à fait régulières ; c'est-à-dire que vous êtes placés dans une liberté entière d'appréciation; vous n'avez pas à craindre de vous déjuger, puisque nous vous démontrons que votre commission a statué, non pas sur une espèce qu'elle avait évoquée en s'ingérant indûment dans des faits qui n'étaient pas de sa compétence, mais en se prononçant sur une promotion déférée à son jugement, par suite d'un acte émanant du ministre de la guerre, et résultant d'une interprétation vicieuse et irrégulière de la loi du 8 avril 1871.

Vous êtes placés, je le répète, dans la parfaite indépendance de vos décisions pour statuer au fond ; vous pouvez décider, sans vous déjuger, si, oui ou non, — c'est votre droit, — le ministre de la guerre a bien agi. Quelle que soit votre décision, je m'inclinerai devant elle ; mais je prétends que votre droit est encore entier, que vous pouvez accueillir et faire droit aux réclamations du général de Bellemare tout en respectant, non seulement les principes que vous avez invoqués vous-mêmes, mais le principe de la loi de 1832 que vous avez la charge de protéger comme toutes les autres lois.

En effet, Messieurs, de quoi s'agit-il? L'acte spécial qui vous est déféré n'a rien de commun avec cette immense quantité de réclamations qui ont été soumises à la grande commission de révision des grades; c'est un acte tout à fait isolé.

Voilà M. le général de Bellemare qui, dans une ville assiégée, en dehors de toute espèce de connaissance des décrets rendus en province et qu'on a voulu abolir, est nommé par le ministre de la guerre dont, tout à l'heure, l'honorable M. de Cissey faisait l'éloge; il est nommé, à la date du 10 décembre 1871, général de division après avoir exercé ce commandement devant l'ennemi dans deux batailles.

Après avoir reçu cette distinction, non seulement de la façon la plus correcte, mais la plus méritoire, M. le général de Bellemare prend la place, — et ici je demande à introduire, comme on dit au palais, une espèce analogue, — prend la place du général Renault, tué glorieusement devant l'ennemi.

Un membre. — Trois promotions ont eu lieu à la suite de la mort du général Renault.

M. GAMBETTA. — Oui, je le sais, trois généraux de division ont été nommés; je connais bien l'espèce. (*On rit.*)

Mais oui : ce sont des questions de droit, je me sers de termes en usage au palais, ce n'est pas ma faute si vous êtes transformés en tribunal. (*Oui! oui! — Très bien! — Continuez!*)

M. le général Renault est tué; aussitôt on nomme trois généraux de brigade généraux de division : M. Carré de Bellemare, M. Boissonnet et un troisième dont le nom m'échappe.

Qu'est-ce qui s'est passé, lorsque les décisions de la commission des grades sont intervenues?

Le général Boissonnet, qui avait été rétrogradé comme le général de Bellemare, s'est vu, après le fait accompli, — et sans avoir eu à épuiser les divers degrés de recours à diverses juridictions que sollicite vainement le général de Bellemare, — s'est vu replacé dans son grade de général de division. Je m'en félicite; je reconnais qu'on a fait là un acte de réparation et de justice; seulement, je voudrais qu'on le géminât au lieu de l'isoler. (*Mouvements divers.*)

Je dis que le général Carré de Bellemare, nommé
ou non en remplacement du général Renault, est
exactement dans la situation du général Boissonnet, et
je défie qu'on m'indique une différence, seulement
une nuance qui puisse faire comprendre comment,
alors qu'on a restitué à l'un sa troisième étoile, on
puisse l'enlever à l'autre.

Voilà ce que, pour ma part, je ne comprends pas,
et alors, je vous mets en présence de cette situation :
M. le ministre de la guerre, en exécutant l'article 2,
a interprété d'une façon extensive, abusive, les termes mêmes du mandat que vous lui avez conféré. Et,
de même qu'il avait eu tort de délivrer le dossier du
général Boissonnet à la commission des grades, il a
été en faute en lui délivrant le dossier du général de
Bellemare.

Et je vous dis ceci, Messieurs : par suite de l'impossibilité matérielle, dans laquelle s'est trouvé le général de Bellemare, de déférer en temps utile, d'une
manière régulière, au conseil d'État, sans recours
contre un acte exécutif, la décision du ministre de la
guerre, il a été, par votre souveraineté, forclos d'un
degré de juridiction.

Je vous demande de rouvrir ce degré de juridiction ;
je vous demande de décider une chose qui n'a pas les
conséquences redoutables qu'on fait luire devant vos
yeux pour vous effrayer, pour vous empêcher de faire
une réparation légitime. Tout ce qu'on vous demande
c'est de reporter, comme on l'a fait pour le général
Boissonnet, au tableau, comme n'étant pas dans une
situation particulière, le général de Bellemare.

Voilà en quoi se borne notre réclamation. Eh bien,
sans faire valoir aucunement des considérations personnelles qui certainement ne sont pas à dédaigner
dans une cause semblable, et surtout écartant de la
façon la plus absolue ces terreurs imaginaires de la
démolition, de la destruction de l'œuvre de la com=

mission de révision des grades, je dis qu'au nom de
la loi, comme au nom de la défense d'un intérêt sacré, vous devez, sans tenir compte des digressions,
qui peut-être n'ont pas été diffuses, mais, en tout état
de cause, n'ont pas été directes, topiques, vous devez
en conscience, à moins que votre rapporteur, à moins
que M. de Gavardie ne détruise l'argumentation de
l'honorable M. Cazot, renvoyer la pétition au ministre
de la guerre. (*Approbation sur divers bancs à gauche.*)

M. Cornélis de Witt, secrétaire de la commission, répond
à M. Gambetta que le décret qui a promu le général de
Bellemare était irrégulier, vu que ce décret avait promu
trois généraux de division quand il s'agissait uniquement
de remplacer le général Renault. M. de Witt n'oubliait
qu'un point : c'est que la mort du général Renault, créant
une vacance dans l'infanterie, c'était à un officier d'infanterie que ce grade revenait de droit, soit au général Bellemare qui avait commandé et conduit au feu la division, et
non à un officier général d'artillerie, comme le général
Boissonnet, ou à un officier général d'État major, comme le
général Berthaut. Mais la majorité ne permit ni à M. Le-
noël ni à M. Gambetta de rectifier l'assertion inexacte de
M. de Witt.

La clôture ayant été prononcée, l'ordre du jour motivé
de M. Cazot est repoussé au scrutin par 461 voix contre 155.
L'ordre du jour pur et simple, proposé par la commission,
est voté par assis et levé.

DISCOURS

Prononcé le 22 avril 1873

DANS UNE RÉUNION PRIVÉE DU XXe ARRONDISSEMENT

Après avoir voté la suppression de la mairie centrale de Lyon, l'Assemblée nationale s'était prorogée du 7 avril au 14 mai.

C'est pendant cette prorogation que les électeurs du département de la Seine furent appelés à remplacer, le 27 avril, l'ingénieur Sauvage, décédé. M. Thiers avait fait poser, par un groupe important d'électeurs parisiens, la candidature de M. de Rémusat, ministre des affaires étrangères. Au lendemain de la libération du territoire, le président de la République se croyait sûr du succès. M. de Rémusat, plus clairvoyant, hésitait. Il ne tenait nullement à siéger dans une Assemblée qui lui inspirait une véritable répulsion. Il prévoyait des résistances de la part de la grande masse des électeurs républicains. M. Thiers insista avec sa ténacité habituelle. M. Jules Simon raconte (1) que, seul dans le cabinet, le ministre de l'instruction publique était très opposé à la candidature de M. de Rémusat, qu'il disait à M. Thiers : « Quoi que vous fassiez, on vous accusera de faire de la candidature officielle. Le succès est plus que douteux. M. Barodet est un concurrent très redoutable. La loi qui vient de supprimer la grande municipalité lyonnaise, loi soutenue par M. de Goulard contre le vœu formel d'une partie du cabinet, augmente encore les chances de M. Barodet, qui était maire de Lyon, ou plutôt elle les assure. Paris votera contre la loi, en nommant M. Barodet. »

---

(1) *Gouvernement de M. Thiers*, t. II, page 374.

M. Thiers ne voulut rien entendre et força la main à M. de Rémusat.

Le 13 avril, M. Barodet adressa aux électeurs du département de la Seine la profession de foi suivante, qui fut approuvée le 20 avril, par les 184 délégués élus du congrès républicain démocratique de la Seine :

« Citoyens,

« J'accepte avec un sentiment de vive reconnaissance, et dans toute son étendue, le mandat que les divers comités de la démocratie parisienne, tous animés des mêmes convictions, ont résolu d'offrir à l'ancien maire de la ville de Lyon dépossédée de ses franchises municipales.

« En vous adressant à un serviteur modeste, mais déjà ancien de la République, en le préférant même à des individualités plus éclatantes, et dont nul de nous ne voudrait méconnaître le mérite et les services, vous avez voulu, par votre choix, donner un solennel témoignage de la solidarité qui non seulement unit les grandes cités entre elles pour la défense de leurs droits, mais qui rattache à la cause des libertés municipales les plus humbles des communes de France.

« La démocratie lyonnaise, dans les rangs de laquelle j'ai combattu, m'encourage à répondre à votre appel. Profondément pénétrée de gratitude pour la généreuse initiative du peuple de Paris, elle me charge de vous dire qu'elle ne saurait mieux reconnaître votre fraternelle assistance qu'en envoyant un des siens réclamer avec vous : 1° la dissolution immédiate de l'Assemblée de Versailles ; 2° l'intégrité absolue du suffrage universel ; 3° la convocation à bref délai d'une Assemblée unique qui seule peut voter l'amnistie et la levée de l'état de siège.

« A ce mandat que Lyon et Paris me donnent ensemble, je ne puis que souscrire ; je mettrai mon honneur à le remplir, assuré d'ailleurs de l'adhésion unanime des républicains sans acception de nuances.

« Plus que jamais, en effet, l'union et la concorde nous sont nécessaires en face de la coalition de tous les prétendants et de tous les fauteurs de monarchie. Il faut enfin sortir de l'équivoque qui énerve le pays, encourage les fac-

lieux et déconcerte jusqu'aux amis du pouvoir. Depuis deux
ans, toutes les élections partielles ont démontré que la démocratie républicaine a conquis la France par sa modération, son esprit d'ordre et de discipline, et les garanties
qu'elle seule peut offrir aux idées de justice et de progrès.
Depuis deux ans, on ne veut pas entendre à Versailles la
voix du pays! Renouvelons donc nos avertissements aussi
fermes que mesurés et qui défient la calomnie.

« Les élections actuelles ne sont que la préface des élections générales. Sachons nous préparer dès à présent à ces
grandes assises nationales. Il appartient aux électeurs de
la Seine de donner le mot d'ordre par un scrutin qui signifie
à la fois : Dissolution et République!

>   Lyon, 13 avril 1873,

> ### D. BARODET,
> ex-maire de Lyon.

Huit jours après, toute la presse républicaine publiait les
deux déclarations dont le texte suit :

DÉCLARATION DE L'UNION RÉPUBLICAINE

« *Aux électeurs du département de la Seine.*

« **Citoyens,**

« On nous demande de faire connaître notre opinion sur
l'élection du 27 avril 1873 et sur le choix de M. Barodet
comme candidat de la démocratie parisienne.

« Convaincus que le devoir des représentants du peuple
consiste bien plutôt à rendre des comptes à leurs commettants qu'à leur donner des conseils électoraux, notre premier sentiment a été de nous abstenir. L'intervention de
quelques hommes publics, dont nous respectons d'ailleurs
les intentions, nous oblige à rompre le silence.

« Avant l'ouverture de la période électorale, toujours
animés, pour le gouvernement de M. Thiers, des sentiments qui lui ont valu notre concours dans toutes les circonstances décisives, nous avons appelé son attention sur les
dangers de la candidature de M. de Rémusat, et nous l'a-
vons vivement engagé à ne pas la poser.

« Le gouvernement s'est obstiné.

« Le caractère officiel et la signification équivoque de cette candidature ne permettaient pas aux électeurs républicains de la Seine de l'adopter. Nous ne pouvions donc, sans trahir nos devoirs et les intérêts de la démocratie, appuyer M. de Rémusat. Nous avons donné, comme électeurs et comme représentants, notre adhésion à la candidature de M. BARODET, ex-maire de Lyon, parce qu'elle exprime complètement toutes les idées dont nous voudrions voir enfin le gouvernement de la République s'inspirer dans la gestion des affaires du pays.

« Nous sommes persuadés que la cause de la République, de la démocratie, de l'ordre républicain, de la paix sociale, est intimement liée au succès de la candidature de M. Barodet.

« Avec lui, comme lui, nous demandons la dissolution de l'Assemblée actuelle, nous réclamons la convocation d'une nouvelle Assemblée, capable de proclamer l'amnistie, de lever l'état de siège, de fonder la République, de l'organiser, et d'assurer enfin, sous l'égide d'institutions démocratiques respectées, la prospérité et la grandeur de la France.

« Paris, le 21 avril 1873.

« Edmond Adam, électeur et représentant de la Seine ; Ancelon, représentant de Meurthe-et-Moselle ; Paul Bert, électeur de la Seine et représentant de l'Yonne ; Louis Blanc, électeur et représentant de la Seine ; Bouchet, représentant des Bouches-du-Rhône ; Émile Brelay, électeur et représentant de la Seine ; Henri Brisson, électeur et représentant de la Seine ; Armand Caduc, représentant de la Gironde ; Carion, représentant de la Côte-d'Or ; Cazot, électeur de la Seine et représentant du Gard ; Challemel-Lacour, électeur de la Seine et représentant des Bouches-du-Rhône ; Colas, représentant de l'Algérie ; A. Corbon, électeur et représentant de la Seine ; Paul Cotte, représentant du Var ; Daumas, représentant du Var ; Dupuy, représentant de la Drôme : Esquiros, représentant des Bouches-du-Rhône ; Farcy, électeur et représentant de la Seine ; Ferrouillat, représentant du Var : Léon Gambetta, électeur et représentant de la Seine ; A. Gent, représentant de Vaucluse ; L. Greppo, électeur

et représentant de la Seine; Jacques, représentant de
l'Algérie; P. Joigneaux, électeur de la Seine et représentant de la Côte-d'Or; Henri de Lacretelle, représentant
de Saône-et-Loire; Laflize, représentant de Meurthe-et-
Moselle; A. Lambert, représentant de l'Algérie; Laurent-
Pichat, électeur et représentant de la Seine; Lepère, représentant de l'Yonne; Marck, représentant de la Guyane;
Martin-Bernard, électeur et représentant de la Seine;
Millaud, représentant du Rhône; Alfred Naquet, électeur
de la Seine et représentant de Vaucluse; Ordinaire, représentant du Rhône; Peyrat, électeur et représentant
de la Seine; Edgar Quinet, électeur et représentant de
la Seine; Rathier, représentant de l'Yonne; Rouvier,
représentant des Bouches-du-Rhône : Sansas, représentant de la Gironde; V. Schœlcher, électeur de la Seine et
représentant de la Martinique; Tiersot, représentant de
l'Ain; Henri Tolain, électeur et représentant de la
Seine. »

DÉCLARATION DES CONSEILLERS MUNICIPAUX

« En présence des adhésions publiques qu'a rencontrées,
de la part de quelques membres du Conseil municipal de
Paris, la candidature officielle, nous croyons de notre devoir de faire connaître à notre tour notre opinion.

« Nous ne votons pas pour M. de Rémusat.

« Convaincus que la politique d'équivoque, en inquiétant
le pays, est le véritable obstacle au développement du travail, des affaires et de la prospérité publique, nous ne pouvons voter pour le membre d'un cabinet dont tous les actes
ont été inspirés par cette politique, et dont les projets constituants menacent, en ce moment même, l'intégrité absolue du suffrage universel et la liberté de la future Assemblée.

« Nous voulons, nous aussi, donner de la force au gouvernement, mais une force qu'il puisse employer au service de
la République, et non contre les intérêts démocratiques.

« Nous voterons pour l'ancien maire de Lyon BARODET,
dont la candidature signifie :

« Respect des franchises municipales;

« Dissolution de l'Assemblée;

« Intégrité absolue du suffrage universel ;

« Convocation d'une Assemblée unique qui seule pourra, par l'amnistie et la levée de l'état de siège, effacer les traces de nos discordes civiles.

« Allain-Targé, Arrault, Braleret, Cadet, Cantagrel, Émile Chevalier, Clémenceau, Cléray, Combes, Denizot, Dumas, Dupuy, Ch. Floquet, Dʳ Frébault, S. de Heredia, Hérisson, Jacques, Jobbé-Duval, Lamouroux, Leneveux, Ed. Lockroy, Loiseau-Pinson, M. Nadaud, Perrinelle, Ranc, Rigaut, Dʳ Thulié, Vauthier, conseillers municipaux.

« Ont adhéré à cette déclaration des conseillers municipaux de Paris :

« MM. Grossetête, conseiller de l'arrondissement de Saint-Denis ;

« Dubois, conseiller de l'arrondissement de Saint-Denis. »

Le 25 avril, on lisait dans la *République française* :

« M. Gambetta, depuis longtemps invité par les électeurs de Belleville, Ménilmontant et Charonne à se rendre au milieu d'eux pour converser des affaires publiques, avait fixé cette réunion aux premières vacances. Par les soins de M. Braleret, conseiller municipal pour le vingtième arrondissement de Paris, une réunion privée, projetée depuis plusieurs semaines, avait été organisée pour le mardi 22 avril. Six cents cartes d'admission avaient été distribuées. M. Braleret, qui recevait les personnes invitées, avait convoqué un grand nombre de ses collègues du Conseil municipal, qui ont presque tous répondu à son appel.

« A huit heures du soir, la séance a été ouverte par M. Braleret, qui a adressé à la réunion les paroles suivantes :

« Citoyens,

« Connaissant le désir que vous aviez de vous trouver réunis un jour avec M. Gambetta, notre député, j'ai pris l'initiative de vous rassembler ici pour l'entendre dans les explications qu'il va nous donner sur la politique et les affaires de la démocratie républicaine. M. Gambetta n'est pas un étranger pour nous. C'est nous qui l'avons nommé les premiers député à la Chambre. Il est encore aujourd'hui notre représentant à l'Assemblée. Je n'ai rien à vous dire de ce qu'il a fait depuis quatre ans, et je me hâte de lui céder la parole. »

« M. Gambetta a prononcé le discours qui suit :

Mes chers concitoyens,

J'attendais avec impatience, depuis plusieurs mois, l'occasion de venir au milieu de vous, pour nous entretenir ensemble des affaires publiques, des intérêts de la démocratie et de la politique qui a été suivie d'un commun accord par vos représentants dans l'Assemblée.

Je vous devais, à vous spécialement, électeurs du vingtième arrondissement, ce témoignage particulier de confiance, destiné à marquer la solidarité qui nous unit ; car je ne suis pas seulement pour vous l'ancien député que vous avez envoyé siéger sur les bancs du Corps législatif de l'empire; je suis toujours votre représentant.

Laissez-moi ajouter que je suis resté le même homme que celui auquel vous avez ouvert les portes de la vie publique lors des élections générales de 1869. Depuis cette époque, que de changements dans les hommes et dans les choses !

Les évènements qui se sont produits n'ont malheureusement pas répondu à nos espérances. A cette date de 1869, le grand parti républicain s'était reconstitué : il avait formulé ses griefs et il en poursuivait le redressement contre l'empire, dont plus d'un symptôme faisait déjà prévoir la chute. Elle apparaissait imminente aux yeux de tous. Chacun comprenait que ce gouvernement, condamné à périr, ne pouvait plus désormais résister à l'épreuve d'un nouveau scrutin, et c'est pour ne pas succomber dans une lutte pacifique contre le pays qu'il s'est lancé dans la guerre.

Vous vous rappelez combien fut unanime, énergique, la protestation de la démocratie contre l'effroyable aventure dans laquelle allait s'effondrer ce

pouvoir imprévoyant et criminel qui entraînait le
pays dans les plus graves périls, sans avoir rien su
préparer, rien su organiser pour soutenir un pareil
choc. Le parti républicain, vous le savez, après avoir,
par ses votes, repoussé la guerre, fut obligé de la soutenir quand déjà notre défaite était commencée. Et
vous savez s'il apporta à défendre l'honneur national la même énergie qu'il avait déployée à conju-
rer la guerre. En soutenant la France dans une lutte
désespérée, notre parti a sauvé l'honneur de la patrie ! (*Oui! oui!*) C'est là son honneur et sa récompense! (*Oui! oui! — Applaudissements prolongés.*)

Je n'ai rien à vous dire ici de Paris assiégé. Vous
connaissez mieux que moi cette histoire, qui s'est accomplie sous vos yeux et à laquelle vous avez pris
part. Quand j'ai quitté Paris, je l'ai laissé ardent, prêt
à tous les sacrifices pour une défense héroïque. Quand
je l'ai retrouvé, il était vaincu, désolé, décimé, exas-
péré par les efforts mêmes de ce patriotisme qui,
sans utilité pour la France, avait fait l'admiration du
monde.

Mais tandis qu'il donnait ce grand exemple d'une
résistance glorieuse entre toutes, alors que, souffrant
le froid et la faim, il se débattait sous l'horrible poids
de l'impuissance à laquelle on le réduisait, la France
entière se relevait, faisait face à l'ennemi ; la province
n'avait qu'un cri : Délivrer Paris!

C'est au milieu de ces tragiques angoisses que s'est
scellée l'indissoluble alliance, que s'est refaite la solidarité entre la France parisienne et la France pro-
vinciale. Non, quoi que disent nos adversaires, il n'y
a plus deux Frances que l'on puisse diviser au profit
des convoitises monarchistes. Il n'y a plus deux
Frances, l'une recevant un mot d'ordre hostile à Paris,
l'autre se laissant égarer par un sentiment de dédain
ou d'aigreur contre la province.

Il n'y a plus qu'une seule France, glorieuse unité

morale, qui est le prix des sacrifices immortels de vingt générations antérieures!

Vous qui vivez ici éloignés de nos luttes journalières, sachez cependant qu'on cherche encore aujourd'hui à creuser un fossé entre le travailleur des champs et celui des villes. Ce sont des esprits méchants et pervers, ceux qui veulent ainsi diviser la démocratie contre elle-même.

De même qu'il n'y a pas deux Frances, il n'y a pas deux démocraties; il n'y en a qu'une seule, fondée sur la concorde et l'étroite solidarité de toutes les classes de la nation. (*Applaudissements.*)

Après les douleurs du siège, alors que pendant l'insurrection Paris était livré en victime aux haines furieuses attisées contre lui, vous avez eu le spectacle de toutes les communes de France, grandes et petites, se jetant au milieu des combattants, les adjurant de mettre bas les armes, essayant de faire triompher les idées d'apaisement et de conciliation; vous avez vu ensuite cette politique de solidarité et de concorde sanctionnée par les élections municipales; et ce premier mouvement d'indépendance locale après la guerre a été le prélude heureux de toutes les élections politiques partielles qui, depuis le 8 février 1871, ont été le témoignage constant, répété, unanime, de la volonté du pays, de vivre désormais sous l'égide de la République.

Ce premier cri d'indépendance locale et d'attachement à la République a été poussé par la démocratie qui, au milieu des désastres de la France, avait pris définitivement conscience de sa force toute-puissante et aussi des devoirs que la toute-puissance impose. Frappée, abattue, gisante, la France s'est recueillie. Ce recueillement marque une date dans l'histoire de notre pays. Il faut refaire la France! ce mot se trouva sur toutes les lèvres comme il était dans tous les cœurs républicains. Il faut refaire la France, et la République

seule peut nous y aider! Notre parti, Messieurs, dont
le patriotisme est à la hauteur de la foi politique,
résolut de se dévouer à cette tâche. C'est sous l'inspiration de ce grand et généreux dessein que je suis
rentré dans la vie publique en juillet 1871; et c'est vous
encore qui m'avez rendu mon siège dans l'Assemblée.
Dès ce moment, j'étais en parfait accord avec vous,
avec toute la démocratie. Ne voulant rien laisser au
hasard, je saisis l'occasion de m'expliquer publiquement devant les électeurs d'une autre grande ville, à
qui la République doit beaucoup, devant les électeurs
de Bordeaux; à la veille des élections, j'ai voulu exposer quelles étaient, à mon sens, les conditions nouvelles de l'action politique de la démocratie.

Qu'ai-je dit alors?

J'ai dit que, ayant un germe d'État républicain, il
fallait le développer, l'entourer de soins et de sollicitude. J'ai dit qu'après la surprise du suffrage universel au 8 février 1871, momentanément tenus en échec
par lui, il fallait nous attacher à le gagner à force
de raison, de propagande, de persuasion; qu'il fallait
renoncer aux moyens qui avaient illustré autrefois le
parti républicain, sous la monarchie et sous l'empire,
quand on refusait au parti républicain sa place au
soleil. J'ai dit qu'à l'opposition systématique, militante, héroïque, chevaleresque, que faisaient nos prédécesseurs, il fallait substituer une opposition légale,
constitutionnelle, parlementaire, scientifique, dispu-
tant pied à pied le terrain, établissant, au sein de la
République, la lutte pacifique des partis, qui n'est
autre chose que la rivalité des idées. (*Très bien!* —
C'est cela! — *Bravos.*)

Cette politique nous imposait beaucoup de ménagements, beaucoup de précautions, et enfin l'emploi
d'une infinité de moyens termes. Mais où? Dans le
Parlement, sur le terrain naturel des transactions
politiques, dans le domaine réservé à la confection

des lois, à la triture des affaires, dans ce qu'on peut appeler le ménage quotidien de la vie politique du pays.

Voilà où les concessions, de la part du parti républicain, sont nécessaires, justes, souvent avantageuses pour nous, toujours efficaces sur l'opinion ; elles nous ont permis d'affermir peu à peu ce pouvoir qui n'avait de la République que le nom, et qui, par une heureuse fortune, se trouvait aux mains d'un homme plus digne qu'aucun autre de le détenir, d'un homme aux lumières, à la compétence, à l'expérience, à la sagesse, au renom duquel l'Europe entière rendait hommage.

Eh bien! nous ne nous sommes jamais départis de cette politique : il le sait bien! et je suis sûr que, lorsque les fumées du combat sont dissipées, son regard revoit ces journées où notre intervention a été décisive, non pas seulement en faveur de l'un ou de l'autre de ses ministres, mais de l'existence de son propre gouvernement. (*Très bien! très bien! — Bravos.*) C'est à quatre ou cinq reprises, — qui sont dans la mémoire de tous et que je n'ai pas besoin de rappeler, — que, sans incliner ni abaisser nos consciences, que sans froisser la rigueur de nos principes, mais certainement en ne nous conduisant pas comme des hommes de parti, nous avons apporté au gouvernement un concours sans lequel il aurait péri. (*Oui! oui! — C'est vrai!*)

Le pays a toujours approuvé cette politique ; il en a compris toute la valeur aussi bien que ceux-là mêmes qui en ont si souvent ressenti les heureux effets et recueilli les bénéfices. On l'apprécie, cette politique, à l'heure du danger, croyez-moi, Messieurs, car il arrive entre les gouvernements et les oppositions, dans leurs relations mutuelles, ce qui se produit, dit-on, entre les marins en détresse et les saints. Pendant la tempête, il n'y a pas d'ex-voto qu'on ne promette, de prières qu'on n'adresse au saint ; puis, quand la tempête est passée, le saint en est très souvent pour les services qu'il a rendus. (*Hilarité prolongée. — Applaudissements.*)

Mais nous, qui n'avons pas la prétention d'assimiler notre concours à rien qui ressemble à l'intervention de quelque personnage céleste, (*Nouveaux rires.*) nous qui nous conduisons en simples mortels, nous continuerons à prêter jusqu'au bout ce concours à la fois nécessaire et désintéressé, parce que c'est à la fois rendre service à qui a droit qu'on lui en rende, mais encore à la chose auguste entre toutes qu'il représente, à la République. (*Salve d'applaudissements.*)

Une voix. Soutenez-le quand il a raison, résistez-lui quand il a tort. (*Oui! oui! — Bravos.*)

M. GAMBETTA. — Quand je dis que la République est chose auguste entre toutes, je m'explique. Ce n'est pas seulement parce que c'est la forme du gouvernement pour laquelle nous avons toujours lutté et qui représente, pour notre raison comme pour notre cœur, ce qu'il y a de plus noble, de plus juste, de plus grand dans les relations humaines; mais c'est surtout parce qu'il y a dans cette forme de gouvernement plus d'avenir pour la France; parce que, mutilée comme elle l'est, appauvrie comme on la laissera dans quelques jours, menacée comme elle restera longtemps encore, il n'existe pas, en dehors de la République, d'autre moyen de lui refaire la force matérielle et la force morale qui lui permettent de redevenir ce qu'elle doit être et de reprendre sa place au milieu du concert européen, non pas en dominatrice, — je n'ai pas de tel rêve pour mon pays, — mais comme une des aînées dans la famille des peuples. (*Bravos.*)

Messieurs, c'est comme patriote qu'il faudrait surtout être républicain. Autrefois, nos adversaires, contraints par la discussion, reconnaissaient que la République est la forme politique par excellence pour donner le plus libre jeu au mouvement intellectuel et

matériel du pays; que c'est la forme où le système
économique tout entier peut être le mieux assuré
comme fonctionnement et régularité, où les agents
sont le mieux en état de remplir leur mission avec des
frais généraux moindres. Messieurs, ce ne sont pas
les seules raisons qui doivent faire aimer la République et pour lesquelles on doit la défendre, l'affermir
et l'améliorer : c'est surtout parce que, pour tout
homme qui aime sa patrie, qui veut lui rendre sa
prospérité, son lustre et sa grandeur, il n'y a plus, il
ne reste plus rien en dehors de la République. (*Longs
applaudissements.*)

Voilà pourquoi je dis qu'aujourd'hui être patriote,
c'est être nécessairement républicain. (*Très bien! —
Oui! — Bravos.*)

La considération qui a dominé toute notre conduite
politique, c'était de hâter la venue de ce jour, — ah!
non pas un jour de joie! en peut-il être encore au milieu du deuil national? — mais de ce jour de soulagement où le sol serait évacué par l'étranger; atteindre ce but et voir à l'horizon, — non pas à la frontière, hélas! nous l'avons perdue! (*Mouvement.*) —
voir à l'horizon disparaître le dernier fusil à aiguille :
telle était l'image toujours présente à nos yeux dans
les travaux des bureaux, au milieu des luttes de la
tribune, à l'Assemblée. Nous ne pensions pas qu'il
fût de notre devoir de rien livrer au hasard aussi
longtemps que le sol de la patrie ne serait pas parfaitement affranchi.

Ce n'était pas là un calcul de parti. Non, Messieurs;
car cette politique ferme et prudente, nous voulons
la continuer après la libération du territoire. Fruit de
nos réflexions, elle est approuvée par la conscience
du pays tout entier; elle n'est pas seulement la vérité,
elle est aussi la sagesse. Par conséquent, elle ne peut
pas être accidentelle; elle ne doit pas durer seulement pendant un, deux ou trois ans de session, elle

doit se prolonger même après la fondation définitive
de la République. En effet, Messieurs, c'est avec cette
politique de sagesse et de prévoyance qu'on pourra,
au sein d'une liberté républicaine, créer des mœurs
républicaines et établir, sans chocs, sans violences,
le jeu régulier de ces deux grands partis qui doivent
se partager les membres d'une société bien réglée : le
parti des esprits novateurs et progressistes, et le parti
des esprits plus timides et plus conservateurs. C'est
dans le balancement exact de ces deux partis que
peut se maintenir le véritable équilibre qui fait seul
l'ordre dans l'État. Telle est, Messieurs, la politique
que nous avons suivie, à laquelle nous voulons rester
fidèles. Et il est bien désolant, — laissez-moi le dire,
car il n'y a même que cela qui soit désolant dans la
situation actuelle, — il est désolant et cruel de constater que cette politique n'a pas été comprise du parti
conservateur et de ses chefs, qu'elle soit encore calom-
niée sans trêve ni merci. A l'heure qu'il est, nous sommes dans une de ces crises politiques où nos adversaires, ne nous tenant aucun compte de notre modération,
de nos actes et de nos votes, veulent nous traiter
comme si nous avions été violents, agressifs, passionnés et injustes, et comme si nous professions des théories, des projets de réforme qui seraient le renversement de toutes les bases de la société. (*Voix nombreuses : C'est une indignité!*)

Eh bien! expliquons-nous, Messieurs, il le faut.
N'est-il pas véritablement affligeant de voir des hommes que l'opinion de tous les partis est habituée à
respecter, — j'éviterai de prononcer des noms propres, si vous le permettez (*Oui! oui!*), — prendre dans
les circonstances actuelles un rôle, une attitude, un
langage qui véritablement ont lieu de surprendre?

Savez-vous ce qu'on dit à l'heure actuelle?

On dit ceci : Le moment est favorable pour protester contre l'affectation du parti républicain à ne vou-

loir que des républicains de vieille date pour le représenter ; pour protester contre certaines théories
excessives, subversives, dangereuses, condamnées par
l'expérience de tous les temps, et enfin, Messieurs, l'on
ajoute, — parce qu'on arrive toujours à dire, dans la
lutte, plus qu'on ne pense, — le moment est favorable
pour opposer l'esprit d'ordre à l'esprit de révolution.

Messieurs, pour juger de la valeur de ces déclarations de nos adversaires, il est peut-être utile de revenir un peu en arrière. Que se passe-t-il dans ce pays
depuis tantôt deux ans ?

De tous les côtés, de toutes parts, toutes les fois
que le corps électoral est interrogé, qu'il s'agisse
d'une élection au conseil municipal, au conseil d'arrondissement, d'une élection au conseil général, d'une
élection politique, — j'irai même plus loin, car la
politique se mêle à tout à notre époque, — qu'il
s'agisse d'élections aux chambres ou aux tribunaux
de commerce, que voyons-nous ? quelle est la première pensée qui vient aux électeurs des villes et des
campagnes ? Nommons, disent-ils, un candidat qui
veuille en finir avec la persistance des élus du 8 février à rester au pouvoir ; qui veuille en finir avec
l'incertitude, l'équivoque ; qui veuille et sache notifier
à tout le monde qu'il est temps, plus que temps, de
faire enfin des choses claires et de donner à la République ses véritables institutions ; qu'il est temps, plus
que temps, de convoquer le suffrage universel dans
ses comices, de l'interroger, de l'appeler à élire des
mandataires, soit pour la monarchie, soit pour la République, mais dont le titre, dont le mandat soient
absolument incontestables et à l'abri de toute discussion, de toute critique.

Voilà, dans le langage le plus modéré, et en même
temps le plus précis et le plus exact, ce qui s'est passé
dans les trente-sept mille communes de France. (*Oui !*
— *Marques générales d'approbation.*)

En a-t-on tenu le moindre compte? Avez-vous entendu dire que ces faits, qui se sont reproduits partout dans le pays, aient modifié le choix d'un préfet
ou la nomination d'un juge? Avez-vous entendu dire
que ce qui s'est passé ait pu faire supprimer l'état de
siège dans un des nombreux départements qui en
sont frappés? Et surtout, avez-vous entendu dire
que l'Assemblée de Versailles ait songé à s'en aller?...
(*Hilarité générale et bravos.*)

Non, vous n'avez rien appris de pareil, hélas! et si j'a-
vais seulement le quart de cette bonne nouvelle à vous
apporter, je serais le plus heureux des hommes. (*Rires.*)

Le pays, alors, a vu qu'il avait beau manifester son
opinion, on ne l'écoutait pas! Le pays n'a que le suffrage universel pour faire connaître ses idées; encore
les occasions de les faire connaître sont-elles lais-
sées au hasard de la mort quand il lui arrive de faire
des vides dans l'Assemblée. C'est seulement lorsqu'il
y a un siège vacant que le suffrage universel est appelé à se prononcer; c'est seulement le jour où il
faut y pourvoir, et non le lendemain, que le suffrage
universel peut manifester sa volonté et son opinion,
et donner une impulsion dans tel sens ou dans tel autre; c'est ce jour-là seulement que le citoyen, que
l'électeur français peut et doit faire connaître au reste
du pays, où des élections n'ont pas lieu, au gouvernement, aux partis eux-mêmes, ce qu'il pense, ce qu'il
demande, ce qu'il exige, car il a le droit d'exiger.
(*Très bien! — Bravos.*)

Voilà donc ce suffrage universel qui s'épuise en
manifestations absolument nulles; il a beau multiplier
ses arrêts; il a beau chercher la formule la plus claire;
il a beau inventer le mandat le plus défini et le plus
précis, le mandat impératif, le contractuel ou le sy-
nallagmatique, tout y passe, il s'évertue à trouver de
nouveaux moyens, de nouveaux procédés; tous ces
efforts n'aboutissent à rien; on n'entend rien, on ne

veut rien entendre de ce que dit le pays, ni à Versailles, ni, permettez-moi de le dire, dans les sphères
du pouvoir. (*Bravos.*) Rebuté dans toutes ses tentatives, mais non découragé, le pays s'est dit alors :
Peut-être existe-t-il encore un autre moyen, en dehors des élections générales à l'Assemblée, en dehors
des élections aux conseils municipaux, d'arrondissement ou généraux, de manifester notre volonté : nous
pouvons la manifester, par exemple, à l'occasion de
telle ou telle élection partielle de député. C'est ce
qui a été fait. Mais qu'a-t-on dit? On a dit : Oh! ce
sont les gens du Var qui ont voté! mais ce sont là
des gens exaltés, passionnés, ce sont des gens incan-
descents! Or, comment voulez-vous que nous réglions
notre politique sur l'opinion décidément trop ardente
des gens du Var? (*Hilarité générale. — Applaudissements.*)

Après cette réponse, le pays, sans perdre patience,
s'est dit encore : Si, dans une manifestation générale,
on pouvait avoir l'expression collective, universelle,
de l'opinion de la France sur un point de politique
donné, on ne pourrait plus nous objecter ce qui s'est
passé dans le Var, en Algérie ou ailleurs; c'est alors,
Messieurs, qu'on a pensé au droit de pétition, et
qu'on s'est mis à l'exercer.

On a reconnu que le droit de pétition était un droit
sacré, mais que s'est-il passé?

On a donné l'ordre aux agents inférieurs, — et vous
savez le zèle que mettent les agents inférieurs à exécuter les ordres venus d'en haut, — (*Rires.*) d'empêcher
de se produire, non pas la signature isolée, réfléchie
d'un homme qui la donne dans son cabinet ou son
comptoir et qui l'expédie par la poste, mais les signatures collectives. On a dit aux agents inférieurs que,
sous prétexte d'ordre public, il fallait empêcher qu'on
se groupât pour signer des pétitions, empêcher les
réunions clandestines, et on considérait comme telles

les réunions qui avaient lieu dans un café, dans un
cabaret, ou sous le portique des théâtres, dans tous
les lieux publics ouverts aux citoyens désireux de signer et résolus à le faire. On a multiplié tous les
moyens d'intimidation; tout le monde s'y est mis, les
magistrats, le haut personnel des grandes compagnies,
les directeurs des grandes administrations, la gendarmerie, les fonctionnaires de l'ordre civil, depuis les
plus élevés jusqu'aux secrétaires des mairies. Et puis
l'état de siège, dont quarante-trois départements sont
encore frappés, a joué son rôle aussi. Sait-on bien
ce qui peut arriver sous l'état de siège? C'est ainsi, Messieurs, que ce mouvement pétitionniste, commencé
dans le but de faire connaître l'opinion du pays, a été
entravé.

Mais, malgré tous ces obstacles, en dépit de ce
mauvais vouloir, de toutes ces réglementations indignes d'un pouvoir soucieux de recueillir les échos de
l'opinion, on a pu atteindre le chiffre d'un million de
signatures au bas de pétitions demandant la dissolution de l'Assemblée de Versailles. (*Bravos.*) Parmi ces
signatures, beaucoup ont été données au prix de bien
des périls, car il y a de braves gens, — j'en connais, —
qui ont perdu leur emploi pour avoir signé la pétition de la dissolution, qui ont été chassés de leur administration après quinze ans de services et qui ont
ainsi perdu la ressource qui faisait vivre leurs familles. Ces obstacles, ces entraves, ces procédés vis-à-
vis des signataires de la pétition ont dû singulièrement, vous le comprenez de reste, en arrêter la
propagation; il s'ensuit que ce million de signatures
a un prix inestimable et que, pour les gens loyaux et
sincères, une telle manifestation si imposante et si
nouvelle devrait être décisive. Or, savez-vous ce qu'on
a fait à Versailles? On a voté un ordre du jour par lequel ces Messieurs ont déclaré, — non pas en propres
termes, mais peu s'en faut, — qu'ils ne relevaient

que de Dieu et de leur conscience. (*Hilarité générale.*)

Quant à la première de ces puissances, elle laisse commettre tant de choses dans ce monde que son invocation n'a jamais été une garantie bien efficace dans la direction des affaires humaines. (*Très bien! très bien! — On rit.*) Quant à la seconde, à la conscience des hommes publics, permettez-moi de dire que, lorsqu'ils sont appelés à juger leur propre conduite politique, il leur est très difficile toujours de se donner tort. (*Rires. — Bravos.*)

Tel a été l'accueil qui a été fait à cette revendication énergique et autorisée du suffrage universel. Le pouvoir, par l'organe d'un de ses plus éloquents orateurs, s'est associé à l'interdiction, en fait, de l'exercice d'un droit que lui-même avait reconnu et proclamé en théorie. Le pouvoir ne s'est pas contenté d'agir ainsi, et c'est ici que j'entrerai tout à fait dans les détails : puisque je vous rends le compte que je vous dois des affaires publiques, je veux vous le rendre complet. (*Très bien!*) Le pouvoir ne s'est pas contenté d'interdire en fait le droit de pétition ; il a compris que les gens dont le pouvoir politique était menacé par les pétitions sentiraient tout le prix de sa protection, et que le moment était peut-être venu de s'entendre avec eux pour les couvrir et les protéger. Aussi, Messieurs, c'est dans cette séance du 14 décembre 1872, où l'on paralysait les pétitionnaires pour la dissolution de l'Assemblée, où l'on résistait à la voix du pays, c'est dans cette même séance que malheureusement le pouvoir, les ministres du gouvernement de M. Thiers, ont conclu, avec les représentants de la majorité de Versailles, un accord d'où est né le projet de loi des Trente. Le projet de loi des Trente, vous le connaissez, Messieurs; vous en avez suivi la discussion, j'en suis sûr, avec la plus extrême sollicitude. (*Marques d'assentiment.*)

Ce projet de loi, je ne veux pas le juger au point de

vue de ce qu'on a appelé les chinoiseries qu'il contient. (*On rit.*) Je ne m'occupe pas de ce côté puéril
et mesquin d'une aussi importante mesure, et je vais
droit à ce qu'il renferme d'important, c'est-à-dire au
péril le plus grave qu'ait encore couru la cause de la
démocratie française.

Qu'est-ce, Messieurs, que le projet des Trente?
C'est un accord intervenu entre une partie du gouvernement et la majorité de l'Assemblée de Versailles
pour doter la France, et la République, s'il y a lieu,
comme disent ces Messieurs, d'institutions particulières de nature à assurer la sécurité de l'avenir.

Il faut voir ce qu'il y a au fond de ce langage abs-
trait.

Eh bien! il y a trois choses. Il y a d'abord une loi
contre le suffrage universel; ensuite, l'établissement,
par cette Assemblée de Versailles, d'une Chambre
haute ou d'une seconde Chambre, — appelez-la
comme vous voudrez, — destinée à refréner la Chambre future quand on l'aura nommée; et, enfin, bro-
chant sur le tout, il y a, dans ce projet de loi des
Trente, une disposition qui permettra de régler l'organisation des pouvoirs et du gouvernement de la
République. En d'autres termes, nommés pour faire
la paix, ces Messieurs pensent et disent qu'ils ont
maintenant à faire autre chose encore. Oui, ils ont été
nommés pour faire la paix et uniquement pour cela,
puisque c'est à peine si la question de la guerre à
continuer a été posée; le pays ne leur a pas donné
d'autre mandat; car enfin, Messieurs, on peut bien le
dire, ce n'étaient pas de vraies élections qui avaient
eu lieu, à en juger par la confusion et la bigarrure
qui se manifestaient sur toutes les listes, où se trouvaient réunies et associées les opinions politiques les
plus contradictoires et les plus équivoques; c'était
sous la douloureuse impression de la chute de la
France, sous le poids des Prussiens, que ces élections

ont été faites. On estimait qu'une Assemblée ainsi
établie aurait le sens de se retirer après la conclusion
et la ratification de la paix. Il n'en a rien été. Pourquoi? Parce qu'elle poursuit un plan, parce qu'elle
médite des desseins politiques que je veux vous exposer et qui, selon moi, doivent aujourd'hui, dans la
crise électorale que nous traversons, nous décider à
prendre parti pour tel ou tel candidat. Ce plan, ces
desseins politiques, quels sont-ils?

Messieurs, pour tous les esprits, même pour les
plus prévenus, la libération du territoire doit mettre
un terme aux pouvoirs et à l'existence de cette Assemblée. Or, l'Assemblée de Versailles veut éviter,
si c'est possible, de tomber sous le coup d'une pareille échéance; elle veut reculer le terme de cette
dissolution exigée par le pays : c'est dans ce but
qu'elle a affecté de saisir le pouvoir constituant. Après
s'être donné à soi-même, à une majorité d'environ
cent voix, ce pouvoir constituant, malgré la résistance
et les protestations des députés libéraux et républicains, l'Assemblée affiche une autre prétention non
moins audacieuse, la prétention d'exercer ce pouvoir
constituant sans l'épuiser, la prétention, exorbitante
et scandaleuse, de faire aujourd'hui une chose, demain une autre et, après-demain, de les défaire, toutes
les deux, sauf à recommencer à nouveau cette toile
de Pénélope constitutionnelle. (*Rires.*) Messieurs, au
moment où cette prétention sur le pouvoir constituant s'est produite, quand bien même elle aurait
été l'opinion de l'immense majorité de l'Assemblée,
il me semble, — c'est mon opinion, — qu'en présence
des manifestations si claires de la volonté nationale,
le gouvernement ne devait pas s'y associer. (*De toutes parts : Non! non!*) C'est pourtant ce que le gouvernement a fait. Il s'est associé à une pareille prétention, et c'est à ce moment même qu'il a conclu
l'accord, passé le contrat contenu dans la loi des

Trente. Or, je vous le demande, Messieurs, est-ce que
s'opposer à la réalisation de ce contrat, qui n'est pas
encore effectué, c'est faire acte d'opposition révolutionnaire, c'est faire acte d'exaltés? Est-ce, en un mot,
poursuivre le renversement du gouvernement républicain? Témoigne-t-on d'une grande bonne foi, dans
le camp de nos adversaires, quand on ne veut pas
que nous nous opposions à une tentative qui nous
semble grosse des plus grands périls? (*Non! non! —
Marques d'assentiment.*)

Non, évidemment non; en refusant au gouvernement de le suivre dans cette politique, en lui déniant
le droit de traiter avec l'Assemblée d'une Constitution
à faire de concert avec elle, nous ne faisons qu'exécuter notre mandat. Permettez-moi de le dire : personnellement, Messieurs, le mandat que j'ai reçu en
juillet 1871 consistait à fonder la République, mais à
l'aide du suffrage universel de la nation, librement
exprimé, avec le concours d'une Assemblée républicaine, investie d'une autorité suffisante pour organiser un gouvernement. Ce mandat d'alors se résumait,
comme celui qu'aujourd'hui même la démocratie parisienne donne au candidat qu'elle a choisi, par ces
mots : Dissolution et République. (*Très bien! — Applaudissements unanimes.*)

Nous avons donc résisté, nous résistons encore aujourd'hui; et comme nous avons été vaincus à la
Chambre, comme nous y avons été en minorité, je
vous demande quelle doit être maintenant notre conduite, celle de tous les républicains qui ont voté avec
nous et de tous ceux qui ont signé la demande de dissolution de l'Assemblée. Cette conduite doit être, —
ou je ne comprends plus rien aux choses de la politique, — de demander, au suffrage de son parti,
aide, concours et assistance. Nous venons donc vous
dire : Nous avons été en minorité; nous avons été
battus dans l'Assemblée, mais l'opinion que nous y

avons soutenue, nous avons affirmé quelle était votre
opinion, c'est vous qui avez aujourd'hui la parole;
c'est à vous qu'il appartient de parler. Et maintenant que la question vous est posée, on ne voudrait
pas que vous tinssiez le même langage que celui que
nous avons fait entendre, en votre nom, à l'Assemblée! Et il y a des hommes qui vous disent en ce
moment, sous ce prétexte mensonger que vous pourriez nuire au gouvernement républicain, que vous ne
devez pas vous prononcer aujourd'hui d'une façon
aussi énergique! (*C'est cela! — Très bien!*)

Quant à moi, je ne comprends pas cette politique.
Je vous l'ai déjà dit, Messieurs : dans l'enceinte du
Parlement, j'ai toujours été disposé à consentir aux
transactions et aux compromis que comporte la lutte
parlementaire, parce que, dans le Parlement où il n'y a
pas le pays, mais, seulement, ses représentants, on
peut, sur tel point, avec tel parti, avec tel groupe parlementaire, amener, à l'aide d'un arrangement discuté, d'un concert délibéré, tel ou tel résultat qu'on
désire, parce qu'on le croit avantageux au pays. Mais
quand on se présente dans l'arène électorale, quand
il s'agit de puiser à la source même de l'influence des
partis et que l'on demande au pays, à la nation entière, de faire sentir au gouvernement le poids qu'ils
pèsent, vous voulez qu'on transige? Messieurs, une
pareille transaction ne serait qu'une usurpation sur
votre souveraineté, ce serait une part de votre juste
influence qu'on vous déroberait et qu'on donnerait à
l'adversaire.

Est-ce que nous pouvions nous prêter à de pareils
compromis? (*Non! — Jamais! — Très bien! — Bravos.*)
C'est là, Messieurs, un des premiers principes de la
politique, j'ose le dire, car la politique qu'est-ce, après
tout? C'est l'art de faire intervenir les forces organi-
sées d'un pays dans la direction générale de ses affaires. Eh bien! je vous le demande, vous avez une

opinion, elle est représentée depuis trois ans et elle
n'a pas triomphé. Or, de deux choses l'une : ou
vous vous êtes trompés, et alors il faut le reconnaître; ou, au contraire, vous avez la conviction que
vous avez donné le conseil le plus sage au gouvernement et à la nation elle-même, et alors il faut persister. Car, si vous ne persistiez pas, savez-vous ce qu'on
dirait au lendemain de l'élection? Les représentants
du parti républicain nous ont combattus au nom de
leurs commettants, mais leur parti les a désavoués;
au scrutin, d'ailleurs, ce parti a été compté et trouvé
sans influence et sans force. (*C'est cela! — Bravo!*)

Nous vivons dans un temps où ce qu'on apprécie
au plus haut prix, c'est la force! C'est avec la force que
l'on compte avec le moins de vergogne. Quand c'est la
force matérielle, on peut lui résister quelque temps;
on le fait toujours avec honneur. Quand, au contraire,
c'est la force morale, on peut lui résister aussi quelque temps, mais non sans déshonneur; et, pourvu
qu'on ait la liberté de discussion quelque part, la
honte de cette résistance ne tarde pas à être traînée
à la lumière du jour, et la force morale finit par vaincre et par s'imposer. (*Très bien! très bien! — Salve
d'applaudissements.*)

Après tout, Messieurs, sommes-nous donc si exigeants et si exclusifs? De quoi s'agit-il? Il s'agit de
faire, non seulement à Paris, — car on ne parle, on
ne s'occupe que de Paris, tandis que nous savons
tous qu'il y a des élections à faire dans douze départements : huit le 27 avril et quatre le 11 mai, — il s'a-
git, dis-je, de faire non seulement à Paris, mais dans
douze départements français, des élections politiques.
Il ne s'agit nullement de faire acte de stratégie parlementaire. C'est bien ici qu'apparaît la profonde erreur de l'homme éminent qui est au pouvoir. Il s'imagine qu'il pourra transporter dans le domaine électoral
les finesses, les expédients, les procédés, les mille et

une ruses qui lui réussissent si bien dans les coulisses
de Versailles. (*Rires. — Marques d'approbation.*) Il ne
veut pas voir que cette erreur sera pour lui la cause
de l'échec qui l'attend, parce que ces petits moyens
ne valent rien dans le pays, parce que ce que demande
la nation, ce ne sont pas des habiletés ; ce dont elle
a besoin, ce n'est ni de finesse ni de ruse. Que veut-
elle ? De la clarté, de la logique, de la simplicité. (*C'est
cela ! — Très bien ! — Bravos.*)

Elle ne comprend pas toutes ces combinaisons, elle
n'entre pas dans toutes ces minuties. Elle dit : Je veux
la République, je ne veux pas d'équivoque, je demande la dissolution de l'Assemblée et je ne veux pas
consentir à ce que cette Assemblée organise la République. Non, jamais cette idée ne pourra entrer dans
ma cervelle, dit ce pays gaulois, que vous fassiez
organiser la République par des légitimistes, par des
bonapartistes ou par des orléanistes qui peuvent tout
organiser, tout, excepté la République. (*Oui ! oui ! —
C'est cela ! — Applaudissements prolongés.*)

Toute la science des hommes d'État, toute l'éloquence des orateurs les plus consommés y passeraient
qu'on ne changera pas, grâce au ciel ! la nature de notre esprit ; qu'on ne changera pas cette soif de vérité
et cet amour de justice que notre nation a de tout temps
éprouvés et qu'elle éprouve aujourd'hui plus que jamais. Non ! on ne changera pas notre caractère national en un jour, et à Paris moins qu'ailleurs. (*Bravos.*)
Et rassurez-vous, Messieurs, vos frères, vos compatriotes de la province parlent et agissent comme vous
parlez et agissez vous-mêmes ; ils ont voté comme
vous dans le passé ; ils voteront encore comme vous
dimanche. (*Très bien ! très bien ! — Marques unanimes
d'approbation.*) Prenez, en effet, les élections qui se
sont faites depuis deux ans. Elles ont eu partout le
même caractère ; qu'elles se soient passées dans le
département du Nord, où il y a 400,000 électeurs,

sur les côtes du Finistère, dans les Bouches-du Rhône,
dans le Var ou l'Hérault, dans le Gard ou la Gironde,
dans les Vosges ou dans l'Yonne; sur tous les points,
la France a été unanime dans la même réponse; elle
a dit partout et toujours avec la même formule, dans
les mêmes termes, sur des noms d'hommes qui ont
une physionomie semblable : Ce que je veux, c'est la
fin de cette Assemblée et une politique opposée à
celle qui a été suivie jusqu'à ce jour. De plus, elle a
partout et toujours dit au pouvoir : Ce n'est pas pour
vous ébranler, pour vous renverser, que je me prononce ainsi dans toutes les élections, c'est pour vous
gagner, c'est pour vous éclairer, c'est pour vous persuader; écoutez la voix qui monte de toutes les communes de France, et votre pouvoir cessera d'être à la
discrétion de quelques voix dans l'Assemblée de Versailles, il sera le plus fort et le plus respecté des
pouvoirs, parce qu'il reposera sur la majorité du suffrage universel, sur la majorité du pays. (*Oui! —
C'est cela! — Très bien! — Salve d'applaudissements.*)

Car, Messieurs, remarquez-le bien. Sur le nombre
de 163 députés qui sont entrés dans cette Assemblée
de Versailles depuis 1871, voulez-vous me citer un député, un seul... Ah! si, il y en a un, c'est M. Martin,
d'Auray (Morbihan). (*Rires.*) Mais après celui-là, citez-
m'en donc un seul autre, parmi ces 163 députés, qui
représente la politique de la majorité? Voyons! qu'on
nous le montre, qu'on nous le fasse voir. (*Rires. —
Très bien! — Bravos.*) Est-il sérieusement possible
d'imposer plus longtemps à un pays une politique et
une administration désavouée, répudiée, condamnée
par tous les scrutins qui ont été ouverts depuis le
2 juillet 1871? (*C'est cela! — Bravos répétés.*)

Cependant il y a terme à tout, et les nations, les
peuples se fatiguent. Messieurs, croyez-vous que ce
soit une sage politique que de refuser systématiquement à ce grand corps électoral l'ombre même d'une

satisfaction? Quant à moi, je trouve cette politique téméraire et extrême ; je disais qu'elle n'est pas la politique qui convient à un grand et noble pays, dont les forces sont chancelantes et qui a besoin des plus grands
ménagements. C'est de la politique à outrance, à laquelle nous patriotes, dont la République est le gouvernement, nous devons résister dans l'intérêt même
de notre gouvernement; et quand nous parlons de
résistance, nous ne faisons pas appel à d'autres instruments de lutte que ceux qui nous sont assurés par
la loi; nous ne demandons pas d'autre auxiliaire que
la loi devant laquelle, dans un pays libre et maître de
lui-même, nous devons tous nous incliner : vous, pouvoir, comme nous, opposition. (*Oui! — Très bien! —
Bravos.*)

Cette grande démocratie, qui dans quelques mois,
je l'espère, pourra démontrer, en étant universellement consultée, qu'elle est la nation elle-même, (*Oui!
oui!*) cette démocratie, que réclame-t-elle donc? Quelles sont ses revendications? quels sont ses griefs?
Que demande-t-elle donc, enfin, pour qu'on ne réponde à ses représentants que l'injure à la bouche,
pour qu'on s'acharne à la calomnier dans une presse
immonde qui devrait avoir disparu, mais qui semble
fleurir surtout dans les pays d'état de siège comme
dans son climat naturel?

Cette grande démocratie, mais c'est tout simplement
le pays tout entier, et c'est le pays le plus travailleur,
le plus patient et le plus obéissant qu'il y ait dans le
monde; la démocratie chez nous, c'est le travailleur
français, c'est-à-dire celui qui certainement, de tous
les hommes assujettis aux charges et aux règles de
toute société organisée, discute le moins et paye l'impôt avec le plus de régularité et de facilité, parce que,
quelles que soient les charges dont on le frappe, un
sentiment profond le domine, le sentiment de l'intérêt national. (*Très bien! — Applaudissements.*) N'a-t-il

pas prouvé son obéissance, son zèle, son patriotisme
depuis ces douloureux évènements de la guerre? Où
avez-vous vu le moindre signe de résistance? Où avez-
vous entendu la moindre plainte contre ces charges
qui venaient frapper le travailleur français? Ah! oui,
il y a eu des plaintes, mais des plaintes intimes, intérieures; on s'est resserré dans l'intérieur du ménage.
Mais où, encore une fois, a-t-on dit que ces charges
étaient trop lourdes? Nulle part. C'est que cette nation
est toute au travail. C'est qu'elle ne demande qu'à
produire pour racheter sa propre faute. Pourquoi faut-
il, hélas! que nous ayons à payer aussi pour les effroyables crimes commis par ce pouvoir que vous connaissez? (*Oui! — Très bien!*) Cette nation, honnête et
laborieuse, qu'a-t-elle demandé au lendemain de la
guerre? On ose parler de bouleversement social!
Quelle injustice, Messieurs, dans cette accusation!
Rappelez-vous le cri unanime poussé par cette nation
au lendemain de la guerre : Nous avons été vaincus par
un peuple plus instruit que nous. Des écoles! Donnez-
nous l'instruction! Versez à flots la lumière et la science!
(*Très bien! — Salve d'applaudissements.*) Voilà la passion subversive, la passion satanique de cette nation.
(*Rires.*) Elle demande depuis un siècle à ceux qui la
mènent de lui donner l'instruction, l'éducation; elle
leur demande qu'on ouvre des écoles, qu'on multiplie les maîtres, qu'on lui distribue à profusion la vérité scientifique. (*Oui! oui! — C'est vrai!*) Depuis deux
ans et demi que nos malheurs sont arrivés, avez-vous
appris qu'on ait fait quelque chose pour les écoles?
Avez-vous appris qu'on les ait augmentées? Ah! oui,
il y a des municipalités républicaines qui ont ouvert
de nouvelles écoles, et je ne tenterai pas de vous raconter la série de difficultés, de procès, de destitu-
tions, de suppressions que l'ouverture de ces nouvelles écoles a entraînés. (*On rit.*)

L'école, l'instruction gratuite, quel rêve! et que

nous en sommes loin encore! Quant au mot obligatoire, on se refuse absolument à le prononcer à Versailles. (*Rires et marques unanimes d'approbation.*)

A la vérité, ce peuple a des exigences bien autrement
insensées! Savez-vous bien ce qu'il ose demander, ce
peuple appelé à vivre dans une société libre et progressive, qui doit être jugé par des hommes, qui doit
nommer ses fonctionnaires en les recrutant dans ses
propres rangs? Il demande une éducation qui soit de
nature à le rendre propre à l'exercice de ses droits et
de ses devoirs de citoyens, qui lui donne des idées
appropriées à la société dont les rapports sont civils
et laïques. Il demande une chose qui est représentée
par un seul mot qui soulève tous les anathèmes, il
demande l'éducation laïque. Qu'est-ce, après tout,
que l'éducation laïque? C'est tout simplement l'éducation des hommes par des hommes dignes de ce nom.
(*Salve d'applaudissements.*) Et à combien s'élèverait la
dépense pour établir gratuitement cette éducation
nationale? Quels sacrifices exigerait-elle de ce peuple
qui a su trouver si aisément des milliards pour les
donner aux barbares? Quelle somme faudrait-il s'imposer véritablement pour former la taxe qui doit servir
à proscrire et chasser ce qui est plus funeste encore
que les barbares, car c'est ce qui enfante les barbares chez nous: l'ignorance? (*Explosion d'applaudissements.*) On n'a jamais osé aborder ce problème et le
regarder en face.

L'idée de la défense commune et obligatoire de la
patrie s'était associée tout naturellement à l'idée de
l'instruction gratuite et obligatoire; la nation a réclamé
le service obligatoire.

Elle l'a réclamé, d'abord pour empêcher   retour
des effroyables catastrophes où elle avait failli périr;
elle l'a réclamé ensuite pour amener, dans un intérêt
supérieur de paix sociale, la fusion et le rapprochement
des classes; elle l'a demandé pour que, à l'origine

même de la vie, chacun, étant coude à coude dans le rang pour la protection du foyer, apprît que le sang de tous ses enfants est d'un prix égal pour la patrie, pour qu'on cessât enfin d'envoyer les uns combattre et mourir à la place des autres. (*Sensation. — Vifs applaudissements.*)

A ce peuple qui formulait cet insensé programme (*Rires*)... qu'a-t-on donné? On a donné une loi informe, mal faite et contradictoire, qui vaut moins que le système antérieur.

Dans l'ancienne législation, au moins, on ne pouvait se racheter du service militaire qu'à prix d'argent tandis qu'aujourd'hui la faveur en exempte au moins autant que l'argent. (*Oui! — C'est vrai! — Marques générales d'assentiment.*)

Et, pour établir ces deux grandes réformes, l'école et le service obligatoires, pour les nourrir, pour les alimenter, si vous voulez me permettre cette expression, il fallait de l'argent. Pourquoi hésiter, — la nation ne le voulait pas, — à entrer dans une autre réforme pratiquée presque partout? Il fallait arriver à l'établissement de l'impôt, je ne dis pas le meilleur, mais de celui qui se rapproche le plus de l'égalité des charges, à l'établissement de l'impôt qui prend le revenu là où il est déjà formé, et qui ne frappe pas là où toutes les ressources sont nécessaires pour arriver à la formation de ce revenu. Oui, notre démocratie, imprudente et téméraire, demandait l'établissement de l'impôt sur le revenu. (*Rires. — Bravos.*)

Que lui a-t-on répondu? On lui a dit que l'impôt sur le revenu, c'était l'impôt du désordre et du socialisme. L'impôt du désordre! un impôt qui existe dans la féodale Allemagne, dans l'aristocratique Angleterre, en Amérique, en Suisse, en Danemark, en Italie. Il n'y a que chez le Grand-Turc où il ne soit pas appliqué! (*Hilarité. — Bravos.*)

Et cependant vous n'avez pas appris que ces pays,

qui ont ainsi admis et pratiqué l'impôt sur le revenu, soient livrés à l'abomination du désordre et de l'anarchie! (*Rires.* — *Applaudissements.*)

Il y avait encore d'autres questions dont la démocratie demandait la solution : la séparation de l'Église et de l'État, la réforme de la magistrature, et d'autres encore que je n'énumérerai pas en ce moment. Mais la démocratie, — ne nous lassons pas de faire remarquer ce caractère nouveau de ses demandes, qui devrait bien faire réfléchir ses adversaires, — la démocratie ne dit plus aujourd'hui : Tout ou rien. Elle ne dit plus : Si ce gouvernement ne m'accorde pas toutes les réformes que je lui demande, je le combattrai et il tombera; il disparaîtra s'il ne me satisfait pas pleinement. Non, la démocratie ne tient plus ce langage. Elle dit aujourd'hui : Procédons par gradation, faisons notre programme, commençons par le commencement, ne touchons pas à toutes les questions à la fois, ne faisons pas table rase, procédons avec ordre et enchaînement. Tout d'abord, ajoutait-elle, il faut être instruit, armé, et avoir des ressources assurées; et elle bornait son ambition à ces trois réformes également urgentes. Pouvait-on la satisfaire facilement? En aurait-il coûté beaucoup de satisfaire à ces trois demandes de l'opinion publique également justes, au lieu de dépenser deux ans et demi en luttes stériles, en complots insensés, en projets de restauration qui amèneraient des catastrophes effroyables! Était-il possible de décréter l'obligation et la laïcité de l'école, d'établir l'impôt sur le revenu et de faire une armée qui eût été véritablement une égalité du service pour tous ? (*Oui! oui!* — *Adhésion générale.*) Pourquoi donc ne l'a-t-on pas fait? Par impuissance, par mauvais vouloir, nous sommes bien forcés de le constater.

Dès lors, Messieurs, le devoir strict, impérieux, qui s'impose à tout homme soucieux non seulement de la forme républicaine, mais de la démocratie, c'est, cha-

que fois qu'il dépose un bulletin de vote, d'y inscrire
ces trois questions, non pas à Paris seulement, mais
partout où le scrutin est ouvert. Jusqu'à présent la
démocratie républicaine n'a pas manqué à ce devoir.
Partout on a imposé aux divers candidats qui ont été
élus depuis deux ans ce programme des trois quetions
premières à résoudre. Ils ont accepté le mandat, mais
ils ont été impuissants à réaliser les réformes. C'est
ce qui fait dire à certaines personnes : A quoi servirait-il de recommencer une épreuve inutile? De nouveaux élus, chargés de réclamer les mêmes réformes
que leurs prédécesseurs, seront-ils plus heureux à
Versailles pour les obtenir? Et, sous le prétexte que le
nouvel élu de Paris n'obtiendrait rien, on vous engage,
on vous invite à voter pour un candidat qui veut tout
le contraire de ce que nous demandons et qui prolon-
gerait indéfiniment cette situation équivoque, cette
politique impuissante et stérile. (*Rires.* — *C'est bien
cela!* — *Applaudissements.*)

Cette démocratie, qui a su borner ses réclamations,
qui surtout a su établir une gradation dans ses revendications, est-elle, comme on se plaît à le dire, ex-
clusive, envieuse et défiante? Répugne-t-elle, comme
on le prétendait ces jours-ci dans une autre réunion,
à toute supériorité intellectuelle et sociale? Il faudrait
cependant s'habituer à parler la langue des hommes,
au lieu de chercher à les effrayer avec des calomnies
comme on effraie les enfants avec des croquemitaines.
(*Très bien!* — *Bravo!*) Non! la démocratie n'a pas de défiance à l'adresse des hommes de bonne foi qui font
amende honorable, qui reconnaissent que leur passé
monarchique a été une erreur. Où a-t-on vu que nous
ayons repoussé dans nos journaux, dans nos cercles,
dans nos réunions, des hommes de bonne foi? Parmi
ceux-là qui n'étaient pas dans nos rangs, beaucoup
étaient éloignés de nous, parce qu'ils étaient trompés.
Vous n'imaginez pas, j'en suis certain, que les mil-

lions de *oui* que l'empire sophistiquait et attirait à
lui par tous les moyens, étaient tous déposés dans
l'urne par des bonapartistes. (*Non! non! — Assentiment
général.*) Non, en effet, c'étaient simplement des
hommes étrangers à la politique qu'on enjôlait; qui
croyaient à la paix quand on les conduisait à la
guerre; qui croyaient à l'économie dans les finances
du pays quand on les menait au déficit. Ils acceptaient de confiance toutes les promesses, et ils vo-
taient sincèrement, dans l'espoir qu'elles se réalise-
raient. Mais ils allaient à l'erreur, parce qu'ils n'étaient
pas éclairés. Ce que voyaient ces millions d'électeurs
dans le gouvernement impérial, c'était d'abord l'égalité civile dans la pratique du suffrage universel, et
c'était, à un point de vue étroit et de peu de portée,
la sécurité pour leur travail, pour leur épargne. L'ordre au dedans, ils le croyaient assuré, et on les trom-
pait encore sur ce point. Aujourd'hui, ces bons et
loyaux Français viennent dire : Nous nous sommes
trompés et nous venons à vous; nous aurions dû vous
écouter plus tôt et voter avec vous, nous eussions ainsi
évité la mutilation de la France. Les avons-nous rejetés, les avons-nous repoussés? Non! non! (*Bravos. — Très bien!*)

Ceux à l'égard desquels la démocratie se montre
sinon défiante, au moins exigeante, ce sont ceux qui
ont changé de camp et de parti, qui ont approuvé
toutes les doctrines; ce sont ceux qui ont su, il y a
vingt-trois ans, escamoter la République, assurés
qu'ils étaient qu'après avoir joué leur comédie, ils
pousseraient cette République débile et confiante
dans les bras du prince qui se chargerait de l'étouffer. (*Salve d'applaudissements.*)

Mais les temps sont changés. Nous ne redoutons
plus les conspirations de l'Élysée. L'homme qui est
à l'Élysée est un honnête homme, un homme de discussion, et voilà qui doit rassurer les timides et les

inexpérimentés, à qui l'on voudrait faire croire que
nous revenons à la situation de 1850 et de 1851. Ne
perdons pas de vue cependant que la majorité de
l'Assemblée de Versailles est composée d'hommes
qui partagent les passions de cette malheureuse époque, et qui tiennent le même langage qu'autrefois.
Et l'on voudrait que, de près ou de loin, nous eussions confiance dans leurs paroles et que nous con-
sentissions à supporter plus longtemps la menace
qu'ils tiennent suspendue sur la République, et qui,
vous le sentez bien, tarit toutes les sources de la prospérité publique! (*Adhésion.*) L'ignorance du sort que
nous réserve cette Assemblée, c'est là ce qui fait
qu'on ne travaille pas à longue échéance, que les
transactions se ralentissent, que les commandes deviennent plus rares, qu'on est inquiet sur tous les
marchés du pays. En effet, les gens d'affaires ne recherchent dans la politique que la sécurité, et ils ont
raison. Mais qui est-ce qui les menace? Est-ce la République? Non. Ce qui les menace et ce qui prolonge
le marasme dans lequels ont les affaires, c'est la réaction. (*C'est cela! — Oui! oui! — Applaudissements
prolongés.*)

C'est la réaction qui a inventé ce langage qui consiste à dire que la démocratie est l'ennemie des supériorités sociales; c'est la réaction qui déclare que
la démocratie repousse les hommes supérieurs et dis-
tingués. Messieurs, s'il y a une vérité bien établie,
c'est précisément le contraire de cette calomnieuse
invention. (*Oui! — oui! — Bravos.*)

Ce n'est pas dans un pays qui s'est toujours placé
à la tête des peuples, par ses goûts artistiques, par
un travail supérieur dans toutes les directions et
dans toutes les branches de l'industrie, par une recherche constante de ce qui est beau et grand, ce n'est
pas dans un tel pays qu'on peut dire que la démocratie est jalouse du génie, envieuse du mérite, enne-

mie des supériorités intellectuelles et morales. Ce n'est
pas à Paris qu'on peut tenir un tel langage, ni même
en France.Qu'on le réserve, si l'on veut, pour d'autres nations dont la jalousie contre nous a fait toute
la haine. (*Bravos répétés.*)

Le suffrage universel est difficile à tromper sur certains hommes. Il sait que tel qui se présente à lui
comme le défenseur de ses intérêts, comme le protecteur des idées républicaines, n'est pas véritablement
trempé pour remplir cette mission. Un secret instinct
l'avertit et l'éclaire quand les hommes qui se présentent à lui viennent d'un certain camp, et, avant de se
prononcer, il leur demande des gages. Le parti démocratique fait, en agissant ainsi, ce que tous les partis
ont fait et feront dans tous les temps. Messieurs, s'il
y a un parti qui, loin d'être exclusif et fermé, n'a pas
toujours bien placé sa confiance, je peux le dire ici,
dans cette assemblée, dans cette réunion, c'est assurément le parti démocratique. Elle serait trop longue
et trop humiliante à faire la liste de ceux qui sont venus à vous, que vous avez accueillis, exaltés et poussés
au premier rang, de ceux que vous avez soutenus de vos
applaudissements, de vos sympathies pendant des années et qui, au moment même où il s'agissait de rendre les services qu'ils vous avaient annoncés et promis, se sont dérobés subitement! (*Oui! oui!* — *Applaudissements.*)

Savez-vous, Messieurs, quel est le danger spécial à
la démocratie, car tous les partis ont un côté défec-
tueux, par lequel ils sont plus malades que d'autres
et plus exposés aux défaillances? Eh bien! j'ose le
dire, ce n'est pas le soupçon et la défiance, ce n'est
pas l'esprit de secte, l'exclusivisme non plus, qui sont
le mal de la démocratie, c'est bien plutôt une inclina-
tion trop vive et trop prompte à l'approbation, aux
applaudissements, c'est surtout cette déplorable tendance à croire qu'un homme peut incarner une idée.

Rien de plus faux ni de plus dangereux. Quant à moi,
je vous le déclare, je lutterai constamment contre
cette confusion qui a été trop souvent la cause de nos
plus cruels revers. (*Bravos.*)

Dans le monde, dans les salons, dans les réunions
intimes on entend souvent un mot qui est sur toutes
les lèvres et qui est le secret de toutes ces apostasies
que nous avons vues. Lorsqu'un homme est arrivé,
porté par le parti républicain, au premier rang dans
la vie publique, les hommes des autres partis l'entourent, ils le voient, ils le pratiquent et le caressent, et
ils lui laissent entendre que la différence est grande
entre le point où il est parvenu et celui d'où il est
parti ; on lui fait comprendre qu'on pourrait s'entendre et traiter avec lui ; qu'il peut devenir l'agent et
l'instrument des meilleures réformes. C'est par là.
malheureusement, qu'on agit, non pas seulement sur
les consciences débiles, mais sur les consciences mal-
saines ; et savez-vous quel est le terme élégant dont on
se sert dans cette situation ? On lui dit, à cet homme
que l'on cherche à corrompre par le subtil poison
de la flatterie : Pourquoi ne laissez-vous pas là ces
gens qui ne vous valent pas ? On n'est pas un homme
d'État quand on ne sait pas *couper sa queue*. (*Hilarité
générale. — Bravos.*)

Voilà la langue de ces Messieurs. Or, couper sa
queue, c'est quitter son parti, c'est le trahir. (*Très
bien ! — Applaudissements.*)

C'est pourtant là ce qu'on vous engage, par mille
moyens, à faire. Mais, Messieurs, quand on appartient
d'esprit et de cœur à un parti, quand on s'y est dévoué, quand on le connaît bien, quand on est prêt à
résister à la fois à ses faiblesses et à ses excès, quand
on est sûr de ne pas plus se laisser aller à ses empor-
tements qu'à ses défaillances, on comprend alors que
la véritable place d'un homme d'État, c'est de rester
dans le rang. au milieu de ceux qui vous ont porté.

qui vous ont soutenu, pour les éclairer, les instruire, les modérer quand ils s'emportent, les exciter quand ils perdent courage, pour les gouverner enfin. (*Profonde sensation. — C'est vrai! — Vous avez raison! — Vifs applaudissements.*)

Car les partis qui veulent gouverner doivent apprendre d'abord à se gouverner eux-mêmes, et c'est à quoi leurs chefs doivent tout d'abord leur servir et s'appliquer. Tous ensemble, les chefs et les partis, doivent arriver aux affaires. Ce n'est pas, Messieurs, ce qui nous est échu avec plus d'un homme que nous avons poussé. A mesure qu'on le poussait, il est advenu que l'homme quittait le parti, pour les affaires. (*Rires. — Très bien! — Bravos.*)

Heureusement pour la République, la plupart des hommes qui, depuis trois ans, grâce à cette lutte terrible par laquelle ils ont passé, ont surgi dans la province et à Paris, bien que portés inopinément aux affaires, ont su les apprendre à force de vouloir, de résolution, de labeur, d'application; aujourd'hui ils les savent. Nous sommes le nombre, et, si nous voulons nous appliquer à apprendre, ne serons-nous pas bientôt l'intelligence? Or, quand nous serons le nombre et l'intelligence à la fois, le jour ne tardera pas à venir où nous ferons de la République, non pas une dérisoire étiquette, mais une réalité féconde. (*Salve d'applaudissements.*) Messieurs, je le répète, parce que c'est ma profonde conviction, on ne gouverne et on ne dirige son parti qu'à la condition de rester au milieu de lui, de partager ses malheurs et ses espérances, de s'associer à ses sacrifices et à ses dévouements. Ce qui a empêché la démocratie française de commander toujours le respect aux autres partis, c'est d'avoir créé trop de transfuges. Mais qui les a faits, ces transfuges? Est-ce votre esprit de soupçon ou bien votre empressement à vous laisser séduire? Est-ce votre confiance trompée? N'est-ce pas plutôt leur

propre ambition? (*Très bien! — C'est cela! — Applaudissements.*)

Messieurs, ce qui s'agite aujourd'hui dans notre
grande cité républicaine, ce n'est pas la lutte entre
deux hommes, ce n'est pas une querelle électorale,
ce n'est pas même une question purement parlementaire; ce qui s'agite à l'heure actuelle, c'est la question de savoir si on fera à la démocratie sa place dans
les affaires du pays. (*Oui! — C'est cela! — Très bien!*)
Ceux qui se décorent du nom de classes dirigeantes
disent et cherchent à faire croire que la démocratie
est sauvage, brutale, inexpérimentée, incapable et in-
culte; qu'on doit la gouverner, mais qu'elle ne pourra
jamais gouverner. Eh bien! Messieurs, rien de tout
cela n'est vrai; je dis qu'il faut abjurer cette idée fausse
et dangereuse; je dis qu'il faut arriver à comprendre
enfin que la démocratie, qui est la force vive du pays,
doit entrer dans la gestion des affaires de ce même
pays et y prendre sa place et son rôle. (*Applaudissements répétés.*) C'est ce que j'ai exprimé d'un mot
dans un de ces voyages que j'ai faits en France, non
pas pour faire des discours, comme le disent de misérables rhéteurs, mais pour apprendre, sur place, à
connaître les populations qui composent notre démocratie. A l'ouest, au nord, au sud, savez-vous ce
que j'ai vu, ce que j'ai constaté? Savez-vous ce qu'on
ne me pardonne pas d'avoir dit? C'est que la France
est partout la même, c'est qu'une unité admirable
anime sur tous les points le parti républicain, c'est
que partout il entre aux affaires en forçant la porte
de ces vieilles citadelles d'où il avait toujours été exclu; il est dans les conseils municipaux, d'arrondissement et généraux, et, partout, il y gère aujourd'hui
les intérêts du pays aussi bien que ses devanciers;
demain, il les gérera mieux. (*Oui! oui! nous en répon-
dons! — Très bien! — Applaudissements.*)

Devant un pareil spectacle, j'ai pensé, Messieurs,

qu'il ne fallait pas rester muet ; j'ai pensé qu'il fallait
dire au pays : Relève-toi, car tes richesses sont iné-
puisables ! Relève-toi, car il y a dans cette nation une
sève, une force vierge que l'on n'a pas encore utilisée,
et à qui la France devra la restauration de sa prospérité et de sa grandeur ! (*Bravos enthousiastes.*) Avais-je
l'intention de présenter cette force nouvelle comme
une menace? Nullement. Je la considérais, au contraire, et je l'ai dit, comme un élément d'ordre et de
pacification, à la condition que les politiques com-
prissent qu'ils avaient devant eux non pas une révolution, mais une évolution politique et sociale. (*Explosion d'applaudissements. — Sensation.*)

C'est ce que j'ai désigné d'un mot, qui a eu, je suis
loin de m'en plaindre pour notre cause, le plus grand
retentissement. J'ai voulu dire et j'ai dit que partout
on constate le même phénomène, que partout on assiste à la même floraison magnifique et féconde de la
démocratie. Les nouvelles couches sociales dont j'ai
parlé, c'est le monde du travail qui veut entrer dans
le monde de la politique, parce qu'il en a le droit et
qu'il en est devenu capable. (*Longs applaudissements.*)

Ce sont là des choses justes, vraies, utiles à dire
partout, utiles à dire surtout, ici, à Belleville, à
Belleville le mal famé, (*Hilarité générale.*) à Belleville dont les scribes de la réaction cherchent
à faire un fantôme qui n'excite plus que la risée
des populations. Apprenez-le donc, mes amis, en
France il n'est plus un village, aussi éloigné qu'il
soit du centre, où l'on ne vous connaisse ; il n'est
pas un point en France, où, quand on parle de Paris,
il ne surgisse, à ce nom si cher et si glorieux de Paris, une immense acclamation de reconnaissance, de
respect et d'admiration. Ces sentiments si nobles, tous
les Français les éprouvent. Aussi, Messieurs, c'est ma
ferme espérance : quand on le voudra, la France ma-
nifestera son admirable unité, cette indestructible

solidarité de toutes ses communes, qui, après tant de
désastres et de deuils, nous ramèneront à ces grands
jours, dont nous ne devons jamais oublier le souvenir
ni perdre l'enseignement, aux grands jours de la fédé-
ration française de 1790, où toute la France vint à
Paris se dire le secret de ses indomptables espérances. (*Double salve d'applaudissements.* — *Cris répétés de :* Vive la République! Vive Gambetta!)

L'élection du 27 avril donna dans le département de la
Seine les résultats suivants :

MM. Barodet.	180,146 voix.
Charles de Rémusat	135,407 —
le colonel Stoffel.	27,088 —

M. Barodet était élu.

Le même jour, M. Édouard Lockroy était élu dans les
Bouches-du-Rhône, M. Latrade dans la Corrèze, M. Dupouy
dans la Gironde, M. Gagneur dans le Jura, M. Alphonse Picart
dans la Marne et M. Turigny dans la Nièvre. Un seul département, le Morbihan, nommait un royaliste clérical, M. du
Bodan. Quinze jours plus tard, le département du Rhône
nommait MM. Guyot et Rane, la Haute-Vienne M. Georges
Périn, et le Loir-et-Cher M. Lesguillon. Dans la Charente-
Inférieure, M. Rigaud obtenait 46,415 voix contre M. Bofin-
ton, bonapartiste, qui était élu avec 49,822 suffrages.

A la suite de ces élections, mais pour des causes différentes, M. de Goulard, ministre de l'intérieur, et M. Jules
Simon, ministre de l'instruction publique, remettaient leurs
démissions à M. Thiers. (16 mai.)

Le 18, le ministère fut reconstitué. MM. Dufaure, Charles
de Rémusat, Léon Say, de Cissey, Pothuau et Teisserenc de
Bort perdirent leurs portefeuilles. M. Casimir Périer prenait
l'intérieur, M. Bérenger les travaux publics, M. Waddington
l'instruction publique et M. de Fourtou les cultes. Ce ministère devait durer six jours.

DISCOURS

Prononcé le 16 mai 1873

A NANTES

Le 16 mai 1873, les membres du comité républicain de Nantes offraient un banquet à M. Gambetta, qui était venu passer quelques jours à Saint-Nazaire. Le banquet, présidé par le Dr Guépin, réunissait près de cinq cents convives.

M. Guépin ayant souhaité la bienvenue au député de Paris au nom de la démocratie nantaise, M. Gambetta répondit par le discours suivant :

Mes chers concitoyens,

Permettez-moi, en me levant, de boire aux progrès de la démocratie nantaise, de boire aux triomphes récents que le suffrage universel vient de remporter ici et par lesquels il vient d'affirmer de la manière la plus éclatante la solidarité qui réunit toutes les villes, — que dis-je toutes les villes? toutes les municipalités de France, — dans la même défense de leurs franchises communes.

Mais une fois ce tribut payé à la municipalité de Nantes, après cet hommage rendu à votre corps électoral, permettez-moi d'aborder directement le sujet de notre entrevue.

Il y a plus d'un an que j'ai pris, à l'égard de vos amis, l'engagement de venir vous visiter, de me rendre au milieu de vous pour y recueillir vos impressions, pour me pénétrer de vos propres pensées, pour étudier avec vous l'état du parti républicain dans ce riche et beau département de la Loire-Inférieure, à qui, — laissez-moi le dire, — il reste quelque chose à faire s'il veut placer sa bonne réputation républicaine d'aujourd'hui à la hauteur de celle que lui avaient faite vos devanciers dans la carrière, et qui avait fait de Nantes le premier centre politique de l'Ouest. Messieurs, cette dette que j'avais contractée à l'égard de vos amis, qui vous représentaient l'année dernière à notre réunion d'Angers, je suis bien heureux, bien touché de pouvoir la payer aujourd'hui en aussi bonne et en aussi nombreuse compagnie. (*Très bien! très bien!*)

Depuis cette époque, il s'est passé bien des évènements en France. Depuis un an, en effet, nous avons assisté au duel le plus dramatique qui se puisse rencontrer dans les annales d'un peuple. Nous avons vu une nation tout entière gagnée à la cause de la démocratie et de la République, procéder lentement, sagement, pacifiquement, légalement, à l'élimination lente, à l'expulsion progressive d'un système de gouvernement politique que cette nation rejette et répudie, parce que ce système représente le passé. A partir du mois de juillet 1871, date à laquelle il faut toujours revenir, parce qu'elle a été comme l'aurore de la renaissance politique du pays, (*Bravos. — Oui! oui!*) nous avons vu le suffrage universel, tout d'un côté, signifier modérément, mais résolument, à ces mandataires du premier moment qu'il avait envoyés en février 1871 siéger à Bordeaux, que la paix étant faite et leur tâche spéciale accomplie au point de vue politique, ils n'étaient pas en harmonie avec la majorité de l'opinion. Le suffrage universel a recherché ensuite toutes les occasions, dans les questions relatives aux intérêts de la commune, du département ou de l'État, de bien démontrer, de bien établir que la France avait résolu de mettre un terme au mandat qu'elle avait conféré après la guerre, sous le coup de l'invasion. Cette démonstration s'est poursuivie, depuis un an, avec un caractère progressif; et c'est là, Messieurs, ce qui est surtout frappant. Les premiers choix du suffrage universel n'avaient qu'une signification relativement et modérément hostile à l'Assemblée monarchique de Versailles; mais, à mesure que la résistance de l'Assemblée s'est accentuée et à mesure que l'on a vu se resserrer, devenir plus compact et plus résistant aux volontés de la France ce noyau d'hommes qui, sentant très bien que le mandat qu'ils ont reçu est épuisé en leurs mains, qui, sachant le sort qui les attend lorsqu'ils comparaîtront devant leur juge naturel, ne veulent pas se déposséder de l'autorité qu'ils détiennent injustement; à mesure que le pays a vu cette résistance, cette inattention, cet aveuglement, il a voulu faire, il a fait des choix de plus en plus significatifs. (*Oui! — C'est cela! — Très bien! très bien! — Bravos.*)

Messieurs, c'est le pays qui a fait ces choix et non pas, comme ont osé l'inventer les journaux hostiles, un parti occulte, clandestin, ténébreux. Non! Messieurs, on ne remue pas la France à l'aide d'une organisation ténébreuse et qui ne pourrait pas s'avouer; non! on ne met pas le suffrage universel tout entier en mouvement au moyen de complots souterrains. (*Marques d'adhésion. — Bravos.*)

Ce qui a fait que la France s'est prononcée pour la République et qu'elle a choisi des candidats de plus en plus significatifs, de plus en plus militants, il faut le répéter sans cesse, Messieurs, c'est que la France a vu que ses premiers avertissements n'avaient pas été entendus, que ses premiers avis avaient été rejetés; c'est elle qui a cherché, qui a trouvé le moyen de porter jusqu'à Versailles, jusqu'au pouvoir, sa voix méconnue, sa voix dangereusement méconnue. (*C'est cela! — Très bien! — Applaudissements.*)

Et remarquez-le bien, Messieurs, elle s'y est prise
de telle sorte que la légalité, que la prudence et la
sagesse sont restées tout entières du côté du corps
électoral, c'est-à-dire du côté de cette masse à qui
l'on reproche avec un dédain ridicule de vouloir tout
courber dans le pays sous la brutalité du nombre.
(*Bravo! bravo! — Salve d'applaudissements.*) Oui, Messieurs, notre parti vient de prouver une fois de plus
par sa prudence, sa modération, par les choix habiles
et heureux qu'il a su faire pour établir les légitimes
griefs du pays; il vient de prouver surtout, par la sage
restriction du mandat conféré aux derniers élus, que
notre éducation politique accomplit chaque jour de
nouveaux progrès et que nous méritons de plus en
plus la confiance de la nation. Et l'on voudrait faire
croire que tous ces résultats ont été obtenus à l'aide
d'une organisation secrète, ténébreuse? Messieurs,
cela est impossible; car, à mesure que les élections
se succédaient dans le pays, on a pu assister à une
complète et magnifique évolution des couches les
plus nombreuses et les plus profondes du pays vers
la République : à tel point, Messieurs, qu'après les
dernières élections, on a pu faire ce calcul, dont la
conséquence, immense et décisive pour nous, écra-
sante pour nos adversaires, est que si l'on supprimait
des listes électorales les électeurs républicains des
villes, pour n'y maintenir à côté de tous les électeurs
des campagnes que ceux, dans les mêmes villes, dont
les votes sont réactionnaires, nous triompherions encore, grâce à cette sorte d'élan unanime qui s'est em-
paré de la race tout entière, et qui entraîne sans distinction les villes et les campagnes de la France
(*Bravos. — Applaudissements prolongés.*)
Il est impossible, en présence d'une démonstration
aussi rigoureuse et d'un triomphe aussi décisif de la
volonté nationale, de fermer plus longtemps les yeux.
On ne pourrait plus dire maintenant comme autre-

fois : L'opinion est avec nous, le pays nous suit. Que parlez-vous des résultats de certaines élections isolées? Ce sont là des agitations superficielles sans aucun retentissement et qui n'ont pas d'écho dans le fond de la conscience nationale. Non, on ne pourrait plus tenir un pareil langage. La France entière s'est prononcée. Alors, Messieurs, voyant qu'on ne peut plus rallier l'opinion ni lui faire ratifier la politique de l'Assemblée de Versailles, à quoi pense-t-on aujourd'hui? Il faut le dire tout haut, Messieurs, parce que c'est un devoir : on pense à se retourner contre ceux-là dont on tient son mandat, contre ceux-là qu'on a trouvés parfaitement libres, parfaitement capables, parfaitement moraux en février 1871. (*Hilarité.*) On se retourne contre le suffrage universel et on lui dit : Puisque tu ne veux plus sanctionner notre souveraineté, nous allons te décapiter! (*Oui! oui! — Applaudissements prolongés.*)

Messieurs, nous n'en sommes encore qu'aux menaces; mais, si des menaces on passait à l'exécution, il faudrait élever la voix plus haut encore et dénoncer au pays une telle entreprise, en l'appelant de son vrai nom. Or, à moins que la raison de l'homme ne soit un vain mot, cela s'appelle, dans une langue politique bien faite, une véritable usurpation, un véritable attentat. (*Oui! — C'est cela! — Bravos répétés.*) Car l'attentat, c'est la révolte de celui qui doit obéir contre celui auquel on doit l'obéissance; et l'usurpation, c'est l'asservissement d'une autorité légitime et légale par une autorité qui empiète illégitimement et illégalement sur l'autorité première dont elle émane. D'un côté, il y a l'universalité des citoyens s'exprimant par le suffrage universel; d'un côté, il y a la France tout entière revendiquant l'exercice de sa souveraineté; et, d'un autre côté, il y a des mandataires qui n'ont d'existence politique que celle que la France leur a donnée, qui n'agissent et ne votent qu'en vertu d'une délégation antérieure du suffrage universel, le vrai et le seul souverain. Eh bien! je vous le demande, lorsque ceux-ci veulent diminuer, amoindrir la souveraineté de ceux-là, de quel côté est l'usurpation, de quel côté est l'entêtement, de quel côté est l'attentat, de quel côté est la tentative révolutionnaire? (*C'est cela! — Très bien! — Applaudissements.*)

Voilà la vérité, Messieurs, sur la situation; et cette vérité, toute la France l'aperçoit aujourd'hui. Ne nous lassons donc pas de le répéter, puisque tout le démontre : la démocratie est avant tout, aujourd'hui, un parti d'ordre et de gouvernement. Ce qu'elle poursuit sans relâche, à travers les revendications successives, c'est la stabilité, c'est la constitution d'un gouvernement véritablement définitif, et non pas d'un de ces gouvernements qui, sous prétexte de garantir, d'assurer l'ordre en perpétuant le pouvoir entre les mains d'une même famille, ont été impuissants à faire autre chose qu'à pousser la France, tous les quinze ans, comme par une sorte de bail contracté avec le malheur et les catastrophes, soit dans les crises des révolutions, soit dans les abîmes de la honte ! (*Mouvement. — Marques unanimes d'adhésion.*) La France républicaine veut prévenir le retour de ces révolutions périodiques, elle veut en finir avec ces mouvements passionnés trop souvent rendus nécessaires par les fautes d'un despotisme aveugle et malsain; en finir avec les crises violentes qui, entendez-le bien, ne coûtent véritablement qu'au peuple, car c'est lui, en définitive, lui seul, qui les paye de son sang, de ses chômages et, plus tard, de sa proscription. N'est-ce pas le peuple, en effet, qui est d'abord la victime sanglante des révolutions dans la rue, et qui plus tard encore devient le transporté des pontons? (*Oui! — Très bien! — Vifs applaudissements. — Cris répétés de : Vive Gambetta!*) C'est donc le peuple qui est le plus intéressé à ce qu'il n'y ait plus de révolutions, puisque c'est avec sa

substance qu'on les fait, et qu'il en paye toutes les
conséquences. Il ne faut plus à aucun prix de ces révolutions stériles et violentes qui surgissent tout à
coup comme des forces spontanées et incoercibles,
qui jaillissent du sol, hâtives et prématurées, non
préparées, non étudiées, sans personnel, sans réformes prêtes, sans garanties ni pour les droits, ni pour
les intérêts. Quel est le fruit ordinaire de ces tentatives
désespérées? Elles amènent inévitablement ces sau-
vages et éhontées réactions où le pays laisse sa bonne
renommée, sa dignité morale en même temps que
sa fortune. (*Salve d'applaudissements.*) Aussi bien, Messieurs, ne faut-il plus dans ce pays qu'on dise que le
parti républicain est révolutionnaire, dans le mauvais
sens de ce mot dont on a tant abusé; le parti républicain a une tradition à laquelle il entend demeurer
fidèle, puisque c'est à la fois son honneur et sa force;
cette tradition, c'est la Révolution française! Oui,
Messieurs, nous sommes les héritiers et les conti-
nuateurs de la Révolution française, mais c'est tout
autre chose que d'être des révolutionnaires de profession.

La Révolution, c'est purement et simplement la foi
nouvelle parmi les hommes. Les efforts des siècles
sont venus aboutir à la Révolution française pour
produire parmi les nations des bienfaits plus grands
que l'affranchissement d'une Église, comme a fait
la Réforme du XVIe siècle. La Révolution française,
c'est l'affranchissement de toutes les créatures vi-
vantes, non seulement comme individus, mais comme
membres d'une société collective. De telle sorte,
Messieurs, que, pour ceux qui poursuivent l'établissement de la justice, il n'y a rien en dessus ni en dehors de la Révolution française. Elle reste pour nous
le dernier mot des conquêtes de l'esprit politique.
Aussi, que voyons-nous depuis soixante-quinze ans?
Nous voyons l'esprit du passé s'épuiser à faire des

révolutions 'contre la Révolution française pour lui barrer le chemin et la faire rétrograder.

Aujourd'hui que nous sommes en possession de la forme de notre gouvernement, qu'il ne suffirait pas à coup sûr d'avoir proclamée pour avoir résolu tous les problèmes politiques et sociaux qui nous intéressent, mais sans laquelle on ne peut les résoudre, — aujourd'hui que nous sommes en possession de la forme républicaine qui n'est pas une solution, mais un moyen, c'est avec cet outil, avec cet instrument supérieur à tous ceux qui ont été employés jusqu'à présent, que nous devons chercher à réaliser enfin les progrès qui jusqu'alors n'ont été dans la pensée du pays qu'à l'état de rêves irréalisables; que nous devons chercher à faire passer, dans la législature et dans les mœurs, des idées et des doctrines depuis long-temps exprimées et, premièrement, cette grande et juste idée de l'égalité civile et politique. (*Mouvement d'adhésion.*) Je n'ai pas dit, remarquez-le bien, une égalité niveleuse, jalouse, ambitieuse et chimérique; j'ai voulu parler de cette égalité civile et politique qui nous a été promise il y a quatre-vingts ans, qui a été inscrite au frontispice de nos constitutions comme sur le fronton de nos édifices publics, et qui paraît un décor de théâtre, mais que jamais on n'a fait réellement entrer dans nos usages ni dans nos lois. (*C'est cela! — Très bien! — Bravos prolongés.*)

C'est cette œuvre que le pays poursuit avec une persévérance et dans des conditions de succès plus ou moins propices depuis que le problème est posé. Et si, en ce moment, vous le voyez calme, réfléchi, attentif, c'est qu'il a la certitude qu'en lui laissant le suffrage universel, qu'en lui laissant la République non seulement comme gouvernement, mais aussi comme moyen de gouvernement, il arrivera fatalement, par la force des choses, à reprendre et à continuer pacifiquement l'œuvre interrompue de la Révolution française. C'est dans ce but, Messieurs, qu'il demande d'abord à se débarrasser d'une Assemblée qui n'exprime nullement les aspirations de la France, où l'on ne trouve même plus de véritables partis politiques bien disciplinés et bien groupés; d'une Assemblée enfin qui ne représente plus qu'elle-même, et, je l'ai dit et je le répète, ce n'est véritablement pas assez. (*Rires. — Très bien! très bien!*)

Il a été procédé, dans les quatre cinquièmes du territoire de la France, par suite de renouvellements successifs, à plus de cent soixante-dix élections de députés depuis la nomination de l'Assemblée de Versailles. On a interrogé des populations d'origine, de mœurs, de tendances les plus différentes, et elles ont toujours répondu de la même manière, elles ont toujours suivi le même programme, élu les mêmes hommes; car, on a raison de le dire, Messieurs, le parti républicain est le parti impersonnel par excellence, et, soit qu'on les trouve à la tête, soit qu'on les tire du milieu de notre parti, les hommes qui le composent se ressemblent, parce qu'ils partagent les mêmes idées, professent les mêmes principes, tiennent le même langage, et qu'ils ont les mêmes mœurs en servant sous le même drapeau. (*Très bien! — Applaudissements.*)

La France ayant ainsi affirmé, sur tous les points de son territoire, la même politique, on devrait penser que ces mandataires de la première heure, investis par elle, dans les jours cruels et néfastes, de son autorité, vont entendre sa voix, se ranger à son avis, comprendre qu'on ne doit pas, qu'on ne peut pas lutter contre l'opinion se manifestant avec tant d'unanimité et d'énergie, que c'est folie de se mettre en révolte contre le sentiment public quand on n'est pas téméraire, quand on veut l'ordre, puisqu'on crie si haut qu'on veut l'ordre. (*Rires.*) L'ordre, Messieurs, l'ordre vrai et durable, où devrait-on le chercher ailleurs que dans un accord sincère, dans une harmonie parfaite entre la volonté nationale nettement exprimée et ceux qui ont reçu la délégation de cette même volonté? Ne devrait-on pas comprendre, en ef- effet, que, pour fonder l'ordre véritable, la première condition est que la volonté du pays soit suivie, res- pectée et exécutée par les fonctionnaires et par les hommes d'État placés à la tête de la nation? Si cette condition n'est pas réalisée, ce ne sera que du dé- sordre. Les pouvoirs publics seront en lutte contre la nation.

C'est là, Messieurs, ce que j'appelle l'anarchie.(*Oui! oui! — Marques d'assentiment.*)

Je disais tout à l'heure que, dans tous les départe- ments où des élections viennent d'avoir lieu, le pays s'est toujours prononcé dans le même sens. Quand je dis tous, c'est une erreur. Il y a eu deux départe- ments qui ont rompu cette bienfaisante unité et em- pêché notre triomphe d'être complet. De ces deux départements, l'un est à vos portes : c'est le Morbi- han ; l'autre, c'est la Charente-Inférieure, et Nantes. qui se trouve entre ces deux départements, me sem- ble être un pays excellent pour y parler de ce double échec.

Pourquoi avons-nous succombé dans le Morbihan? Et tout d'abord, je reconnais que de pareilles défaites sont pleines de promesses lorsque, dans la lutte, on s'est touché de si près. Dans de telles conditions d'in- succès, on peut croire qu'avec du zèle et de l'énergie on obtiendra prochainement la majorité. Cependant il faut rechercher pourquoi nous avons échoué à deux reprises successives dans le Morbihan, lorsque nous avions pour candidat un homme aussi justement es- timé que l'honorable M. Beauvais, et dont l'influence est établie depuis longtemps dans son pays. A quoi donc attribuer cette défaite? Eh bien! je le dis sans détours, il faut l'attribuer à cette circonstance que, dans ce pays du Morbihan, nous avons rencontré de-

vant nous le grand obstacle, l'influence cléricale.
(*Oui! — Bravos.*)

Ah! que l'Église se consacre à ce qu'elle appelle
ses devoirs, qu'elle reste dans ses temples, qu'elle s'y
livre à une propagande purement religieuse, qu'elle
ne cherche qu'à diriger des consciences dans le domaine surnaturel où elle se meut, je n'ai rien à objecter. Mais qu'elle devienne un parti politique, qu'elle
se transforme en une faction qu'on trouve à chaque
pas dans la vie civile, qui descend constamment dans
l'arène électorale ayant avec elle et pour elle les fonctionnaires qu'elle pousse, qu'elle presse, qu'elle renverse ou qu'elle élève à son gré, voilà, Messieurs, ce
que je ne comprends pas, et c'est cependant ce qu'elle
fait aujourd'hui; elle se sert aujourd'hui des fonctionnaires comme elle se servait autrefois du bras
séculier.

Dans l'ancien temps l'Église disait : Ce n'est pas
moi qui verse le sang. Trop souvent, hélas! on l'a
versé pour elle et dans ses intérêts. Aujourd'hui elle
dit encore : Ce n'est pas moi qui m'ingère dans la politique; les affaires temporelles ne sont pas de mon
domaine. Et cependant partout on y sent sa présence,
elle s'en occupe et la dirige à son gré, mais par pro-
curation. (*Oui! — Très bien! — Applaudissements prolongés.*)

Messieurs, il est de notre devoir de dénoncer cette
intervention occulte, tout à fait contraire à une saine
politique. En effet, il n'est pas bon, il n'est pas sage,
il n'est pas profitable, même aux intérêts religieux
qu'on veut défendre, de transformer l'Église en un
parti de combat dans l'État; il n'est avantageux pour
personne, ni pour le gouvernement, ni pour la société, ni même pour les fidèles pieux et sincères, intelligents et avisés d'une Église, qu'il y ait une faction
là où il ne devrait y avoir qu'une association religieuse.
(*Très bien! — Applaudissements.*) Cette action souter-

raine, intolérante, abusive, tyrannique du clergé, où s'exerce-t-elle principalement et sur quel terrain triomphe-t-elle? Vous le savez et vous m'avez déjà répondu. Il faut bien dire d'ailleurs que ces triomphes de l'esprit clérical deviennent heureusement de plus en plus rares. Vous avez assisté à des démonstrations où l'on sentait plutôt le besoin de réchauffer un zèle qui s'éteint que l'ardeur d'une foi bien sincère. (*Hilarité.*) Malgré ces pèlerinages et ces miracles presque journaliers et que l'on annonce, (*Nouvelle hilarité*) le clergé n'en voit pas moins décroître de plus en plus son influence électorale, et nous savons qu'il ne lutte plus guère avec avantage que dans les localités où il n'y a point d'écoles, point de presse et point d'esprit public ; que dans les contrées où l'on n'a pas pris l'habitude de juger, d'examiner les choses de la politique, que là enfin, — car l'Église fait flèche de tout bois et se sert de tous les moyens, — où il y a prédominance, dans la langue, du patois sur le français, et où les idées générales ont plus de peine à pénétrer. (*Marques générales d'approbation.*)

C'est en effet dans les contrées du pays couvertes de la tache noire de l'ignorance que l'esprit clérical travaille et triomphe, et notre devoir se trouve ainsi tout naturellement tracé. Il faut, Messieurs, maintenir énergiquement cette première revendication du parti républicain, qui réclame l'enseignement partout. Oui, il faut partout installer le maître d'école, mais un certain maître d'école, un maître d'école sans costume romain, un maître d'école français, parlant la langue des citoyens français, et non pas un maître d'école parlant une langue dont le véritable vocabulaire, le véritable dictionnaire est encore au Vatican, (*Très bien! très bien! — Salve d'applaudissements*) un maître d'école véritablement dévoué aux idées de la société moderne, et non pas une sorte de prédicant ennemi de cette société et croyant faire œuvre pie

toutes les fois qu'il l'attaque, qu'il l'ébranle, qu'il la
décrie, qu'il la dénonce à la suspicion des faibles et
des ignorants. Tenons-nous donc fermement attachés
à la partie de notre programme relative à l'instruction gratuite, obligatoire et laïque, si nous voulons
faire disparaître cette tache électorale. C'est là qu'est
notre devoir; mais ce devoir, nous ne pourrons le
remplir dans toute son étendue que lorsque nous aurons une Assemblée véritablement résolue à entreprendre cette tâche difficile et à prêter sur ce point
son concours à tous les bons citoyens. Jusque-là, mes
amis, ayons patience, puisque nous n'avons rien à
attendre de l'État; mais ne cessons pas d'agir dans
le domaine de l'action personnelle et quotidienne. Il
vous appartient individuellement de franchir les limites de votre territoire pour vous créer des relations
dans le département voisin et pour y faire la propagande de vos idées. Il ne faut pas rester cantonnés
chez vous; il faut aller dans ce pays voisin pour y porter à votre tour la bonne nouvelle, car, nous aussi,
nous avons la bonne nouvelle à apprendre aux ignorants, aux déshérités qui gémissent encore sous le joug
de l'ignorance et de la peur. Ce joug funeste, ils en
sentent bien le poids si lourd, mais ils ne peuvent ni
le soulever, ni le secouer, parce qu'ils ne se sentent
éclairés ni appuyés par personne : c'est ainsi qu'ils se
résignent à le porter et qu'ils traînent et finissent
leur vie toujours courbés sur le sillon, sans jamais lever les yeux vers la lumière. (*Mouvement. — Applaudissements.*)

Ce devoir de propagande appartient aux hommes
qui m'écoutent; c'est à eux d'aller dans les campagnes :
ils y feront vraiment l'œuvre pie par excellence, celle
qui consiste à émanciper un homme. Cela, Messieurs,
c'est aussi une religion, qui pourrait bien être la véritable. Cette religion s'applique à prendre un homme
ignorant, rempli de préjugés, défiant, soupçonneux,

égoïste, et, rien que par la persuasion, par la dou-
ceur, par la pénétration, elle s'applique à l'amener à
soi, à l'élever, à lui faire comprendre ce qu'il y a de
beau, ce qu'il y a de grand dans l'homme, et surtout
dans ses rapports avec ses semblables au triple point
de vue de la famille, de la cité et de la patrie; dans
cet échange de pensées, de sentiments et de services
mutuels qui est comme la véritable consécration du
sentiment de dignité que l'homme doit inspirer à
l'homme, et qui est le véritable fondement de la justice. (*Mouvement. — Applaudissements prolongés.*)

Examinons maintenant ce qui s'est passé dans l'autre département où nous avons échoué. Ah! il y a des
gens qui mieux que nous sont à même de reconnaître
et d'apprécier les raisons de l'insuccès du candidat
républicain modéré qui s'est présenté dans le département de la Charente-Inférieure. C'est un fort honnête et fort galant homme, digne entre tous, qui a
donné des gages au parti républicain dans le passé,
et parfaitement apprécié par ses compatriotes. Il avait
à lutter avec un concurrent qui avait exercé dans le
département sa profession de... préfet à poigne. (*Hilarité prolongée.*)

Dans ce pays qu'il avait administré, il avait laissé
des souvenirs, c'est certain (*nouvelle hilarité*); mais il
avait surtout laissé d'anciens subordonnés, d'anciens
collaborateurs de cette politique électorale de *l'activité dévorante* qui, lors du plébiscite, nous a causé un
mal cruel dont nous nous souvenons encore, puisque
c'est ce fatal plébiscite qui nous a perdus! (*Oui! —
Mouvement!*) Tel était l'adversaire opposé à la démocratie républicaine par la coalition de tous les conservateurs. Pour en parler en passant, cette coalition
édifiante est une sorte d'association à responsabilité
illimitée entre les représentants des trois dynasties
différentes qui se disputent la tâche de faire le bonheur de la France. (*Hilarité générale. — Applaudis-*

sements.) Dans cette coalition on trouve de tout : des
légitimistes, des orléanistes, des cléricaux, car pour
ceux-ci tout est bon, pourvu que la sacristie règne
et gouverne. (*Très bien! — C'est cela. — Bravos.*) On
trouve aussi des bonapartistes, et ce sont même
ceux-là qui sont les gens d'affaires de la société conservatrice; ce sont eux aussi qui se présentent lorsqu'il s'agit de faire quelque coup difficile. (*Hilarité. —
Applaudissements prolongés.*) Tout ce bel ensemble s'appelle le parti conservateur... (*Nouvelle hilarité.*) Les
bonapartistes, dans ce parti, portent, non pas le drapeau, car on n'est pas d'accord sur cet insigne, mais
le guidon. Le guidon conservateur fut remis cette fois
aux mains de l'ancien préfet impérial, de M. Boffinton
pour le nommer, — car je ne sais pas pourquoi on
ne causerait pas politique dans une réunion d'amis,
comme on peut le faire dans les journaux de toutes
nuances, comme on le fait dans l'Assemblée; il n'y a
pas là de secret, il n'y a pas là de mystère, et nous
avons le droit, en respectant les personnes, de promener notre investigation, de faire porter notre examen
sur tout ce qui intéresse les affaires du pays. (*Très
bien! — Approbation générale.*) La lutte s'engage. Que
va-t-il se passer?

Messieurs, s'il ne s'agissait que du triomphe de
M. Boffinton, à quelques milliers de voix de majorité,
je ne vous entretiendrais pas de cette élection; mais
nous allons y trouver, en y regardant de près, un grief
des plus sérieux contre le gouvernement tout entier,
contre l'Assemblée aussi bien que contre le pouvoir
exécutif lui-même. Je ne le dis pas sans regrets; mais
je dois le dire.

La facilité relative avec laquelle le candidat légi-
timisto-orléanisto-cléricalo-bonaparto-conservateur
(*Hilarité prolongée*) a passé tient surtout à l'appui qu'il
a rencontré dans les sympathies actives des fonctionnaires du département de la Charente-Inférieure. En

effet, comme je vous l'ai dit, le candidat a retrouvé
là, sauf le préfet qui tenait sa place, l'administration
qu'il y avait connue autrefois, et sur le dévouement
de laquelle il pouvait compter. Mais, dira-t-on, et
le 4 Septembre? n'est-ce donc rien? Ne s'est-il pas
produit un certain fait à cette date? L'objection est
juste, Messieurs; mais voici ce qui est arrivé : Le
4 Septembre, un très grand nombre de fonctionnaires
du département avaient été remerciés; mais la réaction est revenue, la République sans républicains a
fleuri, et, grâce à cette floraison, on a ramené les anciens fonctionnaires de divers ordres; on les a réin-
stallés dans les mêmes places qu'ils occupaient, aux
yeux des mêmes populations, comme si l'on voulait
bien établir qu'il ne s'était rien passé le 4 Septembre.
Et aujourd'hui, dans ce département dont la députation compte au moins un ministre, — un des plus
éminents et des plus importants, — et d'autres membres assez sympathiques au pouvoir, il arrive que ce
ministre, qui a charge de veiller sur le personnel des
fonctionnaires, et que les amis du pouvoir tombent
en minorité devant M. Boffinton, parce qu'on lui a
restitué ses anciens collaborateurs. Voilà le fruit de
la République sans républicains, voilà à quoi on est
exposé quand on s'entoure de fonctionnaires hostiles
au gouvernement que l'on sert, de fonctionnaires qui
se réclament de tous les régimes, qui se tiennent en
réserve pour toutes les restaurations, qui ont toute
espèce de professions de foi prêtes, sauf une profession de foi républicaine, à moins que, par un coup
vraiment miraculeux, un beau jour la République ne
devienne tellement définitive, qu'ils puissent, sans
compromettre leur avenir, se déclarer convertis pour
le reste de leur vie. (*Hilarité générale. — Applaudissements.*)

Toutes ces choses, Messieurs, quoique nous les
disions d'une façon peut-être plaisante, sont graves,

très graves même, parce qu'elles prouvent que le pouvoir, malgré ses déclarations sincèrement et loyalement républicaines, n'a pas encore puisé en lui-même une conscience suffisante de sa force et de son prestige, une idée assez haute de sa mission, de son rôle, de ses devoirs politiques et sociaux pour gouverner la France avec des fonctionnaires véritablement animés de l'esprit républicain. Messieurs, cette contradiction choquante entre les déclarations du gouvernement et le caractère, les pratiques, les discours et la conduite de ses fonctionnaires, est un véritable danger politique. Elle justifie comment il se fait que la France se lasse et s'irrite. La France se dit en effet: Quand donc cette situation cessera-t-elle? Quand donc en finirez-vous avec cette politique de rébus impossible à suivre et à deviner, avec cette charade en action, où le chef de l'État se dit républicain et où les fonctionnaires déclarent qu'il ne faut pas leur parler de la République, cet état précaire, provisoire dont, ajoutent-ils, on nous débarrassera avant peu? Comment voulez-vous qu'un pays puisse s'accommoder d'un tel système de gouvernement? Comment voulez-vous que, le jour où il trouve l'occasion de manifester sa pensée, il ne le fasse pas dans les termes les plus explicites, dans les termes les plus fiers, les moins équivoques, les plus fermes et les plus accentués?

Et puis, quand un pouvoir reçoit de semblables avertissements, on dit qu'il hésite, on dit qu'il ne veut pas tenir compte des manifestations de l'opinion publique. Messieurs, je ne le crois pas, je ne veux pas, je ne peux pas le croire; je ne le croirai que lorsque je l'aurai vu, et alors je dirai tout haut à mon pays ce qu'il faut en penser. (*Très bien! — Applaudissements.*)

Cette question du choix des fonctionnaires est maintenant la vraie, la grave question, parce que c'est là que se trouve pour les populations le signe visible de la sincérité républicaine; elle est pour les popula-

tions la preuve visible qu'elles attendent, à savoir
qu'on est véritablement entré dans l'ordre républicain. En effet, les populations ne peuvent pas comprendre qu'on soit, qu'on vive en République lorsqu'elles n'ont sous les yeux, chargés de la direction
à donner, que des fonctionnaires notoirement convaincus d'avoir été toujours les plus cruels adversaires
de la République et des républicains. La France, ce
pays qui est un pays de logique, de loyauté, de sincérité, ne peut pas supporter plus longtemps qu'on lui
présente l'étiquette sans la chose, et la signification
des dernières élections n'a pas d'autre valeur, d'autre
portée. La France, par ces élections, a réclamé que
sous l'étiquette on mît enfin la chose. Le suffrage universel n'a point exprimé d'autre vœu : République
d'abord avec l'intégrité du suffrage universel; République ensuite avec des institutions démocratiques.
(*Oui! oui! — Très bien! — Bravos.*)

Et maintenant, le sens des élections étant ainsi
connu, apprécié, examiné, criblé par tous les partis,
par tous les journaux, dans toutes les conversations,
est-il nécessaire de faire justice de cette campagne de
la panique qui a été organisée, préparée ; de cette
terreur qui est sortie tout entière des écritoires des
scribes stipendiés de la réaction? Est-il nécessaire,
devant des Français, devant des hommes intelligents,
devant des gens de travail, de loyauté et d'honneur,
qui examinent sincèrement les choses, de leur dire
qu'on ne les mène ni au pillage, ni au pétrole, ni à
l'incendie? (*Rires.*) Ce serait vous faire injure que de
faire devant vous de pareilles protestations, et je vous
demande pardon d'avoir fait allusion en passant à de
semblables billevesées, bonnes tout au plus pour des
enfants. (*Très bien! — Marques unanimes d'assentiment.*)
Messieurs, ce qui inquiète la France, ce qui inspire
des craintes aux hommes d'affaires, ce ne sont pas les
dernières manifestations du suffrage universel, ce

sont les desseins hautement avoués de la réaction, ce
sont les projets que l'on prête à certains factieux,
ce sont les doutes qu'inspirent certains hommes, dont
on cherche à pénétrer les desseins. Voilà pourquoi
aujourd'hui, dans les comptoirs du négociant, ne
règne pas la confiance la plus entière, pourquoi l'on
compte et recompte les délais d'échéance; pourquoi
l'on mesure strictement ses dépenses personnelles,
pourquoi les grosses commandes sont ajournées,
pourquoi la demande se ralentit, pourquoi enfin la
production est stagnante. On se dit : Oui, nous avons
la République, mais elle est aux mains de conspi-
rateurs qui rêvent de la renverser, pour ramener la
monarchie. Je ne parle pas, bien entendu, du pouvoir,
du gouvernement; je ne doute pas, je vous le répète,
de sa sincérité républicaine, vous savez bien de qui
je parle ?... (*Oui! oui!*) Je parle de ceux qui ont juré
une haine à mort à la République, de ceux dont les
espérances seront ruinées par l'établissement véritable
et définitif de la République et qui, par dépit, par entraînement, peuvent se trouver portés à un certain
moment à prendre des résolutions désespérées et violentes, lesquelles, sans réussir, jetteraient dans la société le trouble, le désordre et la ruine. (*C'est cela!
— Bravo! — Applaudissements.*)

Voilà ce qui inquiète les hommes réfléchis, les
observateurs politiques et les hommes d'affaires. Et
voilà ce qui explique pourquoi vous voyez ce pays se
tourner vers le pouvoir et lui dire : Mais n'hésitez
donc pas! Ne voyez-vous pas dans quel abîme on va
jeter la France? Nous, républicains, nous allons vers
vous, venez avec nous; établissons des lois sages, respectées, avec une administration pacifique, mais véritablement loyale, et non pas avec une administration
corrompue et dans laquelle se trouvent trop de représentants de ces régimes antérieurs et que la France a
définitivement répudiés. Pourquoi doutez-vous du

pays? Ce suffrage universel, dont les décisions répétées et imposantes semblent vous effrayer, qu'a-t-il
voulu dire, qu'a-t-il rappelé? Il a rappelé, il réclame
le message du 13 novembre. C'est ce message, votre
plus grand titre de gloire, votre œuvre la plus haute,
celle qui vous met dans l'histoire à la tête de vos contemporains, c'est ce message que vous avez eu tort de
laisser protester; c'est ce message, acclamé par l'Europe et la France, que le suffrage universel a voulu
ratifier; c'est votre pouvoir que les électeurs ont eu
l'intention de soutenir de leurs votes en envoyant à
l'Assemblée des républicains sincères et dévoués.
(*Oui! oui! de toutes parts. — Salves d'applaudissements. — Cris répétés de : Vive la République! Vive
Gambetta!*)

Eh bien! Messieurs, je dirai encore une fois, avec
toute l'énergie dont je suis capable : je ne peux pas
croire, je ne veux pas croire, quels que soient les
hommes ondoyants et divers qui entourent la personne respectée du chef de l'État, quels que soient les
conseils perfides qu'on lui donne, les prétentions
absurdes ou dangereuses dont on peut l'entretenir;
quelles que soient les combinaisons parlementaires
ou autres dont on veuille l'effrayer, il ne me paraît
pas, dis-je, qu'en présence d'un verdict aussi éclatant,
aussi solennel que celui qui a été rendu par la France,
que le sens pratique si exercé de l'homme éminent qui
préside à la République, que sa grande expérience aux
heures de crise, puissent lui faire défaut en un tel moment. Il est impossible, — du moins je le crois, — qu'il
ne tourne par la barre vers le point où la France veut
marcher, c'est-à-dire vers la République définitive.
(*Explosion d'applaudissements. — Cris prolongés de :
Vive la République! Vive Gambetta!*)

Il n'en sera pas ainsi; mais si ce malheur devait arriver, il ne faudrait, mes chers concitoyens, ni vous
alarmer ni vous abattre; il faudrait, au contraire, re-

doubler d'énergie, vous serrer les uns à côté des autres, abjurer toute espèce d'esprit d'amour-propre, de
querelles de personnes, et présenter compacts, unis,
invinciblement liés les uns aux autres, tous les membres du parti républicain faisant face à l'ennemi.
(*Mouvement.*)

Oui! si le malheur voulait que le chef de l'État, par
défaillance, par complaisance, ou ne tenant pas un
compte suffisant de l'opinion, se laissât glisser du côté
de nos ennemis et que, de près ou de loin, il prêtât
la complicité de son patronage à des prétentions insensées, je dirai plus, criminelles, il ne faudrait pas
désespérer, car, si éminent que soit un homme, quelque place considérable qu'il tienne parmi ses concitoyens, un peuple ne périt pas si un homme vient à
lui manquer. (*Très bien! très bien! — Salve d'applaudissements.*)

Il conviendrait alors d'apporter dans les luttes politiques un esprit de cohésion, un sentiment de discipline, un sang-froid et une fermeté dont nous avons
déjà donné bien des exemples depuis deux ans ; mais
l'heure approche où peut-être vos chefs devront
exiger de vous de nouvelles preuves plus répétées et
plus continues. Citoyens, la session qui va s'ouvrir sera
grave et redoutable ; notre adversaire est dans la situation du matelot qui sent son navire couler et qui préfère se faire sauter plutôt que de se rendre. Ne
laissons pénétrer dans nos âmes aucun mouvement
d'impatience et observons froidement notre ennemi.
Attendons-le, fermes et silencieux, ne nous laissons
désunir par rien, subissons même tous les défis
sans y répondre. (*Mouvement.*) Et pourquoi? Il y a, ne
l'oublions pas, un parti qui éprouve toujours le besoin
de rétablir l'ordre et de sauver la société. (*Hilarité. —
Applaudissements.*) Nous sommes payés pour connaître
les hommes de ce parti, nous nous souvenons de leurs
actes et nous nous rappelons ce qu'est l'ordre qu'ils

procurent. Nous savons de quoi est fait ce parti et par
quoi il est suivi; aussi ne lui donnons jamais ni le
prétexte ni l'occasion de sauver l'ordre.(*Très bien! très
bien! — Applaudisements répétés.*)

Aussi, Messieurs, nous nous replierons sur nous-
mêmes, nous combattrons nos adversaires légalement
et nous vous dénoncerons, à vous, les membres du
suffrage universel, c'est-à-dire les vrais souverains du
pays, nous vous dénoncerons leurs pièges, leurs combinaisons et leurs calculs, et, quand nous aurons dévoilé toute leur misérable stratégie, jeté la lumière
dans leurs conspirations ténébreuses, quand la France
verra clair dans leurs intrigues, nous attendrons les
entreprises de ces Messieurs et on en fera justice.
(*Bravos et applaudissements prolongés. — Très bien! très
bien!*)

Telle est, Messieurs, — et permettez-moi de finir
sur cette parole, — la ligne de conduite qu'il faut
adopter et suivre : discipline, concorde, expectative.
Jusqu'ici les fautes de nos adversaires nous ont profité. On a pu voir en France, jour par jour, de quel
côté était le fanatisme, de quel côté l'esprit d'agitation et de désordre. Ils n'ont pas fait une démarche, allant quêter un roi au dehors, faisant des
programmes de restauration, traitant la question
du drapeau, proposant des commissions exécutives,
ébranlant le pouvoir du chef de l'État, troublant,
par leurs propositions inconsidérées, l'œuvre patriotique et nationale qu'il avait entreprise, et qu'il
a si heureusement menée à bonne fin, la libération
du territoire, (*C'est vrai! c'est vrai!*) — pas une seule de
ces fautes : agitations cléricales, pétitions en faveur
du pouvoir temporel, demande de répression contre
ce qui ressemblait, de près ou de loin, à l'exercice de
la libre pensée, pas une seule de ces fautes, grâce à
l'attitude du parti républicain, n'a manqué de s'étaler
eux yeux du pays, pleine, entière et éclatante : et

c'est précisément par la comparaison respective de la conduite du parti républicain et de celle des partis hostiles que la France, en pleine liberté de jugement, a choisi et s'est prononcée pour la démocratie républicaine. (*Marques générales d'assentiment. — Applaudissements.*)

Persévérons donc dans cette conduite; redoublons d'attention, de prudence, de sagesse; sachons enfin nous préparer partout à toutes les éventualités, à tous les périls. Il faut que les hommes qui veulent jouer un rôle dans la démocratie, que les hommes jeunes surtout se mettent au travail et échangent entre eux le fruit de leurs études; que le personnel républicain qui a apparu depuis trois ans dans notre pays, qui a envahi tous les postes électifs, se fortifie et grandisse, afin qu'après avoir donné des exemples de son sage esprit d'ordre, il donne maintenant des gages de sa compétence, de sa capacité, de ses aptitudes. Alors vous ne serez plus un parti militant, vous serez la nation entière capable de se gouverner elle-même. Et qui pourra lutter longtemps contre la volonté de la France? Personne. Mais, Messieurs, il y a une condition indispensable, et sur laquelle je ne saurais trop insister, il faut nous abstenir partout de toute espèce de désordre matériel, de toute agitation vaine et inutile. Quiconque, ayant le suffrage universel, se porterait soit à une violence, soit à une excentricité, serait un criminel et un criminel d'État, car il compromettrait la chose même qui doit refaire l'État, régénérer la France et la remettre, au dedans comme au dehors, à sa vraie place; il compromettrait la République. (*Applaudissements prolongés. — Marques unanimes d'assentiment.*)

Donc, pour nous résumer, ayant confiance dans la sagesse déjà éprouvée et dans l'accord unanime du parti républicain, sur toute la surface du pays, nous ne cesserons pas de réclamer la dissolution, parce qu'elle est la préface nécessaire de l'organisation de la République; ensuite nous dénierons aux royalistes, nommés dans l'effarement de la peur, le droit d'organiser cette République, car que serait une République organisée par des monarchistes?

Citoyens, je le disais à Grenoble et je le répète à Nantes, ce serait une ignoble comédie! (*Explosion d'applaudissements, — Cris répétés de : Vive la République! Vive Gambetta!*)

L'Assemblée nationale reprit séance le 19 mai. La coalition antirépublicaine était prête. La séance de rentrée était à peine ouverte que M. Buffet communique à l'Assemblée la demande d'interpellation suivante : « Les députés soussignés, convaincus que la gravité de la situation exige à la tête des affaires un cabinet dont la fermeté rassure le pays, demandent à interpeller le ministère sur les modifications opérées dans son sein et sur la nécessité de faire prévaloir dans le gouvernement une politique résolument conservatrice. » Cette demande était signée de tous les membres du centre droit, de la droite et de l'extrême droite légitimiste.

La discussion de l'interpellation fut fixée au 23. Le 24, l'ordre du jour pur et simple demandé par M. Thiers était repoussé par 362 voix contre 348, et l'ordre du jour proposé par M. Ernoul était adopté par 360 voix contre 344.

L'ordre du jour présenté par M. Ernoul au nom des droites coalisées était ainsi conçu :

« L'Assemblée nationale, considérant que la forme du gouvernement n'est pas en discussion, que l'Assemblée est saisie de lois constitutionnelles présentées en vertu d'une de ses décisions et qu'elle doit examiner; mais que dès aujourd'hui il importe de rassurer le pays en faisant prévaloir dans le gouvernement une politique résolument conservatrice, regrette que les récentes modifications ministérielles n'aient pas donné aux intérêts conservateurs la satisfaction qu'ils avaient le droit d'attendre et passe à l'ordre du jour. »

M. Thiers donna aussitôt sa démission et le maréchal de Mac-Mahon fut élu président de la République, par 390 voix sur 391 votants, 721 membres assistaient à la séance.

Les représentants de la gauche adressèrent à la population l'appel suivant :

« Citoyens,

« Dans la situation que fait à la France la crise politique qui vient d'éclater, il est d'une importance suprême que l'ordre ne soit pas troublé.

« Nous vous adjurons d'éviter tout ce qui serait de nature à augmenter l'émotion publique.

« Jamais le calme de la force ne fut plus nécessaire. Restez calmes. Il y va du salut de la France et de la République !

« A. Peyrat, Léon Gambetta, Édouard Lockroy, Louis Blanc, Ch. Lepère, D. Barodet, H. Tolain, Edgar Quinet, Albert Castelnau, E. Tiersot, Maurice Rouvier, F. Ordinaire, A. Ranc, Ch. Boysset, Rathier, Eug. Arrazat, L. Greppo, Laurent-Pichat, Edmond Adam, Émile Bouchet, H. Brisson, P. Challemel-Lacour, Jules Barni, Jules Cazot, Godin, René Goblet, Sansas, Alfred Naquet, Dr Turigny, Alphonse Gent, Corbon, Lafon de Fongaufier, Eug. Farcy, Melvil-Bloncourt, E. Millaud, Dupuy, Martin-Bernard, V. Schœlcher, A. Dréo, de Mahy, Laserve, Henry Lefèvre, Paul Bert, J. Ferrouillat, A. Scheurer-Kestner, Georges Périn, Henri de Lacretelle, Armand Caduc, L. Laget, Émile Brelay, A. Tardieu, Simiot, colonel Denfert-Rochereau, Ancelon, N. Parent, E. Marck, Dr Guyot, Ganault, E. Lesguillon, Escarguel, A. Testelin, Carion (Côte-d'Or), A. Grandpierre, Nioche, J. Bozérian, Paul Breton, Th. Mercier, Eugène Pelletan, A. Humbert, Ducuing, Deschange, Viox, docteur Dufay, Hèvre, Paul Cotte, C. Claude (Meurthe-et-Moselle), La Flize (Meurthe-et-Moselle), Brice (Meurthe-et-Moselle), Berlet, Th. de Pompéry, F. Gaudy, Brillier, Taberlet, A. Boucau, Amédée Larrieu, G. Loustalot, Tassin, Léopold Faye, Deregnaucourt, Cyprien Girerd, Michel Renaud, H. Moreau (Côte-d'Or), F.-A. Dubois, P. Joigneaux, Ad. Crémieux, Pascal Duprat, N. Claude (des Vosges), Durieu, C. Contaut, Billy (Meuse), Monier, Carquet, J. Malens, Dr Allemand, A. Chardon, Salneuve, Guichard, J. Magnin, C. Mazeau, Ch. Rolland, Alexis Lambert, Mestreau, Alphonse Picart, Émile Fourcand, J. Soye, Esquiros, H. Varroy, Cherpin, André Folliet, Jules Méline, Ch. Lherminier, Brousses, Daumas, Colas, Lepouzé, Chevandier, Duparc. »

APPENDICE

SÉANCE DU 9 JANVIER 1873

Le 9 janvier, l'Assemblée nationale discutait, en seconde délibération, les propositions relatives au conseil supérieur de l'enseignement et aux conseils académiques. Un discours de M. de Broglie avait ouvert la séance. M. de Pressensé lui avait répondu, et M. Dupanloup avait remplacé le député de Paris à la tribune pour réclamer le maintien des évêques dans le conseil supérieur. Mais les préoccupations de l'Assemblée étaient ailleurs : M. Rouher venait de communiquer à ses collègues la dépêche de Camden Place, qui annonçait la mort de Napoléon III, et des conversations bruyantes s'étaient aussitôt engagées sur tous les bancs. M. Dupanloup voulut rappeler à lui l'attention de l'Assemblée. Il eut recours à l'un de ses procédés favoris. Il parla de la Commune et jeta sur le parti républicain la responsabilité des crimes qui en avaient marqué le dénouement :

M. DUPANLOUP. — Oui, pauvre France!... Il n'y a pas encore deux ans que vous avez vu des horreurs dont l'Europe et le genre humain n'avaient pas été témoins, vous les avez éprouvées, vous en avez souffert, et tout cela est oublié, et le lendemain de toutes ces horreurs, un membre honorable et sincère me dit : A qui s'adressent ces paroles?

M. SCHŒLCHER. — Oui, à qui vous adressez-vous?

M. DUPANLOUP. — N'est-il pas manifeste....

M. SCHŒLCHER. — Vous avez dit : « Sous vos coups! »

M. LE PRÉSIDENT, — Veuillez ne pas interrompre!

Sur divers bancs. — A l'ordre! à l'ordre l'interrupteur!

M. Dupanloup. — Je réponds à mon honorable et persévérant contradicteur qu'il est bien évident que je ne puis pas parler de lui ni de ses collègues. (*Rumeurs à gauche.*)

Mais c'est évident! c'est la langue française tout cela; je la parle simplement, et je demande qu'on l'entende comme je la parle. Mais ce que je répète, c'est que nous oublions tout.

En vérité! quand on songe à ce que nous avons vu, à ce que nous avons souffert, à tout ce que nous souffrons encore; quand je vois les divisions ardentes, les passions violentes... (*Réclamations à gauche.*)

(M. Laurent-Pichat et plusieurs membres de la gauche, ainsi que M. le baron Decazes, se lèvent et prononcent des paroles qui se perdent au milieu du bruit et de l'agitation qui en résultent.)

M. le président. — J'invite l'Assemblée à reprendre le calme.

M. Bigot, *au milieu du bruit.* — Monsieur Gambetta, désavouez-vous la Commune?

M. Gambetta. — Vous n'avez pas qualité pour m'interroger, Monsieur Bigot. (*Agitation générale.*)

M. le président. — Veuillez, Monsieur Bigot, garder le silence.

M. Bigot. — Je dis à M. Gambetta que le moment serait venu pour lui de désavouer la Commune, ce qu'il n'a jamais fait. (*Très bien! et applaudissements à droite et au centre droit.*)

M. Gambetta. — Je réponds à M. Bigot qu'il n'a pas le droit de m'interroger. Il se trompe de date sans doute; il croit remplir ici encore son métier... (*Le bruit couvre la voix de M. Gambetta.*)

M. Target. — Messieurs, je vous en prie, ne nous servons jamais entre nous que de termes parlementaires!

M. Bigot. — Je demande la parole pour un fait personnel.

M. le président. — Veuillez attendre, Monsieur ; vous ne devez pas interrompre l'orateur, et je ne puis pas permettre les interpellations de collègue à collègue.

J'ai demandé à l'honorable orateur s'il avait entendu quelques paroles blessantes pour lui ; je n'en ai point entendu moi-même. (*Rumeurs sur quelques bancs à droite.*)

Que celui qui en a entendu veuille bien se lever et me les signaler.

M. de Gavardie. — Je les ai entendues, Monsieur le président.

M. le président. — Qu'est-ce que vous avez entendu ?

M. de Gavardie. — On a dit, d'abord... (*Exclamations à gauche.*)

M. Gaslonde. — Cela n'atteint pas à la hauteur de Mgr l'évêque d'Orléans.

M. le président. — Le bureau non plus n'a rien entendu.

M. Audren de Kerdrel. — Monsieur le président, nous ne devons pas être les dénonciateurs de nos collègues, mais nous pouvons demander que les orateurs soient respectés à la tribune.

Il y a ici deux ordres d'idées bien distinctes. Je me refuse à nommer celui qui a insulté l'orateur et que je connais. Mais j'affirme que l'orateur a été insulté et que l'insulte doit être réprimée. (*Murmures à gauche. — Vive approbation à droite et cris : à l'ordre! à l'ordre! — Un certain nombre de membres se lèvent de leur place dans les différentes parties de la salle et échangent des interpellations qui se perdent dans le bruit.*)

M. le président. — Je répète que ni l'honorable orateur, ni le bureau, ni le président n'ont entendu aucune parole insultante. Si j'avais entendu une pa-

role de cette sorte, je l'aurais sévèrement réprimée.
(*Très bien!*) Je réponds par là aux demandes de rappel
à l'ordre qui me sont adressées. Je n'ai vu que des interpellations regrettables de collègues à collègues,
qui sont des violations graves du règlement, des
causes de trouble et de violence et qui peuvent entraîner les suites les plus fâcheuses. (*Très bien! très
bien!*)

(M. Dupanloup termine son discours. M. Bigot
demande la parole :)

M. BIGOT. — Messieurs, j'ai demandé la parole pour
un fait personnel... et je tiens à m'expliquer à cette
tribune.

Lorsque j'ai entendu l'éloquent évêque d'Orléans
rappeler que nous étions à peine à dix-huit mois des
horreurs qui ont ensanglanté les derniers jours de
la Commune de Paris, et quand j'ai entendu, autour
de M. Gambetta, plusieurs de ses amis protester, je
me suis permis de lui dire : Voici l'occasion qui vous
est offerte de désavouer à la tribune cette Commune
de Paris, ce que vous n'avez jamais osé faire. (*Bravos
et applaudissements à droite.*)

Au lieu de monter à la tribune pour saisir cette occasion que je lui indiquais et que j'ai peut-être eu
tort de lui indiquer, — car M. le président m'a dit
que je n'aurais pas dû interrompre, — M. Gambetta
m'a lancé une épithète qui a été entendue de moi et
de tous ceux qui siègent de mon côté : Il m'a appelé
« pourvoyeur ». (*Oh! oh! — Murmures prolongés sur un
grand nombre de bancs.*)

Si cette injure m'est personnelle, je laisse à M. le
président de l'Assemblée, le soin de la réprimer, et,
quant à ce qui me concerne, je la dédaigne. Mais si
cette injure fait allusion à ma vie passée, à ma vie de
magistrat, je demande à M. Gambetta de venir l'expliquer à cette tribune. Si, comme plusieurs de mes collègues l'ont compris et comme je l'ai compris moi-

même, il a fait allusion à la grande commission des
grâces dont je m'honore de faire partie, c'est l'honneur de l'Assemblée qui est en jeu et je ne puis laisser passer l'injure. (*Très bien! très bien! — Vous avez
raison! — Applaudissements.*)

M. Gambetta. — Pendant l'interruption qui avait
accueilli tout à l'heure une partie des observations
présentées par l'honorable orateur qui descend de
cette tribune, j'étais là, à cette place. (*L'orateur indique
l'un des premiers bancs voisins du couloir de gauche.*)

Un membre. — Ce n'est pas la vôtre!

Sur plusieurs bancs. — Écoutez! écoutez!

M. le président. — Veuillez faire silence!

M. Gambetta. — J'ai écouté les interruptions qui
s'échangeaient dans l'Assemblée sans y prendre aucune espèce de part..... (*Réclamations sur quelques
bancs à droite.*)

M. Henri Villain. — C'est vrai! je l'atteste, comme
tous ceux qui étaient auprès de lui!

Plusieurs membres à gauche. — Oui! oui!

M. Gambetta. — Et c'est pendant que je gardais ce
silence et que je ne me mêlais pas à l'émotion qui
agitait plusieurs de mes honorables collègues, que
M. Bigot s'est adressé personnellement à moi, et m'in-
terpellant, contrairement à toute espèce de précédent
parlementaire..... (*Nouvelle interruption à droite.*) Si
vous le contestez..... (*Non! non! — Parlez!*) M. le président rétablira la vérité de cette affirmation, car c'est
son devoir. (*Légères rumeurs sur quelques bancs.*) Je
répète que pendant que j'étais parfaitement tranquille
à ma place, M. Bigot s'est adressé à moi et, m'inter-
pellant avec violence, m'a demandé de m'expliquer
sur la Commune de Paris.

Eh bien, je n'admets à aucun degré, (*Ah! ah! à
droite.*) à aucun degré qu'en dehors d'un débat véritablement parlementaire, et par voie d'interruptions,
de provocations, de vociférations... (*Rumeurs à droite.*

— *Approbation et applaudissements à l'extrême gauche.*) on me somme de m'expliquer.

Alors exerçant mon droit de réplique et de riposte à une interpellation parfaitement inconvenante, j'ai dit à M. Bigot qu'il s'oubliait, et que probablement son ancien métier de pourvoyeur de parquet lui troublait la tête! (*Vives réclamations et murmures à droite. — Approbation sur quelques bancs à l'extrême gauche. — Mouvement prolongé.*)

Voix nombreuses. — A l'ordre! à l'ordre!

M. Félix Voisin. — Vous ne savez pas ce qu'il y a d'honneur et d'âme chez ceux qui remplissent des fonctions judiciaires. (*Bruit général.*)

M. le président. — Veuillez faire silence, Messieurs. (*Le silence se rétablit.*)

La gravité de cet incident doit faire comprendre à M. Bigot le tort qu'il a eu... (*Légères rumeurs à droite.*)

Veuillez me permettre, Messieurs, de faire justice comme je l'entends. (*Très bien! très bien!*) Vous serez juges de l'usage que je vais faire du pouvoir qui m'appartient; (*Très bien!*) laissez-moi l'exercer selon ma conscience et sous ma responsabilité. (*Approbation et applaudissements sur divers bancs.*)

Je dis que M. Bigot doit comprendre maintenant le tort qu'il a eu, lorsque, contrairement au règlement, il a fait à son collègue une interpellation et une sommation de cette nature.

Telle est la part que je crois devoir lui faire dans la répression de cet incident.

Quant à M. Gambetta qui, en réponse, a adressé une injure à son collègue et qui a aggravé cette injure à la tribune en la généralisant, il s'est placé dans le cas d'une disposition disciplinaire que je lui applique en le rappelant à l'ordre. (*Très bien! très bien!*)

SÉANCE DU 4 AVRIL 1873

DISCUSSION DE LA PROPOSITION DE M. GENT, TENDANT A FIXER AU DEUXIÈME JEUDI APRÈS LA PROROGATION LA DISCUSSION DES CONCLUSIONS DE LA COMMISSION DES MARCHÉS, RELATIVES AUX TRAITÉS ET MARCHÉS PASSÉS PAR LA PRÉFECTURE DES BOUCHES-DU-RHÔNE.

L'Assemblée nationale avait fixé au 7 avril la date de sa prorogation. Le 4, la commission des marchés fit distribuer son rapport sur l'administration de la préfecture des Bouches-du-Rhône pendant la Défense nationale. Dès le début de la séance, M. Alphonse Gent, ancien préfet des Bouches-du-Rhône, demande la parole pour une motion d'ordre.

M. LE PRÉSIDENT. — M. Gent a la parole.

M. ALPHONSE GENT. — Messieurs, on vous a distribué aujourd'hui un rapport de la commission des marchés relatif aux traités et marchés passés par la préfecture des Bouches-du-Rhône. Vous remarquerez à quel moment se fait cette distribution.

Voix au centre. — On ne pouvait pas la faire avant que le rapport ne fût prêt !

M. ALPHONSE GENT. — Je tiens à faire savoir que le rapport distribué aujourd'hui a été déposé sur le bureau de l'Assemblée il y a neuf semaines, le 28 janvier dernier.

Depuis lors, nous attendions la distribution pour demander la mise immédiate de ce rapport à l'ordre du jour. A cette heure, nous ne le pouvons pas. Je ne veux pas même rechercher les intentions qui ont pu faire retarder ce dépôt. (*Vives réclamations à droite et au centre.*) Je ne veux pas les rechercher.

M. DE STAPLANDE. — Recherchez-les!

Un membre à droite. — Ayez le courage de votre opinion!

M. ALPHONSE GENT. — Je ne veux pas les rechercher. Je me borne à demander à l'Assemblée de vouloir bien fixer au second jeudi qui suivra le retour des vacances la discussion de ce rapport. J'aurais voulu qu'elle eût lieu avant, afin de ne pas laisser pendant six semaines la passion politique exploiter les erreurs qui fourmillent dans ce rapport. La commission ne me l'a pas permis. (*Très bien! à gauche. — Vives réclamations à droite*).

M. GAMBETTA. — C'est un système! (*Allons donc!*)

M. LE PRÉSIDENT. — L'Assemblée a entendu la proposition de M. Gent. Est-elle d'avis que la discussion du rapport sur les marchés de Marseille.....

Quelques voix. — Le rapporteur n'est pas là!

M. GAMBETTA. — Je demande la parole sur l'incident.

Plusieurs voix à droite. — L'ordre du jour! l'ordre du jour!

M. GAMBETTA. — Messieurs, il est nécessaire qu'on sache au dehors dans quelles conditions s'est produite la série des travaux de vos diverses commissions.

Il y a neuf semaines.....

Une voix. — On vient de le dire!

M. GAMBETTA. — On vient de le dire, mais j'ai quelque chose à ajouter! Je vous prie de m'écouter. (*Exclamations à droite et au centre.*) J'ai demandé la parole sur l'incident! C'est mon devoir.

Il y a neuf semaines, dis-je, que vous avez autorisé le dépôt, sur votre bureau, du rapport dirigé contre l'administration de la préfecture des Bouches-du-

Rhône, et c'est au dernier moment, à la veille de votre séparation pour six semaines, à la veille des élections dont on a fixé la date au 27, que vous déposez, sans que la contradiction, sans que la réfutation soit possible, une série d'hypothèses et d'accusations que rien ne justifie. (*Nouvelles exclamations sur les mêmes bancs.*)

Mais il y a mieux! Je dis que c'est un système... (*Oui! oui! à gauche — Protestations à droite.*) et en voici la preuve : on nous distribue, depuis tantôt dix mois, des rapports sur des affaires qui, permettez-moi de vous le dire, ont leur gravité et leur importance sans doute, mais ne sont après tout que d'un ordre secondaire. Or il y a trois grands ordres de griefs, ou de prétendus griefs, sur lesquels, depuis plus de deux ans, on ne nous apporte ni un mot, ni une ligne écrite, ni un jugement; et cependant ce sont les trois chefs de discussion qu'il serait temps d'aborder. (*Interruptions diverses.*)

Écoutez, Messieurs! les mots peuvent vous paraître impropres, mais il suffit que vous compreniez ma pensée.

Je dis qu'il y a eu trois grandes accusations dirigées contre l'administration du gouvernement de la Défense nationale, en province : l'emprunt Morgan, les opérations Le Cesne et la série des travaux et des marchés accomplis par la direction de l'artillerie au ministère de l'intérieur. Eh bien, à cet égard, les travaux sont faits, tout est fini, et je sais bien pourquoi on ne les rapporte pas : c'est qu'il n'y a pas de griefs sérieux contre la Défense nationale. (*Très bien! très bien! à l'extrême gauche. — Exclamations à droite et au centre.*)

M. LE DUC D'AUDIFFRET-PASQUIER. — L'Assemblée comprendra qu'il est du devoir du président de la commission des marchés de repousser les imputations si violentes qui viennent d'être alléguées contre elle. (*Exclamations à gauche. — Oui! oui! — très bien! très bien! à droite et au centre.*)

M. Lefèvre. — Déposez donc les rapports qu'a
demandés M. Gambetta sur des affaires de 8 à 900
millions! (*Bruit*.)

M. le duc d'Audiffret-Pasquier. — Je ne sais pas
ce que dit l'honorable membre qui m'interrompt. S'il
veut répéter d'une façon distincte son interruption,
je répondrai. Je commence par répondre à M. Gambetta, et je le prie de me laisser faire.

Le rapport sur les faits et gestes de l'administration
de Marseille vient d'être imprimé; il n'y a que quatre
jours que l'imprimerie nous l'a livré.

Un membre à gauche. — Vous auriez dû le presser
davantage.

M. le duc d'Audiffret-Pasquier. Il y a un mois que les
interrogatoires sont terminés. Le lendemain, le ma-
nuscrit a été remis entre les mains de l'imprimeur de
l'Assemblée. Ce n'est pas ma faute si les dépositions si
longues que nous avons eu à recueillir, si les pièces
justificatives si nombreuses dont on a demandé l'inser-
tion ont été l'objet d'un travail qui ne comprend guère,
je crois, moins de quatre ou cinq cents pages. Vous
concevrez, Messieurs, qu'après le système de défense
qui a été adopté par nos adversaires.....

M. Gambetta. — Nous n'avons adopté aucun système,
Monsieur! (*Bruyantes exclamations à droite. — Cris :
A l'ordre! à l'ordre!*)

M. d'Audiffret-Pasquier dit que la commission ne publie
pas seulement le rapport, mais toutes les défenses, tous les
arguments de M. Gent, toutes les pièces qu'il a communi-
quées. « De quoi se plaint-on donc? »

« M. Gambetta. — De la publication à la veille des vacances. »

M. Esquiros appuie les réclamations présentées par
M. Gent et par M. Gambetta. L'Assemblée adopte la proposition de M. Gent.

TABLE DES MATIÈRES

Paris. — Typ. G. Chamerot, rue des Saints-Pères, 19. — 10954.

www.ingramcontent.com/pod-product-compliance
Lightning Source LLC
Chambersburg PA
CBHW072006270326
41928CB00009B/1564